PAUL NOURRISSON

AVOCAT A LA COUR D'APPEL
LAURÉAT DE L'INSTITUT

HISTOIRE

DE LA

LIBERTÉ D'ASSOCIATION

EN FRANCE DEPUIS 1789

TOME II

LIBRAIRIE
DE LA SOCIÉTÉ DU
RECUEIL SIREY
22, Rue Soufflot, Paris-5e
LÉON TENIN, Directeur
1920

HISTOIRE

DE LA

LIBERTÉ D'ASSOCIATION

EN FRANCE DEPUIS 1789

PAUL NOURRISSON

AVOCAT A LA COUR D'APPEL
LAURÉAT DE L'INSTITUT

HISTOIRE

DE LA

LIBERTÉ D'ASSOCIATION

EN FRANCE DEPUIS 1789

TOME II

LIBRAIRIE

DE LA SOCIÉTÉ DU

RECUEIL SIREY

22, Rue Soufflot, Paris-5e

LÉON TENIN, Directeur

1920

LIVRE PREMIER

PÉRIODE ANTÉRIEURE A 1870

(Suite)

CHAPITRE VI

La République de 1848.

listes. — L'usage de l'association dans les diverses catégories d'associations. — L'opinion publique. — L'attitude du Gouvernement. — Caractère général de la période de 1848 : liberté éphémère ; licence conduisant à la prohibition et à l'arbitraire.

La Révolution de 1848 avait été faite au nom de la liberté de réunion et, au fond, de la liberté d'association [1]. Il devait donc se produire une réaction formidable en faveur de ces libertés. En même temps se manifestait un mouvement politique et électoral d'autant plus tumultueux qu'un principe nouveau était admis, celui du suffrage universel instauré par le décret du 5 mars 1848 et auquel le nouveau régime lui-même allait être conduit à apporter d'importantes restrictions [2]. La liberté absolue devait amener la licence.

Quelle était, en présence de cette situation, le caractère du nouveau Gouvernement? La révolution de 1848, nous l'avons remarqué, n'avait pas été voulue par ses véritables auteurs stupéfaits et confus de leur œuvre [3]. Elle portait au pouvoir le parti républicain dont l'influence paraissait si amoindrie à la fin du règne de Louis-Philippe, mais auquel se ralliaient, par la nécessité du fait accompli, les libéraux qui allaient avoir à lutter contre les éléments de désordre que ce parti entraînait avec lui. Le nouveau régime était sorti de l'émeute et devait son existence aux éléments révolutionnaires. Le Gouvernement provisoire, il serait injuste de le méconnaître, allait faire preuve de bonne volonté pour le maintien de l'ordre et la résistance à l'anarchie au milieu de laquelle il se débattait [4], mais les hommes qui le composaient s'étaient nommés eux-mêmes [5] à la faveur de l'insurrection.

1. Weil, p. 178; De Foget de Casteljau, p. 324.
2. De la Gorce. *Histoire de la seconde République*, 1914, t. I, p. 206. Pour la loi du 31 mai 1850, eod. loco, t. II, p. 334.
3. De la Hodde, p. 474. — M. de la Gorce parle de « la bourgeoisie stupéfaite de son œuvre et du peuple non moins ahuri de son triomphe » (t. II, p. 600).
4. Élias Regnault. *Histoire du Gouvernement provisoire*, 1850, p. 2.
5. Au moment où Dupin venait de proclamer la régence de la duchesse d'Orléan., Marie réclamait un Gouvernement provisoire. En présence de la foule des insurgés qui avait envahi la salle, Lamartine donna lecture d'une liste de noms qui fut lue de nouveau avec des additions par Ledru-Rollin : « Voulez-vous me permettre de lire ces noms qui *semblent* pro-

Cette origine lamentable était une cause primordiale de faiblesse pour lutter contre les éléments de désordre qui réclamaient leur part d'un pouvoir dont ils avaient espéré s'emparer [1]. Si le pays, envisagé dans sa masse, devait manifester son désir du maintien de l'ordre en portant à l'Assemblée constituante et même à l'Assemblée législative une majorité modérée [2], ces assemblées étaient elles-mêmes destinées à se ressentir de l'origine du nouveau régime. Les représentants du pays, craignant de porter atteinte à la liberté d'association qu'ils avaient solennellement proclamée, à la liberté de réunion qui se confondait avec elle (car les clubs sont en réalité des associations politiques). Ils allaient être cependant amenés à la nécessité de maintenir l'ordre public ébranlé par les violences des clubs prêchant ouvertement la guerre sociale et poussant à l'émeute. Aussi cette période, qui s'inaugure par la liberté d'association, verra s'imposer des mesures restrictives de cette liberté, liberté dont la chute du régime amènera de nouveau la. complète suppression.

Il est facile de se rendre compte de ces vicissitudes du régime des associations en envisageant les diverses catégories d'associations et surtout les associations politiques. La révolution de 1848 symbolisait la conquête de la liberté d'association [3]. D'autre part, quoiqu'on en ait dit [4], les associations politiques, au moins sous la forme de comités électoraux, avaient largement contribué à la chute de la monarchie de juillet ; elles avaient été la cause du nouveau pouvoir. Aussi 1848 fut pour les associations comme l'avènement d'une ère nouvelle : le Gouvernement enten-

clamés par la majorité. A mesure que je lirai ces noms, suivant qu'ils vous conviendront ou ne vous conviendront pas, vous crierez oui, ou non. » (Duvergier, 1848, p. 56, d'après le *Moniteur*.) D'autres noms mis en avant par *la Réforme* et *le National* furent imposés dans la réunion de l'hôtel de ville (de la Gorce, t. I, p. 91, 102). Il est difficile, dans ces conditions, de ne pas qualifier la constitution du nouveau régime d' « escamotage », malgré les protestations de ses apologistes (De la Hodde, p. 485 ; Élias Regnault, p. 77).

1. « Les membres du Gouvernement provisoire, issus du désordre, multiplièrent les appels à l'ordre. » (De la Gorce, t. I, p. 107.)

2. *Eod. loco*, t. I, p. 216 ; t. II, p. 141.

3. De Faget de Casteljau, p. 324, 345.

4. *Eod. loco*, p. 319.

dait les respecter et n'hésitait pas à les encourager. Leur extension devait être considérable. Pour l'exercice du droit de réunion et d'association ce devait être « l'âge d'or[1] ».

DIVERSES CATÉGORIES D'ASSOCIATIONS

§ 1. — *Les associations politiques.*

Les associations politiques surtout dominaient sous la forme des clubs. Les sociétés populaires, connues alors sous ce nom, et qui, par leur permanence ou leur périodicité, constituaient de véritables associations[1], avaient aussi contribué à préparer la révolution, ne fût-ce que par l'appoint qu'elles avaient apporté à l'émeute. Dans tous les cas elles en profitèrent largement. Le Gouvernement provisoire compta parmi ses membres Albert, la préfecture de police fut occupée par Caussidière[3], l'un et l'autre hommes des clubs. « On vit les clubs surgir littéralement de terre[4]. »

Leur développement fut prodigieux. « Des clubs, dit M. de la Gorce[5], s'ouvraient dans tous les quartiers de la capitale : hangars, manèges, magasins à louer, salles de bal ou de concert, tous les locaux disponibles se transformaient chaque soir en réunion politique ; on formait un bureau, on déterminait un ordre du jour ; du haut d'une tribune élevée à la hâte, des orateurs improvisés parlaient de tout à propos de tout ; et ces assemblées qui devaient bientôt créer un si grand danger pour l'ordre social excitaient alors plus de curiosité que d'effroi. » A la fin de mars les clubs atteignaient le nombre de cent quarante[6]. Les plus fameux étaient la *Société centrale républicaine* installée par Blanqui au Conservatoire, le Club *de la Ré-*

---

1. Weil, p. 178.
2. Les clubs ont été définis dans la discussion de la loi du 30 juin 1881 : « Des réunions organisées par des associations. » (Sirey, *Lois*, 1881. p. 156).
3. De la Gorce, t. I, p. 99, 101.
4. Weil, p. 178.
5. T. I, p. 125.
6. Weil. p, 178. — *Sur les clubs*, voir : Clunet. *Les associations*, 1909, p. 54 ; Garnier-Pagès. *Histoire de la révolution de 1848*, t. VII, p. 184.

volution avec Barbès au Palais National, le Club des *Amis du peuple* avec Raspail qui réunissait chaque soir 6.000 personnes [1]. Le *Club des clubs* fondé par Longepied et dirigé par Sobrier avait pour but de centraliser les clubs en réunissant leurs délégués. Il répandait dans les départements des envoyés chargés d'organiser partout des clubs d'ouvriers et des clubs militaires [2]. En correspondance avec les membres du Gouvernement, il recevait des armes du ministre de la Guerre et des fonds secrets du Trésor [3]. La *Société des droits de l'homme* constituait aussi un corps armé ; divisée en plusieurs arrondissements stratégiques qui se partageaient Paris, elle comptait 14.000 succursales et 20.000 adhérents [4]. Cabet groupait les adeptes du communisme dans la salle de la Redoute puis dans la salle Montesquieu. A côté de ces clubs se formaient quelques clubs conservateurs tels que le *Club républicain pour la liberté des élections*. Après les journées de juin une vaste association devait se former sous le nom de *Solidarité républicaine*. D'autres associations se créaient dans les départements, telles que la *Société populaire* à Limoges, la *Société des voraces* à Lyon, les clubs de Rouen qui provoquèrent de graves désordres [5]. Les Belges révolutionnaires organisaient la *Société des patriotes belges* [6].

A ces clubs le Gouvernement prodiguait les encouragements, les installant dans les édifices publics et se bornant à leur refuser les églises [7]. Tandis que les meneurs bonapartistes tentaient de les rendre favorables à leur cause, le Gouvernement provisoire s'efforçait de s'assurer leur concours. Le 19 avril 1848 une proclamation déclarait que « les clubs sont pour la République un besoin, pour les citoyens un droit ». Tout en adjurant les citoyens de se garder « de la discussion armée », la proclamation ajou-

---

1. De la Gorce, t. I, p. 137 ; Weil, p. 178.
2. De la Gorce, t. I, p. 167. — En considérant l'état d'anarchie qui aurait pu sortir des clubs on pense aux *Soviets* russes de 1917.
3. Voir le rapport Quentin-Bauchart cité par Weil, p. 179.
4. *Eod. loco.*
5. De la Gorce, t. I, p. 168 et s.
6. *Eod. loco.* p. 182.
7. Weil. p. 181.

tait : « le Gouvernement provisoire protège les clubs [1] ».

Malgré ces flatteries et cette protection, le Gouvernement allait être obligé de se défendre contre les organisations qu'il avait encouragées [2]. Le danger ne devait pas tarder à apparaître. La création des ateliers nationaux ne fit qu'augmenter l'agitation des clubs qui prirent l'habitude d'organiser les manifestations de la rue.

Le 7 mars, une députation des clubs, par la voix de Blanqui, réclamait au Gouvernement provisoire le droit d'association [3]. A la suite de la manifestation du 17 mars décidée par les clubs le désordre devint permanent [4]. Le 16 avril une nouvelle manifestation provoquée de même par les clubs [5] et au cours de laquelle le droit d'association avait été violemment revendiqué [6] fut suivie de la proclamation du Gouvernement que nous avons rappelée [7]. Les élections du 23 avril, qui amenaient à l'Assemblée constituante une majorité favorable aux idées d'ordre, soulevèrent les colères du parti démagogique et une explosion de fureur au sein des clubs. Des désordres graves eurent lieu dans les départements [8]. Ils furent suivis à Paris de l'attentat du 17 mai organisé par les clubs [9] sous prétexte d'une manifestation en faveur de la Pologne. Pendant plusieurs heures l'émeute fut maîtresse de la Chambre tandis qu'à l'hôtel de ville une bande de révolutionnaires, refaisant à sa manière la révolution de février, proclamait un Gouvernement provisoire. L'insurrection fut vaincue et ses meneurs arrêtés. Mais si la garde nationale ferma plusieurs clubs [10], le Gouvernement continua à user envers les associations politiques de la même

1. *Moniteur* du 20 avril 1848, p. 865.
2. Sur le danger des clubs voir la note sous le décret du 28 juillet 1848 (Devilleneuve. *Lois*, 1848, p. 107) ; Clunet, p. 59.
3. *Moniteur* du 19 mars 1849, p. 934.
4. De la Gorce, t. 1, p 163.
5. Elias Regnault, p. 278, 289.
6. « Le peuple veut l'organisation du travail par l'association. » (De la Gorce, t. I, p. 200.)
7. En même temps le Gouvernement donnait des gages à la démagogie par un certain nombre de mesures révolutionnaires. (De la Gorce, t. I, p. 201 ; Elias Regnault, p. 302.)
8. De la Gorce, t. I, p. 217 et s.
9. *Eod. loco*, p. 244.
10. *Eod. loco.*, p. 270.

tolérance. Il fallut que la nécessité des mesures préventives fût imposée par la guerre civile.

On sait comment la guerre civile éclata à l'occasion des mesures qui préludaient à la suppression des ateliers nationaux [1]. L'insurrection qui dura du 23 au 26 juin fut terrible [2], et la répression ne put avoir lieu qu'après une lutte acharnée qui fit de nombreuses victimes. L'insurrection vaincue, on en considéra avec stupeur la gravité et on en rechercha les causes. On ne lui trouva aucun chef officiel et reconnu. Elle apparut, à la lumière du rapport de la commission d'enquête et des débats judiciaires, comme « l'explosion violente des convoitises surexcitées et non satisfaites [3] ».

L'ouvrier, comblé de promesses, avait été déçu par l'arrêt des affaires industrielles, puis par la perte du salaire dérisoire des ateliers nationaux. Il avait alors cédé aux excitations qui aboutirent à « un immense déploiement de forces brutales contre la société ». Mais ces excitations étaient surtout parties des clubs. Aussi, la tempête apaisée, le sentiment de la conservation sociale s'éleva contre les fauteurs des doctrines démagogiques et l'opinion publique, exigeant le maintien de l'ordre social, réclama des mesures contre les clubs [4]. Ce sont ces mesures qui vont constituer le fond des dispositions législatives que le Gouvernement de 1848 va provoquer. Après avoir favorisé un mouvement dangereux pour l'ordre social il est contraint de le réprimer dans l'intérêt du salut public.

Déjà avait été votée la loi du 7 juin 1858 sur les attroupements. Deux propositions prohibant les clubs ou les réunions publiques permanentes avaient été déposées, l'une le 8 mai par M. Isambert, l'autre le 8 juin par M. Sevaistre, sans qu'aucune suite leur eût été donnée [5]. Les événements obligèrent le Gouvernement à triompher du scrupule qu'il éprouvait à toucher à la liberté d'asso-

1. Résolution du 21 juin (de la Gorce, t. I, p. 325).
2. *Eod. loco*, p. 329-391.
3. *Eod. loco*, p. 391.
4. *Eod. loco*, p. 408.
5. Weil, p. 182. — Une interruption significative accueillit la proposition de M. Isambert : « Après la révolution de février, c'est délicieux ! »

ciation. Un arrêté du général Cavaignac avait supprimé les ateliers nationaux source de recrutement pour les clubs [1]. Le 11 juillet fut présenté un projet de décret relatif aux clubs eux-mêmes.

M. Senard, ministre de l'Intérieur, dans l'exposé des motifs [2], reconnaissait à tous les citoyens « le droit de se réunir pour s'occuper des affaires publiques et conférer entre eux sur les questions de la politique et les intérêts généraux du pays », mais il affirmait la nécessité « de concilier le principe de liberté avec les conditions de surveillance et de répression que la paix publique et l'intérêt de la société exigent impérieusement ». Le rapporteur, M. Coquerel, déclarait aussi que le droit de se réunir est une des garanties de la liberté, mais la liberté peut se changer en licence ; la publicité sera le correctif de la liberté. Il ne dissimulait pas que la prohibition complète des clubs aurait été le véritable but à atteindre [3]. Personne ne demanda la parole dans la discussion générale, mais un débat prolongé s'engagea à propos de certains articles [4]. On vit d'une façon générale se manifester la crainte de voir la nouvelle législation porter atteinte à la liberté d'association véritable conquête de la révolution de 1848 [5]. « Le droit qui nous a envoyés ici, disait M. Tranchand [6], serait-il donc dénié par la législation républicaine ? » M. Arnaud de l'Ariège proclamait le principe de l'association « dogme fondamental de la République » et le considérait « comme essentiel dans la vie publique [7] ». « De quoi s'agit-il ici ? remarquait Jules Favre [8]. Il s'agit d'un droit qui est assurément supérieur même à la puissance de l'Assemblée nationale, d'un droit en vertu duquel elle existe, qu'elle peut sans doute réglementer, qu'elle doit réglementer dans l'intérêt de l'ordre ; mais si elle va au

1. La suppression définitive eut lieu par le décret du 3 juillet 1848.
2. *Moniteur* du 13 juillet 1848.
3. *Moniteur* du 23 juillet 1848, p. 1735, supplément du 25 juillet, p. 1750.
4. *Moniteur* des 26, 27, 28 juillet.
5. *Moniteur*, p. 1762 ; M. Beaune, p. 1776.
6. P. 1785.
7. P. 1787.
8. P. 1784.

delà de la limite nécessaire qui lui est assignée pour cette
condition du maintien de la paix publique, elle dépasse
ses pouvoirs. » Cependant la disposition essentielle de la
loi fut votée [1].

L'article premier posait le principe que « les citoyens
ont le droit de se réunir » mais ce droit devait être régle-
menté. Les clubs, c'est-à-dire les associations politiques
publiques, étaient soumis à l'obligation de la publicité
des séances [2] et d'une déclaration à l'autorité publique
qui pouvait déléguer un fonctionnaire pour assister aux
séances. Ils ne pouvaient s'affilier entre eux, faire aucune
manifestation, ni prendre de résolutions en forme de
lois [3]. L'article 6 défendait la discussion de propositions
contraires à l'ordre public. L'article 11 permettait au tribunal d'ordonner la fermeture des clubs en cas de violation des dispositions de la loi.

Les sociétés secrètes étaient interdites [4]. A leur sujet
furent soulevées des difficultés dont nous parlerons plus
loin.

Les associations politiques non publiques étaient soumises au régime de l'autorisation préalable [5].

Les associations non publiques et fondées dans un but non
politique provoquèrent le plus grave débat. Le projet de
la commission les soumettait à l'autorisation de l'autorité
municipale en visant les clubs ou réunions non publiques
fondées dans un but politique « ou autre ». Ce texte fut
violemment attaqué. Ç'était, comme le fit observer M. Dufaure [6], maintenir le régime préventif dans des conditions
plus rigoureuses que sous la loi de 1834. On avait déclaré
en effet lors de la discussion de cette loi qu'elle ne s'appli-
querait pas aux réunions littéraires, de bienfaisance ou
religieuses. Jules Favre fit entendre la même protestation
au sujet des associations ouvrières. L'article 14 fit droit à
ces critiques en soumettant les associations non publiques

1. *Décret sur les clubs* du 28 juillet 1848-2 août (Duvergier, 1848, p. 397).
2. L'article 1er dit : tout club ou réunion de citoyens.
3. Articles 1 à 5.
4. Article 13. — Cet article prévoit comme pénalités l'amende, la prison et la privation des droits civiques.
5. Article 15.
6. *Moniteur* du 26 juillet (supplément) p. 1762.

fondées dans un but non politique à une simple déclaration faite à l'autorité municipale [1]. Il exceptait du reste de cette formalité les associations « industrielles ou de bienfaisance. »

Enfin l'article 19 déclarait que les dispositions précédentes n'étaient pas applicables « aux réunions ayant pour objet exclusif l'exercice exclusif d'un culte quelconque, ni aux réunions électorales préparatoires ».

Un amendement fut repoussé qui propsosait de donner à la loi un caractère transitoire jusqu'à la première législature [2].

En somme, la loi de 1848, tout en prenant des mesures contre l'abus des associations politiques, proclamait le principe de la liberté d'association encore confondue avec celle de réunion. Pour les associations non politiques (et même pour les associations politiques publiques) une simple déclaration était exigée, et certaines catégories de ces associations en étaient exemptées. Le système prohibitif du Code pénal et de la loi de 1834 recevait une profonde atteinte.

Après une période d'accalmie qui suivit la promulgation de la loi, les associations politiques se réorganisèrent en cherchant à s'abriter sous l'article 19 qui accordait la liberté aux réunions électorales. L'élection prochaine du président de la République leur en fournit le prétexte. La *Solidarité républicaine* surtout prenait une extension considérable avec son comité central de 64 membres, ses comités de départements, d'arrondissements et de communes. Au mois de janvier 1849, 88 comités fonctionnaient couvrant d'un vaste réseau la France entière [3]. En même temps les clubs avaient repris leurs anciennes violences. A Paris le *Club Roisin*, le *Club de la reine Blanche*, le *Salon de Mars*, le *club Valentino*, réunissaient un nombre d'auditeurs moindres qu'autrefois, mais conservaient le même caractère [4].

---

1. L'article 14 dit : cercles ou réunions. — A défaut de déclaration la réunion pouvait être fermée et les membres pouvaient être poursuivis comme ayant fait partie d'une société secrète.

2. Duvergier, 1848, p. 402.

3. De la Gorce, t. II, p. 15.

4. De la Gorce, t. II, p. 16.

Le Gouvernement exerça des poursuites et fit fermer plusieurs clubs [1]. A l'interpellation de M. Gent qui se plaignait de la dissolution d'un congrès central électoral, M. Dufaure répondait, le 18 décembre 1848 [2], qu'il n'était pas possible de laisser violer la loi en rouvrant les clubs sous prétexte de réunions électorales préparatoires. Le 10 janvier 1849, M. Léon Faucher, ministre de l'Intérieur, adressa aux préfets une circulaire [3] pour interdire la *Solidarité républicaine*, soit comme société secrète, soit pour contravention à la prohibition aux clubs de s'affilier entre eux. Le 5 mars 1849, il interdisait de même l'*Association des amis de l'ordre* organisée dans un esprit tout opposé [4].

Ce qui permettait aux défenseurs des clubs de protester contre les mesures gouvernementales, c'était, depuis la promulgation de la loi sur les clubs, le vote de la Constitution du 4 novembre 1848. Elle proclamait en effet la liberté d'association. Le rapporteur, Armand Marrast [5], déclarait qu'il y a « des droits inhérents à la nature même. Toutes les conventions sociales les supposent. Antérieurs et supérieurs à ces conventions, ils servent à les juger, car sans l'exercice libre de ces facultés, l'individu n'est plus un être moral et responsable ; il ne figure plus dans une société que comme un nombre, une force inerte privée tout à la fois de spontanéité et de stimulant. »

Conformément à ces principes, la Constitution [6], dans son article 8, disposait : « Les citoyens ont le droit de s'associer, de s'assembler paisiblement et sans armes, de pétitionner, de manifester leurs pensées par la voie de la presse ou autrement. L'exercice de ces droits n'a pour limites que les droits ou la liberté d'autrui et la sécurité publique. » Cet article fut adopté sans discussion en ce qui concernait la liberté d'association [7]. Cette liberté était

---

1. *Moniteur* du 5 octobre 1848 (p. 2707), du 7 octobre (p. 2732), du 15 novembre) p. 3207.)

2. *Moniteur* du 19 décembre, p. 3602.

3. *Moniteur* du 27 janvier 1849, p. 273.

4. Weil, p. 201.

5. *Moniteur* du 31 août 1848, p. 2237.

6. Duvergier, 1848, p. 566.

7. *Moniteur*. Supplément au 19 septembre 1848 (p. 2497) et *Moniteur* du 24 septembre (p. 2525.)

donc formellement reconnue et distinguée de la liberté
de réunion [1].

En même temps étaient prévues, nous venons de le voir,
les restrictions nécessaires pour l'ordre public. C'est ce
qui rendait inutile l'argumentation des défenseurs des
clubs soutenant que la promulgation de la constitution
avait aboli la loi de 1848. Les deux textes, comme on l'a
fait remarquer [2], avaient été votés à quelques mois de dis-
tance par les mêmes hommes et avec les mêmes pensées.
Seulement la nécessité avait contraint le législateur à faire
l'application du principe avant de l'avoir consacré dans le
texte même de la Constitution. La Cour de Cassation, dans
l'affaire de la *Solidarité républicaine*, reconnut que la Constitution laissait subsister la loi de 1848 sur les clubs [3].

Le Gouvernement devait même se prévaloir de la restriction apportée par la Constitution, dans l'intérêt de
l'ordre public, à la reconnaissance du principe de la
liberté d'association pour aller plus loin encore. M. Léon
Faucher, qui avait succédé comme ministre de l'Intérieur
à M. Dufaure, en présence des provocations qui partaient
chaque jour des réunions publiques, déposa le 26 janvier [4]
un projet de loi interdisant les clubs. Etait considéré
comme club toute réunion périodique ou à intervalles régu-
liers pour la discussion de matières politiques [5]. « Il ne
faut pas, disait le ministre, confondre le droit de réunion
que la révolution de février est venue consacrer avec ces
écoles d'anarchie que l'on désigne sous le nom de clubs. Un
peuple qui possède le droit de réunion, le droit d'association, la liberté de la tribune, celle de la presse, n'a
pas besoin des dangers des clubs. »

Le projet souleva les protestations de la Montagne qui
invoqua l'article 8 de la Constitution et demanda la mise

1. Sur l'influence de la Constitution française de 1848 sur les consti-
tutions étrangères sur ce point voir : Conseil d'Etat. *Etudes sur le droit
d'association*, 1899, p. 10 ; C. Benoist, *Revue des Deux-Mondes*, 1er juin
1899, p. 685.

2. De Faget de Casteljau, p. 349.

3. Arrêt du 14 décembre 1848. Rapport de M. Deglos. (*Gazette des Tribunaux* du 22 décembre.)

4. *Moniteur* du 27 janvier 1849.

5. L'article 4 abrogeait les dispositions de la loi de 1848 relatives aux
clubs.

en accusation du ministre. L'urgence fut repoussée sur le
rapport de M. Senard qui fit remarquer que sur les
37 clubs existant au moment de la loi de 1848 il en restait
11 dont 5 avaient été fermés par des décisions judiciaires[1].
La discussion eut lieu le 19 mars[2].

Le principal adversaire du projet fut Jules Favre qui,
tout en reconnaissant que les clubs avaient mérité la dé-
faveur dont ils étaient l'objet, soutint avec beaucoup de
force l'argumentation tirée de la reconnaissance du droit
de réunion par la Constitution. Il joignait toutefois à cette
première partie de sa discussion une série de considérations qui touchaient au ridicule : niant les dangers du
socialisme, « espèce de monstre qu'on a armé de griffes
et de dents postiches, » il repoussait tout système de compression ; s'il y a des clubs incendiaires, il faut en ouvrir
d'autres, établir dans les douze arrondissements des chai-
res d'économie politique. Plus sérieuses furent les objections de M. Valette[3] qui montra que le droit d'association
était distinct du droit de réunion, et que ces deux droits
étaient reconnus par la Constitution ; interdire les clubs,
c'était supprimer les associations politiques. On lui répondit qu'on n'avait voulu interdire que les associations s'occupant d'un objet politique d'une façon permanente.
M. Senard considérait que la loi de 1848 devait suffire[4].
Pierre Leroux tentait l'apologie des clubs. M. Léon Faucher, M. de Kerdrel, M. Odilon Barrot, distinguant nettement la liberté d'association des excès des clubs, défen-
dirent le projet dont le principe fut adopté[5]. Mais le
31 mai l'Assemblée refusa de mettre la loi à l'ordre du
jour et le projet disparut avec la Constituante.

Les clubs en profitèrent pour accentuer leur développ-
pement. Dans la seule ville de Lyon on en comptait au
début de 1849 plus de 132[6]. Ils s'attachaient à répandre
les idées socialistes et cherchaient à se couvrir de l'éti-

1. *Moniteur* du 28 janvier 1849.
2. *Moniteur* du 20 mars, p. 933.
3. *Moniteur* du 22 mars, p. 972.
4. *Moniteur* du 21 mars, p. 954.
5. *Moniteur* du 21 mars, p. 956.
6. De Fagot de Casteljau, p. 360.

quette de comités électoraux. C'est le terrain sur lequel
se plaçait Ledru-Rollin dans son interpellation du 11 avril [1]
où il fit entendre un appel à la révolte. La tentative
d'émeute qui s'ensuivit le 13 juin poussa l'Assemblée législative où dominait l'élément conservateur à accueillir
le projet présenté le 14 juin par M. Dufaure ministre de
l'Intérieur.

Le rapport de M. de Lasteyrie [2] rappela que les clubs
étaient incompatibles avec les intérêts de l'ordre social et
qu'ils constituaient « un État dans l'État ». Le texte du
projet fut adopté sans discussion [3]. La loi du 19 juin 1849
sur les clubs [4] autorisait le Gouvernement pendant l'année qui suivra sa promulgation à interdire « les clubs ou
autres réunions publiques qui seraient de nature à compromettre la sécurité publique. » Un projet de loi était
annoncé qui devait interdire les clubs et régler l'exercice
du droit de réunion. C'était donc, en ce qui concerne les
associations politiques connues sous le nom de clubs et
les réunions publiques, suspendre d'une façon transitoire
la Constitution. Deux circulaires suivirent la loi [5] : celle
de M. Barrot, ministre de la Justice, qui recommandait
aux parquets d'agir avec vigueur contre les clubs et les
sociétés secrètes; celle de M. Dufaure, ministre de l'Intérieur, aux préfets, qui constatait que, si la Société avait
besoin de se défendre, la loi ne portait aucune atteinte aux
réunions étrangères à la politique. Des poursuites furent
exercées à la suite de la loi de 1849 et des sociétés politiques furent dissoutes [6].

Le Gouvernement, dans l'exposé des motifs, avait ex-
primé l'espoir que « les progrès de l'esprit et des mœurs,
et les habitudes de la vie constitutionnelle » rendraient
plus tard inutile la faculté qui lui était conférée. Cet
espoir ne devait pas se réaliser car les clubs continuaient

1. *Moniteur* du 12 avril 1849, p. 1334.
2. *Moniteur* du 19 juin 1849, p. 2100.
3. *Eod. loco.*
4. Devilleneuve. *Lois*, 1849, p. 75.
5. *Moniteur* du 24 juin 1849, p. 2135, 2145.
6. Voir les affaires de *la Solidarité républicaine* (*Gazette des Tribunaux*,
14, 22, 23 décembre 1849); de la Société *les Amis de l'égalité* (*eod. loco*,
28 novembre 1849) ; de *la Légion de Saint-Hubert* (Weil, p. 207).

leur agitation et inquiétaient le parti le l'ordre. Déjà le
9 août 1849 avait été votée la loi sur l'état de siège qui
permettait à l'autorité militaire, dans le cas de déclaration de l'état de siège, « d'interdire les publications et les
réunions qu'elle juge de nature à exciter ou à entretenir
le désordre[1]. » Le 21 mars 1850, M. Baroche proposa de
proroger jusqu'au 22 juin 1851 la loi du 19 juin 1849 et
de l'appliquer aux réunions électorales de nature à compromettre la sécurité publique[2]. L'urgence fut déclarée,
mais le projet n'eut pas de suite.

Il fut repris le 6 juin et, malgré les efforts de l'extrême
gauche, la loi fut votée sur le rapport de M. Boinvilliers[3].
Un an après le ministère demandait une nouvelle proro-
gation. Le rapporteur, M. de Lasteyrie[4], dénonça de
nouveau le danger des clubs et rappela la promesse faite
par le Gouvernement dans l'exposé des motifs d'user avec
modération d'un droit transitoire. L'opposition protesta[5]
contre l'atteinte portée à la Constitution et reprocha au
Gouvernement de tolérer certaines associations politiques
dont le but était anti-constitutionnel. La loi fut votée le
21 juin 1851[6] prorogeant les lois de 1849 et de 1850, après
rejet d'un amendement relatif aux réunions électorales.
Elle fut suivie d'une circulaire du garde des sceaux du
1er novembre 1851[7]. Cette circulaire expliquait que la
législation permettait « la répression des écarts qui peuvent se produire dans l'exercice du droit d'association et
de réunion[8] ». Elle rappelait la faculté donnée au Gouvernement de dissoudre les sociétés qui dissimulaient une
association politique sous l'étiquette d'une association de
bienfaisance ou d'une société de secours mutuels.

1. Article 9. (Devillenouve, 1849, p. 141).
2. *Moniteur* du 22 mars 1850, p. 958.
3. *Moniteur* du 7 juin 1858, p. 1957.
4. *Moniteur* du 11 juin 1851 (supplément). Au rapport de M. de Lasteyrie était jointe une statistique indiquant que, depuis le 19 juin 1850, on
avait interdit 108 clubs ou réunions dangereuses, 2 réunions électorales
préparatoires, 74 banquets politiques.
5. Discussion. *Moniteur* du 11 juin 1851, p. 1752.
6. Devillenouve, 1851, p. 81.
7. Weil, p. 194.
8. Pour les réunions accidentelles la sanction était dans l'article 471 (15)
du Code pénal.

Ce fut le cas de la fameuse *Société du Dix-Décembre* qui avait fait la déclaration exigée des associations politiques et qui affectait de poursuivre un but de bienfaisance et de secours mutuels. En réalité elle constituait un centre de propagande bonapartiste. Signalée par le préfet de police, elle fut dissoute le 7 novembre 1851 par un décret du Prince-Président désireux de se concilier l'Assemblée.

Le mouvement démagogique dont les menaces effrayaient l'opinion publique continuait néanmoins à se développer[1]. Atteint par la réaction qui avait suivi les journées de juin, il avait repris son activité et, en vue des élections de 1852, poussé activement sa propagande, non seulement dans les villes, mais aussi dans les campagnes, surtout dans les régions de la Loire et du Rhône. Les *cercles* et les *chambrées* y rassemblaient les anciens habitués des clubs. L'agitation socialiste se propageait et devait aboutir à l'explosion qui suivit dans certaines provinces le coup d'État. Ces menaces, non moins que les insurrections déjà réprimées, devaient amener l'opinion publique, par instinct de conservation, à se dégoûter de la liberté[2]. Le Gouvernement de la seconde République, tout en proclamant solennellement dans la Constitution la liberté d'association et tout en affirmant son intention d'en maintenir le principe, avait été conduit à la réglementer à l'égard des associations politiques, puis à la suspendre à l'égard des clubs. Les abus des associations politiques, continuant à compromettre la cause de la liberté d'association, allaient amener la suppression de la liberté pour toutes les associations par un retour au système de prohibition et d'arbitraire.

Une catégorie d'associations avait été l'objet de ménagements particuliers, c'étaient les associations électorales envisagées souvent du reste comme des réunions. Nous avons vu la loi du 28 juillet 1848[3] excepter de ses dispositions « les réunions électorales préparatoires », et les déclarations du ministre de l'Intérieur à ce moment furent

1. De la Gorce, t. II, p. 510 et s.
2. De Fagel de Casteljau, p. 369.
3. Article 19.

formelles quant à la liberté des comités électoraux[1]. En conséquence le Gouvernement se montra d'abord, et jusqu'à l'élection du Président de la République, scrupuleux à l'endroit des associations électorales qui paraissaient également protégées par la Constitution du 4 novembre 1848. Mais nous avons vu aussi les associations politiques et les clubs se dissimuler sous la forme d'associations électorales : « Tous les clubs, disait M. Dufaure en répondant à l'interpellation de M. Gent [2], ont été baptisés du nom de réunions électorales préparatoires. » C'était en particulier le procédé auquel recourut *la Solidarité républicaine*, c'était le point de vue auquel se plaçait Ledru-Rollin dans son interpellation du 11 avril 1849. Dans la discussion de la loi du 19 juin 1849, M. Dufaure, tout en s'opposant nettement à cette tactique [3], admettait la liberté pour les réunions préparatoires véritablement électorales, et dans sa circulaire aux préfets il affirmait que la loi ne touchait pas aux réunions électorales. Mais, plus tard, la loi du 6 juin 1850 était déclarée applicable aux réunions électorales de nature à compromettre la sécurité publique. Dans la discussion de la loi du 21 juin 1851 un amendement était repoussé qui exceptait les réunions électorales tenues pendant les quarante jours qui précéderaient l'élection des membres de l'Assemblée et du Président de la République. Les associations électorales paraissent donc, à la fin de cette période, soumises aux mêmes restrictions que les associations politiques connues sous le nom de clubs.

§ 2. — *Les sociétés secrètes. La Franc-Maçonnerie.*

Nous avons vu les sociétés secrètes visées spécialement par le décret du 28 juillet 1848 sur les clubs. Sous Louis-

1. Weil, p. 184. — Le comité de la rue de Poitiers qui avait pour but la propagande conservatrice subsista jusqu'au 2 décembre 1851 (Clunet, p. 64).

2. De Faget de Casteljau. p. 351.

3. « Vous savez sous quelles formes variées, sous quels masques trompeurs se cachent les factions. L'association qui a organisé le complot du 13 juin s'intitulait comité électoral. » (Weil, p. 188.)

Philippe elles avaient joué un rôle important, mais, dissoutes à la suite des mouvements révolutionnaires qu'elles avaient organisés, poursuivies en vertu de la loi de 1834, elles avaient fini par perdre leur vitalité sous la surveillance constante de la police. A la veille de 1848 « elles végètent plus qu'elles ne vivent [1] ». Sous leur organisation s'étaient abritées, à la fin de la monarchie de juillet, les sociétés populaires. Après la révolution de 1848, les sociétés populaires s'extériorisent, pour ainsi dire, sous la forme des clubs.

Les sociétés secrètes, quoique moins nombreuses, reparaissent cependant et cherchent à profiter du bouleversement général. Leurs membres ont participé aux journées de février, et quelques-uns de leurs chefs, avec Albert à l'hôtel de ville et au Luxembourg, avec Caussidière à la préfecture de police, s'étaient installés au pouvoir [2]. Aussi les sociétés secrètes se montrèrent de nouveau au sein de cette « végétation révolutionnaire [3] » qui, se développant sans obstacle, envahissait tout. Elles augmentaient leurs recrues en enrôlant une partie importante de la population ouvrière [4]. Elles envahissaient les associations politiques et les clubs.

La loi de 1848 allait pour la première fois les désigner et les frapper car il faut noter que jusqu'alors les dispositions du Code pénal ne distinguaient pas les associations qui opéraient en cachette et celles qui agissaient au grand jour [5]. Mais les sociétés secrètes étaient nées précisément de la législation qui frappait toutes les associations, législation dont apparaissait ainsi le vice capital. Ses dispositions prohibitives générales, arrêtant trop souvent le mouvement des associations en ce qu'il avait de légitime, conduisaient les associations contraires à l'ordre public à revêtir une forme occulte. Ainsi ces associations illicites devenaient plus redoutables par là même qu'elles étaient plus difficiles à surveiller. On sentait le danger des socié-

1. De Faget de Casteljau, p. 297.
2. De la Gorce, t. I, p. 109 ; de la Hodde, p. 504.
3. De Faget de Casteljau, p. 320.
4. Levasseur. *Histoire des classes ouvrières*, 1867, t. II, p. 206.
5. Blanche. *Études pratiques sur le Code pénal*, 1868, t. IV, p. 434.

tés secrètes, danger qui s'était manifesté par leur action
sous la monarchie de juillet. Ce danger était avoué par
ceux mêmes qui avaient profité de leur influenc. C'est
ainsi que dans la discussion de la loi de 1848 Flocon pouvait dire : « J'ai fait partie des sociétés secrètes. Je sais
comment elles se font. C'est précisément pour cela que
je n'en veux plus... Aujourd'hui vous avez le gouvernement de la souveraineté du peuple, et il n'y a que les
mauvais citoyens qui puissent conspirer ou combattre
contre lui [1]. »

Le débat sur les sociétés secrètes fut soulevé à propos
de la disposition qui soumettait à l'autorisation toutes les
réunions non publiques. Cette disposition, nous l'avons dit,
fut vivement critiquée, mais, dès le premier instant, on
admit qu'une disposition spéciale devait frapper les sociétés secrètes. Nous ne voulons pas de sociétés secrètes,
disait M. Senard ministre de l'Intérieur [2]. « Là où le
droit d'association existe, il n'y a plus rien à réclamer
pour les associations secrètes. » Dupin, de son côté, réclamait le maintien de l'article par mesure de précaution
contre les sociétés secrètes. Considérant protestait contre
l'assimilation des associations qui ne se cachent pas aux
sociétés « qui se cachent dans l'ombre et contre lesquelles
la loi ne saurait être trop sévère. Les amendements furent
renvoyés à la commission et le rapporteur, M. Coquerel,
apporta le lendemain [3] une nouvelle rédaction distinguant
les sociétés secrètes qui devaient être interdites, personne,
disait-il, n'ayant le droit de se cacher.

Mais alors M. Valette posa une question qui embarrassa
l'assemblée en demandant une définition précise de la
société secrète. Après une discussion confuse, les amendements furent de nouveau renvoyés à la commission, et
le rapporteur vint déclarer [4] qu'après une longue et con-
sciencieuse étude la commission ne pouvait que constater
un fait, c'est que « la société secrète est une société

1. *Moniteur* du 27 juillet (supplément) p. 1774. — Un interrupteur s'écriait
à l'extrême gauche : « Nous avons renversé deux royautés avec cela. »
2. *Moniteur* du 26 juillet, p. 1762.
3. *Moniteur* du 27 juillet (supplément) p. 1774.
4. *Moniteur* du 28 juillet, p. 1783.

secrète. » Il n'y eut donc pas de définition dans la loi [1] et M. Dupin déclara que c'était faire preuve de sagesse parce « qu'on ne peut donner en général la définition que des choses connues et non pas des choses qu'on s'efforce de dissimuler.

La définition véritable avait cependant été donnée au cours de la discussion : « La société secrète est celle qui dissimule ce qu'elle se propose de faire [2] », celle « qui dissimule son but [3] ». C'est qu'en réalité la société secrète n'est pas tant celle qui cache son existence ou le nom de ses adhérents, que celle qui cache son but, son organisation, ses moyens d'action, en un mot celle qui a pour objet le secret [4]. Au point de vue pratique, l'existence de la société secrète est une constatation de fait qui doit être laissée à l'appréciation du juge [5].

Quoi qu'il en fût, que l'absence de définition de la société secrète eût été le résultat de l'embarras du législateur ou de sa sagesse, tout le monde se montrera d'accord pour voter la prohibition absolue des sociétés secrètes dont l'article 13 consacra l'interdiction.

Les sociétés secrètes étaient donc interdites. La Cour de Cassation vint préciser la loi en déclarant, conformément à la définition que nous venons d'indiquer, qu'une association « qui s'avoue hautement et qui a recours à tous les moyens de publicité pour se faire connaître » peut être réputée société secrète lorsque, « indépendamment du but avoué par ses statuts, elle en a un autre qui était resté secret et qui n'est connu que de ses affiliés [6] ». Les cours d'appel se rallièrent à cette jurisprudence [7], et des poursuites furent exercées contre diverses associa-

1. M. Valette dans son amendement avait donné cette définition : « toute réunion ayant pour but d'agiter en secret des questions politiques ou de poursuivre en secret un résultat politique quelconque », p. 1784.

2. M. Gerdy, p. 1775.

3. M. Vergnes, p. 1783.

4. Blanche, t. IV, p. 469, définit la société secrète la société, quel que soit son but, qui opère en cachette et ne se révèle qu'à ses affiliés.

5. M. Vergnes, p. 1783.

6. Cassation, 13 décembre 1849 ; *Sirey*, 1850, p. 137. — Voir le rapport de M. Deglos (*Gazette des tribunaux*, 14 décembre 1849).

7. Clunet, p. 63.

tions, notamment contre *la Solidarité républicaine* [1]. Le danger des sociétés secrètes devait cependant se manifester encore dans cette période par les *cercles* et *les chambrées* qui propageaient les doctrines socialistes dans les départements des bassins du Rhône et de la Loire [2]. Dans le Sud-Est, *la Société de la nouvelle montagne* devait prendre à partir de 1849 un développement d'où sortiront les véritables actes de guerre civile qui suivirent le coup d'Etat. [3].

L'article 13 de la loi de 1848, qui devait être maintenu formellement par le décret de 1852, restera comme prohibition des sociétés secrètes jusqu'à l'époque où il sera abrogé par la loi du 1ᵉʳ juillet 1901 [4].

Parmi les sociétés secrètes il faut noter spécialement la Franc-Maçonnerie. Quelle part avait-elle prise à la révolution de 1848 ? On a pu soutenir que la Franc-Maçonnerie avait été l'agent essentiel du mouvement qui avait emporté la monarchie de juillet : la révolution avait été inattendue et soudaine, sans motif assez grave pour la justifier ; ses conséquences s'étaient propagées simultanément dans les différents pays de l'Europe. Quelle autre association pouvait être la cause d'une crise semblable si ce n'est la maçonnerie dont l'organisation est universelle ? On a rappelé qu'en 1846 se réunissait à Strasbourg un congrès dans lequel on voyait figurer les noms d'hommes politiques qui personnifiaient la révolution à la veille d'éclater. Tous les membres du Gouvernement provisoire et tous les ministres étaient sortis des Loges, observe l'abbé Gyr [5]. Telle est la thèse soutenue par les écrivains anti-maçons les plus autorisés [6]. Ils ont fait remarquer que, le 10 mars, Lamartine, recevant à l'hôtel de ville le suprême conseil du rite écossais, faisait cette déclaration

1. Sirey, *eod. loco*; Weil, p. 106.
2. De la Gorce, t. II, p. 542.
3. *Eod. loco*, p. 543 et s. De la Gorce. *Histoire du second Empire*, t. I, p. 7.
4. Article 21.
5. Gyr. *La Franc-Maçonnerie*, 1859, p. 370.
6. Eckert. *La Franc-Maçonnerie*, 1854, t. II, p. 231 ; Gyr, p. 362 ; Claudio Jannet. *La Franc-Maçonnerie et la Révolution*, 1884, p. 378. — Voir aussi : Rebold. *Histoire de la Franc-Maçonnerie*, p. 172.

significative : « J'ai la conviction que c'est du sein de la
Franc-Maçonnerie qu'ont jailli les grandes idées qui ont
jeté le fondement des révolutions de 1789, de 1830 et
de 1848. » Assurément il faut faire la part de l'exagération déclamatoire d'une semblable déclaration, mais nous
avons constaté qu'à la veille des événements de 1848 les
Loges renfermaient des éléments révolutionnaires dont
les meneurs contribuèrent dans une large mesure à préparer et à faire éclater la crise.

Dans tous les cas la révolution fut acclamée par les
Loges. Le 6 mars une députation du Grand Orient conduite par le F.'. Bertrand, grand maître adjoint, se rendit
à l'hôtel de ville où elle fut reçue par les Frères Crémieux, Garnier-Pagès, Marrast, membres du Gouvernement provisoire, revêtus de leurs insignes maçonniques [1].
L'orateur apportait, au nom de tous les ateliers, l'adhésion du Grand Orient au Gouvernement provisoire, déclarant qu'ils reconnaissaient dans les événements qui
venaient de s'accomplir le triomphe des idées maçonniques : Les maçons « saluent le triomphe de leurs principes, et s'applaudissent de pouvoir dire que la patrie
tout entière a reçu par vous la consécration maçonnique ». Le F.'. Crémieux répondit dans un langage hyper-
bolique : « La République est dans la Maçonnerie... la
République fera ce que fait la Maçonnerie, elle deviendra
le gage éclatant de l'union des peuples, et le Grand Architecte de l'Univers, du haut du ciel, sourira à cette noble
pensée de la République qui, se répandant de toutes
parts, réunira dans une même pensée tous les citoyens
de la terre. »

Le Grand Orient annonça cette réception par une
circulaire du 13 mars 1848 : « De grands événements politiques viennent de s'accomplir : une ère nouvelle a commencé pour la France, et cette fois basée sur les principes fondamentaux de notre ordre. » S'il était vrai « qu'il
ne fallait pas plus se fier à ces déclarations enthousiastes
qu'à celles de 1814, 1815 et 1830 [2] », qu'il n'y eût là que

1. Jouaust. *Histoire du Grand Orient*, p. 502. — *Bulletin du Grand
Orient*, mars 1848, p. 66.
2. Jouaust. *Histoire du Grand Orient*, p. 501.

« la répétition de la même cérémonie à chaque changement de Gouvernement [1] », il faut constater cependant
que la Maçonnerie devait voir avec satisfaction le renversement du régime monarchique dont la destruction était
l'un des buts traditionnels proposés à ses efforts.

Elle se défendait cependant de poursuivre un but politique, et Crémieux, dans le discours que nous venons de
citer, déclarait : « La Maçonnerie n'a pas, il est vrai, pour
objet la politique ; mais la haute politique, la politique
d'humanité, a toujours trouvé accès au sein des Loges
maçonniques [2]. » Le but apparent continuait à être un but
d'humanitarisme et de bienfaisance ; le véritable but restait politique et surtout antireligieux [3].

Lors de la discussion de la loi du 28 juillet 1848 la
Franc-Maçonnerie jugea bon de se faire proclamer société
de bienfaisance. M. Paul Gillon ayant demandé si la
Franc-Maçonnerie serait interdite comme société secrète,
le rapporteur fit cette déclaration : « En ce qui concerne
la Franc-Maçonnerie, il était impossible qu'une association aussi célèbre dans les annales de la philanthropie
fût oubliée par votre commission. La question s'est donc
présentée et nous en sommes venus à nous dire que la
Franc-Maçonnerie ne constituait pas une société secrète.
Une société qui a un secret n'est pas pour cela une société
secrète [4]. La distinction peut paraître de loin mériter une
épithète que certes elle ne mérite pas. Il est de fait cependant qu'une association de bienfaisance, de charité, telle
que la Franc-Maçonnerie (je n'ai pas l'honneur d'être
franc-maçon, je n'en parle que par expérience) peut avoir
un secret et cependant n'être pas une société secrète aux
termes de la loi, car rien n'empêche une réunion de
franc-maçons de faire la déclaration exigée par l'un ou

____

1. Jouaust. *Tableau historique de la Franc-Maçonnerie en France*,
1878, p. 120. — Noter aussi les hommages adressés par certains maçons
à Louis Bonaparte (Saint-Albin, p. 373. 374).

2. Jouaust. *Histoire du Grand Orient*, p. 504.

3. La Papauté n'avait cessé de faire entendre à cet égard ses avertisse-
ments (Voir la lettre de Consalvi à Metternich du 4 janvier 1818 citée par
Saint-Albin. *La Franc-Maçonnerie et les sociétés secrètes*, 1867, p. 433).

4. Interruption du citoyen Landrin : « Surtout quand elle n'a pas de
secret. »

l'autre des articles de la loi. » Et Flocon ajoutait : « L'autorité surveille directement les réunions de franc-maçons et a toujours le droit d'y pénétrer [1]. »

Quelle que fût la valeur de cette opinion du rapporteur, étant donné les termes et l'interprétation juridique de la loi, il est certain que la Franc-Maçonnerie fut surveillée et que la « vénérable institution » pour parler avec un écrivain de nos jours [2], ne fut pas sans être inquiétée à diverses reprises sous le nouveau régime qu'elle avait officiellement acclamé.

Le Gouvernement se préoccupa de l'action politique qu'elle pouvait exercer. En septembre 1848 une circulaire du Grand Orient avait rassuré les Loges de Paris en leur affirmant que, grâce à une déclaration faite à l'autorité supérieure, elles pouvaient continuer leurs travaux en se renfermant dans les limites des statuts [3]. Cependant « après l'élection présidentielle, dit un auteur maçon [4], la position de la maçonnerie vis-à-vis du pouvoir civil devient de plus en plus précaire. Les Loges sont suspectées d'avoir recueilli la succession des clubs politiques ». Une circulaire de M. Baroche, ministre de l'Intérieur, les signalait aux préfets le 3 octobre 1850 [5] : « La Franc-Maçonnerie, disait-il, qui existe en France, depuis 1725, compte dans son sein et à sa tête des personnages fort recommandables, et, d'après ses statuts, elle s'occupe spécialement d'œuvres de bienfaisance. Cette association s'est jusqu'ici maintenue et développée, sinon avec l'autorisation, du moins par la tolérance des gouvernements qui se sont succédé, et les Loges maçonniques n'ont jamais été inquiétées dans leur existence à moins qu'elles n'aient été signalées comme s'occupant de discussions politiques. » Dans ce cas le Gouvernement par l'intermédiaire du Grand Orient a fait retirer l'institution maçonnique à la Loge signalée et l'a fait fermer. » Il agira de même dans l'avenir et de plus considérera comme des « sociétés secrètes

<hr>

1. *Moniteur* du 27 juillet (supplément), p. 1775.
2. Weil, p. 203.
3. Jouaust. *Histoire du Grand Orient*, p. 512.
4. Jouaust. *Tableau historique*, p. 124.
5. Weil, p. 203.

ordinaires » les Loges qui ne seraient pas placées sous
l'obédience du Grand Orient ou du Suprême Conseil, à
celles-là seulement « l'administration reconnaît une existence régulière ».

Le Grand Orient auquel était ainsi reconnue une sorte
d'existence par l'intervention de l'administration et de la
police, se montre constamment « hésitant entre le désir
de protéger ses Loges et la crainte de se compromettre
lui-même par cette protection [1] ». L'autorité civile lui
signalait continuellement des Loges comme s'occupant de
matières politiques [2].

Une campagne de presse contre la Maçonnerie dans
laquelle figura *le Constitutionnel* suivit la circulaire de
M. Baroche [3]. La Grande Loge Nationale, qui constituait
vis-à-vis du Grand Orient une manière de schisme [4], fut
supprimée par un arrêté du préfet de police le 2 janvier 1851. On se fondait surtout sur son caractère politique : « L'administration, était-il dit, ne pouvait envisager la Grande Loge comme étant étrangère à la politique,
vu que cette Loge se contente, par l'article 6 de sa constitution, d'interdire pendant ses séances toute discussion
politique ou religieuse de nature à irriter les esprits [5]. »

Au point de vue légal, la situation de la Franc-Maçonnerie était donc « précaire » de l'aveu même des auteurs
maçons.

Au point de vue intérieur, les divisions intestines se
faisaient sentir. Déjà en 1847 s'étaient tenus des congrès
régionaux de Loges qui avaient inquiété le Grand Orient [6].

A la veille de la révolution les esprits étaient divisés
par un rapport de la commission permanente qui proposait de « rendre à la Maçonnerie le caractère religieux
qui lui est propre ». Pour cela il fallait lui permettre
d'exercer la bienfaisance et en conséquence n'admettre
que des adeptes favorisés de la fortune [7]. En mars 1848

1. Jouaust. *Tableau historique*, p. 124.
2. Jouaust. *Histoire du Grand Orient*, p. 519.
3. Voir aussi les circulaires citées par Eckert, t. II, p. 241.
4. Jouaust. *Tableau historique*, p. 121 et s.
5. Weil, p. 205.
6. Jouaust. *Histoire du Grand Orient*, p. 491.
7. *Eod. loco*, p. 495.

se produisait la tentative de création de la Grande Loge
Nationale dirigée à la fois contre le Grand Orient et le
Suprême Conseil. En même temps était convoquée par le
Grand Orient l'assemblée générale des députés des Loges
qui ouvrit ses séances le 9 juin 1849. En août 1849 était
votée la constitution de 1849 dont l'article premier formulait la reconnaissance de l'existence de Dieu et de l'immortalité de l'âme, déclaration qui devait être si attaquée par la suite [1]. On maintint les hauts grades bien
que la commission de révision eût déclaré qu'ils constituaient « un non-sens [2] ». D'une façon générale, la Franc-
Maçonnerie conservait avec soin l'organisation qui lui
permettait d'écarter de son sein les éléments ouvriers.
Mais le Grand Orient constatait le désordre dans son administration intérieure [3], et, depuis 1845, il s'efforçait en
vain de réaliser le projet de construction d'un temple
maçonnique à Paris [4].

En résumé la Franc-Maçonnerie avait été placée sous
une surveillance qui s'exerçait par le moyen du Grand
Orient, c'est-à-dire de sa principale organisation centrale.
Ses groupements n'avaient été inquiétés que comme organisations politiques, et la menace de poursuivre devant
les tribunaux comme sociétés secrètes les Loges indépen-
dantes du Grand Orient ne paraît pas avoir été réalisée.
Nous estimons cependant que la Franc-Maçonnerie tout
entière tombait sous le coup de l'article 13 de la loi de
1848. Les déclarations faites en 1848 à la tribune ne pouvaient suffire à lui conférer le caractère exclusif d'une
société de bienfaisance. Elle constituait bien, d'après les
principes posés en 1849 par la Cour de Cassation, une
société secrète, puisque, indépendamment de son but

1. *Eod. loco*, p. 514. — Article premier : « La Franc-Maçonnerie, institution essentiellement philantropique, et progressive, a pour base l'existence
de Dieu et l'immortalité de l'âme, elle a pour objet la bienfaisance. » Article 5 : « Les matières politiques sont hors du domaine des assemblées
maçonniques en tant qu'il s'agit de l'application contemporaine des théories politiques et des diverses formes de Gouvernement. » (*Constitution
du Grand Orient*, 1849.)

2. Jouaust. *Histoire du Grand Orient*, p. 515.

3. Rapport au comité des finances du 12 juin 1851 (cité par Jouaust,
Histoire du Grand Orient, p. 519).

4. *Eod. loco*, p. 512.

avéré, elle avait un autre but secret qui n'était connu
que de ses affiliés[1].

§ 3. — *Les corps indépendants. Le barreau.*

Les corps que nous avons appelés indépendants ne
subissent pas dans la période de 1848 de modifications
légales. Notons seulement, au sujet du barreau, la loi du
18 mai 1850 qui soumit à la patente les avocats inscrits
au tableau des cours ou tribunaux[2].

§ 4. — *Les associations professionnelles.*

En ce qui concerne les associations professionnelles
notons d'abord les compagnonnages. Ils constituent encore
une force importante mais dont la désagrégation déjà
commencée se poursuit à partir de 1850[3] et permet de
remarquer la diminution de leur influence sur la classe
ouvrière. Au début de la période on peut constater l'enthousiasme avec lequel le compagnonnage accueillit la
révolution de 1848. Parmi les clubs qui surgirent de tous
côtés on vit les compagnons fonder *le Club des compagnons de tous les devoirs.* Il s'occupa activement de politique et remporta un véritable succès avec l'élection de
Perdiguier comme député de Paris. En même temps se
manifestait un courant de fraternité et de réconciliation.
Un comité avait été nommé en vue d'élaborer une constitution fédérale qui aurait fusionné tous les rites. Le
21 mars, 10.000 compagnons de tous les Devoirs, de tous
les états, en habits de fête et porteurs de leurs insignes,
se rendaient à l'hôtel de ville pour assurer de leur fidélité le Gouvernement provisoire et le prendre à témoin de
leur réconciliation solennelle[4]. On vit encore les compa-

---

1. « Malgré un préjugé fort répandu, la bienfaisance n'est pas le but
de la Franc-Maçonnerie, quoiqu'elle soit une vertu chère aux maçons. »
(Jouaust. *Tableau historique*, p. 118.)
2. Mollot, t. II, p. 572.
3. Martin Saint-Léon. *Le compagnonnage*, p. 104, 183.
4. Ils furent reçus par Buchez et Pagnerre. « Depuis des siècles l'his-

gnons participer aux manifestations populaires du 16 mars et du 16 avril. A la fête du 21 mai ils défilèrent au Champ de Mars en portant en pompe leurs chefs-d'œuvre.

Après les journées de juin en vit reparaître l'esprit de corps et les divisions qui arrêtèrent cette renaissance. C'est en vain qu'en octobre 1848 fut élaboré un plan de *Constitution compagnonnique fraternelle et sociale*, ce projet ne fut ratifié que par un petit nombre de sociétés. Les divisions continuèrent à s'accentuer entre les Devoirs, des scissions se produisirent entre compagnons et aspirants, des rixes éclatèrent. Le compagnonnage ne prit aucune part directe au fonctionnement des ateliers nationaux et au mouvement corporatif de 1848. « Un instant on a pu espérer voir le compagnonnage s'orienter vers des voies nouvelles, mais la force qui le précipite à sa perte l'a bientôt ressaisi [1]. »

Des tendances se manifestaient cependant vers l'association dans les milieux professionnels. Le besoin d'association se faisait sentir dans le monde du travail. Il ne s'agissait pas d'un mouvement de retour vers la véritable corporation, c'est-à-dire l'association obligatoire de tous les travailleurs d'un même corps d'état, mais de la conception nouvelle d'une corporation libre qui devait être l'origine du moderne syndicat [2]. Cette conception se fit jour précisément dans les milieux patronaux qui avaient aspiré à la restauration de la corporation et qui avaient, par leurs tendances, hérité de son esprit [3]. Les professions du bâtiment qui, tout en gardant l'empreinte de la corporation, s'étaient groupées sous les dépendances administratives, adhérèrent à un centre commun qui en 1848 comprenait onze professions. Ce fut *la Chambre syndicale du bâtiment* ou *de la Sainte-Chapelle*, appelée ainsi du nom de la rue où se trouvait son bureau. Chaque Chambre conservait son autonomie, mais le même personnel, par

toire du compagnonnage n'avait pas eu à enregistrer un acte plus remarquable. » (Garnier-Pagès. *Histoire de la République de 1848*, t. VII, p. 159); Levasseur. *Histoire des classes ouvrières*, 1867, t. II, p. 205.

1. Martin Saint-Léon. *Le compagnonnage*, p. 158.
2. Martin Saint-Léon. *Histoire des corporations*, p. 642 ; Fagniez, p. 74.
3. Fagniez, p. 74.

raison d'économie, servait à toutes pour le service du
contentieux et des renseignements [1].

Chez les ouvriers aussi les événements avaient développé l'idée d'association en reformant les liens entre les
travailleurs de la même profession. Nous l'avons constaté
en rappelant la renaissance éphémère du compagnonnage.
Le Moniteur du 18 avril relevait, à propos de la manifestation du 16 avril, que les ouvriers déclaraient « qu'ils
avaient voulu manifester en faveur des idées d'organisation du travail et d'association [2] ». Le Gouvernement encourageait cette tendance, et la déclaration du Gouvernement
provisoire du 25 février 1848 aux ouvriers portait : « Le
Gouvernement reconnaît que les ouvriers doivent s'associer
entre eux pour jouir du bénéfice de leur travail [3]. » La loi
du 28 juillet 1848 contenait dans son article 11 une disposition insérée à la demande de Jules Favre [4] qui exceptait de la déclaration les « associations industrielles ».
Enfin la Constitution, qui dans son article 18 reconnaissait aux citoyens le droit de s'associer, dans son article 13,
après avoir garanti la liberté du travail et de l'industrie,
ajoutait : « La Société favorise et encourage le développement du travail par... les associations volontaires. »

Ces tendances se manifestaient en pratique par l'existence de quelques associations ouvrières telles que celle
des typographes citée à la tribune par Jules Favre dans
la discussion de la loi sur les clubs [5]. Elles se manifestaient surtout par la création d'associations coopératives
ouvrières de production pour lesquelles l'engouement fut
considérable et dans lesquelles on avait prôné le fondement de l'organisation économique de l'avenir. La Constituante, par la loi du 5 juillet, consacra une somme de
3 millions à les commanditer [6], et par celle du 15 juillet
facilita l'admission des associations à la soumission des
travaux publics [7]. Près de trois cents associations furent

1. Hubert-Valleroux, p. 322.
2. Levasseur, p. 210.
3. Duvergier, 1848, p. 59.
4. *Moniteur* du 28 juillet, p. 1784, 1789.
5. *Moniteur* du 28 juillet 1848, p. 1784, Levasseur, t. II, p. 377.
6. Duvergier, 1848, p. 364.
7. L'Assemblée législative repoussa la généralisation de ce système qui

fondées à Paris seulement [1] sur lesquelles peu devaient survivre. L'expérience en effet ne réussit pas, elle devait échouer par l'incapacité des gérants et le défaut de discipline des membres des coopératives [2]. Ce mouvement coopératif qui peut être noté parmi les origines du syndicat ouvrier [3], mais qui devait alors si lamentablement échouer, était cependant un réveil de l'esprit d'association. On a fait remarquer que la commission chargée de répartir les crédits et qui fut, à cause de l'inexpérience des ouvriers, obligée de rédiger les contrats, arriva beaucoup plus à la réalisation pratique de l'idée d'association par les discussions qu'elle provoqua que par le capital qu'elle put mettre à la disposition de quelques sociétés [4]. M. Levasseur conclut que, si l'expérience fut mal faite, elle permit de constater qu'après la révolution de février l'association était devenue populaire [5].

Pour apprécier la tendance qui portait de plus en plus les ouvriers à se rapprocher et à se grouper, pour en déterminer le caractère dans cette période et en pressentir les résultats dans l'avenir, il faut envisager d'une façon générale le mouvement ouvrier qui se développait en accentuant les caractères que nous avons déjà indiqués dans la période précédente.

Les milieux ouvriers, traités avec rigueur par le Gouvernement de Louis-Philippe, avaient accueilli avec enthousiasme la révolution de 1848 [6]. D'autre part un mouvement incontestable se manifestait vers un idéal de fraternité et de réconciliation des classes de la société [7]. Malgré les flagorneries qui tendaient à parer la classe ouvrière de toutes les vertus [8], ce mouvement reposait cependant sur un désir sincère de remédier aux misères

eut peu d'applications, sauf pour l'association des paveurs (Levasseur, p. 262).

1. Hubert-Valleroux, p. 253.
2. Du Célier, p. 87 ; Levasseur p. 262 et s.
3. Fagniez, p. 95.
4. Du Célier, p. 87.
5. Levasseur, p. 268.
6. Martin Saint-Léon. *Le compagnonnage*, p. 151.
7. *Eod. loco*, p. 152.
8. « La blouse devint en quelque sorte la livrée des courtisans du pouvoir. » Du Célier, p. 83 ; Fagniez, p. 95.

sociales [1]. S'il aboutit, comme nous allons l'indiquer, à toute une législation dont on ne peut méconnaître le caractère bienfaisant, il échoua sur le terrain où il ne rencontrait que des aspirations chimériques. « L'imagination populaire exigeait que l'on créât le bonheur universel et par décret. Il se trouva des politiciens pour le lui promettre [2]. » De là les prédications utopistes de Louis Blanc [3] et les réunions éphémères de la commission des travailleurs [4] ; de là le droit au travail dont la consécration formelle devait être refusée par la Constitution de 1848 [5] mais dont la proclamation avait été faite imprudemment par le décret du 25 février [6] ; de là l'organisation désastreuse des ateliers nationaux [7] dont la dissolution inévitable amenait la catastrophe des journées de Juin.

Déçus dans leurs espérances et rendus sceptiques à l'égard des promesses qui leur avaient été prodiguées [8], les milieux ouvriers obéirent néanmoins au besoin de groupement qui les poussait à se réunir pour l'amélioration de leur existence et à la défense de leurs intérêts communs. De là le mouvement coopératif que nous avons constaté, de là la création d'associations d'un caractère plus exclusivement professionnel. Mais ce réveil de l'esprit de corps, laissé sans direction véritable, risquait d'être entraîné par les éléments de désordre et allait être de plus en plus dominé par un esprit de lutte de classes

---

1. Martin Saint-Léon. *Le compagnonnage*, p. 151. — L'idée « d'organisation du travail » domine dans les idées. (Benoist. La crise de l'Etat moderne. *Revue des Deux-Mondes*, 1er mars 1914, p. 87.)

2. Martin Saint-Léon. *Histoire des corporations*, p. 643.

3. Levasseur, p. 224.

4. De la Gorce, t. I, p. 118, 136, 189 ; Elias Regnault. *Histoire du Gouvernement provisoire*, p. 121, 123.

5. Levasseur, p. 247 ; de la Gorce, t. I, p. 434, 437. — Cependant l'article 13 de la Constitution promet « l'établissement par l'Etat; les départements et les communes, de travaux publics propres à employer les bras inoccupés. »

6. Levasseur, p. 201 ; de la Gorce, t. I, p. 111. — « Le Gouvernement provisoire s'engage à garantir l'existence de l'ouvrier par le travail. Il s'engage à garantir du travail à tous les citoyens. » (Devilleneuve, 1848, p. 59.)

7. Décret du 26 février (de la Gorce, t. I, p. 116.) — Les ateliers nationaux furent définitivement supprimés par le décret du 3 juillet 1848. (Levasseur, p. 225.)

8. De la Gorce, t. I, p. 243, 391, t. II, p. 129.

et d'antagonisme contre les patrons [1]. La classe ouvrière continuait à accentuer son existence. La séparation se perpétuait et s'aggravait entre les organisations ouvrières et les organisations patronales. C'était un des caractères des syndicats ouvriers qui déjà se révélait [2].

Un autre caractère non moins accentué du mouvement ouvrier c'était son caractère politique. L'ouvrier n'avait pas seulement participé à la révolution de 1848, il l'avait faite [3], ou tout au moins il en avait été l'instrument et on ne cessait de lui en attribuer le mérite. Il entendait en réclamer le profit [4]. Frustré par la bourgeoisie et les politiciens du pouvoir auquel il avait cru parvenir [5], il devait s'organiser de plus en plus sur le terrain politique pour faire triompher ses revendications.

Le suffrage universel, proclamé par le régime de 1848, restreint ensuite par lui, pour être rétabli ensuite à son profit par un gouvernement nouveau, consacrait l'avènement au pouvoir de la démocratie [6]. Pour la première fois de simples salariés siégèrent dans l'enceinte législative. Le règne du nombre était proclamé, le nombre c'était la classe ouvrière qui va tendre dans l'avenir, grâce au sentiment de sa puissance par le suffrage universel, à affirmer sa souveraineté et tout d'abord son existence comme parti [7]. Aussi les ouvriers, enrôlés depuis le 24 février dans les sociétés secrètes [8], associés aux manifestations politiques [9] dont ils constituent le plus sérieux

---

1. Benoist. *Revue des Deux-Mondes*, 1ᵉʳ mars 1914, p. 94, 101.

2. Cette tendance des ouvriers vers la lutte des classes est indiquée par Frédéric Bastiat dans son discours du 17 novembre 1849. (*Moniteur* du 18, p. 3711.)

3. « La révolution de 1848 était la révolution des ouvriers. » (Du Célier p. 82, 83.)

4. Levasseur, p. 199.

5. De la Hodde (p. ix) qualifie la révolution de 1848 « d'escroquerie politique ». — Le Play. *Morceaux choisis* par Auburtin, 1906, p. 445 ; De Brémond d'Ars. *La vertu sociale du christianisme*, p. 289.

6. « On semblait encore ignorer son existence quand elle s'est emparée du pouvoir. » (De Tocqueville. *La démocratie en Amérique*, p. 7.)

7. Voir la proclamation des délégués ouvriers du Luxembourg à leurs commettants et le règlement constitutif du Comité central des ouvriers du département de la Seine. (Garnier-Pagès. *Histoire de la révolution de 1848*, t. VII, p. 85.)

8. Levasseur, p. 206.

9. Garnier-Pagès, t. VII, p. 76.

appoint, vont de plus en plus chercher dans l'arme politique qu'ils viennent de conquérir le moyen de réaliser leurs aspirations. Ce sera l'origine du caractère politique qui, faisant sortir les associations professionnelles de leur voie et les soumettant aux influences d'hommes étrangers à la population, dominera les syndicats modernes [1].

Le mouvement ouvrier vient aussi fortifier le mouvement socialiste qui tend à l'absorber. La classe ouvrière aspire à une transformation sociale que lui font entrevoir les promesses imprudentes du Gouvernement provisoire proclamant le droit au travail [2], fixant les salaires et la durée de la journée [3], abolissant le marchandage [4]. Les utopies socialistes, en détournant les ouvriers des revendications réellement pratiques, portent leurs regards vers un état social où il n'y aura plus ni bourgeois, ni prolétaires, ni patrons, ni ouvriers [5]. Les systèmes des réformateurs de 1848 sont des manifestations de l'idée socialiste qui absorbe les forces corporatives [6]. Vers cette idée se tourne une partie importante de la classe ouvrière à la grande colère de la bourgeoisie qui a commis la faute de mettre en évidence les œuvres de ses propagateurs. En même temps la propagande socialiste s'étend dans les campagnes où, par une tactique renouvelée de nos jours, elle fait appel aux instincts de convoitise et d'envie [7].

Les progrès du socialisme que nous avons déjà signalés sous la monarchie de juillet se manifestent dès la révolution de 1848 ; ils apportent aux clubs des concours précieux et se font sentir aux élections à la Constituante [8]. Considérant proclamait en 1839 [9] : « En 1830 le socialisme n'était rien, aujourd'hui le socialisme est tout. » Et il ajoutait : « L'espace compris de 1830 à 1848 fut pour les

---

1. Fagniez, p. xvii.
2. Décret du 25 février 1848. — « Le droit au travail contient tout le socialisme. » (Levasseur, p. 202.)
3. Arrêté du 2 mars 1848 ; loi du 9 septembre 1848.
4. Arrêté du 21 mars 1848. (Du Célier, p. 89 ; Fagniez, p. 96.)
5. Benoist. *Revue des Deux-Mondes*, 1ᵉʳ mars 1914, p. 101.
6. Martin Saint-Léon, p. 643.
7. De la Gorce, t. II, p. 129.
8. *Eod. loco*, t. I, p. 140.
9. *Le socialisme devant le vieux monde ou les vivants devant les morts*, 1849, p. 18-20.

doctrines sociales une phase d'incubation... la société officielle est aujourd'hui face à face avec le socialisme en France et dans toute l'Europe. » Si le socialisme réclamait la liberté d'association et tendait à grouper les masses ouvrières, il tendait en même temps à confisquer ce mouvement au profit de l'Etat chargé d'opérer la transformation sociale [1]. Tel est l'aboutissement des doctrines de Cabet, de Louis Blanc et de Proudhon. Et quel sera le but assigné à ses efforts ? En réalité le socialisme sera désormais beaucoup moins une doctrine d'organisation qu'un agent de désorganisation sociale. C'est donc à une œuvre de ·démolition que seront poussées les classes ouvrières. Elles y seront poussées sur le terrain politique car, ainsi que nous l'avons fait observer, le socialisme, en même temps qu'une doctrine, est un parti politique faisant appel aux appétits et à la lutte des classes. Tel est le caractère qu'il revêtira de plus en plus sous la République de 1848. Après les événements de cette période tourmentée, après les journées de Juin surtout, les tendances socialistes du mouvement ouvrier le rendront suspect à l'opinion publique et entretiendront la crainte des groupements ouvriers [2]. Les prédications socialistes telles que celles de Louis Blanc, les conséquences que sont venus en tirer les agitateurs populaires, en amenant une réaction contre le socialisme [3] discréditent parmi les classes bourgeoises l'idée d'association elle-même [4].

Quels furent, à l'égard des classes ouvrières, les résultats immédiats du mouvement de 1848? Sans doute il leur affligea de cruelles déceptions en les poussant vers des aspirations chimériques que nous avons indiquées. Il se traduisait tout d'abord par un malaise général dans le monde du travail des grèves sur de nombreux points du territoire [5], et finit par aboutir au drame sanglant des

1. Martin Saint-Léon, p. 643. — C'est contre le socialisme que M. Thiers publie en 1848 son livre *De la propriété* publié sous les auspices de « l'association pour la défense du travail national ».

2. Du Cellier. p. 84.

3. De la Gorce, t. I, p. 408.

4. Levasseur, II, p. 224, 293. — « Louis Blanc a effrayé la société en ayant l'air de lui imposer son socialisme égalitaire par autorité et par surprise. » (Considérant, p. 90.)

5. De la Gorce, t. I, p. 294.

journées de Juin. Il ne faut pas méconnaître cependant les
résultats durables de ce mouvement qui portait les esprits
à un sincère désir de l'amélioration du sort des classes
ouvrières. De cette époque date la préoccupation sérieuse
des questions sociales dont les divers régimes politiques
ne pourront plus se désintéresser [1]. De cette époque aussi
date le véritable commencement de la législation ouvrière [2].

L'œuvre législative de la période de 1848 fut en effet
importante. La Constituante, tout en repoussant le socialisme, était guidée par des instincts de liberté et de sympathie pour les classes pauvres ; elle était favorable aux
idées de réforme économique. Mais, d'une part, elle était
gênée par des engagements pris au nom de l'Etat et
qu'elle ne pouvait pas tenir, ainsi la reconnaissance
imprudente du droit au travail ; d'autre part, elle manquait de doctrines précises et de principes arrêtés : elle
encourageait surtout les coopératives ouvrières qui ne
devaient pas avoir un succès durable, aussi, faute de
temps et d'idées directrices, son œuvre fut incomplète [3].

La Législative, dominée par le parti nombreux qui voulait le rétablissement de l'ordre et redoutait les progrès
du socialisme, se méfia des illusions qui avaient dominé la
première assemblée ; c'est ainsi qu'elle refusa de nouveaux crédits aux associations ouvrières. Mais en même
temps on peut reconnaître qu'elle a plus légiféré d'une
façon utile et durable pour les classes laborieures qu'aucune autre assemblée depuis le commencement du siècle [4].
C'est ainsi qu'on peut relever dans son œuvre les lois du
13 avril 1850 sur les logements insalubres, du 18 juin
1850 sur les caisses de retraites, du 15 juillet 1850 sur
les sociétés de secours mutuels, du 10 décembre 1850 sur
le mariage des indigents, du 22 janvier 1851 sur l'assistance judiciaire, du 22 février 1851 sur l'apprentissage,

1. Martin Saint-Léon, p. 634, 647.
2. Martin Saint-Léon, *Le compagnonnage*, p. 153.
3. Levasseur, t. II, p. 269. — On peut citer le projet sur le travail des
femmes et des enfants dans les manufactures qui n'aboutit pas non plus
que le projet sur les coalitions. (Levasseur, p. 270, 271.)
4. Levasseur, t. II, p. 293.

du 14 mai 1851 sur les avances faites aux ouvriers [1].
L'électorat aux conseils de prud'hommes avait été réorganisé par le décret du 27 mai-3 juin 1848. D'autres projets sur le repos du dimanche, les enfants trouvés, les
secours à domicile, s'ils ne purent aboutir, témoignèrent
de la sollicitude de l'assemblée pour les questions sociales [2].

Mais l'œuvre législative la plus plus importante dans
l'ordre d'idées que nous envisageons fut la loi du 27 novembre 1849 sur les coalitions. Le Gouvernement de 1848
était par son origine populaire obligé de modifier la
législation existante à cet égard, et l'article 13 de la Constitution avait proclamé « l'égalité de rapports entre le
patron et l'ouvrier ». On se rappelle combien cette égalité était loin d'être reconnue par le Code pénal. D'après
ses dispositions la coalition n'était punie de la part du
patron que si elle était organisée « injustement et abusivement », la peine de la prison était plus grave pour les
ouvriers, les chefs de la coalition n'étaient frappés plus
sévèrement que ses membres que s'ils étaient ouvriers,
enfin les amendes et les interdictions n'étaient réprimées
que si elles avaient été prononcées par les ouvriers [3].

Sous la Constituante une proposition fut déposée par
M. Morin pour établir l'égalité entre patrons et ouvriers
en considérant comme délit « la convention d'association » qui attenterait à la liberté de l'industrie, ou la per-
pétration de mesures d'intimidation ou de violence en
dehors de toute convention. Le comité de législation lui
substitua un projet nouveau qui fut lui-même modifié en
rétablissant le délit de coalition soumis à l'appréciation
d'une commission de patrons et d'ouvriers. L'Assemblée
n'eut pas le temps de discuter ce projet [4].

L'Assemblée législative fut saisie d'une proposition qui
abolissait purement et simplement les articles du Code

1. Le 10 janvier 1849 avait été votée la loi sur l'organisation de l'assistance publique à Paris. Il faut regretter la tendance étatiste et politique
qui rattacha l'assistance publique au ministère de l'Intérieur.

2. De la Gorce, t. II, p. 391.

3. Voir le rapport de M. Cornudet dans les travaux préparatoires de
la loi de 1864. (Dalloz, 1864, IV, p. 54.)

4. Morin. *Répertoire*. v° coalition, p. 459.

pénal et qui donna lieu à un rapport de M. de Vatimesnil [1]. Elle fut discutée du 11 octobre au 27 novembre. On repoussa en particulier un amendement qui soumettait la coalition au jugement des Conseils des prud'hommes, la coalition injuste donnant ouverture à une action civile et ne donnant lieu à des pénalités que si elle était accompagnée de faits punissables en eux-mêmes [2]. La loi, votée le 27 novembre 1849, frappait de la même pénalité, s'il y a eu tentative ou commencement d'exécution, toute coalition entre ceux qui font travailler les ouvriers tendant à forcer l'abaissement des salaires, toute coalition de la part des ouvriers pour faire cesser ou empêcher le travail et enchérir les travaux. Les chefs ou moteurs étaient des deux côtés frappés de la même peine. Les amendes ou interdictions étaient réprimées de la même manière à l'égard des patrons et des ouvriers. Les uns et les autres pouvaient être mis sous la surveillance de la haute police [3]. Notons que la loi ne s'appliquait pas aux ouvriers des campagnes dont les coalitions restaient soumises à la loi de 1791 [4].

Le droit de coalition n'était donc pas reconnu aux ouvriers et les principes du Code pénal étaient maintenus sur ce point [5], mais l'égalité était établie entre les patrons et les ouvriers [6]. Il faut ajouter que, comme sous la loi de l'an XI et sous le Code pénal, la coalition n'était punissable que s'il y avait eu tentative ou commencement d'exé-

---

1. *Moniteur* du 7 octobre 1849. M. de Vatimesnil déclarait que la liberté de s'associer n'a rien de commun avec la prétendue liberté de former des coalitions qui n'est qu'une licence (*Moniteur*, 1! octobre, p. 3068).

2. Morin, p. 461.

3. M. Cordunet (Dalloz, 1864, IV, p. 54), fait remarquer que la suppression des mots « injustement et abusivement » avait pour objet de permettre aux tribunaux d'apprécier l'élément intentionnel, mais que la jurisprudence tendit à admettre toute coalition comme punissable même si elle était faite dans un but équitable (Cassation, 24 février 1859, Sirey. *Lois*, 1864, p. 26).

4. Sirey. *Code pénal annoté*, 1854, article 414, note 4.

5. M. de Vatimesnil déclarait que le droit de coalition entraînerait l'inégalité, les ouvriers pouvant disposer de plus de force parce qu'ils sont plus nombreux (*Moniteur*, 11 octobre 1849, p. 3068).

6. L'inégalité subsistait cependant avec l'article 1781 du Code civil qui soumettait l'ouvrier à l'affirmation du patron quant à la quantité des salaires. L'obligation du livret était également maintenue.

cution. On pouvait donc soutenir que la délibération et l'entente restaient permises aux ouvriers [1]. Mais cette sorte d'association éphémère cessait d'être tolérée dès qu'elle se traduisait par des manifestations communes. Quant à la liberté d'association elle-même, les ouvriers ne pouvaient la revendiquer qu'en vertu des formules assez vagues de la loi du 28 juillet 1848 et de la Constitution.

Tel fut le mouvement ouvrier de 1848 et tels sont les résultats législatifs qui en furent la conséquence. Si ce mouvement aboutit ainsi à des mesures durables et bienfaisantes pour la classe ouvrière, s'il manifesta de plus en plus les tendances des ouvriers vers le groupement et l'association, il accentua aussi, comme nous l'avons dit, le caractère politique et socialiste qu'il avait revêtu depuis la monarchie de juillet.

Le caractère politique du mouvement ouvrier aura des conséquences importantes pour l'avenir. Appelée à la vie publique par le suffrage universel qui va être rétabli dans son intégrité après le coup d'Etat, la classe ouvrière constituera désormais une puissance que le pouvoir politique cherchera à se rendre favorable ; de là les avances qui lui seront faites par le second Empire, de là l'acheminement vers la liberté des syndicats professionnels qui ne sera proclamée qu'en 1884, mais de là aussi les tendances politiques qui domineront un jour si fâcheusement les associations ouvrières.

En même temps le caractère socialiste du mouvement ouvrier va avoir, nous l'avons observé, cette conséquence immédiate de discréditer auprès des classes bourgeoises les groupements ouvriers et l'idée d'association elle-même. Malgré les essais louables tentés sur le terrain professionnel ou coopératif pendant la période de 1848 [2], le souvenir des manifestations populaires, le souvenir surtout des journées de Juin [3], les appréhensions soulevées par le développement du socialisme, vont inspirer la crainte des classes ouvrières. La même suspicion enveloppera les

1. Rapport d'Emile Ollivier. Sirey. *Lois*, 1864, p. 26. — M. de Vatimesnil (*eod. loco*) paraît reconnaître ce droit de délibération préalable.
2. Du Cellier, p. 3.
3. De la Gorce, t. II, p. 408.

associations ouvrières et politiques, et la réaction contre
les idées démocratiques [1] amènera le décret de 1852 qui,
pour donner satisfaction aux aspirations vers l'ordre public, les confondra dans la même interdiction.

§ 5. — *Les associations économiques.*

Dans l'ordre économique, le mouvement vers les associations était non moins apparent. Il trouvait des encouragements dans les dispositions assez vagues du décret
du 28 juillet 1848 [1] qui exemptait de la nécessité de la
déclaration les « associations industrielles » et de l'article 13 de la Constitution qui portait que « la Société favorise et encourage le développement du travail par les
institutions de prévoyance et de crédit ». Nous avons indiqué la vogue dont jouirent les associations coopératives
ouvrières favorisées par la Constituante et les résultats
qu'elles eurent, malgré leur échec, en vulgarisant dans
les masses populaires l'idée d'association. Proudhon tenta
même de généraliser le mouvement au profit du parti
socialiste en créant une banque du peuple qui ne tarda
pas à se fermer [2].

Ce qu'il faut noter surtout c'est l'extension plus durable
des sociétés de secours mutuels. Sous Louis-Philippe l'administration tendait à les placer sous le régime de l'article 291 du Code pénal, mais en fait elle usait de tolérance
à leur égard et en avait laissé un grand nombre se former sans autorisation préalable [4]. La Constitution de 1848
parut les en dispenser, et la loi du 6 juillet 1850 vint consacrer pour la première fois leur existence légale. Plusieurs catégories de sociétés de secours mutuels étaient
établies : les sociétés autorisées ou reconnues d'utilité
publique qui jouissaient d'avantages particuliers, et les
sociétés libres actuellement constituées ou qui se forme-
raient à l'avenir et s'administreraient librement. L'arti-

3. Levasseur, t, II, p. 296.
1. Article 14.
2. Article 14.
4. Levasseur, t. II, p. 273.

cle 12 prévoyait le cas où les sociétés pourraient incliner
vers la politique et donnait au Gouvernement, « si elles
sortaient de leur condition de sociétés mutuelles de bienfaisance », le droit de les dissoudre, le conseil d'Etat entendu. Le développement des sociétés de secours mutuels
fut dès lors considérable.

Mentionnons une catégorie spéciale d'associations, les
cercles, qui tiennent une place à part et rentrent dans les
associations non publiques et non politiques soumises par
le décret de 1848 [1] à la simple déclaration. Cette déclaration a pour objet de constater qu'elles ne dissimulent
pas des sociétés secrètes [2]. Les cercles ne constituaient du
reste que des associations de fait ; les conventions qui
liaient leurs membres produisaient un contrat innomé et
les obligations qui en naissaient pouvaient recevoir leur
exécution quand elles n'étaient pas contraires à l'ordre
public [3].

§ 6. — *Les associations de bienfaisance.*

Les tendances qui portaient les hommes de 1848 vers
les idées sociales et philanthropiques devaient développer
les associations de bienfaisance et donner une impulsion
à la charité privée. Les pouvoirs publics sentaient la
nécessité de pourvoir aux misères qui se révélaient dans
les classes populaires au cours de la crise qui marquait
cette période troublée [4].

Au point de vue légal on peut noter l'article 14 de la
loi du 28 juillet 1848 qui dispensa de la déclaration les
associations de bienfaisance. La Constitution de 1848 [5] pro-
mit « l'assistance aux enfants abandonnés, aux infirmes
et aux vieillards sans ressources et que leurs familles ne
peuvent secourir ». Mais ces déclarations un peu pom-
peuses dans leur généralité ne contenaient que l'énoncé
d'un programme difficile à réaliser. Des mesures plus

1. Weil, p. 196.
2. Morin. *Répertoire*, v° associations, p. 219.
3. Clunet. *Les associations*, p. 176-178.
4. De la Gorce, t. I, p 115, 391.
5. Article 13.

effectives pour le soulagement des misères sociales pouvaient être envisagées. Déjà à la suite des journées de
Juin des crédits importants avaient été alloués à titre de
secours aux indigents du département de la Seine [1]. Sous
la Législative un certain nombre de représentants voulu-
rent entrer dans la voie des mesures de bienfaisance qui
adouciraient le sort des masses populaires égarées par les
doctrines socialistes : pour eux, il ne suffisait pas de
réprimer les excès, il fallait pourvoir au soulagement des
misères [2]. M. de Melun prit l'initiative de la nomination
d'une commission chargée de préparer les lois relatives
à l'assistance publique et de réaliser les promesses de la
Constitution. Une proposition analogue fut déposée le
6 juillet 1849 par le ministre de l'Intérieur.

La commission, qui comptait trois des chefs de la majorité, M. Thiers, M. Berryer, M. de Montalembert, vit se
produire dans son sein deux courants : les uns se préoccupaient des influences et des exagérations socialistes ou
craignaient les envahissements de l'Etat ; les autres, représentant l'école catholique, préconisaient surtout le concours de la charité individuelle et des associations. Trois
sous-commissions s'occupèrent de l'enfance abandonnée
malheureuse ou coupable, de l'aide exceptionnelle à
apporter aux travailleurs adultes et valides [3], des moyens
de prévenir ou de soulager les misères conséquences de
la vieillesse. M. Thiers donna lecture le 26 janvier 1850
du rapport général qui semblait conclure plutôt à la
nécessité de détruire le socialisme qu'à celle de fonder
des institutions de bienfaisance [4]. Sagement l'Assemblée
renonça à la tâche difficile de l'élaboration d'une loi d'ensemble et vota un certain nombre de lois sociales dont
nous avons signalé les principales et qui eurent des résultats pratiques et durables.

Sur le terrain de l'initiative privée le mouvement qui

1. Le comité des finances avait statué sur un rapport de Bastiat (de la
Gorce, t. I, p. 411).
2. De la Gorce, t. II, p. 385.
3. On y rattacha les questions relatives aux associations ouvrières et
aux sociétés de secours mutuels.
4. De la Gorce, t. II, p. 388.

portait les esprits vers les associations de bienfaisance fut considérable et fécond bien qu'entravé par les événements politiques. On pouvait noter le développement de la Société de Saint-Vincent de Paul qui dans certains quartiers fut chargée par les maires de la distribution des secours[1]. On pouvait citer des hommes de dévouement et de charité tels qu'Armand de Melun qui avait, a-t-on dit, le « génie du cœur[2] ». Il fut l'initiateur d'œuvres charitables telles que l'*Œuvre des amis de l'enfance*, les *œuvres de patronage*, la *Société d'économie charitable*[3]. En somme, les associations de bienfaisance trouvèrent dans la période de 1848 une période de liberté et, si les événements ralentirent leur action, les tendances alors prépondérantes pour l'amélioration du sort des classes populaires favorisèrent leur développement.

§ 7. — *Les associations religieuses.*

Ce développement des associations de bienfaisance se rattachait du reste au mouvement religieux de 1848 qui semblait marcher de pair avec le mouvement libéral. Ainsi que nous l'avons déjà fait remarquer, la révolution de 1848 ne revêtit à aucun degré le caractère antireligieux qui avait marqué la révolution de 1830[4]. Les ouvriers, au cours des journées de Février, avaient respectueusement transporté à Saint-Roch le Christ de la chapelle des Tuileries[5]. Dans l'enthousiasme des premiers jours les appels à la fraternité empruntaient à l'Evangile ses maximes[6]. Le parti religieux, se rappelant avec amertume les scandales qui avaient marqué le début du régime de 1830, acceptait le régime nouveau. L'archevêque de Paris, qui devait aux journées de Juin verser son sang

1. De la Gorce, t. I, p. 411. — Sur la Société de Saint-Vincent de Paul : Beaunard. *Frédéric Ozanam*, p. 341, 396.

2. De Brémond d'Ars. *La vertu morale et sociale du christianisme*, 1890, p. 291.

3. De la Gorce, t. II, p. 385.

4. Du Célier, p. 84. — Voir à cet égard l'influence de l'école de Buchez. (Thureau-Dangin. *Histoire de la monarchie de juillet*, t. VI, p. 93.)

5. De la Gorce, t. I, p. 121 ; Beaunard. *Frédéric Ozanam*, p. 376.

6. De la Gorce, p. 126.

pour le rétablissement de la paix sociale, assurait le
Gouvernement du concours de son clergé[1]. Le clergé lui-
même surpris et charmé, s'associait au mouvement populaire[2] en bénissant les arbres de la liberté avec des effu-
sions de sympathie qui revêtaient parfois une forme de
naïve exagération[3]. « La révolution de 1848, déclarait
l'*Univers* est une notification de la Providence. Il n'y aura
pas de meilleurs et de plus sincères républicains que les
catholiques français[4]. »

L'attitude du Gouvernement paraissait répondre aux
dispositions populaires. L'Assemblée constituante comptait des hommes tels que Berryer, Montalembert, de Falloux, dévoués à la cause catholique et, à côté des souta-
nes violettes de plusieurs évêques, apparaissait la robe
blanche de Lacordaire. La Constitution de 1848, proclamée « en présence de Dieu[5] », déclarait que la République doit protéger le citoyen « dans sa religion » et que
« chacun professe librement sa religion et reçoit de l'Etat
pour l'exercice de son culte, une égale protection ».

La liberté d'association promise par la Constitution
paraissait s'appliquer aux associations religieuses[6], et dans
la discussion de la loi de 1848 la liberté religieuse avait
été formellement garantie.

Des difficultés pouvaient s'élever cependant relativement aux associations ayant pour objet l'exercice d'un
culte. L'article 19 de la loi de 1848 avait déclaré que ses
dispositions n'étaient pas applicables « aux réunions ayant
pour objet exclusif l'exercice d'un culte ». D'autre part,
un décret du 10-14 mars 1848 avait ordonné la mise en
liberté des citoyens détenus par suite de condamnations
prononcées pour faits relatifs au libre exercice du culte[7].

---

1. *Rod. loco.*, p. 121.
2. Garnier-Pagès (*Histoire de la révolution de 1848*, t. VII, p. 115) signale
le *Club de la fraternité universelle* présidé par l'abbé Bouix et fréquenté
par les prêtres catholiques. Les protestants avaient un club présidé par
le pasteur Coquerel.
3. Garnier-Pagès, p. 160, 166 et s.
4. Elias Regnault, p. 84.
5. Préambule.
6. Morin, v° associations, p. 215, n° 29.
7. Duvergier, 1848, p. 90.

C'était l'abrogation de l'article 291 du Code pénal sur ce point spécial [1].

Ce système paraît avoir été admis en ce qui concernait les réunions pour l'exercice d'un culte [2]. Quant aux associations proprement dites ayant le même objet, on a soutenu néanmoins que l'article 19 de la loi de 1848 réservait la question à leur égard. Celles qui se rattachent aux cultes reconnus devaient continuer à rester soumises aux dispositions légales notamment à celles de la loi du 18 germinal an X ; celles qui ne se rattachaient pas à un culte reconnu pouvaient se former, mais sous la condition de la déclaration prescrite par l'article 14 de la loi de 1848 [3].

Cette double solution paraît s'appuyer sur les déclarations faites par le rapporteur dans la discussion de la loi de 1848 en ce qui concerne ce qu'il appelait « les matières religieuses ». « Les lois actuelles, disait-il, en attendant restent en vigueur, et ce qui reste aussi en vigueur, selon la pensée de la commission, c'est la proclamation du Gouvernement provisoire en date du 10 mars dernier qui déclare que, quant aux *réunions* pour le culte et les prières, les articles 291 et 294 sont considérés comme abolis [4]. »

La question se posait aussi pour les congrégations religieuses. La loi du 28 juillet 1848 les avait volontairement passées sous silence. C'est ce qui ressort avec évidence de la déclaration du rapporteur dans la séance du 27 juillet [5] : « En ce qui concerne l'enseignement public et les matières religieuses, je conviens du malheur de cette dernière expression. Nous avons voulu éviter de nous servir des mots plus solennels ou plus compromettants de cultes, de prières, ou bien des mots de congrégations et d'ordres religieux. Nous avons cru que, dans une loi concernant uniquement les clubs ou réunions politiques et les autres associations qui pouvaient devenir politiques, qu'il n'était pas permis, qu'il n'était pas prudent, qu'il n'aurait pas été digne de trancher aujourd'hui les questions qui con-

1. *Moniteur* du 27 juillet 1848, p. 1775.
2. Voir la lettre du ministre en 1849, citée par Weil, p. 215.
3. Morin, v° associations, n°° 25, 30.
4. *Moniteur* du 27 juillet, supplément, p. 1775.
5. *Eod. loco.*

cernent la liberté religieuse et la liberté d'enseignement. »
Et il ajoutait la phrase que nous venons de citer : « Les
lois actuelles en attendant restent en vigueur. »

Dès le début du Gouvernement provisoire des mesures
furent prises contre les jésuites à Avignon, dans le département de Vaucluse, et surtout à Lyon où le commissaire
du Gouvernement, Emmanuel Arago, prit un arrêté de
dissolution qui invoquait « le droit public qui a toujours
exigé pour l'établissement des ordres religieux l'autorisation du pouvoir politique ». Sur la protestation de
Mgr de Bonald, archevêque de Lyon, le ministre des cultes
déclara que le Gouvernement provisoire avait proclamé la
liberté des associations. Mais le Gouvernement, invoquant
« les règles qui de tout temps ont fait la base du droit
public français », avait le droit d'exiger que les associations religieuses, qui peuvent en principe se former librement, « n'affectent pas le caractère de corps constitués
ayant une existance propre, qu'elles n'essaient pas de faire
par personnes interposées des actes de la vie civile dont
la reconnaissance légale pouvait seule les rendre capables,
qu'enfin elles n'aient pas pour fondement des vœux en
désaccord avec l'esprit et le texte de la législation du
pays [1] ». Telle était la réponse du ministre.

Les congrégations paraissaient cependant pouvoir invoquer la reconnaissance formelle par la Constitution de
1848 du principe de la liberté d'association. C'est l'opinion
qui a été soutenue avec une grande force à propos de
l'article 8 de cette Constitution. « Depuis la Constitution
de 1848, a écrit M. Troplong, et depuis qu'on a vu un
habit de dominicain à la Constituante, il serait difficile
que les lois de l'Etat frappent la simple existence de fait
des sociétés religieuses, même celles des jésuites [2]. »

Mais la question des congrégations allait être posée à
propos de la question de la liberté d'enseignement. Cette
question, nous l'avons vu, avait été réservée au moment
de la discussion de la loi du 28 juillet 1848, elle fut reprise au moment de la discussion de la Constitution. Montalembert avait proposé d'ajouter « le droit d'enseigner »

1. Elias Regnault, p. 314 ; Rousse. *Consultation*, p. 43 ; Weil, p. 211.
2. Rousse. *Consultation*, p. 72, note.

aux droits consacrés par l'article 8. Après discussion il retira son amendement ‹ et l'article 9 porta : « L'enseignement est libre. La liberté d'enseignement s'exerce selon les conditions de capacité et de moralité déterminées par la loi et sous la surveillance de l'Etat. Cette surveillance s'étend à tous les établissements d'éducation, et d'enseignement sans aucune exception ». Sous ces réserves la liberté d'enseignement était promise ; il restait à l'organiser. Ce fut l'œuvre de la loi du 15 mars 1850 qui, en proclamant la liberté de l'enseignement secondaire, allait donner aux catholiques la satisfaction qui leur avait été « marchandéё [1] » sous le régime précédent.

La loi de 1833 ne s'était occupée que de l'enseignement primaire et avait donné aux instituteurs une indépendance dont les inconvénients apparurent en 1848 quand on les vit préparés à se faire les prédicateurs du socialisme [2]. Les craintes qu'inspirait cette situation à M. Thiers le portèrent à donner son appui à M. de Falloux qui, nommé ministre de l'Instruction publique, institua le 4 janvier 1849 deux Commissions chargées de préparer un projet sur l'enseignement primaire et un projet sur l'enseignement secondaire [3]. M. Thiers, qui s'éleva avec véhémence dans le sein de la Commission, contre l'esprit des instituteurs, alla jusqu'à demander que l'enseignement primaire fût entièrement confié au clergé. Mais quand il fut question de l'enseignement secondaire, il revendiqua les droits de l'Etat, et revenant aux idées qu'il avait défendues en 1845, se livra contre les jésuites à des attaques qui cédèrent devant la modération et l'autorité de l'abbé Dupanloup : Ce que nous voulons, disait celui-ci, c'est que le droit d'enseigner soit concédé à tout Français sous des conditions déterminées de capacité et de moralité. C'était donc la question des congrégations religieuses qui se posait de nouveau à propos de l'enseignement comme elle s'était posée dans la période précédente. C'était encore la

1. Devilleneuve. *Lois*, 1848, p. 176.
2. Thureau-Dangin. *Histoire de la monarchie de juillet*, t. V, p. 582.
3. Thureau-Dangin. *Histoire de la monarchie de juillet*, t. II, p. 346.
4. De la Gorce, t. II, p. 275 et s. — La loi de 1850 s'applique aux deux catégories d'enseignement.

crainte des congrégations religicuses qui suscitait des obstacles au progrès de la législation, de même que dans
l'avenir l'hostilité contre les congrégations provoquera les
attaques contre la liberté d'enseignement et sera la véritable cause des assauts livrée à la loi du 15 mars 1850
appelée désormais la loi Falloux.

Les attaques contre les congrégations se manifestèrent
surtout dans la discussion devant l'Assemblée [1] sous la
forme de l'amendement de M. Bourzat qui interdisait l'enseignement aux congrégations religieuses non reconnues
par l'État. L'amendement ajoutait : « Aucune congrégation ne pourra d'ailleurs s'établir que dans les formes et
sous les conditions déterminées par une loi spéciale. »
M. Thiers intervint cette fois pour soutenir avec énergie
que l'admission des congrégations religieuses à l'enseignement était la conséquence de la liberté proclamée par la
Constitution : « Il faut, disait-il, qu'il n'y ait ici aucun
doute, aucune obscurité. Un individu laïque ou ecclésias-
tique se présente : les deux preuves de moralité et de
capacité par lui faites, il n'y a plus rien à demander. »
L'amendement fut rejeté. Il en fut de même de l'amendement de M. Laurent de l'Ardèche qui visait les membres
d'une congrégation religieuse abolie par les édits et lois
rendus conformément à l'ancien droit public de la France,
c'est-à-dire les jésuites. M. Thiers avait ajouté : « On veut
nous faire résoudre une question que nous n'avons pas
entendu résoudre, celle de l'existence des congrégations
religieuses en France. » Il faisait observer que la question ne pourrait être posée que le jour où le Gouvernement apporterait un projet de loi générale sur les associations [2].

Le projet général sur les associations ne devait pas
être présenté, et, si la loi qui fut votée prévoyait dans
l'article 17 que les écoles pouvaient être fondées ou entre-
tenues par des associations, aucune disposition ne reconnaissait l'existence légale des congrégations religieuses.

1. Il faudrait noter dans la discussion les déclamations de Victor Hugo
contre les jésuites (de la Gorce, t. II, p. 291).
2. Rousse. *Consultation*, p. 45 et s.

La question avait été réservée [1]. Il n'en est pas moins vrai que les membres des congrégations avaient, comme les autres citoyens, le droit d'enseigner d'après les termes généraux et formels des articles 25 et 60 [2]. Il est bien évident aussi que, par suite du rejet des amendements proposés, aucune déchéance n'était prononcée contre les membres des congrégations non reconnues [3]. On pourra donc en tirer cette conséquence que les congrégations non reconnues n'étaient pas, d'ores et déjà, considérées comme des associations illicites [4]. Bien plus, les dispositions de la loi de 1850 impliquaient une reconnaissance implicite de la légalité des congrégations enseignantes ou tout au moins de la légitimité de leur existence au regard de la loi pénale.

Les congrégations enseignantes donnèrent à leurs établissements un grand développement à la suite de la loi de 1850. En particulier les jésuites fondèrent des collèges à l'ouverture desquels ne fut apporté aucun obstacle [5]. Un *comité de l'enseignement libre* s'était fondé pour aider au mouvement qu'inaugurait la législation nouvelle.

Si nous envisageons d'une façon générale la situation des congrégations religieuses nous pouvons dire qu'en droit cette situation restait la même que dans la période précédente. Les congrégations autorisées demeuraient soumises à une législation spéciale [6], mais elles étaient

---

1. Voir l'amendement de M. Wallon qui proposait d'ajouter : « par des associations libres ou par des associations religieuses reconnues par l'Etat ». Le rapporteur répondait que la loi reconnaissait le droit d'ouvrir des écoles aux citoyens « et aux associations religieuses ou laïques ». L'amendement fut retiré. (Sirey. *Lois*, 1850. Note sous l'article 17.)

2. « Tout Français ». La loi du 28 juin 1833 disait : « Tout individu ».

3. Pour les écoles communales on exigeait seulement que les instituteurs congréganistes fussent membres « des associations religieuses vouées à l'enseignement ou reconnues comme établissements d'utilité publique. » (Articles 31. 34, 79.) Le ministre avait déclaré qu'il s'agissait soit de la congrégation des Frères des écoles chrétiennes, reconnue par la loi, soit des congrégations qui ne sont pas reconnues comme congrégations enseignantes mais comme établissements d'utilité publique. (Sirey. *Lois*, 1850. Note sous l'article 31.)

4. Car, dit M. Rousse, on ne comprendrait pas la reconnaissance du droit d'enseigner aux membres d'une association illicite (*Consultation*, p. 99.)

5. De la Gorce, t. II, p. 301, 302.

6. C'est ce que maintenait la jurisprudence (Cassation, 26 février 1849 ; Sirey, 1849, I, p. 246).

traitées avec la même bienveillance [1]. Les congrégations non autorisées continuaient à avoir, en l'absence de dispositions précises une situation incertaine, mais leur légalité pouvait être défendue par les mêmes arguments auxquels venaient s'ajouter les raisons tirées de la reconnaissance du droit d'association par la Constitution et de la loi de 1850. En fait, les congrégations rencontraient une tolérance qui bénéficiait du caractère qu'avait revêtu le mouvement de 1848 nullement hostile à la religion. Après les violences passagères que nous avons signalées en province, les religieux purent rentrer dans leurs maisons sans être inquiétés [2].

Notons enfin, au point de vue du droit de posséder, reconnu aux congrégations pourvues de la personnalité juridique, la loi du 20 février 1849 qui établissait sur les biens immeubles la taxe annuelle de mainmorte [3]. Cette taxe représentait les droits de transmission entre-vifs et par décès qui n'étaient pas perçus par le Trésor puisque, disait le rapporteur, les établissements « acquièrent souvent, aliènent rarement, et ne meurent jamais ». Cet impôt, qui s'appliquait du reste aux autres établissements publics et aux sociétés anonymes, n'avait donc pas un caractère d'hostilité spéciale contre les congrégations comme les divers impôts exorbitants qui devaient être établis de nos jours.

SITUATION GÉNÉRALE PENDANT LA PÉRIODE
DE LA SECONDE RÉPUBLIQUE

Après avoir envisagé les diverses catégories d'associations sous la République de 1848 il importe de résumer la situation générale pendant cette période. Elle se dis-

---

1. Des décrets continuèrent à autoriser la fondation d'établissements de congrégations. Voir, par exemple, Sirey. *Lois*, 1849, 10, 16, 21 juillet 1849. De plus diverses congrégations enseignantes furent reconnues comme établissements d'utilité publique en vertu de la loi de 1850.

Des subventions, quoique réduites, continuèrent à être allouées à diverses congrégations religieuses (Jourdain. *Le budget des cultes*, 1859, p. 171).

2. Weil, p. 211 ; Rousse, p. 44.

3. Sirey. *Lois*, 1849, p. 7.

tingue par le progrès de l'idée d'association. C'est alors, nous l'avons rappelé, ce qu'on a appelé l'âge d'or de l'association. Sur tous les terrains se produit un mouvement de développement des associations qui partout se multiplient. En même temps le principe lui-même de la liberté d'association est partout invoqué. C'est au nom de la liberté d'association et de la liberté de réunion que s'est faite la révolution de 1848 ; on est arrivé à considérer la liberté d'association comme une liberté essentielle.

Cette liberté n'est plus seulement une revendication de l'opposition, elle est au premier rang des programmes politiques et des revendications électorales. Elle est, si nous pouvons employer cette expression, à la mode. Nous l'avons vu proclamée à la tribune des assemblées, non seulement par les orateurs parlementaires qui en réclament l'exercice absolu, mais aussi par ceux-mêmes qui, tout en s'efforçant d'en réprimer les excès, se défendent de porter atteinte à un principe universellement admis.

Les catholiques s'associent à ce mouvement dont ils entendent profiter en faveur de la liberté religieuse. Dans la discussion de la loi sur l'enseignement ils repoussent les exclusions proposées contre les congrégations religieuses, et, avec l'appui de M. Thiers, ils font prévaloir le principe de liberté. Sur le terrain social et économique, ils apportent leur concours aux idées de réconciliation des classes et de réformes en vue du soulagement des masses laborieuses. En provoquant une étude sérieuse de la question sociale, ils collaborent à des lois qui doivent avoir un résultat durable. Ils représentent, avec M. de Melun, l'école dont les espérances se fondent surtout sur l'initiative individuelle en matière charitable et sur l'action des associations libres. Nous avons vu quelle fut à cet égard leur influence sur l'Assemblée législative. Ozanam, dans un article célèbre avait proclamé la nécessité pour les catholiques de se tourner vers les classes populaires : « Sacrifions nos répugnances et nos ressentiments pour nous tourner vers cette démocratie, vers ce peuple qui ne nous connaît pas... Aidons-le, non seulement de l'aumône qui oblige les hommes, mais de nos efforts à l'effet d'obtenir des institutions qui les affranchissent et les rendent meil-

leurs. » Evoquant l'évolution de Rome vers les masses qui
avaient ébranlé l'ancien monde et que l'Eglise devait con-
vertir, il ajoutait : « Passons aux Barbares [1]. » Dans *l'Ere
nouvelle* il s'adressait « aux gens de bien », cherchant les
causes morales de la misère et préconisait parmi les remèdes les sociétés d'émulation et d'assistance mutuelle [2].
Dans son étude sur les origines du socialisme il rappelait
ce que l'Eglise a fait pour l'organisation du travail « par
l'association assise sur la double base de la justice et de
la charité chrétienne [3] ». Au point de vue pratique c'était
vers l'association charitable qui s'approche de la misère
qu'il conviait les catholiques pour les détourner de dangereuses et stériles utopies.

Les écrivains sont attirés plus que jamais vers les questions sociales et les idées de réforme qui tiennent à cette
époque la première place. Mais dans leurs rangs on distingue deux courants bien distincts entre lesquels se place
l'école catholique dont nous avons indiqué les tendances.

Ce sont d'abord les économistes, tels Bastiat [4], Michel
Chevalier [5], Woiowski, Dunoyer [6] qui, tout en combattant
les théories socialistes, sont préoccupés avant tout de
repousser les réformes dues à l'intervention de l'Etat sans
préconiser l'association. Bastiat cependant défendait dans
la discussion de 1849 le droit de coalition dans lequel il
voyait l'exercice du droit d'association. Le peuple, disait-il,
arrivé au pouvoir par le suffrage universel, réclame des
privilèges ; si on veut lutter contre cette prétention, il faut
lui accorder ses revendications légitimes [7].

A l'opposé sont les écrivains réformateurs qui préconi-
sent les théories socialistes. Les écrivains que nous avons
rencontrés dans la période précédente perpétuent leur
influence après la révolution de 1848 dans une atmosphère
politique où l'idée de réforme sociale est à l'ordre du jour.

1. Beaunard. *Frédéric Ozanam*, p. 372.
2. *Eod. loco.*, p. 406.
3. *Eod. loco.*, p. 408.
4. *Harmonies économiques*, 1851.
5. *Lettres sur l'organisation du travail.*
6. *De la liberté du travail.*
7. *Moniteur* du 18 novembre 1859, p. 3711.

On continue à subir l'influence de Leroux, de Fourier [1],
de Cabet [2], de Proudhon, de Saint-Simon surtout continué par Considérant. Proudhon en particulier, après 1848,
se jeta plus que jamais dans les violences démagogiques [3]
et se fit, par ses excitations, une renommée plus durable
que par sa banque du peuple combattue par Thiers et Bastiat. Louis Blanc, en publiant sa fameuse brochure sur l'organisation du travail, avait donné une formule aux revendications du prolétariat [4]. De sa doctrine devait sortir la
revendication du droit au travail [5]. En inspirant à la classe
ouvrière la haine de la bourgeoisie il lui persuada qu'il
lui suffirait de prendre le pouvoir pour remédier par quelques décrets à tous ses maux [6]. On sait comment l'arrivée au pouvoir de Louis Blanc marqua l'échec de ses
théories. Malgré l'organisation d'ateliers sociétaires et le
projet de colonies agricoles et industrielles [7], la commission du Luxembourg aboutit à une lamentable banque-
route [8]. « L'association, telle que l'a prêchée la commission du Luxembourg, disait M. Thiers, repose sur un faux
principe de gouvernement ; elle exige un capital pris dans
le trésor public ; elle est par-dessus tout le triomphe du
monopole [9]. »

Le trait commun des écrivains socialistes, nous l'avons
noté, c'est, comme dans la période précédente, de préconiser l'association mais de l'absorber dans l'influence de
l'Etat qui doit présider à la transformation de la société.
L'Etat, dit Louis Blanc, doit être « le régulateur suprême
de la production », et prendre l'initiative de la révolution

---

1. Benoist. *Revue des Deux-Mondes*, 1ᵉʳ mars 1914, p. 88.

2. Sur l'influence de Cabet après 1848 : Thureau-Dangin. *Histoire de la
monarchie de juillet*, t. VI, p. 115.

3. *Eod. loco.*, t. VI, p. 140.

4. *Eod. loco.*, t. VI, p. 123.

5. Michel. *L'idée de l'Etat*, p. 234 ; E. Regnault, p. 116.

6. Thureau-Dangin, t. VI, p. 124.

7. Pendant sa captivité de Ham, Louis Napoléon avait écrit un livre sur
l'Extinction du paupérisme où il préconisait un système analogue à celui
de Louis Blanc, c'est-à-dire une association des travailleurs appliquée
plus spécialement aux travaux agricoles. (Garnier-Pagès. *Histoire de la
révolution de 1848*, t. VII, p. 111-119.)

8. Thureau-Dangin. *Histoire de la monarchie de juillet*, t. VI, p. 124 ;
Levasseur, t. II, p. 213 et s.

9. De la Gorce, t. I, p. 440 ; Thiers. *De la propriété*, p. 192 et s.

qui substituera « le principe de l'association à celui de
l'individualisme [1] ». On a pu dire de ces écrivains socialistes que tous, en réclamant l'organisation du travail qui
paraît aboutir à la liberté d'association, ils ont travaillé
en réalité à accroître l'action de l'État [2].

De plus ces doctrines, en poussant au bouleversement
social, devaient, par leurs excès mêmes, causer un tort
considérable à la cause de la liberté d'association. Nous
avons rappelé, par exemple, comment les excitations de
Louis Blanc discréditèrent l'association ouvrière au sein
de la bourgeoisie. On a fait remarquer aussi avec raison
quelle fût la responsabilité des propagateurs de ces doctrines par le fait qu'ils préparaient les esprits à l'abdication de toute indépendance devant un pouvoir politique
qui représenterait le principe d'autorité [3].

Si l'on veut se rendre compte de l'usage fait en pratique
de l'association, de la place de plus en plus grande qu'elle
prenait dans la vie sociale et dans les mœurs, il faut ici
encore rappeler les principales catégories d'associations
que nous avons passées en revue.

Les associations de bienfaisance ont été l'objet d'une disposition spéciale de la loi du 28 juillet 1848 et rien ne
s'oppose à leur développement que peut seule contrarier
l'incertitude de la situation politique. Les associations économiques sont encouragées par les déclarations formelles
dans la Constitution. La coopération jouit d'une faveur
qui en fait une sorte de panacée universelle et la présente
comme un remède à toutes les misères sociales [4]. Malgré
les déboires auxquels elle donne lieu, elle provoque néanmoins un mouvement qui aura dans l'avenir d'heureuses
conséquences. Les sociétés de secours mutuels mieux com-
prises et mieux appréciées auront un résultat plus durable par leur extension. Les congrégations, malgré quelques
actes agressifs au début de la période, bénéficient de la
sympathie des hommes de 1848 pour les idées de liberté

1. Michel, p. 236, 237.
2. Michel, p. 276.
3. *Eod. loco.* — Proudhon condamnait le droit de coalition dans son
ouvrage *De la capacité politique des classes ouvrières.* (Weill, *Histoire
du mouvement social*, p. 83.)
4. *Revue catholique des Institutions*, 1912, p. 163.

religieuse. Les congrégations autorisées restent cependant soumises à une législation spéciale. Les congrégations non autorisées, qui peuvent invoquer la reconnaissance de la liberté d'association par la Constitution, restent dans une situation mal définie mais ne sont l'objet d'aucune mesure d'hostilité. La loi de 1850 permet le développement des congrégations enseignantes.

Les associations ouvrières et professionnelles tendent à se multiplier en présence du mouvement qui porte le monde du travail vers l'association. On commence à distinguer les signes précurseurs des syndicats modernes. Mais en même temps les tendances politiques et socialistes font dévier le mouvement ouvrier et entretiennent dans l'opinion publique la crainte des groupements ouvriers.

Les associations politiques surtout qui dominent cette période compromettent le mouvement vers l'association en versant dans la licence qui inspire les clubs. Le souvenir de leurs violences et de la catastrophe qu'elles ont provoquée avec les journées de Juin, va préparer l'opinion publique à accepter le décret de 1852. Il contribuera, avec la crainte des groupements ouvriers, à retarder l'avènement de la liberté d'association.

L'opinion publique en effet, d'abord favorable à l'association et sympathique à la liberté d'association, s'effraie des excès des associations. Elle veut avant tout l'ordre public et la paix sociale plus précieuse aux yeux des hommes modérés que la République elle-même [1]. Aussi elle redoute les menaces du socialisme et elle est portée à voir dans les associations ouvrières des machines de guerre dirigées contre le patronat et la bourgeoisie. Elle redoute la démagogie qui se manifeste par les clubs et les associations politiques [2]. Elle se dégoûte de la liberté dont elle aperçoit surtout les abus. A Paris les journées de Juin ont inspiré la terreur. Dans les campagnes se développe un socialisme qui se résume « dans la satisfaction de tous les désirs jusque-là inassouvis ». « Le socialisme, a dit M. de la Gorce retraçant le tableau de son extension à la fin de cette période, c'était pour le braconnier, l'abolition

1. De la Gorce, t. I, p. 216.
2. *Eod. loco*, t. II, p. 540 et s.

des lois sur la chasse ; pour le marchand de vin ou l'aubergiste, la suppression de l'exercice ; pour le bûcheron,
la faculté de couper du bois dans la forêt voisine ; pour
le paysan, l'agrandissement de sa terre aux dépens de celle
du seigneur ; pour l'ouvrier, le partage des bénéfices de
l'usine ; pour le repris de justice ou le conscrit réfractaire,
la libre vengeance contre les gendarmes ; pour le contribuable arriéré, le droit de piller la caisse du percepteur ;
pour le débiteur menacé de saisie, l'occasion de brûler
impunément les papiers du notaire. » On le vit bien par
les excès criminels qui, dans certains départements du
Centre ou du Midi suivirent le coup d'Etat [1]. La démagogie rendit au pouvoir nouveau le service de justifier l'acte
qui assurait la sécurité du lendemain [2]. L'opinion publique se résigna à la diminution des libertés publiques pour
obtenir la garantie de la tranquillité matérielle. Les partisans du désordre, investis de ce titre de « victimes du
2 décembre » qui deviendra pour leur descendance une
source de profits [3], auront permis à l'historien de porter
ce jugement sévère que « si quelque chose justifiait le
2 décembre ce seraient ses victimes [4] ». Dès lors le besoin
d'autorité l'emporte dans les esprits. Comme on l'a dit
justement, l'Empire était prêt [5]. Il est fait en réalité dès
le coup d'Etat, et le pouvoir qui en sort va consacrer par
le rétablissement de l'article 291 du Code pénal le recul
de la cause de la liberté d'association.

Quelle avait été l'attitude du Gouvernement vis-à-vis
des associations pendant cette période ? Il était issu d'un
mouvement dont la véritable cause était l'ambition des

1. *Eod loco.*
2. De la Gorce, t. II, p. 591. — Après avoir déclaré avec raison que « la
volonté du peuple pas plus que la volonté des princes ne peut rien contre
le droit », l'historien de la seconde République ajoute : « A la vérité le
coup d'Etat rendit un inappréciable service, ce fut de déconcerter pour
un temps, par une répression exemplaire, la grande armée des perturbateurs et des factieux » (p. 606, 607).
3. Les pensions aux victimes du coup d'Etat s'élèvent encore en 1908
à la somme de 2.424.700 francs.
4. De la Gorce, t. II, p. 607. — Voir les faits cités à titre d'exemples, p. 155
(note).
5. De Faget de Casteljau, p. 388 ; Weill. *Histoire du mouvement social,* p. 2.

partis politiques, mais dont le prétexte était la revendication du droit de réunion et d'association. Le droit d'association était le fondement de son existence, aussi s'était-il hâté de le proclamer et de le consacrer par la Constitution. Il craignit au fond d'y porter atteinte, mais il était acculé à la nécessité d'en réprimer les excès.

L'Etat, dans la période de 1848, n'était donc pas l'adversaire de la liberté d'association, mais il était dans son rôle en se faisant le gardien de l'ordre public. Seulement le Gouvernement d'alors, issu du désordre, trouvait dans son origine une cause de faiblesse pour le réprimer. En présence du mouvement démagogique qui risquait de tout emporter, il s'efforçait de trouver une arme contre l'anarchie dans des mesures restrictives ou prohibitives contre les associations politiques. Il se défendait de porter atteinte à la liberté d'association proclamée par la Constitution en déclarant qu'il n'avait en vue que les mesures prévues par la Constitution elle-même dans l'intérêt de l'ordre public. Réglementant d'abord dans la loi du 28 juillet l'exercice du droit d'association par une série de prescriptions [1] dont une seule devait survivre, c'est-à-dire la prohibition des sociétés secrètes, il en arrivait à interdire les associations politiques au moins sous la forme des clubs. Mais cette interdiction il n'osait la réclamer que pendant un délai [2] qui était successivement prorogé jusqu'au jour où le développement des idées démagogiques et socialistes devait démontrer l'insuffisance de la législation qu'il avait comme à regret provoquée et qu'il avait peut-être trop mollement appliquée. C'était donc de la part du Gouvernement la reconnaissance de la liberté d'association et l'aveu implicite de son impuissance à en réprimer les excès.

On voit ainsi quel est le caractère de la période de 1848 et son résultat dans ce mouvement de flux et de reflux qui constitue l'histoire de la liberté d'association à l'époque

1. Il faut noter que la Constitution distinguait pour la première fois le droit d'association et le droit de réunion, mais la loi de 1848 les confondait dans les mêmes dispositions (article premier : tout club *ou réunion* de citoyens).

2. L'idée de donner à la loi un caractère transitoire, repoussée en 1848, fut acceptée par les lois de 1849, de 1850, de 1851.

moderne. L'idée d'association a gagné du terrain dans les
idées et par l'usage qui est fait de l'association sous toutes
ses formes. La liberté d'association est apparue de plus
en plus comme une liberté fondamentale et comme un
idéal vers lequel doit s'orienter la législation. Le législateur a proclamé cette liberté par la Constitution, puis il
a dû la restreindre devant le danger des associations politiques par des mesures de circonstance, et, sans arriver
à réglementer, par une loi générale qui fera longtemps
défaut, l'exercice du droit d'association. De son œuvre une
seule loi subsistera, celle de 1849 qui est une étape vers
la liberté des coalitions en matière professionnelle. Les
excès des associations révolutionnaires et politiques, la
crainte des groupements ouvriers, vont provoquer dans
la période suivante des mesures arbitraires qui supprime-
ront toute liberté. On peut dire qu'au point de vue du
mouvement des idées et des mœurs c'est une nouvelle
période de progrès pour les associations ; au point de vue
législatif c'est la reconnaissance éphémère de la liberté
suivie d'essais insuffisants de réglementation ; au point
de vue des faits, c'est une période de licence qui va conduire de nouveau à la prohibition et à l'arbitraire.

CHAPITRE VII

Le second Empire.

Le second Empire est au début une période de réaction contre le mouvement démagogique. — Le besoin d'ordre dans le pays. — Décret du
2 décembre 1851. — Soulèvements dans les départements. — Mesures
prises après le coup d'Etat : Décret du 8 et du 29 décembre 1851. — Les
commissions mixtes. — La loi de sûreté générale. — Le décret du
25 mars 1852 rétablit pour les associations le régime d'arbitraire et de
prohibition. — Les diverses catégories d'associations.

§ 1. *Les associations politiques.*

Rigueur de la législation du début. — Nouvelle période marquée par la loi
du 6 juin 1868 — Les associations électorales. — Le procès des treize.
— L'Internationale.

§ 2. *Les sociétés secrètes.*

La Franc-Maçonnerie. — Le décret du 11 janvier 1862. — Les associations antireligieuses.

§ 3. *Les associations professionnelles et ouvrières.*

Dissolution des associations ouvrières au début de la période. — Mouvement vers l'association professionnelle. — Les syndicats patronaux. —
Le mouvement ouvrier vers l'association. — Les compagnonnages. —
Le procès des typographes. — Exemple de l'étranger en faveur du
groupement professionnel. — Les syndicats ouvriers. — Le mouvement
ouvrier dans son ensemble et ses caractères. — Importance prise par
les questions ouvrières, tendance vers la liberté d'association. — Développement de la classe ouvrière. — L'antagonisme vis-à-vis des patrons.
— Le caractère socialiste et politique du mouvement ouvrier. — Les
tendances antireligieuses dans le mouvement ouvrier. — Attitude des
ouvriers vis-à-vis du pouvoir. — Attitude du pouvoir vis-à-vis des
ouvriers. — Mesures législatives en faveur de la classe ouvrière. — Loi
du 25 mai 1864 sur les coalitions. — La loi du 2 août 1868.

§ 4. — *Les corps indépendants.*

§ 5. — *Les associations économiques.*

Législation sur les sociétés. — Les sociétés coopératives. — Les sociétés
de secours mutuels. — Les associations agricoles. — Les associations
littéraires et scientifiques.

§ 6. — *Les associations de bienfaisance.*

Protection et tutelle. — Mesures de défiance. — La Société de Saint-Vincent de Paul ; la circulaire de 1861.

§ 7. — *Les associations religieuses.*

Le mouvement religieux sous le second Empire. — Situation légale des
associations religieuses. — Les associations ayant pour objet l'exercice
d'un culte. — Les associations ayant pour objet la propagande ou la

Le second Empire est une période de réaction violente
contre la période de 1848 qui est une période de liberté
mais surtout de licence [1]. Nous avons dit comment cette
licence avait effrayé l'opinion publique et avait provoqué
dans le pays ce besoin d'ordre et d'autorité qui devait
conduire à l'acceptation du coup d'Etat [2]. Devant les
menaces socialistes et le danger des associations politiques, le pays « avide de repos et de silence, voyait sans
tristesse l'éclipse de la liberté ; ses regrets et ses désirs
s'éveilleraient peu à peu et ne s'imposeraient qu'à la
longue [3].

Le décret du 2 décembre 1851 annonçait la dissolution
de l'Assemblée nationale et proclamait le rétablissement
du suffrage universel ; mais en même temps des mesures
répressives allaient être prises contre les vaincus et en
particulier contre les associations politiques et révolutionnaires. Les soulèvements qui eurent lieu dans un certain nombre de départements rendirent au nouveau pouvoir, ainsi que nous l'avons fait observer, le service de
justifier ses rigueurs devant l'opinion publique. Dans la
Nièvre, dans l'Hérault, dans le Var, dans les Basses-Alpes,
des émeutes amenèrent les actes de désordre les plus
graves et mêmes d'horribles meurtres [4]. Ces insurgés qui
se réclamaient de la légalité étaient, par leurs actes, les

1. Nous faisons dater cette période du 2 décembre 1851 car le régime
impérial, proclamé un an plus tard, commence en fait à cette première
date.
2. De la Gorce. *Histoire de la seconde République*, t. II, p. 597, 598.
3. De la Gorce. *Histoire du second Empire*, t. 1, p. 88, 152.
4. *Eod. loco*, t. 1, p. 8.

plus implacables ennemis de l'ordre public [1]. Aussi le nouveau pouvoir avait-il beau jeu pour accumuler les mesures de sécurité : surveillance de la presse en vertu de l'état de siège, perquisitions, arrestations en masse. Une série de décrets allaient assurer la répression en visant spécialement les sociétés secrètes.

Le décret du 8 décembre 1851 [2] considérait « que la France a besoin d'ordre, de travail et de sécurité ; que depuis un trop grand nombre d'années, la société est profondément inquiétée et troublée par les machinations de l'anarchie ainsi que par les tentatives insurrectionnelles des affiliés aux sociétés secrètes et repris de justice... que cette classe d'hommes compromet la tranquillité, le travail et l'ordre public ». Il arrêtait que tout individu placé sous la surveillance de la haute police et en rupture de ban, de même que tout individu reconnu coupable d'avoir fait partie d'une société secrète, pourrait être transporté dans une colonie pénitentiaire à Cayenne ou en Algérie. Le décret du 29 décembre 1851 [3] sur les cafés et débits de boisson en défendait l'ouverture sans autorisation de l'autorité administrative et permettait à celle-ci de les fermer par mesure de sûreté générale. Le décret se fondait sur ce que « ces établissements sont devenus, en grand nombre, des lieux de réunion et d'affiliation pour les sociétés secrètes ». En même temps l'état de siège proclamé à Paris et dans tous les départements où des troubles avaient éclaté permettait aux commandants militaires de prendre des mesures dictatoriales. Si, d'après la formule célèbre « les méchants tremblaient », quelques-uns parmi « les bons » étaient peu rassurés [4].

Les arrestations qui avaient été nombreuses [5], après le coup d'État et avaient porté en particulier à Paris sur les chefs des sociétés secrètes [6], amenèrent, le 3 février 1852,

---

1. *Eod. loco*, t. I, p. 9.
2. Décret relatif à la transportation par mesure de sûreté générale et à la mise en surveillance des condamnés en rupture de ban et des membres des sociétés secrètes. (*Sirey. Lois*, 1851, p. 168.)
3. *Eod. loco*, p. 186.
4. De la Gorce, t. I, p. 10.
5. Surtout en province (*eod. loco*, p. 13).
6. *Eod. loco*, p. 16 et s.

la création des commissions mixtes, juridictions qui furent investies de pouvoirs extraordinaires pour décider du sort de tant d'inculpés. Elles eurent à prononcer le renvoi devant les conseils de guerre ou devant les tribunaux ordinaires, la transportation, l'expulsion de France, la mise sous la surveillance de la police, ou la mise en liberté pure et simple. Ces commissions, qui furent tant reprochées au nouveau régime et qui fonctionnèrent sans aucune garantie apportée à leur arbitraire, furent dissoutes par un décret du 27 mars. Les mesures de clémence qui intervinrent en 1853 laissèrent encore sous le coup des actes de répression en nombre important de proscrits politiques [1].

Ajoutons à ces dispositions la loi qui devait être votée sous le nom de loi de sûreté générale le 27 février 1858 [2] et qui permettait au Gouvernement d'expulser du territoire ou d'interner à l'intérieur ou en Algérie, non seulement les personnes condamnées pour certains actes réprimés par la loi, mais tous ceux mêmes qui avaient été condamnés, internés ou expulsés par mesure de sûreté en mai et juin 1848, en juin 1849 ou en décembre 1851. Ces dispositions, provoquées par l'attentat d'Orsini et qui donnaient un tel pouvoir à l'arbitraire administratif, soulevèrent de nombreuses protestations qui se traduisirent en particulier au Corps législatif par le discours d'Emile Ollivier et au Sénat par celui de Mac-Mahon [3]. La loi fut cependant votée. Elle fut suivie de plus de trois cents proscriptions, mais elle ne devait par la suite rester que comme une menace contre le parti démocratique [4].

Mais la disposition la plus importante devait être le décret du 25 mars 1852 [5]. Il ne s'agissait plus de mesures de circonstance prises dans un moment de crise, il n'était plus seulement question de frapper les sociétés secrètes

1. *Eod. loco*, p. 24.
2. Sirey. *Lois*, 1858, p. 21.
3. De la Gorce, t. II, p. 234 et s.
4. *Eod. loco*, p. 238.
5. Décret qui abroge celui du 28 juillet 1848 sur les clubs à l'exception de l'article 13 et déclare applicable aux réunions publiques les articles 291, 292, 294 du Code pénal et les articles 1, 2, et 30 de la loi du 10 avril 1834. (Sirey, *Lois*, 1852, p. 105.)

et les associations révolutionnaires. Le décret considérait
que « le droit d'association et de réunion doit être régle-
menté de manière à empêcher le retour des désordres qui
se sont produits sous le régime d'une législation insuffisante pour les prévenir ». Il paraissait viser surtout dans
son article 2 les réunions publiques auxquelles il déclarait applicables les articles 291 et suivants du Code pénal
ainsi que la loi de 1834. En réalité, par son article premier qui abrogeait le décret du 28 juillet 1848, à l'exception de son article 13 sur les sociétés secrètes, il soumettait toutes les associations et réunions publiques au
régime de l'autorisation préventive. Dirigé contre le parti
républicain [1], il paralysait d'une façon générale toute tentative d'association.

L'effet du décret de 1852 fut immédiat. Il fut à la fois
le signal d'une panique générale dans le monde des associations et d'un déploiement de rigueur de la part du personnel administratif [2]. La magistrature se montrait dispo-
sée à agir dans un sens de plus en plus répressif, la police
multipliait sa surveillance [3]. Les poursuites qui atteignirent principalement, comme nous le verrons, les sociétés
secrètes et les associations politiques, furent exercées surtout au début de l'Empire [4]. Les associations du reste disparaissaient d'elles-mêmes par crainte des rigueurs de la
loi pénale, toute tentative de ce genre étant considérée
comme inutile et périlleuse [5]. Avec le temps, l'autorisation administrative qui permettait à l'association d'avoir
une existence régulière au point de vue pénal finit par
être sollicitée et accordée assez libéralement pour les
groupements qui n'avaient pas de caractère politique ; plus
rare fut la reconnaissance d'utilité publique accordant la
personnalité légale et surtout conférée aux associations de
bienfaisance.

Ce qu'il faut retenir du décret de 1852 qui va sous le
second Empire constituer la législation générale en ma-

---

1. De la Gorce, t. II, p. 81.
2. De Faget de Casteljau. *Histoire du droit d'association*, p. 373.
3. De la Gorce, t. II, p. 81.
4. De Faget de Casteljau, p. 374.
5. *Eod. loco*, p. 374.

tière d'association, c'est qu'il rétablit dans son intégrité et pour toutes les associations le régime de l'article 291 complété par la loi de 1834. En abolissant en effet le décret de 1848 il efface les atteintes qui avaient été apportées par ce décret au régime prohibitif et qui avaient été maintenues par les décrets postérieurs, au moins en ce qui concernait les associations non politiques ; il abroge implicitement la Constitution de 1848 qui contenait la reconnaissance du principe de la liberté d'association. On a pu dire qu'avec le décret de 1852 rien ne subsiste de la réaction qui s'était manifestée contre le système du Code pénal. C'est la suppression de la liberté de réunion et d'association [1], c'est de nouveau le système de la prohibition et de l'arbitraire. Comment cette législation sera-t-elle appliquée ou atténuée au cours de la période du second Empire, c'est ce qu'il faut maintenant exposer en envisageant les diverses catégories d'associations.

LES DIVERSES CATÉGORIES D'ASSOCIATIONS

§ 1. — *Les associations politiques.*

Le mouvement de réaction de cette période, mouvement qui poursuivait le régime de 1848 jusque dans ses derniers vestiges [2] visait principalement les associations politiques. C'était surtout contre cette catégorie d'associations qu'était dirigé le décret de 1852 [3]. Le nouveau régime se préoccupait de sauvegarder contre leurs entreprises le nouvel état de choses. Aussi il complétait les mesures de la première heure par une disposition plus générale. Le décret de 1852 envisageait surtout les réunions publiques [4] et supprimait les clubs, mais, en rétablissant dans toute leur

1. Hubert Brice. *Le droit d'association et l'État*, 1892, p. 41.
2. De la Gorce, t. I, p. 37.
3. Il s'appliquait du reste à toutes les catégories d'associations même non politiques.
4. Par l'abrogation du décret du 28 juillet 1848 les réunions non publiques étaient soumises à l'autorisation de l'administration qui intervint, surtout avant 1868, toutes les fois qu'elles paraissaient toucher à la politique. (Weil, p. 236 et s.)

vigueur l'article 291 et la loi de 1834, il mettait entre les
mains du pouvoir les armes qui lui permettraient d'atteindre les associations politiques. Il s'en servit surtout
contre les sociétés secrètes et révolutionnaires. Les associations politiques proprement dites donnèrent lieu à peu
de poursuites [1] parce que, en présence de la vigilance de
l'administration et de la crainte qu'inspirait la législation
nouvelle, elles tentèrent rarement de se constituer [2].
Cependant on peut signaler les poursuites dirigées en 1867
contre la société appelée *la Commune révolutionnaire des
ouvriers français*. Ses membres furent condamnés par un
jugement qui constatait l'existence d'une association politique en même temps que d'une société secrète [3].

La loi de 1868 sur le droit de réunion devait marquer
une nouvelle période. C'était la période de l'Empire libéral. Le projet de loi sur les réunions publiques se rattachait en effet à un programme qui avait été inauguré
avec le décret du 24 novembre 1860 et qui devait réaliser
l'ensemble de réformes préconisé par M. de Morny sous
le nom de libertés civiles [4]. Dans une lettre adressée le
19 janvier 1867 au ministre d'Etat, l'Empereur annonçait
plusieurs réformes dans les institutions et en particulier
la réglementation législative du droit de réunion [5]. Sa pensée était d'opérer une évolution vers un Empire démocratique qui rapprocherait le souverain de la Nation ; il
se flattait surtout d'attirer à lui les masses populaires et
se persuadait qu'en les conviant à discuter publiquement
leurs intérêts il les détournerait des questions politiques.
La loi sur les réunions était due à l'inspiration personnelle de Napoléon [6].

Le projet, délibéré en Conseil d'Etat, fut présenté le
13 mars 1867 au Corps législatif. Attaqué violemment par

1. Les plus notables furent le procès des Treize et celui de l'Internationale. (Weil, p. 454.)
2. Le 1ᵉʳ mai 1863, à la veille des élections législatives, une note insérée au *Moniteur* rappelait que tout comité de plus de vingt personnes
était interdit. (De la Gorce, t. IV, p. 22?.)
3. Weil, p. 261.
4. De la Gorce, t. III, p. 444; t. V, p. 319, 346, 363.
5. Emile Ollivier. *Le 19 Janvier*, 1869, p. 319.
6. De la Gorce, t. V, p. 363.

les partisans de l'Empire autoritaire qui le dénonçaient comme une porte ouverte aux passions anarchiques, par la gauche qui protestait contre le luxe de précautions qu'il édictait [1], le projet devint la loi du 6 juin 1868 [2] qui substituait le régime répressif au régime préventif. Les réunions publiques avaient lieu sur une simple déclaration préalable de sept personnes responsables, mais celles qui avaient pour objet de traiter « des matières politiques ou religieuses [3] », continuaient à être soumises à l'autorisation exigée par le décret de 1852. Le droit de dissolution, d'ajournement, ou d'interdiction des réunions dangereuses pour l'ordre public était du reste réservé au Gouvernement [4]. L'exposé des motifs de M. Chassaigne-Goyon s'attachait à mettre en relief les précautions prises pour le maintien de l'ordre et à établir que les lois sur les associations illicites demeuraient en vigueur [5]. Le rapport de la commission du Corps législatif déclarait formellement que la loi « n'a pas pour but de modifier les prescriptions des articles 291 et suivants du Code pénal, ni celles de la loi du 10 avril 1834 qui atteignent les associations [6] ».

Il ne s'agissait donc dans la loi de 1868 que du droit de réunion qui avait été distingué pour la première fois du droit d'association par la Constitution de 1848 [7]. La distinction était cette fois nettement marquée. Cependant, si la loi de 1868 n'était relative qu'au droit de réunion, on peut dire que de cette loi date une période de tolérance et même de licence pour certaines associations aussi bien que pour les réunions.

Malgré les déclarations énergiques formulées contre

1. *Eod. loco*, p. 367.
2. Sirey. *Lois*, 1868, p. 310.
3. Article premier.
4. Articles 6, 13.
5. Sirey, p. 313. — En particulier les clubs en tant qu'associations permanentes restaient soumis aux dispositions de l'article 291 et de la loi de 1834.
6. Sirey, p. 316. — Au Conseil d'Etat on aurait d'abord, d'après M. de la Gorce, envisagé une loi générale sur les associations (t. V, p. 364).
7. La loi du 28 juillet 1848 confondait encore les deux droits dans les mêmes dispositions.

toute reconstitution des clubs [1], l'usage de la liberté de réunion sembla justifier les prévisions les plus pessimistes. L'unique résultat de la loi fut une explosion de réunions dont la violence dépassa celle des clubs de 1848 [2]. Les théories socialistes et les doctrines antireligieuses y étaient développées librement sous prétexte de discussions sur les questions économiques. Le Gouvernement sembla d'abord se résigner à cette licence comme s'il avait voulu laisser discréditer le droit de réunion par ses excès mêmes [3]. A partir de 1869 il se résolut à des mesures et à des poursuites qui ne firent que multiplier, sous prétexte de réunions privées, des conciliabules clandestins [4].

En même temps, et bien que la loi de 1868 n'eût consacré que la liberté de réunion, les associations politiques reparaissaient en fait sous le couvert de ces réunions tumultueuses. Sous couleur de les organiser, des comités préparatoires se réunissaient qui constituaient de véritables groupements secrets [5]. Un certain nombre d'hommes s'arrogeaient la direction des auditoires et se posaient ainsi comme chefs pour la sédition [6]. Parmi eux on voyait se former le futur état-major de la Commune [7]. La tolérance du pouvoir allait jusqu'à l'abdication vis-à-vis de ce qui constituait le germe de véritables associations révolutionnaires. Il ne devait guère s'émouvoir que vis-à-vis de l'Internationale.

Une catégorie d'associations avait une situation particulière, c'était la catégorie des associations électorales. La liberté complète de ces associations aurait dû être la conséquence logique de l'établissement du suffrage universel. Mais le suffrage universel avait un contre-poids dans la candidature officielle qui devait atteindre son apogée avec M. de Persigny [8], et le Gouvernement était

1. Exposé des motifs de M. Chassaigne-Goyon (Sirey. *Lois*, 1868, p. 314).
2. De la Gorce, t. V, p. 369, 435 et s.
3. C'est ce que lui reprocha Jules Favre (Weil, p. 245).
4. De la Gorce, t. V, p. 444, 445 ; Weil, p. 246 et s.
5. De la Gorce, t. V, p. 445.
6. *Eod. loco*, p. 446.
7. *Eod. loco*, t. VI, p. 109 ; Leroy-Beaulieu. *Revue hebdomadaire*, 27 juin 1914, p. 469.
8. Sur la candidature officielle. De la Gorce, t. IV, p. 221 et s.

armé du décret de 1852 et de la loi de 1834 qui lui permettait de dissoudre tout comité électoral.

Au début cependant il se montra peu rigoureux. Les comités électoraux qui existaient en 1852 étaient tous bonapartistes, et le suffrage universel était sympathique au nouveau régime. Aussi la circulaire de M. de Morny, ministre de l'Intérieur, du 20 janvier 1852, ne parlait que de comités favorables au Gouvernement et invitait les préfets « à dissuader les partisans du Gouvernement de les organiser ». Quand l'opposition se manifesta, le Gouvernement s'inquiéta d'interdire les comités électoraux, mais il prescrivait d'intervenir surtout « par la voie de l'influence et de la persuasion [1] ». Il s'agissait du reste des départements, car en 1857 un comité central existait à Paris et diverses organisations électorales purent être faites librement.

A partir de 1862 l'opposition s'enhardit et porta sa propagande en province. Par une note parue le 1er mai 1863 au *Moniteur* [2] le Gouvernement rappela les textes légaux qui lui permettraient de sévir. Si ces menaces produisirent leur effet dans les départements elles n'arrêtèrent pas l'action du comité central qui s'était constitué à Paris le 28 avril et qui survécut aux élections. Décidé à agir, le Gouvernement dispersa le 13 mai 1864 une réunion tenue chez Garnier-Pagès et répondit le lendemain à l'interpellation qui lui fut adressée par cette déclaration de M. Rouland : « Ce n'est pas le droit de réunion ou d'association en lui-même qui est contesté, mais nous disons que, suivant la loi, il est soumis à la condition de l'autorisation administrative. Le Gouvernement, en face de cette loi plus préventive que répressive, peut parfois s'abstenir de l'appliquer avec rigueur ; il peut user de tolérance, mais, si l'intérêt public l'exige, alors il use de la loi préventive parce que cela est son droit [3]. »

Le comité s'intitula « comité consultatif » et remplaça

---

1. « Vous ne tolérerez pas davantage les organisations de comités électoraux. » (Circulaire de M. Brillault du 1er juin 1857. Weil, p. 217.)
2. De Faget de Casteljau, p. 380 ; de la Gorce, t. IV, p. 222.
3. De Faget de Casteljau, p. 382.

les membres politiques par des avocats. C'est alors, qu'à
la suite de perquisitions pratiquées chez Garnier-Pagès
et chez son gendre Dréo, une instruction fut ouverte
contre treize citoyens pour avoir, en organisant un
comité électoral, contrevenu à l'article 291 du Code pénal.
L'affaire eut un grand retentissement, tant à cause de
l'importance des prévenus que de l'illustration de leurs
avocats [1]. Ceux-ci parmi lesquels se trouvait Berryer,
Senart, Hébert, Dufaure, renoncèrent à la parole après
la plaidoirie de Jules Favre. Après avoir mis en relief
le côté politique de la poursuite, la défense, au point de
vue juridique, contestait l'application aux comités électoraux de l'article 291 [2]. En l'espèce les personnes poursuivies n'atteignaient pas le chiffre de vingt ; en droit les
comités électoraux, réunions accidentelles et temporaires
pour l'exercice d'un droit constitutionnel, ne constituaient
pas de véritables associations. Jules Favre invoquait du
reste la tolérance qui existait depuis trente ans.

Les prévenus furent condamnés à l'amende par un jugement confirmé par un arrêt du 7 décembre 1864. La décision contestait que le comité eut un caractère purement
consultatif ; il s'agissait d'une véritable association qui
comprenait plus de vingt membres en ajoutant aux treize
prévenus les membres des comités correspondants. Quant
à l'argument tiré du caractère électoral des comités qui
les aurait soustraits à l'application de la loi pénale, l'arrêt lui opposait, qu'en admettant cette thèse, il n'y avait
rien de commun entre des réunions accidentelles et temporaires et une association organisée dans un but déterminé et permanent [3]. Les associations électorales étaient
donc au fond prohibées par la jurisprudence.

En 1865 la gauche protestait contre ces poursuites par
un amendement à l'adresse [4]. M. Vuitry, président du
Conseil d'Etat, répondit en déclarant que la loi de 1834
s'appliquait aux associations ayant un but électoral comme

1. De Faget de Casteljau, p. 383 et s. ; Weil, p. 220.
2. Car, disait Jules Favre, on n'a pu en 1810 avoir en vue les comités
électoraux.
3. Voir le texte de l'arrêt dans Weil, p. 221.
4. Weil, p. 231.

aux autres. Emile Ollivier réclama la liberté pour les
affiliés d'une même circonscription électorale et rappela
le véritable argument en faveur de la liberté d'association
sur ce terrain : « Le suffrage universel, disait-il, ne peut
fonctionner sans le concert volontaire légal entre les
électeurs [1]. » Le Gouvernement maintenait le principe [2],
mais dans la pratique il se relâcha de sa rigueur. Quatre
ans plus tard on pouvait constater une véritable efflorescence de comités électoraux. Bien plus, dans la séance du
27 mai 1870 [3] du Corps législatif, M. Emile Ollivier, garde
des Sceaux, interpellé au sujet du comité central plébisci-
taire, reconnaissait que l'interdiction des comités électoraux serait incompatible avec la liberté des élections. La
loi de 1834, disait-il, n'avait pas eu la pensée d'atteintre
toutes les associations mais seulement les associations
politiques et celles qui, sous une autre forme, pourraient
les dissimuler. Les comités électoraux ne tombaient pas
sous sa prohibition. Sur le terrain des associations électorales le second Empire, après avoir réclamé l'application
d'une législation prohitive, aboutissait donc en fait à la
tolérance [4].

Une association qui doit être spécialement envisagée
parce qu'elle eut un caractère particulier c'est l'association qui s'intitula l'*Association internationale des travailleurs* [5]. Elle prit son origine dans le voyage, patronné par
le Gouvernement impérial, que firent en 1862 pour visiter
l'exposition de Londres les délégués des ouvriers de Paris
et de Lyon. Ils furent enthousiasmés par l'exemple des
ouvriers anglais. Ceux-ci cherchaient surtout dans l'association le moyen de s'assurer contre la diminution des
salaires et même d'en obtenir le relèvement. Les ouvriers
français virent dans l'association dont la puissance leur

---

1. Weil, p. 232. — Voir aussi la protestation de M. Buffet le 17 mars
1868 au sujet de l'interdiction de réunions électorales (Weil, p. 231).
2. Déclaration de M. Rouher le 19 mars 1866 à propos de l'interpellation de Jules Favre (Weil, p. 234).
3. De Faget de Casteljau, p. 393.
4. La liberté des réunions électorales fut aussi réclamée (Weil, p. 233
et s.). D'après la loi de 1868 elles pouvaient être tenues depuis le décret
de convocation jusqu'au cinquième jour avant l'ouverture du scrutin.
5. De la Gorce, t. V. p. 419 et s. et sources indiquées.

était ainsi révélée[1] le moyen de réaliser un idéal économique et de transformer l'organisation du travail : on s'unirait, non seulement pour accroître les salaires, mais pour défendre les intérêts de chaque métier, s'aider réciproquement en cas de maladie et d'accident, se prémunir contre les conséquences de la vieillesse. De plus on constituerait un lien entre les ouvriers de tous les pays. Telles furent les bases d'une alliance acclamée dans un meeting tenu le 5 août. Après de nouveaux pourparlers en 1863 un congrès des ouvriers de tous les pays se réunit à Londres et, le 28 septembre 1864, fonda la *Société internationale des travailleurs*. Chaque groupe national devait s'organiser librement ; les sociétés particulières nommaient des délégués à un congrès annuel lequel élirait le conseil général, pouvoir exécutif de l'association.

Dès la même année les délégués français louèrent un modeste local rue des Gravilliers et organisèrent leur recrutement. Voulant répudier tout caractère de société secrète ou révolutionnaire, ils adressèrent les statuts au ministre de l'Intérieur et au préfet de police. La nouvelle organisation paraissait dominée par deux idées : la crainte de toute compromission politique, la confiance illimitée dans l'association qui devait émanciper l'ouvrier par la force même de son principe[2] sans aucune alliance avec le communisme ou le socialisme d'Etat. Devant cette modération et cette réserve des fondateurs, lesquelles révélaient plutôt des esprits chercheurs que des esprits factieux[3], le Gouvernement se tint dans l'expectative. Les communistes traitèrent les nouveaux venus en adversaires et les républicains les considérèrent comme suspects.

En 1866 la section parisienne comptait à peine 500 adhérents et ses efforts de propagande à l'extérieur étaient presque stériles. C'est alors que l'Internationale dévia de son programme primitif[4].

---

1. *Eod. loco*, t. IV, p. 290.

2. Tolain et ses amis se qualifiaient de « mutuellistes ». (De la Gorce, t. V, p. 425.)

3. De la Gorce, t. V, p. 423.

4. Programme primitif qui était de séparer les questions sociales et économiques des questions politiques (Ravier du Magny. *Revue catholique des institutions*, 1er août 1912, p. 117 ; de la Gorce, t. IV, p. 290). — Sur

En 1867 elle intervenait dans les grèves et ses agents
prêchaient la violence. La même année elle tenait son
congrès à Lausanne et les délégués français, après avoir
d'abord résisté aux excitations communistes, s'appro-
priaient les résolutions du congrès tenu en même temps
à Genève acclamant Garibaldi et versant dans la pire des
politiques [1]. L'Internationale prenant part aux manifestations de la rue devenait une société de combat dont les
adhérents se multipliaient [2]. Le Gouvernement traduisit le
20 mars 1868 devant le tribunal correctionnel les membres du bureau de la section parisienne. Les débats,
remarquables par la modération du ministère public,
aboutirent à un jugement confirmé par la Cour, lequel,
écartant le délit de société secrète, condamna les prévenus
à 100 francs d'amende pour délit d'association non autorisée [3].

La décision judiciaire qui retraçait l'évolution de la
société et signalait son adhésion aux principes les plus
subversifs, ne devait avoir pour résultat que de pousser
à son extension dans une voie plus violente. De nouveaux
commissaires furent nommés dont l'attitude aboutit à un
nouveau jugement qui, le 23 mai 1868, frappa les inculpés de trois mois de prison. Un congrès tenu à Bruxelles
le 6 septembre 1868 proclama les principes du collectivisme [4]. Varlin et Malon dominaient désormais et imposaient leur influence aux modérés [5]. Les affiliations se
multipliaient et les groupements, perdant leur caractère
corporatif, renonçant au principe de n'accepter que des
travailleurs manuels, admettaient tous les hommes de
désordre qui venaient grossir leurs rangs. Le conseil de
Londres finit par admettre en bloc les agrégations collectives de groupements divers (sociétés ouvrières, de secours
mutuels, etc.). Le congrès de Bâle en 1869 renouvela les
attaques contre la propriété individuelle. En 1870 l'asso-

l'influence prépondérante des idées de Karl Marx dans l'Internationale,
voir : Weil, *Histoire du mouvement social en France*, 1911, p. 101 et s.
1. De la Gorce, t. V, p. 430.
2. Weil, *Histoire du mouvement social*, p. 117 et s.
3. Weil. *Le droit d'association*, p. 254.
4. De la Gorce, t. V, p. 432; Weil. *Histoire du mouvement social*, p. 115.
5. Weil. *Histoire du mouvement social*, p. 129.

ciation internationale comprenait 70.000 adhérents à Paris et 200.000 pour toute la France [1]. De nouvelles poursuites eurent lieu le 8 juillet 1870 devant le tribunal de la Seine, le 23 juillet à Brest, le 1er septembre à Rouen [2], poursuites tardives et inutiles ou moment où la licence des réunions publiques permettait la propagation des doctrines qui avaient désormais prévalu au sein de l'association.

Ces derniers jugements constataient que l'Internationale avait dévié de son but primitif qui était d'un ordre purement économique pour devenir un instrument de révolution sociale et politique. En effet on était loin de l'idée corporative. Il s'agissait du groupement des ouvriers de toutes les professions et de tous les pays pour la lutte violente contre la propriété et le patronat [3].

Aussi l'Internationale fut-elle l'instrument le plus actif des grèves qui éclatèrent à Amiens, à Roubaix, à Paris en 1867 [4], au Creusot, à Fourchambault en 1870 [5]. En même temps elle constituait de plus en plus une force politique et révolutionnaire. Au congrès de Londres en 1868 le président clôturait les séances en déclarant la guerre aux gouvernements, aux armées, à la religion [6]. L'idéal proclamé c'était « la liquidation sociale [7] ». Les hommes tels que Varlin qui poussaient à la guerre civile devaient se retrouver avec les orateurs des réunions publiques [8] parmi les éléments les plus actifs de la Commune. Les chefs de l'Internationale, à la fin de l'Empire, étaient au premier rang parmi les fauteurs de troubles et de désordres auxquels l'Internationale fournissait des cadres [9]. Tardivement le Gouvernement s'était ému en ordonnant l'arrestation des meneurs de l'Internationale [10].

1. De la Gorce, t. V, p. 434.
2. Weil. *Le droit d'association*, p. 256.
3. Charles Benoist. *Revue des Deux-Mondes*, 1er mars 1914, p. 104, 105.
4. De la Gorce, t. V, p. 428.
5. *Eod. loco*, t. VI, p. 29, 109.
6. *Eod. loco*, t. V, p. 433
7. *Eod. loco*, p. 435.
8. *Eod. loco*, t. VI, 109.
9. *Eod. loco*, t. XI, p. 25, 109, 111; t. VII, p. 198. — Sur l'action de l'Internationale en 1870 voir : *le Correspondant*, 25 mai 1917, p. 580.
10. *Eod. loco*, t. VI, p. 111.

§ 2. — *Les sociétés secrètes. La Franc-Maçonnerie.*
Les associations antireligieuses.

Parmi les associations politiques et révolutionnaires les plus redoutées étaient les sociétés secrètes. Nous avons vu que contre elles surtout avaient été dirigées les dispositions répressives édictées au début de la période impériale telles que les décrets du 8 décembre et du 29 décembre 1851. Le décret du 25 mars 1852 avait maintenu formellement l'article 13 de la loi de 1848 prohibant les sociétés secrètes, disposition qui devait subsister jusqu'à la loi de 1901. Cette crainte était justifiée par le rôle qu'elles avaient joué au lendemain du coup d'Etat dans les troubles qui avaient éclaté dans certains départements[1], rôles qu'elles devaient tenter de reprendre à la fin de l'Empire[2]. Aussi, au début, les arrestations portèrent sur un grand nombre de membres des sociétés secrètes contre lesquelles la police redoubla de vigilance après l'attentat d'Orsini[3].

Ces mesures rigoureuses entravèrent leur action qui n'en donna pas moins lieu à un certain nombre de poursuites. On peut relever en 1854 l'affaire de *la Marianne* et de *la Jeune Montagne* jugées à Paris et à Angers[4]. Ces deux associations étaient poursuivies comme se proposant « le renversement du Gouvernement impérial et la proclamation de la République démocratique et sociale ». On relevait contre elles, non seulement des groupements affiliés entre eux, mais des symboles, serments et cérémonies occultes. Le 4 août 1855 *la Marianne parisienne* était encore déférée au tribunal correctionnel de la Seine et, le 20 septembre suivant, la même société était frappée à Angers à la suite des graves troubles suscités parmi les ardoisiers de Trélazé[5]. Le 28 mai 1857 furent traduits devant le tribunal de la Seine les membres de la *Société*

1. De la Gorce, t. I, p. 8, 23.
2. *Bod. loco,* t. VI, p. 111.
3. *Bod. loco,* t. II, p. 227; Canler, *Mémoires,* p. 438.
4. Weill, p 256 et s.
5. De la Gorce, t. II, p. 93.

des Francs-Juges, organisation révolutionnaire qui se livrait à toutes les pratiques occultes des sociétés secrètes pour couvrir ses menées contre le Gouvernement. Enfin nous avons signalé les poursuites contre *la Commune révolutionnaire* qui fut condamnée le 21 décembre 1867 aussi bien comme société secrète que comme association politique.

Au premier rang des sociétés secrètes aurait dû être placée, en raison de son importance, la Franc-Maçonnerie qui tombait d'une façon incontestable sous la prohibition de l'article-13 du décret de 1848. Mais, suivant sa tradition, la Franc-Maçonnerie s'était empressée de désarmer le pouvoir en se courbant devant lui.

Après l'élection présidentielle, en effet, la position de la Maçonnerie était devenue précaire et les Loges, visées par la circulaire de M. Baroche du 30 octobre 1850, étaient suspectées de recueillir l'héritage des clubs politiques [1]. Le 10 décembre 1851, le Grand Orient, sur l'injonction du préfet de police, suspendit les travaux de tous ses ateliers jusqu'au 1er janvier 1852, donnant ainsi, dit un auteur maçon [2], « le premier exemple d'une entente cordiale autant que prudente avec l'autorité civile ».

Le bruit courait même que la Maçonnerie allait être frappée d'un décret de suspension ou de suppression. Aussi le Conseil de l'Ordre se hâta, le 9 janvier 1852, de faire nommer Grand Maître par l'assemblée du Grand Orient le prince Lucien Murat [3]. On fit plus encore : le 15 octobre 1852, dix mois après le coup d'Etat et six semaines avant la proclamation de l'Empire, le conseil du Grand Maître votait une adresse au Prince Président : « A peine, par votre énergie et votre héroïque courage, prince, aviez-vous sauvé la France, que nous nous empressions d'acclamer Grand Maître de notre Ordre l'illustre prince Louis Murat, si digne de suivre vos destinées... Assurez le bonheur de tous en plaçant la couronne impériale sur votre noble front ; acceptez nos hommages

1. Jouaust. *Tableau historique*, p. 124.
2. Jouaust. *Histoire du Grand Orient*, p. 520.
3. Voir sur cette nomination : Gyr. *La Franc-Maçonnerie*, 1859, p. 372.

et permettez-nous de vous faire entendre le cri de nos cœurs : vive l'Empereur ! [1] »

Au nouveau Grand Maître on reprocha son omnipotence et une gestion financière qui mécontenta tous les maçons [2]. La Constitution fut révisée en 1854 et provoqua une vive opposition qui se traduisit par l'offre de la candidature à la Grande Maîtrise en 1860 au prince Jérôme Napoléon. Le prince Murat recourut au préfet de police pour interdire les réunions maçonniques jusqu'au mois de mai 1862. Il fit de plus agréer par le ministre de l'Intérieur une commission administrative contre laquelle s'insurgea le conseil. L'Empereur se décida « à trancher le nœud des embarras maçonniques [3] » en nommant le maréchal Magnan Grand Maître du Grand Orient de France par le décret du 11 janvier 1862.

Le maréchal Magnan, qui n'était pas maçon au moment où on lui conféra cette dignité, laissa l'assemblée de 1862 restituer l'administration au Conseil de l'Ordre, revendiqua contre les autorités locales le droit de surveillance des Loges et essaya vainement de faire reconnaître la Maçonnerie comme établissement d'utilité publique [4]. Il tenta aussi, sans y réussir, de réunir sous son autorité les Loges du rite écossais. A l'expiration de ses pouvoirs, l'Empereur laissa le Conseil de l'Ordre procéder à la nomination du Grand Maître. Le maréchal Magnan, réélu en 1864, fut remplacé à son décès par le général Mellinet. Le 6 juin 1871 l'assemblée devait supprimer la Grande Maîtrise remplacée par la dignité de président du Conseil de l'Ordre.

1. Rebold. *Histoire des trois grandes Loges de France*, 1864, p. 248. — L'adresse avait débuté par cette affirmation audacieuse : « Lors des jours néfastes de 1814 et de 1817, on ne nous vit point manifester l'adhésion au nouveau pouvoir.. » Rebold ajoute en note : « Les signataires de cette adresse se trompent : le Grand Orient votait, le 11 mai 1814, 1000 francs pour la réédification de la statue de Henri IV ; et le 24 juin tous les orateurs célébraient le retour du roi légitime. »

2. Pour les documents relatifs à cette crise voir : Favre. *Documents maçonniques*, 1866, p. 290.

3. Findel. *Histoire du Grand Orient*, p. 283.

4. Voir l'article de M. Eugène Marbeau (*Revue des Deux-Mondes*, 15 mars 1901, p. 360). Le Grand Orient lui-même s'opposa sans doute à la reconnaissance (p. 381.)

Ce qu'il importe de noter, c'est la situation légale de la Maçonnerie pendant la période du second Empire. Elle continuait à être placée sous une surveillance administrative qui s'exerçait par l'intermédiaire du Grand Orient et jouissait d'une tolérance rendue précaire par les interventions du pouvoir. Le décret du 11 janvier 1862 ne contenait qu'une disposition de circonstance par laquelle l'Empereur s'attribuait la nomination du Grand maître et nommait pour trois ans le maréchal Magnan « Grand Maître de l'Ordre maçonnique en France[1] ». Il avait été précédé par la circulaire de M. de Persigny du 16 octobre 1861 qui, affectant de considérer la Franc-Maçonnerie comme une société de bienfaisance, déclarait qu'il y avait lieu de l'autoriser et de reconnaître son existence[2]. Cependant, bien que le décret visât l'article 291 du Code pénal, la loi de 1834 et le décret de 1852, il ne contenait aucune reconnaissance[3]. Le maréchal Magnan au convent de 1864[4] qualifiait lui-même la Franc-Maçonnerie d'institution « tolérée ». Dans ce même convent[5] il annonçait que l'Empereur rendait à la Maçonnerie la liberté de nommer son Grand Maître. Les élections subséquentes, faites sans aucune intervention du Gouvernement, montraient du reste que le décret devait être considéré comme implicitement abrogé[6].

Dès lors s'accentuent et se précisent les trois caractères qui vont être désormais ceux des associations maçonniques. Elles sont illégales car elles continuent à tomber sous

1. Duvergier. *Lois*, 1862, p. 10. — 11-25 janvier. Décret impérial relatif à la nomination du Grand Maître de l'Ordre maçonnique en France : « Vu les articles 291 et 294 du Code pénal, la loi du 10 avril 1834 et le décret du 25 mars 1852 ; considérant les vœux manifestés par l'Ordre maçonnique de France de conserver une représentation centrale, avons décidé :

« Article premier. — Le Grand Maître de l'Ordre maçonnique en France, jusqu'ici élu pour trois ans, en vertu des statuts de l'Ordre, est nommé directement par nous pour cette même période.

« Art. 2. — S. E. M. le maréchal Magnan est nommé directement par nous pour cette même période. »

2. Favre. *Documents maçonniques*, p. 292.
3. Prache. *Pétition contre la Franc-Maçonnerie*, 1905, p. 299, 301.
4. *Compte rendu du Grand Orient*, 1864, p. 129.
5. *Eod. loco*, p. 198.
6. Prache, p. 300.

le coup de l'article 13 de la loi du 28 juillet 1848 visant les sociétés secrètes. Elles revêtent de plus en plus un caractère politique car, si elles affectent une soumission nécessaire vis-à-vis du pouvoir [1], si elles comprennent encore un grand nombre d'hommes séduits par les doctrines philanthropiques et humanitaires préconisées par les Loges, elles groupent au fond des éléments d'opposition qui y trouvent un point de ralliement [2]. Elles évoluent de plus en plus vers un but antireligieux, et c'est principalement à ce titre que, le 25 septembre 1865, le pape Pie IX renouvelait contre elles les condamnations portées par ses prédécesseurs [3].

En même temps que la Franc-Maçonnerie accentuait plus ou moins ouvertement des tendances antireligieuses, on voyait à côté d'elle et sous son égide se former pour la première fois des associations dont le but était nettement antireligieux. Telle était, par exemple, l'*Association des solidaires* pour l'organisation des enterrements civils créée à Bruxelles [4]. A la suite d'un congrès tenu à Liége se forma en 1865 à Paris la *Société internationale des libres penseurs* qui s'attacha à propager les manifestations antireligieuses à l'occasion d'obsèques purement civiles [5]. Un procès pour société secrète, dit procès « du café de la Renaissance » révéla en 1867 l'organisation constituée pour cet objet.

Les tentatives pour développer l'enseignement populaire suscitèrent des efforts pour en écarter l'idée religieuse. Tel fut en réalité l'objet de la *Ligue de l'enseignement* fondée en 1866 par Jean Macé. Son but apparent

1. Dans sa demande de reconnaissance d'utilité publique pour le Grand Orient, le maréchal Magnan déclarait : « L'association est animée d'un excellent esprit ; aucune réunion n'a lieu sans qu'il soit porté des toasts à l'Empereur, à l'Impératrice et au Prince Impérial. » (Marbeau, p. 371.)

2. « Parmi les hommes marquants de l'opposition, bon nombre étaient affiliés. Ce cadre était tout prêt quand éclata la révolution du 4 septembre. » (Hanotaux. *Histoire de la France contemporaine*, t. III, p. 503.)

3. Voir le texte de l'allocution de Pie IX, dans : Saint-Albin. *La Franc-Maçonnerie et les sociétés secrètes*, 1867, p. 502.

4. De la Gorce, t. V, p. 378.

5. Les principales manifestations à Paris eurent lieu à l'occasion des funérailles de Proudhon et de M. Bixio. La Loge l'*Avenir* d'Amiens étudiait les moyens de favoriser les enterrements civils.

la fit considérer avec bienveillance par le Gouvernement
et même par beaucoup d'hommes animés de dispositions
religieuses. Son but réel, qui était de répandre l'idée de
la gratuité et surtout de la laïcité de l'enseignement primaire, fut dénoncé avec vigueur par Mgr Dupont des
Loges [1] malgré les protestations de Jean Macé qui devait
plus tard reconnaître que la Ligue était « la fille de la
Maçonnerie [2] ». L'extension des idées et par suite des
associations antireligieuses était caractéristique à la fin
de la période impériale.

§ 3. — *Les associations professionnelles et ouvrières.*

La période du second Empire fut d'abord, avons-nous
dit, une période de réaction contre le mouvement démagogique, et cette réaction était provoquée par un besoin
d'ordre et d'autorité. Les mesures qui marquèrent le début
de cette période étaient dirigées surtout contre les associations politiques et secrètes, mais elles atteignaient en
même temps les groupements ouvriers dont le caractère
politique et les tendances socialistes inquiétaient l'opinion
publique. Le décret de 1852 en particulier abrogeait le
décret de 1848 et portait atteinte aux dispositions qui,
dans ce décret ou dans la Constitution de 1848, pouvaient
permettre aux associations professionnelles de se constituer.

Aussi la panique dont le décret de 1852 donna le signal
dans le monde des associations se fit-elle sentir d'une
façon particulière parmi les associations ouvrières. Le
Gouvernement se hâta de dissoudre les associations qui
subsistaient du mouvement de 1848 et dont le but était
souvent bien moins la mutualité ou la coopération que
l'organisation politique ou la lutte contre les patrons [3].

1. De la Gorce, t. V, p. 382.
2. *Bulletin de la Ligue française de l'enseignement*, 1881, p. 427 — « Macé,
dit M. Bourdeau, était un agent voyageur de la Franc-Maçonnerie universelle, bien qu'il eût soin d'en tenir la Ligue indépendante. Il lui suffisait qu'elle en propageât parallèlement les idées. » (*Compte rendu de
l'Académie des Sciences morales*, 1917, p. 266.)
3. De la Gorce, t. I, p. 36 ; Fagniez, p. 98.

Des arrêtés en prescrivirent la liquidation immédiate et,
d'après M. Levasseur [1], de 1852 à 1858, plus de 200 sociétés cessèrent d'exister par application de l'article 291
du Code pénal. Les associations du reste, cédant à la
crainte que leur inspiraient les tendances gouvernementales disparaissaient d'elles-mêmes.

Cependant, dans le monde du travail, un mouvement
se produisait vers l'association, mouvement qui allait
s'accentuer de plus en plus au cours de la période que
nous envisageons.

Les milieux patronaux avaient donné l'exemple dès la
période de la monarchie de juillet en créant la réunion
des fabricants de bronze, les Chambres syndicales d'entrepreneurs, celle des imprimeurs lithographes. Après 1848
on avait vu se former la Chambre syndicale des menuisiers, celle des tapissiers et la Chambre syndicale du bâtiment dite de la Sainte-Chapelle [2]. En 1859 fut fondée
l'*Union centrale du Commerce et de l'Industrie* née de
l'entente de certaines industries contre la contrefaçon.
Elle n'avait pas le caractère professionnel spécial du
groupe de la Sainte-Chapelle et rassemblait diverses professions. Sous son impulsion s'organisèrent de nombreuses
Chambres syndicales, par exemple celle des chapeliers
en 1860, celle de la ganterie en 1861, celle des bijoutiers
en 1864. A côté de ce rôle de propagande, l'Union, qui
en 1867 avait reçu l'adhésion de 42 Chambres syndicales,
avait pour objet de veiller aux intérêts généraux des syndicats affiliés et de mettre à leur disposition des services
collectifs. Elle devait intervenir avec efficacité auprès des
pouvoirs publics et provoquer la création de sociétés de
secours mutuels et de cours d'enseignement professionnel [3]. Elle se proposait aussi de jouer un rôle de conciliation et d'arbitrage dans les conflits entre patrons et
ouvriers. Si les syndicats patronaux avaient été créés surtout pour la défense des patrons, s'ils montrèrent peu
d'empressement à entrer en rapport avec les syndicats
ouvriers pour régler leurs intérêts respectifs, il faut noter

1. *Histoire des classes ouvrières*, 1867, t. II, p. 128.
2. Levasseur, t. I, p. 377 et s.
3. Fagniez, p. 86, 88.

certaines tendances qui devaient profiter aux ouvriers eux-mêmes. C'est ainsi que les statuts de la Chambre syndicale des patrons chapeliers faisaient appel aux ouvriers que l'on exhortait à se grouper de leur côté pour arriver à régler les différends au moyen d'un accord mutuel [1].

Les syndicats patronaux ainsi créés tombaient d'une façon incontestable sous le coup de la législation en vigueur, mais le Gouvernement les tolérait et se montrait même favorable. Les tribunaux de commerce leur donnaient une consécration officielle en prenant de plus en plus l'habitude de renvoyer les affaires à leur arbitrage ; ils y voyaient même un moyen d'arriver plus facilement à une conciliation.

Le mouvement vers l'association continuait aussi à se manifester dans les milieux ouvriers. Il faut d'abord rappeler à cet égard l'antique institution du compagnonnage toujours subsistante mais au sein de laquelle va s'achever l'œuvre de dissolution que nous avons déjà signalée. Le compagnonnage, dit M. Martin Saint-Léon [1], n'est plus qu'un fantôme. Il ne subsiste que comme fédération de sociétés professionnelles demeurées fidèles à certains usages : comme organisation économique et comme force sociale il est anéanti. De cette déchéance les causes sont multiples : luttes intestines constatées par le livre de Chovin, *Le Conseiller des compagnons*, paru en 1860 et par Perdiguier lui-même dans son dernier ouvrage [2] ; division du travail avec le développement de la grande industrie et du machinisme ; entreprise des grands travaux qui exigeaient le nombre des ouvriers plus que leur habileté technique ; évolution des mœurs et affaiblissement du sentiment religieux.

Des efforts pour relever le compagnonnage furent tentés cependant par Chovin et par Perdiguier qui dans son ouvrage, *La Question vitale*, préconisait la fusion de tous les corps et de tous les rites. On vit se créer à Lyon des sociétés dont devaient sortir l'*Union compagnonnique* et l'*Association de tous les devoirs réunis ;* et plusieurs corps

---

1. Martin Saint-Léon, p. 653.
2. Martin Saint-Léon. *Le compagnonnage*, p. 159 et s.
3. Hubert-Valleroux, p. 284.

nouveaux, notamment les boulangers furent agrégés au compagnonnage. Le rôle économique et social du compagnonnage était néanmoins terminé : dans trois ou quatre corps de métiers seulement les sociétés de compagnons continueront à avoir sur les travailleurs une influence appréciable [1].

Le compagnonnage aura cependant exercé une influence sur les esprits parce qu'il avait constitué une réaction contre l'individualisme. L'idée corporative allait survivre à sa décadence et sous une forme nouvelle le syndicat allait recueillir son héritage [2]. Par suite même du développement de l'industrie et de l'accroissement des agglomérations ouvrières, l'ouvrier sentait davantage son isolement. Il devait de plus en plus se tourner vers l'association [3].

Un incident allait appeler l'attention publique sur ces tendances, ce fut le procès des typographes [4]. Dès 1860 un ouvrier du nom de Gauthier, président d'une société de secours mutuels, s'était adressé au Conseil des prud'hommes, puis au président de la Chambre des imprimeurs pour obtenir la révision d'un tarif des prix de main-d'œuvre établi en 1843 entre les maîtres-imprimeurs de la ville de Paris et les ouvriers typographes. Un projet d'arbitrage avait même été soumis au préfet de police et les typographes avaient porté leurs réclamations au ministre du Commerce et à l'Empereur lui-même. Devant le refus de l'administration d'intervenir [5], un assez grand nombre de typographes quittèrent les ateliers, et, devant cette coalition exécutée sans troubles et sans violences, le ministère public poursuivit en septembre 1862 devant le tribunal correctionnel 22 ouvriers typographes.

Berryer développa devant le tribunal les arguments déjà invoqués en 1845. Il s'élevait contre les doctrines

1. Martin Saint-Léon. *Le compagnonnage*, p. 177.
2. *Eod. loco*, p. 177.
3. L'ouvrier a compris que la tutelle d'une association ou de l'État lui est nécessaire. (Du Cellier, p. 94.)
4. De la Gorce, t. IV, p. 291 ; Ravier du Magny. *Revue catholique des Institutions*, 1er août 1912, p. 114.
5. Lettre de M. Rouher du 2 mai 1862 (citée par M. Émile Ollivier, Dalloz, 1864, IV, p. 63).

qui avaient poussé en 1791 à l'abolition des associations :
« Le temps, disait-il [1], a fait justice de cette utopie. Aujour-
d'hui qui donc n'est pas corporé ? Nous ne voyons autour
de nous que Chambres syndicales ; agents de change,
notaires, avoués, huissiers, avocats, entrepreneurs de tous
les corps d'état ont leur Chambre ; tout le monde est en
corporation, à une condition cependant, c'est qu'on soit
maître. Et quand on sera ouvrier, on sera l'homme isolé,
réduit à la seule force individuelle. S'il arrive à l'ouvrier
de vouloir communiquer avec l'intelligence des siens, il
commettra un délit ! » C'était, sur la liberté d'association
elle-même soutenir des idées qui se faisaient jour de plus
en plus dans tous les esprits. Mais quand Berryer voulut
invoquer l'esprit de la loi de 1849 et soutenir que la coalition cesse d'être délictueuse aussi bien pour les ouvriers
que pour les patrons si elle n'est ni injuste ni arbitraire,
il se vit opposer par le ministère public le texte de la loi.
Les prévenus furent condamnés en première instance et
en appel, mais immédiatement grâciés par l'Empereur.
Napoléon III se faisait ainsi l'écho de l'opinion publique.
On a pu dire que, du procès de 1862 condamnant le délit
de coalition, allait sortir la loi de 1864.

Le mouvement en faveur du groupement professionnel
était du reste encouragé par l'exemple de l'étranger.
Déjà en 1851 l'exposition universelle de Londres avait reçu
la visite de délégations ouvrières mais dont les membres
avaient été choisis par leurs patrons. A l'exposition de
1862 les ouvriers délégués par leurs camarades furent
frappés par l'exemple des *Trade-Unions*. Les rapports
qu'ils rédigèrent [2] réclamaient l'association comme moyen
d'émancipation de la classe ouvrière et comme instrument de l'amélioration de son sort. Ils émettaient le vœu
de voir se constituer dans chaque profession des Chambres
syndicales d'où sortiraient des commissions mixtes de
conciliation et d'arbitrage. Cet exemple des associations
ouvrières anglaises devait donner naissance, comme nous
l'avons vu, à l'Internationale qui fut à l'origine une orga-

1. Plaidoyers de Berryer, t. IV ; de Lacombe. *Vie de Berryer*, t. III,
p. 389.
2. Levasseur, t. II, p. 373.

nisation orientée dans le sens professionnel. Il devait aussi contribuer puissamment à la création des syndicats ouvriers.

Le syndicat, forme nouvelle de l'association professionnelle n'était encore apparu qu'à l'état d'ébauche. Il était dû surtout à l'initiative patronale et s'était produit dans les milieux patronaux ; sa constitution de la part des ouvriers suscitait la méfiance des patrons et des pouvoirs publics. Les associations ouvrières étaient suspectes de tendances politiques et socialistes. D'autre part les divers gouvernements qui avaient suivi la Révolution étaient restés fidèles, moitié par conviction, moitié par prudence, à la conception individualiste du travail [1].

Les ouvriers suivirent cependant l'exemple des patrons, timidement d'abord tant qu'ils eurent à redouter les poursuites pour délit de coalition, avec une certaine hésitation encore après le vote de la loi de 1864 dans laquelle ils redoutaient encore un piège [2]. Deux syndicats antérieurs à l'Empire avaient seulement persisté en prenant la forme de sociétés de secours mutuels, le syndicat des ouvriers typographes et celui des chapeliers [3]. A partir de 1863 le mouvement s'accentua. En 1864 un manifeste électoral demandait la création dans chaque profession d'une Chambre syndicale d'ouvriers, et M. Darimon appuyait cette demande en 1865 dans la discussion de l'adresse. En 1865, en ouvrant la session, l'Empereur déclarait qu'il voulait « détruire les obstacles qui s'opposent à la création de sociétés destinées à améliorer la condition des classes ouvrières [4] ».

Le mouvement corporatif s'accéléra à la suite de l'exposition universelle de 1867 dont Le Play fut le commissaire général [5]. Une commission d'encouragement pour les études des ouvriers appela les groupements ouvriers à élire des délégués afin de discuter leurs intérêts professionnels. Ces délégués tinrent, avec l'encouragement

1. Fagniez, p. 93.
2. Martin Saint-Léon, p. 653, 654.
3. Hubert-Valleroux, p. 336.
4. Levasseur, t. II, p. 379.
5. Fagniez, p. 99 ; Martin Saint-Léon, p. 654.

des personnages officiels, des réunions qui se prolongèrent
jusqu'en 1869. Ils présentèrent en 1868 au ministre du
Commerce des vœux tendant à la réorganisation des conseils de prud'hommes, à l'abrogation de l'article 781 du
Code civil, à la création de Chambres syndicales ouvrières.
M. de Forcade de la Roquette, dans un rapport adressé
à l'Empereur le 30 mars 1868 [1], constatait que les Chambres syndicales étaient entrées dans les usages de la population parisienne et que la tolérance dont jouissaient
depuis longtemps les patrons devait être accordée aux
ouvriers pourvu que leurs groupements fussent exclusivement professionnels. Une commission d'initiative fut
constituée qui fit paraître une circulaire et les syndicats
professionnels se multiplièrent rapidement pour atteindre
en 1870 le nombre de 67 [2]. Il faut noter à cet égard la
transformation en Chambres syndicales d'associations de
crédit mutuel et de bienfaisance déjà existantes. Il faut
noter aussi l'impulsion donnée au mouvement syndical
par l'Internationale qui groupa un grand nombre de syndicats dans la Chambre fédérale des sociétés ouvrières
de Paris [3].

Le programme des syndicats ouvriers comportait la
défense des intérêts professionnels au point de vue du
salaire et de la durée du travail, la fondation d'institutions d'assistance et la création de l'enseignement professionnel [4]. Les syndicats se proposaient donc un but strictement professionnel. Quelques syndicats, notamment celui
des bronziers dont la grève fut remarquée en 1867 [5], prirent un caractère agressif. Cependant les syndicats continuèrent à être tolérés sans qu'on ait pu relever contre
eux d'autres mesures que des mesures locales de suppression. Aux syndicats parisiens aucune entrave ne fut apportée [6]. Une circulaire de 1868, insérée au *Moniteur*, enjoi-

---

1. Inséré au *Moniteur* le 31 mars 1868.
2. Fagniez, p. 100 ; Leroy-Beaulieu. *Revue des Deux-Mondes*, 1er août
1908, p. 487 et sources citées ; Weill. *Histoire du mouvement social*,
p. 95.
3. Leroy-Beaulieu. *Eod. loco*.
4. Martin Saint-Léon, p. 654.
5. *Eod. loco*, p. 655.
6. Hubert-Valleroux, p. 343.

gnait aux préfets d'accorder aux Chambres syndicales ouvrières la même tolérance qu'aux Chambres syndicales de patrons [1]. A la fin de l'Empire, grâce à la bienveillance du pouvoir, l'ouvrier, loin d'être tenu dans l'isolement comme au début du régime, put donc s'orienter vers le mouvement corporatif qui de plus en plus exerçait son influence.

Le mouvement corporatif se rattache à l'ensemble du mouvement ouvrier dont nous devons maintenant retracer les caractères généraux. Nous pourrons ainsi indiquer, au point de vue qui nous occupe, l'état d'esprit des masses ouvrières et rappeler les mesures législatives qui furent le résultat de cette période.

La République de 1848, comme on l'a fait remarquer, en établissant le suffrage universel avait fait passer l'influence du côté du nombre, et l'Empire avait consacré ce changement en proclamant le rétablissement du suffrage universel comme justification du coup d'Etat [2]. D'autre part le développement du machinisme en agglomérant dans les grands centres les masses ouvrières avait accru leur importance. De là une grande place prise par les questions ouvrières qui passionnèrent l'opinion surtout depuis 1860 quand les débats politiques reprirent leur ampleur. Enfin les ouvriers comprenant leur influence dans le mouvement politique devaient chercher à en user pour obtenir l'amélioration de leur sort. Une modification profonde se produisit dans l'esprit public pour tout ce qui touchait les sujets relatifs au travail et à la classe ouvrière. Le Gouvernement devait pousser au mouvement législatif sur ce terrain.

Dans les masses ouvrières ainsi agglomérées se manifestait de plus en plus une réaction contre l'isolement. L'ouvrier sentait que pour arriver à l'amélioration de sa condition et de son salaire le groupement était une nécessité. Sous les influences que nous avons indiquées, et soutenu par l'opinion publique, il réclamait, sur le terrain professionnel, la liberté d'association. Les principes posés

---

1. Leroy-Beaulieu. *Eod. loco.*

2. Levasseur, t. II, p. 304.

par les hommes de la Révolution apparaissaient de plus
en plus comme incompatibles avec les conditions de la
vie moderne. Le besoin de s'unir et de s'entendre se traduisit par le développement des syndicats dont le pouvoir
tolérait et reconnaissait même l'existence. Assurément les
Chambres syndicales ouvrières étaient souvent fondées par
des influences extérieures à la profession : quelques hommes lançaient par la voie de la presse des convocations
pour engager les ouvriers à venir aux réunions qui venaient d'être permises ; on y recueillait des adhésions
et des souscriptions, et ainsi se fondaient beaucoup de
syndicats [1]. Il n'en est pas moins vrai que la profession
profitait de ce mouvement auquel elle était toute préparée.

Par suite de ce même besoin d'union, prenait corps ce
que nous avons appelé la classe ouvrière, c'est-à-dire le
groupement des travailleurs manuels rapprochés par les
mêmes conditions de vie et les mêmes aspirations, persua-
dés qu'ils étaient sacrifiés par une législation exceptionnelle ou insuffisante [2]. On pouvait constater sur ce terrain
une tendance à l'organisation qui dépassait les bornes des
groupements professionnels. C'est ainsi, par exemple, que
les délégués ouvriers à l'exposition de Londres en 1862
ayant été élus, avec l'approbation même de l'Empereur,
par leurs camarades dans chaque corps de métier, la ré-
gularité des opérations électorales révéla dans les milieux
ouvriers une discipline inattendue [3].

Mais ce mouvement de formation de la classe ouvrière
accentuait encore les caractères que nous avons relevés
dans la période de 1848. C'était d'abord l'idée de la séparation et même l'antagonisme vis-à-vis des patrons trop
peu portés de leur côté à entrer en relation avec les groupements ouvriers. La séparation, la coupure, comme on
l'a dit [4], s'était opérée entre le patron et l'ouvrier, par la
grande industrie qui les avait rendus étrangers l'un à
l'autre, par la reconstruction de Paris qui avait obligé

1. Hubert-Valleroux, p. 337.
2. C. Benoist. *Revue des Deux-Mondes*, 1" mars 1914, p. 198.
3. Fagniez, p. 99 ; Ravier du Magny. *Revue catholique des Institutions*,
1912, p. 117.
4. C. Benoist. *Eod. loco*, p. 95-96.

l'ouvrier à se loger dans les quartiers excentriques et lui avait fait perdre tout contact avec les bourgeois. L'antagonisme, ainsi que nous l'avons vu, était porté au plus haut point par l'*Internationale* devenue un foyer d'excitations contre le patronat et un instrument de grèves.

En même temps le mouvement ouvrier revêtait de plus en plus un caractère socialiste et politique. L'*Internationale*, dont le principe originaire avait été de séparer les questions sociales des questions politiques, avait dévié de sa voie primitive. Devenue un agent d'opposition et de révolution [1], elle poussait de plus en plus à la lutte des classes. Dans le procès de 1868 Varlin dénonçait « une haine sourde entre la classe qui veut conserver et la classe qui veut reconquérir [2] ». L'association ouvrière allait se proclamer de plus en plus la fille du socialisme et se donner pour but, non plus l'amélioration du sort de la classe ouvrière, mais la transformation du monde social [3].

Les associations ouvrières dont on s'efforçait de faire des armes contre les patrons devaient aussi subir l'influence politique qui dominait le mouvement ouvrier [4]. Les meneurs cherchaient à faire de l'organisation corporative la préface de l'organisation révolutionnaire. « Il faut, disait Reclus, avoir l'air d'organiser les classes ouvrières au point de vue industriel et économique ; ce sera pour nous le moyen de les organiser plus tard au point de vue politique [5] ». C'est qu'en effet le mouvement ouvrier continuait à revêtir un caractère politique. L'ouvrier, nous l'avons dit, comprenait que, par le nombre, il était destiné de plus en plus à détenir l'influence politique. Déjà en 1848 il s'était senti le maître et avait été entouré de flatteurs, il allait être pénétré du sentiment de son importance après le rétablissement du suffrage universel [6]. Il ne voudra plus de patronage sous aucune forme et s'orientera vers l'idée d'un parti ouvrier. L'idée du parti ouvrier fut lancée aux élections de 1863. Soixante ouvriers

1. De la Gorce, t. V, p. 419.
2. C. Benoist. *Eod. loco*, p. 105.
3. Levasseur, t. II, p. 385.
4. Levasseur, t. II, p. 386.
5. C. Benoist. *Eod. loco*, p. 105.
6. *Eod. loco*, p. 99.

déclarèrent dans un manifeste : « Nous voulons faire entrer au Parlement des députés choisis parmi les nôtres. » Un ciseleur, Tolain, proclamé candidat, réclamait « la liberté de réunion et d'association, l'abrogation complète de la loi sur les coalitions, l'organisation de Chambres syndicales composées entièrement d'ouvriers ». La tentative échoua au profit des hommes de 1848, mais pour la première fois sous l'Empire, on avait entendu « les revendications sociales » des ouvriers sur le terrain politique. On avait pu constater l'entrée en scène du « parti ouvrier [1] ».

Pour la première fois aussi, avec l'époque du second Empire, on vit se manifester dans les milieux ouvriers les tendances antireligieuses qui devaient en se développant être les instruments si profonds de démoralisation et la source de préjugés si lamentables. Faut-il attribuer ces tendances à une réaction contre l'adhésion trop peu mesurée donnée par le clergé au régime impérial ? Faut-il y voir la conséquence de la démoralisation des grandes agglomérations ouvrières ? La constatation de cet état d'esprit qui exercera sur les associations de travailleurs manuels une si déplorable influence ne s'en impose pas moins à quiconque étudie cette période [1].

Etant donné ces tendances des milieux ouvriers, quelle fut leur attitude vis-à-vis du pouvoir ?

L'ouvrier, sentant qu'il avait servi d'instrument à la bourgeoisie dans la Révolution de 1830, déçu dans les espérances chimériques qu'avait fait naître en lui la Révolution de 1848, dupé par les flagorneries dont il avait été l'objet, terrorisé par les récentes répressions, avait en somme accepté le nouveau régime avec un calme qu'expliquait la prospérité générale succédant aux souffrances qui avaient marqué le début de ce régime [2]. Et même dans les masses n'avait pas tardé à dominer, avec la reprise des affaires et la fièvre de la spéculation, un sentiment de confiance [3]. Mais les masses ouvrières qui avaient

4. De la Gorce, t. IV, p. 270, 271.
1. C. Benoist. *Eod loco*, p. 102.
2. De la Gorce, II. p. 35.
3 *Eod. loco*, p. 142 et s.

fait crédit au nouveau régime arrivèrent à se retrancher
dans l'abstention et même à se jeter dans l'opposition dès
les élections de 1857 [1]. En 1863, comme nous l'avons dit,
l'idée d'un parti ouvrier se faisait jour. Le parti démocratique s'efforçait, sous l'influence de nouveaux éléments
qui aspiraient à supplanter les vieux républicains de 1848,
de lancer les ouvriers dans la voie révolutionnaire [2]. Les
questions sociales étaient bruyamment agitées, surtout
dans les réunions tumultueuses qui inaugurèrent la liberté
de réunion accordée par la loi de 1868. *L'Internationale*,
en devenant une société de combat, organisa les grèves
et travailla à pousser les ouvriers dans la voie de la violence. Sans doute ces excitations n'agissaient que sur une
minorité turbulente, mais on a pu dire que, d'une façon
générale, la classe ouvrière à la fin de l'Empire, dominée
par le prestige du mot de République, attendait tout d'un
changement de gouvernement [3].

Le pouvoir impérial, après la réaction de 1852, avait
cependant multiplié ses avances car, sous son étiquette
autoritaire, il s'efforçait de montrer des tendances démocratiques. Depuis 1860 l'Empire, qui avait jusqu'alors
cherché à fortifier son pouvoir, se préoccupait de développer la richesse publique et le bien-être des classes populaires par des réformes économiques [4]. Autant par calcul
que par un sentiment de naturelle bonté et par un désir
sincère d'amélioration du sort des classes populaires, Napoléon III multipliait les mesures administratives qui pouvaient leur être favorables. A l'exposition de 1867 on vit
se produire sur son initiative personnelle le projet d'habitations ouvrières. Il avait favorisé le développement des
syndicats et des caisses d'épargne, l'extension des associations coopératives. Mais surtout il pensait sur le terrain
électoral, et grâce à des mesures législatives, à se rapprocher des classes laborieuses dont il croyait pouvoir gagner
la confiance en les dégageant ainsi des partis politiques [5].

[1]. C. Benoist. *Eod. loco*, p. 97.
[2]. De la Gorce, t. V, p. 390.
[3]. C. Benoist. *Eod. loco*, p. 102.
[4]. De la Gorce, t. IV, p. 129 ; Levasseur, p. 304.
[5]. De la Gorce, t. IV, p. 295.

De là l'indulgence dont Napoléon fit preuve après la condamnation des typographes, indulgence qui fut le prélude de la loi sur les coalitions dont il devait être véritablement l'auteur. De là cette loi de 1868 sur les réunions qu'il avait aussi voulue. Dans sa pensée elle permettrait aux ouvriers, autorisés désormais à se liguer pour le règlement de leurs salaires, de débattre publiquement leurs intérêts en échappant aux influences des meneurs politiques. Ces intentions bienveillantes mêlées de grandes illusions ne furent guère payées de reconnaissance de la part de ceux qui en étaient l'objet, mais elles se traduisirent, en ce qui concerne la classe ouvrière, par d'importantes mesures législatives.

De ces dispositions du pouvoir, désireux de donner satisfaction aux revendications légitimes de la classe ouvrière, sortirent en effet un certain nombre de lois dont le caractère devait être durable. Telles furent la loi du 2 juin 1853 sur les conseils de prud'hommes, la loi du 23 juin 1854 sur le livret d'ouvrier qui disposait que le livret doit rester aux mains de l'ouvrier, la loi sur les sociétés de secours mutuels que nous indiquerons plus loin, sans parler du développement des institutions d'instruction populaire et de bienfaisance et de l'attitude bienveillante du Gouvernement à l'égard des associations coopératives.

Mais, avec la loi de 1868 sur les réunions, la disposition la plus importante fut la loi du 29 mai 1864 sur les coalitions [1]. La loi de 1849 avait établi à cet égard l'égalité, mais ses pénalités étaient en réalité peu redoutées par les patrons dont les Chambres syndicales n'excitaient pas la méfiance, tandis qu'elles constituaient un obstacle à l'établissement des syndicats ouvriers. Depuis 1849 de nombreuses coalitions avaient été l'objet de poursuites. De 1853 à 1860 on avait compté 749 poursuites pour coalitions d'ouvriers et 89 pour coalitions de patrons [2]. Le procès des typographes, poursuivis, en vertu de la loi de 1849 pour une simple entente en vue du refus du travail, sans aucune violence, fut suivi de la grâce des condamnés

1. Sirey. *Lois*, 1864, p. 26 ; Dalloz, 1864, IV, p. 53.
2. Levasseur, t. II, p. 333.

qu'on interpréta avec raison comme l'expression du sentiment personnel de l'Empereur. Le véritable condamné, comme on l'a dit, était l'article 414 du Code pénal [1]. Une pétition en faveur du droit de coalition fut, en février 1863, présentée au Sénat qui passa à l'ordre du jour. Une nouvelle proposition de M. Morin fut même repoussée [2]. Mais l'Empereur, dominé par le désir de donner des gages aux classes laborieuses [3], annonça le 5 novembre 1863, en ouvrant les Chambres, un remaniement de la législation sur les grèves. Un rapport fut présenté à l'Empereur et un projet élaboré au Conseil d'Etat. C'était encore une réforme qui rentrait dans la politique préconisée par M. de Morny pour donner au pays ce qu'il appelait les libertés civiles. A Emile Ollivier qui lui parlait des lois à faire sur les coalitions, sur les réunions, sur les associations, il avait répondu : « N'entreprenons pas trop à la fois, car nous n'obtiendrions rien. Commençons par les coalitions [4]. »

Le projet du reste soulevait de nombreuses objections et l'on a pu dire que, devant une réforme qui apparaissait comme l'expression du désir personnel de l'Empereur, ce fut une impression « d'obéissance résignée » qui se manifesta au sein du corps législatif comme chez le rapporteur du Conseil d'Etat chargé de l'exposé des motifs [5].

Celui-ci, M. Cornudet, déclarant que le projet était présenté pour tenir une promesse toute spontanée de l'Empereur, paraissait plutôt en présenter la défense que l'apologie. Il ne dissimulait aucun des dangers des coalitions au point de vue de l'ordre public, de la production industrielle, de l'intérêt des ouvriers eux-mêmes. Mais il considérait qu'on ne pouvait plus, dans les temps actuels, en maintenir la prohibition. Il constatait que, sous le régime de la liberté du travail, il était peu logique de condam-

---

1. Ravier du Magny. *Revue catholique des Institutions*, août 1912, p. 117.
2. Levasseur, p. 384.
3. Voir sur les idées de Napoléon III au point de vue des réformes sociales : Weil. *Histoire du mouvement social*, p. 3. — Sous la troisième République, le prince Napoléon devait rappeler dans son manifeste que le second Empire avait donné aux ouvriers le droit de coalition que le régime de 1848 leur avait refusé.
4. Emile Ollivier. *Le 19 janvier*, 1869, p. 219.
5. Dalloz, 1864, t. V, p. 58 ; de la Gorce, t. IV, p. 296.

ner comme illicite l'entente entre plusieurs pour offrir ou refuser leur travail, alors que chacun pouvait individuellement poser ses conditions pour le même objet. La coalition était un acte licite en lui même. Il fallait distinguer entre les grèves paisibles et celles dont les excès et la violence devaient être réprimés. Les excès qui avaient marqué les grèves anglaises étaient dûs à la liberté de réunion et d'association qui fournissaient aux ouvriers des occasions d'entraînement. Or, ces deux droits, M. Cornudet en écartait la reconnaissance : « Quant au droit de réunion et d'association, disait-il, les coalitions ne pouvaient pas s'en faire en France un moyen de troubles et de grèves durables, puisque, d'après la loi générale, applicable à tous les citoyens tant qu'elle restera la loi du pays, les réunions publiques ¹ et les associations ne peuvent pas se former sans la permission de l'autorité qui ne la refusera pas assurément quand elle sera demandée pour un motif légitime, mais qui est armée du droit d'interdiction et qui saura s'en servir toutes les fois que l'intérêt de la sécurité publique l'exigera. » Du reste la loi actuelle n'était appliquée aux ouvriers qu'avec indulgence, elle n'était pas appliquée aux patrons. Elle empêchait les ententes justes et raisonnables, elle entretenait les dispositions hostiles au patron, elle ouvrait la porte à l'intervention de l'Etat comme régulateur du travail. Les dispositions proposées suffisaient à écarter les menaces et l'intimidation. Sentant bien cependant qu'au fond le droit de coalition devait être l'encouragement à la grève, M. Cornudet terminait par cetie conclusion mélancolique : « Est-ce à dire qu'il faille voir avec faveur les coalitions ? Vous ne nous attribuerez point cette pensée. Alors même qu'elles sont exemptes de violence, les coalitions ont toujours de désastreuses conséquences pour les ouvriers qui y ont recours... Aussi notre espoir c'est que la loi qui vous est proposée aura pour conséquence définitive de rendre les coalitions d'ouvriers plus rares. ».

La commission du Corps législatif parut dominée par le désir d'écarter les dangers que faisait craindre la loi. Un

---

1. Les réunions allaient être permises par la loi de 1868.

amendement qui tendait à imposer avant la grève un arbitrage obligatoire, un autre qui voulait que la cessation du
travail ne pût se produire sans l'observation des usages
locaux ou un préavis de quinze jours [1] furent cependant
repoussés par les membres du Conseil d'Etat. Le rapporteur, choisi malgré une vive opposition, fut M. Emile Ollivier favorable au droit d'association lui-même.

Le rapport de M. Emile Ollivier [2], sans dissimuler que
la grève pouvait être la conséquence de la coalition, montrait que le projet était la conséquence du refus de l'intervention de l'Etat pour régler les questions de salaire et
de la grâce accordée aux ouvriers typographes. Il fallait
modifier une législation qui n'était plus appliquée. Le
projet se résumait en deux dispositions : les coalitions
d'ouvriers et de patrons étaient libres sans qu'on eût à
examiner si elles reposaient sur un fondement équitable ;
d'autre part, toutes les fois que l'exercice du droit de
coalition était vicié par la violence ou les manœuvres
frauduleuses il constituait le délit d'atteinte à la liberté
du travail qui devait être réprimé.

Ce que nous retiendrons surtout dans le rapport de
M. Emile Ollivier ce sont les considérations relatives au
droit d'association. Après avoir constaté les avantages des
corporations mais avoir montré qu'elles étaient devenues
des instruments de monopole et de fiscalité, il distinguait
la coalition, entente momentanée, de l'association qui
crée un intérêt collectif et permanent. La loi de 1791
avait puni le simple accord, le Code pénal et la loi de
1849 permettaient la délibération et ne frappaient que la
tentative pour amener la cessation du travail ; il était
illogique de permettre la délibération et d'interdire
ensuite tout concert [3]. M. Emile Ollivier aurait dû conclure aussi qu'il était illogique de permettre l'entente

1. Cet amendement proposé par MM. Pinard et Buffet était inspiré par
la crainte de l'arrêt subit de certains travaux notamment des chemins
de fer.

2. Dalloz, 1864, IV, p. 60.

3. Il ajoutait : « Serait-il compréhensible qu'on refusât la faculté de
se concerter sur le salaire à ceux qui par l'autorité de leur nombre et
par le poids de leur suffrage exercent une influence considérable sur la
marche des affaires publiques. » (Dalloz, p. 67.)

sans aller jusqu'à reconnaître le droit d'association qui
en est la conséquence naturelle. Sans aller jusqu'à cette
conclusion qui était sans doute dans sa pensée, il était
conduit à faire l'éloge de l'association. Le tort de l'Assemblée constituante, poussée par la crainte de la reconstitution des corporations, avait été de se défier de toute
action collective en dehors de l'Etat dont elle consacrait
ainsi l'omnipotence. « Il n'est pas vrai, disait-il, qu'il n'y
ait que des individus, grains de poussière sans cohésion,
et la puissance collective de la Nation [1]. Entre les deux,
comme transition de l'un à l'autre, comme moyen d'éviter
la compression de l'individu par l'Etat, existe le groupe,
formé par les libres rapprochements et les accords volontaires. C'est à lui qu'il est réservé d'accomplir les
œuvres de travail, d'assistance, d'expansion de progrès,
qui excèdent la puissance individuelle et qui deviendraient
impossibles ou oppressives si elles ne pouvaient être que
par la force des pouvoirs publics. C'est lui qui a créé les
merveilles du monde moderne, les compagnies de chemins de fer, les diverses associations industrielles ou
commerciales, les écoles gratuites, les sociétés de secours
mutuels ; c'est lui qui déploiera dans l'avenir des puis-
sances inconnues de prospérité, de richesse, de travail,
d'ordre et d'apaisement. »

Dans la discussion qui s'ouvrit le 27 avril [2], on vit se
produire des objections de la part des industriels [3] qui
redoutaient la loi comme dangereuse et de la part des
députés de gauche qui la jugeaient insuffisante. Parmi les
premiers, M. Seydoux critiqua le projet au nom des
nécessités de l'industrie : l'interruption du travail sera la
violation des contrats, et il y aura une pression pour la
grève par les meneurs sur ceux qui n'en veulent pas. Il
ajoutait ces paroles prophétiques : « Il y aura bientôt des
professeurs de grèves comme il y avait jadis des professeurs de barricades. » D'ailleurs le projet est illogique

1. Emile Ollivier s'élevait ainsi contre la théorie énoncée par Le Cha-
pelier en 1791 : Il n'y a que les intérêts de l'individu et ceux de l'Etat.

2. *Moniteur* des 28, 29 avril, 1er et 2 mai.

3. Les Chambres syndicales de patrons se montrèrent hostiles au projet. (Fragniez, p. 84.)

car il donne aux ouvriers le droit de se concerter sans
leur donner le droit de réunion [1]. Après lui, M. Kolb-
Bernard fit l'éloge des anciennes corporations qui garan-
tissaient la stabilité et dont la destruction avait amené
cette concurrence illimitée d'où sont sorties les coalitions.
L'association serait le remède à condition d'être pénétrée
du principe moral que préconisait Le Play et qui peut
réaliser l'union des patrons et des ouvriers.

Emile Ollivier répondit à l'argument qui traitait le droit
de coalition de droit dérisoire si on n'accordait pas en
même temps le droit de réunion et d'association : « Je ne
dis jamais tout au ou rien... je dis : un peu à chaque
jour... aujourd'hui la loi de coalition, demain celle des
associations [2] ».

Du côté gauche, Jules Simon, Jules Favre, Garnier-
Pagès, reprochèrent surtout à la loi d'accorder un droit
illusoire en l'absence du droit de réunion et d'association.
La loi fut adoptée malgré le vote opposé de 36 voix des
membres de la gauche et des grands industriels. Thiers
et Berryer étaient au nombre des députés qui s'étaient
abstenus [3].

Au Sénat [4] M. Delangle, rapporteur, s'appuya sur ce
que le projet maintenait les dispositions sur les réunions
et les associations. Le procureur général Dupin insista :
« Est-ce que le Gouvernement serait aussi dans l'intention
de se défaire de l'article 291 qui renferme un principe de
sécurité publique ? Je ne le pense pas, car s'il vient à
abandonner cet article de loi sans lequel, suivant moi,
aucun gouvernement régulier ne peut subsister, comment
se défendrait-il contre les associations non autorisées, les
associations secrètes ? » A quoi M. Baroche répondait par
cette assurance : « S'il y en a qui demandent, comme conséquence de cette loi, les maîtrises et les jurandes, on
ne les leur accordera pas ; et si d'autres demandent le
droit de réunion, d'association, on leur opposera un refus. »

1. On a fait remarquer en effet qu'une coalition ne pouvait se produire
sans une réunion préalable qui dépendait du bon plaisir de l'administration (Levaseur, t. II, p. 326).
2. *Moniteur* du 29 avril. — *Le 19 janvier*, p. 227, 233.
3. De la Gorce, t. IV, p. 303.
4. *Moniteur* du 18 mai.

Telles étaient les craintes manifestées au sujet de la liberté d'association. La loi fut adoptée au Sénat par 77 suffrages contre 64 bulletins blancs et 13 votes hostiles.

Telle fut la loi de 1864 [1] qui consacrait le droit de coalition, ne réprimant que les violences, manœuvres frauduleuses amenant la cessation du travail [2], les défenses et interdictions portant atteinte à son libre exercice. La surveillance de la haute police n'était prononcée que dans les cas où les actes de violence étaient commis par suite d'un plan concerté [3]. Comme on l'a fait remarquer, le droit de coalition ainsi reconnu n'était que le droit de former une entente passagère. Il ne pouvait conduire qu'à la grève qui n'est pas une solution des conflits soulevés dans le monde du travail. Bien qu'il parût impossible de maintenir l'ancienne législation, c'était un danger que tout le monde pressentait et que signalait M. Cornudet lui-même [4]. Ce qu'on accordait ce n'était pas la liberté d'association [5] qui seule aurait pu réguiariser la liberté de coalition en empêchant les violences par une entente collective [6]. La liberté d'association, qui était dans la pensée d'Emile Ollivier et peut-être dans celle de l'Empereur, rencontrait encore trop d'oppositions ; on n'osait pas aller jusque-là. La loi de 1864 fut cependant accueillie avec enthousiasme comme une victoire sur l'ancienne législation [7]. On a pu dire qu'elle consacrait l'émancipation de la population ouvrière [8]. Elle encouragea indirectement mais dans une

1. Sirey. *Lois*, 1864, p. 25.
2. Dans ce cas les pénalités du Code pénal étaient aggravées.
3. Article 415 nouveau. — On ne touchait pas à l'article 419 visant la coalition des détenteurs d'une même marchandise en vue de hausser les cours.
4. « La liberté des coalitions, écrivait Le Play en 1873, n'a servi qu'à opprimer les ouvriers paisibles et à grossir l'armée des révolutions. » (Auburtin. *Frédéric Le Play d'après lui-même*, 1906, p. 445.) — Sur les critiques soulevées par les grèves après la loi de 1864 : Emile Ollivier. *Le 19 janvier*, p. 267.
5. Les auteurs d'une coalition à Saint-Etienne furent condamnés en 1866 d'après la loi de 1834 comme ayant formé une association de plus de vingt personnes. (Levasseur, t. II, p. 438 ; Cassation, 23 février 1866 ; Sirey, 1866, I, p. 129.)
6. C. Benoist. *Revue des Deux-Mondes*, 1er mars 1914, p. 98.
7. Martin Saint-Léon. *Le compagnonnage*, p. 178.
8. Leroy-Beaulieu. *Revue des Deux-Mondes*, 1er août 1908, p. 485.

large mesure la reconstitution des Chambres syndicales
ouvrières [1].

Dans le même ordre d'idées il faut aussi signaler la
loi du 2 août 1868 [2] abrogeant l'article 1781 du Code civil
qui déclarait que le maître est cru sur son affirmation
pour la quotité des gages, pour le paiement du salaire de
l'armée échue et pour les acomptes donnés pour l'année
courante [3].

En résumé, sur le terrain professionnel, la période du
second Empire était marquée par une large tolérance en
faveur des syndicats patronaux et ouvriers, par la reconnaissance du droit de coalition, par la tolérance des réunions d'ouvriers [4]. Mais le droit d'association restait en
principe interdit. Aucune loi n'était intervenue pour réglementer les associations professionnelles et en particulier les associations ouvrières. Ces dernières restaient
l'objet de la méfiance des patrons et de la classe de la
bourgeoisie.

§ 4. — *Les corps indépendants.*

En ce qui concerne les groupements que nous avons
appelés les corps indépendants, notons le décret du
22 mars 1852 relatif au barreau qui maintint l'élection
des membres du conseil de l'Ordre par l'assemblée générale des avocats inscrits, mais en exigeant la majorité
absolue, et qui remit au Conseil l'élection du bâtonnier [5].
Cette dernière disposition fut abrogée par le décret du
10 mars 1870 [6].

Les Chambres de commerce restaient placées sous la
réglementation de l'État. Une loi du 9 juin 1866 suppri-

1. Leroy-Beaulieu. *Revue hebdomadaire*, 27 juin 1914.
2. Sirey. *Lois*, 1868, p. 330.
3. Le manifeste des soixante avait dit, le 17 février 1864 : « On répète
qu'il n'y a plus de classes... Nous qui vivons sous des lois exceptionnelles, telles que la loi de coalition et l'article 1781 il nous est bien difficile de croire à cette affirmation. » *Revue des Deux-Mondes*, 1er mars
1914, p. 98.
4. Émile Ollivier. *Le 19 janvier*, p. 268.
5. Cresson, t. II, p. 361.
6. *Eod. loco*, p. 371.

mait les courtiers en marchandises. Les corporations des
bouchers et la caisse de Poissy furent supprimées par le
décret du 21 février 1858 [1]. La liberté de la boulangerie
fut établie par celui du 22 juin 1863, rendu après avis
du Conseil d'Etat, sur le rapport de Le Play [2].

§ 5. — *Les associations économiques.*

Aux associations non politiques s'appliquait dans sa
généralité la législation de 1852. Elle fut aussi atténuée
à l'égard de ce que nous avons appelé les associations
économiques et des associations de bienfaisance.   .

Il faut à cet égard noter les dispositions relatives aux
sociétés qui se distinguent des associations puisqu'elles
constituent moins des groupements de personnes que des
groupements de biens et qu'elles poursuivent un intérêt
lucratif. Elles constituent cependant des groupements et
leur développement intéresse l'histoire du droit d'association puisqu'il marque la tendance des citoyens à s'unir
en dehors de l'action de l'Etat. Sur ce terrain des intérêts matériels la prohibition ne saurait se concevoir. Le
Code civil fixait les règles du contrat de société, et le
Code de commerce reconnaissait aux citoyens la liberté
de former des sociétés commerciales mais sous les formes
réglementées par la loi. D'après l'article 37 du Code de
commerce, la société anonyme ne peut se former qu'avec
l'autorisation du Gouvernement. La période du second
Empire marqua un élargissement notable de la législation sur ce point.

La loi du 23 mai 1863 [3] affranchit de l'autorisation les
sociétés à responsabilité limitée dont le capital n'excédait
pas 20 millions [4]. La loi du 24 juillet 1867 [5] émancipa
définitivement les sociétés anonymes qui purent se former sans l'autorisation du Gouvernement. Enfin, la loi
du 21 juin 1865 sur les associations syndicales [6] permit

1. Hubert-Valleroux, p. 197.
2. Courcon. *Maires et boulangers.* 1912, p. 41.
3. Sirey. *Lois*, 1863, p. 73.
4. Article 3.
5. Sirey. *Lois*, 1867, p. 203.
6. Sirey. *Lois*, 1865, p. 65.

la formation sans l'intervention de l'administration d'associations syndicales de propriétaires pour l'exécution et l'entretien de travaux [1].

Ce progrès dans la législation marquait une tendance d'expansion qui devait se manifester dans l'ordre économique. Les sociétés coopératives et de crédit n'avaient pas été tout d'abord sans exciter les méfiances du pouvoir [2] ; mais, sous l'influence des idées que nous avons signalées, l'Empereur, dans son discours d'ouverture de la session de 1866, devait déclarer que « pour favoriser le développement des sociétés coopératives, l'autorisation de se réunir serait accordée à tous ceux qui en dehors de la politique voudraient délibérer sur leurs intérêts industriels et commerciaux [3] ».

Les associations coopératives et de crédit se développèrent surtout dans les milieux ouvriers. Le mouvement qui avait joui de tant de faveur à l'époque de 1848 s'était arrêté au moment du coup d'Etat par la liquidation forcée d'un grand nombre de ces sociétés ; il reprit peu à peu à mesure que le pouvoir se montra plus favorable aux classes populaires. En 1857 était fondée une première société de crédit mutuel ; en 1858 deux associations de production, celle des peintres en bâtiment et celle des menuisiers étaient fondées à Paris [4]. A partir de 1860 le mouvement s'accentua. En 1863 se fondèrent des associations de crédit, de consommation et de production. En 1866 on comptait 120 sociétés de crédit mutuel, 7 de consommation, 51 de production. Les sociétés de coopération trouvaient des capitaux dans les sociétés de crédit mutuel qui se centralisèrent dans une société de crédit au travail laquelle fut arrêtée par la faillite en 1868 [5]. D'une manière générale les sociétés de crédit ne réussirent pas, mais la coopération fut un fait important au point de vue du groupement des classes ouvrières. Elle fut considérée avec bienveillance par le pouvoir dont la politique ten-

1. Certains avantages étaient accordés aux associations qui demanderaient l'autorisation préfectorale.
2. Weil, p. 229.
3. *Eod. loco*, p. 141.
4. Levasseur, t. II, p. 372 et s.
5. Fagniez, p. 97.

dait de plus en plus à prendre son point d'appui sur les milieux populaires. L'Empereur avait fait des prêts aux associations populaires [1], il les avait encouragées par son discours de 1866. Enfin la loi de 1867 favorisait les sociétés de coopération par ses dispositions relatives aux sociétés à capital variable [2].

Une catégorie d'associations qui manifesta aussi un important développement fut la catégorie des sociétés de secours mutuels. La mutualité, comme la coopération, était dans le programme primitif de *l'Internationale*. Elle avait été aussi préconisée dans les rapports rédigés par les délégués ouvriers à la suite de l'exposition de Londres en 1862 ; les vœux émis par ces rapports firent éclore un grand nombre de sociétés de secours mutuels, d'épargne et de crédit mutuel animées de l'esprit qui devait caractériser les syndicats [3]. Certaines de ces sociétés, de même que certaines sociétés de crédit, s'organisèrent sous l'étiquette de la mutualité dans un esprit de résistance et de lutte contre les patrons [4].

La loi de 1850 permettait au Gouvernement de dissoudre les sociétés de secours mutuels si elles s'écartaient du but de leur institution. Mais, dès le début, le Gouvernement impérial avait pris contre elles, par méfiance politique, des mesures administratives surtout en province [5]. Le décret du 25 mars 1852, abrogeant la loi de 1848, fut même interprété par l'administration comme replaçant les sociétés de secours mutuels sous le régime de l'autorisation administrative [6]. Le décret du 26 mars 1852 [7] créa, avec les sociétés approuvées, une situation intermédiaire entre les sociétés reconnues d'utilité publique et les sociétés libres qu'on avait la prétention de considérer comme simplement tolérées [8]. La société de secours approuvée

---

1. M. Seydoux. Discours du 27 avril 1864 (*Moniteur* du 28).
2. Article 48. Sur le mouvement coopératif : Emile Ollivier. *Le 19 janvier*, p. 402.
3. Fagniez, p. 99.
4. *Eod. loco*, p. 97, 98.
5. Weil, p. 263.
6. Weil, p. 264. — Cette prétention a été contredite par la jurisprudence postérieure (Weil, p. 265, note).
7. Sirey. *Lois*, 1852, p. 107.
8. Circulaire du 28 octobre 1852 (Weil, p. 264).

pouvait prendre des immeubles à bail et posséder des
objets mobiliers [1]. Dès lors la mutualité pénétrant dans
les mœurs prit un grand développement [2]. Une commission supérieure d'encouragement et de surveillance était
constituée. Le pouvoir impérial encourageait cet essor. Le
décret du 23 janvier 1852, par ailleurs si justement criti-
quable, avait assigné sur les biens de la famille d'Orléans
10 millions aux sociétés de secours mutuels [3]. Chaque
année un rapport de la commission supérieure constatait
le progrès de la mutualité.

Il est intéressant dans les rapports présentés au nom
de cette commission par M. de Melun de relever la satisfaction avec laquelle le rapporteur voyait dans le développement de la mutualité le développement de l'esprit d'association lui-même. En 1851 [4], après avoir signalé le mal
qui résultait de l'isolement, il constatait que l'association
profite à la moralité et à la sécurité de ceux qui en font
partie. « L'ouvrier le sent, et voilà pourquoi il s'est pris
si souvent aux fantômes d'association qu'évoquaient devant
lui ceux qui avaient intérêt à le tromper, et pourquoi,
sans le savoir, et sous des titres nouveaux, il regrettait,
au nom de la liberté, ces corporations que ses pères avaient
brisées comme des entraves. » « Autrefois, disait-il en
1856 [5], jusque dans ses meilleures applications, l'association se montrait jalouse et exclusive, et les corporations,
si pleines de sollicitude pour leurs membres, concentraient
leur protection sur des privilégiés au détriment du plus
grand nombre. Même après leur abolition, la mutualité se
reformait presque toujours dans le cercle restreint d'une
profession... Le décret de 1852 a brisé toutes les entraves
et désarmé toutes les défiances... L'association est ouverte
à tous. » Il voyait aussi dans l'accroissement des membres
honoraires, le rapprochement des classes sociales [6].

1. Article 8.
2. Levasseur, t. II, p. 429, 427 ; Martin Saint-Léon. *Le compagnonnage*, p. 174 ; M. Levasseur va jusqu'à dire en 1867 que l'action de la
mutualité remplacera celle des confréries du moyen âge.
3. De la Gorce, t. I, p. 39.
4. *Moniteur* du 5 août 1851.
5. *Moniteur* du 21 août 1856.
6. Rapport de 1854.

Signalons aussi, dans le même ordre d'idées, le développement des caisses d'épargne[1]. Les associations agricoles qui avaient été réglementées par la loi du 21 mars 1851 sur les comices agricoles, étaient tolérées malgré la loi de 1791.

Les associations littéraires et scientifiques étaient soumises au régime de l'autorisation de la part du pouvoir qui prenait souvent ombrage des congrès économiques ou des conférences littéraires[2]. On pouvait cependant noter la création d'associations pour la diffusion de l'instruction : *L'association polytechnique*, *l'association philotechnique*, et diverses sociétés dans les départements[3]. A la fin de l'Empire se forma, par un phénomène observé souvent à l'approche des grandes guerres, la *Ligue internationale de la Paix* qui tint deux congrès en 1868 et 1869[4].

§ 6. — *Les associations de bienfaisance.*

Les associations de bienfaisance s'étaient vu retirer par promulgation du décret de 1852 la liberté qu'elles pouvaient invoquer par le décret de 1848, mais en fait, surtout au début du régime, elles étaient traitées par le pouvoir avec bienveillance. Les œuvres catholiques en particulier étaient vues avec faveur par le Gouvernement qui s'efforçait dans les premières années du règne de se concilier les catholiques. En 1866 on pouvait noter sept nouvelles œuvres de charité reconnues d'utilité publique[5]. L'Empereur créait la *Société du Prince Impérial*, la *Maison de convalescence de Vincennes*. L'Impératrice faisait employer à la création d'une maison d'éducation professionnelle pour les jeunes filles pauvres la somme qui avait été votée par le conseil municipal de Paris pour l'achat d'une parure de diamants à l'occasion de son mariage[6]. Un décret lui confiait la présidence des *Sociétés de charité*

1. Levasseur, p. 421.
2. Weil, p. 236 et s.
3. Levasseur, t. II, p. 469.
4. De la Gorce, t. VI, p. 144.
5. Levasseur, t. II, p. 403.
6. De la Gorce, t. I, p. 124.

maternelle [1]. Se laissant aller aux aspirations de sa nature généreuse elle s'adonnait aux œuvres charitables avec une ardeur que rendait parfois son patronage aussi importun qu'avantageux en principe [2]. A son exemple, la Société du second Empire montrait, à côté d'un entraînement pour les réjouissances mondaines la charité la plus ingénieuse [3]. Le patronage officiel n'était pas du reste sans inspirer aux directeurs d'œuvres certaines inquiétudes car ses tendances visibles étaient de transformer sa bienfaisante protection en une tutelle qui faisait redouter un accaparement despotique [4].

L'action de la bienfaisance privée s'étendait cependant. Les grandes associations bienfaisantes voyaient s'accroître leur prospérité. Les fondations religieuses ou laïques se multipliaient. Les œuvres catholiques naissaient et prospéraient dans une admirable efflorescence : œuvre pour les enfants incurables, maison des Frères de Saint-Jean de Dieu, maisons de charité et d'éducation professionnelle, crèches, salles d'asile, refuges des Petites Sœurs des pauvres [5].

Vis-à-vis des associations de bienfaisance la méfiance reprenait néanmoins le dessus quand elles paraissaient offrir un abri aux partis politiques ou quand elles excitaient l'animadversion des hommes qui redoutaient l'influence du parti religieux. C'est ainsi, qu'à propos de l'*Association pour le repos du dimanche* qui venait d'être créée par Mgr Sibour, M. Piétri, préfet de police, allait jusqu'à écrire: « Cette association est une mauvaise chose au point de vue politique, et, loin de l'encourager, il ne faut rien négliger pour en arrêter les progrès et mettre obstacle à son organisation. C'est déjà trop d'avoir les Sociétés de Saint-Vincent de Paul, Saint-François Xavier et autres,

---

1. *Eod. loco*, p. 129.

2. *Eod. loco*, t. V, p. 450.

3. De la Gorce, t. I, p. 129. — On peut citer en particulier la fondation par la princesse Mathilde de l'asile de ce nom pour les jeunes filles infirmes.

4. Voir dans la circulaire Persigny (citée plus bas) l'indication des circulaires enjoignant aux sociétés de bienfaisance de solliciter une autorisation régulière.

5. De la Gorce, t. II, p. 174.

sur lesquelles on n'ose pas porter la main et qui nous enlacent de toutes parts [1]. »

Au nombre des procédés mesquins que suscitèrent cet état d'esprit il faut placer en première ligne les mesures injustifiées et regrettables qui atteignirent la Société de Saint-Vincent de Paul. Nous avons vu le développement de cette société née de l'initiative privée, vivifiée par les plus pures convictions religieuses. Elle avait étendu, avec ses affiliations le cercle de ses œuvres : à la visite des pauvres elle avait joint les patronages d'écoliers et d'apprentis, les vestiaires, les bibliothèques, les fourneaux économiques, les écoles du soir, les caisses d'épargne pour les loyers [2]. L'extension de l'œuvre avait nécessité l'établissement d'une hiérarchie destinée à assurer le maintien des traditions : conseil général à Paris, conseils centraux par provinces, conseils particuliers dirigeant des groupes de conférences. Assurément cette organisation, au point de vue purement légal, était en contradiction avec la législation sur les associations, mais la Société, qui avait pris soin de ne dissimuler aucune de ses œuvres et de les accomplir au grand jour [3], pouvait se croire protégée par la bienveillance que le Gouvernement témoignait à l'action charitable sur tous les terrains. Dans son conseil, composé des hommes les plus honorables, on pouvait même relever des personnalités que les fonctions ou les traditions rattachaient au régime impérial.

Cependant elle eut le don d'exciter les soupçons de M. de Persigny ministre de l'Intérieur, homme d'un jugement peu sûr et de caractère fantasque, qui avait déjà soupçonné les conférences de Saint-Vincent de Paul, qu'il proclamait « irréprochables » à Paris, de devenir en province des instruments d'hostilité contre l'Empire [4]. Ému par les objurgations d'une certaine presse qui, grossissant des incidents locaux sans importance réelle, avait réclamé l'application rigoureuse de la loi sur les associations [5], il

1. *Eod. loco*, p. 142.
2. De la Gorce, t. II, p. 173.
3. *Eod. loco*, t. IV, p. 135.
4. *Eod. loco*, t. II, p. 141.
5. De la Gorce, t. IV, p. 317 et s.

fit paraître, malgré les sages interventions de MM. de Falloux et de Melun, la circulaire du 16 octobre 1861 [1]. Couvrant d'éloges les associations de bienfaisance et particulièrement la Société de Saint-Vincent de Paul, de Saint-François Régis et de Saint-François de Sales, il mettait la première en parallèle avec la Franc-Maçonnerie dont il louait la bienfaisance et le patriotisme. De la Société de Saint-Vincent de Paul il faisait un véritable panégyrique : « Les nombreuses conférences poursuivent avec un zèle remarquable un but qui ne saurait être trop loué. C'est la bienfaisance donnant la main à la religion », et concourant « à entretenir dans les classes élevées tout un ordre de sentiments religieux ». L'esprit en paraît « étranger aux préoccupations politiques, car, formées d'hommes religieux appartenant à toutes les opinions, elles comptent dans leur sein un grand nombre de fonctionnaires publics et d'amis dévoués du Gouvernement ». Mais, ces éloges épuisés, le ministre envisageait avec sévérité la hiérarchie établie au sein de la Société, les conseils provinciaux qui s'emparent de la direction de toutes les sociétés d'une province « comme pour les faire servir d'instruments à une pensée étrangère à la bienfaisance », le conseil supérieur accusé de former une association occulte. Revenant sur la nécessité de faire rentrer les associations de bienfaisance dans la légalité « violée depuis trop longtemps », il prescrivait aux préfets d'interdire toute réunion de conseil supérieur central ou provincial et d'en prononcer la dissolution. Il les invitait du reste à autoriser les sociétés de bienfaisance dans les formes légales et faisait entendre qu'elles pourraient obtenir une représentation centrale « auprès du siège du Gouvernement ». On ne pouvait indiquer plus nettement la pensée impériale qui était de présider et d'absorber la bienfaisance [2].

L'émotion fut grande parmi les catholiques voyant dans l'assimilation de la Société de Saint-Vincent de Paul à la Franc-Maçonnerie une suprême injure. Il n'était pas dif-

---

1. Voir le texte de cette circulaire dans : François Favre. *Documents maçonniques*, 1866, p. 292.

2. La circulaire provoqua une discussion au Sénat et au Corps législatif (voir le discours de M. Billault. Weil, p. 269).

ficile au conseil général de répondre à des accusations contre lesquelles protestaient les faits [1]. Un de ses membres, M. Cochin, proposa la résistance et le recours aux tribunaux. Mais on reconnut que les textes légaux étaient formels si leur application était injustifiée. Le 12 novembre, M. Baudon, président général de la Société reçut un avis du préfet de police interdisant toute réunion ultérieure des conseils. Malgré les tentatives officieuses pour faire accepter un chef choisi par l'Empereur au Conseil général, celui-ci, repoussant toute ingérence officielle dans une œuvre de charité privée [2], vota sa dissolution et remit tous les pouvoirs à son président. Les conférences, consultées par les préfets, repoussèrent en majorité l'offre d'une organisation officielle. Parallèlement au décret du 11 janvier 1862 qui nommait le maréchal Magnan grand maître de la Franc-Maçonnerie, on proposait de nommer le cardinal Morlot président général de la Société de Saint-Vincent de Paul. Ce projet d'une organisation officielle de la Société, « triomphe du bel ordre symétrique » qui « plaçait « sous le même niveau la philanthropie et la charité, l'incrédulité et la foi [3] », n'eut pas de lendemain. Quelques conférences disparurent, les fonctionnaires s'éloignèrent, mais la Société conserva son indépendance et ses conseils se reformèrent sans que le pouvoir songeât de nouveau à revenir sur l'ancienne tolérance.

§ 7. — *Les associations religieuses.*

Le mouvement religieux sous le second Empire est caractérisé au début par la tendance des catholiques à accepter le nouveau régime. Désillusionnés du régime de 1848 qui avait vu succéder aux promesses libérales du début une situation politique et sociale dangereuse pour l'ordre public, se rappelant les faiblesses de la monarchie de Juillet sur le terrain de la liberté religieuse, les catho-

1. De la Gorce, t. IV, p. 141 et s.
2. Le souvenir de la Congrégation et des attaques qu'avait soulevées la faveur officielle dont elle était l'objet ne fut pas étranger à la décision du conseil (de la Gorce, t. IV, p. 143).
3. De la Gorce, t. IV, p. 144.

liques étaient en général portés à faire confiance au Gouvernement qui paraissait disposé à accueillir leurs revendications. Si quelques-uns, comme Lacordaire, se tenaient à l'écart, si d'autres, comme Mgr Dupanloup et le Père de Ravignan conseillaient la réserve, les hommes les plus attachés à d'autres convictions politiques renonçaient à une opposition systématique quand il s'agissait des intérêts charitables et religieux. Le clergé, de son côté, heureux de reconnaître une atmosphère de bienveillance, manifestait sa reconnaissance par des éloges qui, dans la bouche de la plupart des évêques, dépassaient la mesure[1].

Ce fut à partir de 1857 que se relâcha ce qu'on a appelé l'alliance de l'Empire et du clergé ! Elle reçut une atteinte fâcheuse par les événements d'Italie et par la politique ambiguë de Napoléon III vis-à-vis du Saint Siège[2]. Le désastre de Castelfilardo et l'indignation qu'il produisit, une série de tracasseries qui remplirent l'année 1861, tendirent à incliner les catholiques vers ce qu'on appelait les hommes des anciens partis[3]. Les mesures prises contre la Société de Saint-Vincent de Paul devaient augmenter le nombre des mécontents. L'intervention française de 1867 qui fit reculer Garibaldi à Mentana et la déclaration fameuse de M. Rouher le 3 décembre 1867[4], marquèrent un rapprochement éphémère entre le Gouvernement impérial et les catholiques.

Ces dispositions successives des catholiques avaient correspondu aux attitudes successives du pouvoir sur le terrain religieux. Dès son avènement, Napoléon III, sentant la nécessité de s'attacher les sympathies des catholiques et de les détourner par là-même des influences de l'opposition royaliste, avait fait de la protection des intérêts religieux un article de son programme politique. Une série d'actes bienveillants pour le clergé traduisirent ces dispositions[5] sans qu'elles allassent jusqu'à des concessions législatives. Mais sur l'Empereur s'exerçaient des

1. *Eod loco.*, t. II, p. 139.
2. De la Gorce, t. III, p. 183. 408. — Voir le discours de M. Keller au Corps législatif (de 'a Gorce, t. III, p. 461).
3. *Eod. loco*, t. IV, p. 122, 125, 458.
4. *Eod. loco*, t. V, p. 312.
5. *Eod loco.*, t. II, p. 133 et s.

influences en sens contraire, celle du prince Napoléon dont les tendances antireligieuses devaient se donner publiquement carrière au Sénat dans un discours tristement célèbre [1], celle du parti qu'on a appelé le parti des légistes toujours disposé à manifester sa crainte des empiètements sur le terrain religieux [2]. En 1860, un rapport confidentiel de M. Rouland dirigé contre les associations et les congrégations religieuses concluait à « une réaction antireligieuse [3] ». La politique de l'Empereur lui aliénait, comme nous l'avons dit, les sympathies des catholiques. Enfin les dernières années de l'Empire étaient marquées par un débordement de doctrines antireligieuses [4].

Cependant, d'une façon générale, sur le terrain religieux, une tolérance bienveillante dominait de la part du régime impérial. Se montrant réservé vis-à-vis des querelles intérieures des catholiques [5], s'abstenant d'entraver les réunions des évêques et leurs rapports avec Rome [6], le gouvernement impérial devait finalement pratiquer la politique d'abstention vis-à-vis du concile du Vatican [7]. Il se montrait, nous l'avons vu, bienveillant pour les associations charitables comme il devait l'être en général vis-à-vis des congrégations religieuses. En matière d'enseignement, s'il inquiétait les catholiques par des mesures qui tendaient à fortifier l'Université [8], il laissait subsister la loi de 1850 sous l'égide de laquelle le clergé et les congrégations installaient de nombreux établissements.

Sous le ministère Emile Ollivier une commission extra-parlementaire dans laquelle les catholiques étaient largement représentés devait étudier la question de la liberté de l'enseignement supérieur [9].

Aussi voyait-on se poursuivre le mouvement de renais-

---

1. Claudio Jannet. *La Franc-Maçonnerie et la Révolution*, p. 384; de la Gorce, t. III, p. 453.
2. De la Gorce, t. II, p. 142.
3. Claudio Jannet, p. 380, 382.
4. De la Gorce, t. V, p. 375 et s.
5. *Eod. loco*, t. II, p. 180, 181.
6. *Eod. loco*, p. 134, 181.
7. *Eod. loco*, t. VI, p. 74.
8. *Eod. loco*, t. II, p. 145.
9. De la Gorce, t. VI, p. 25.

sance religieuse qui avait suivi 1830 [1]. Les établissements d'enseignement et les fondations religieuses se multipliaient. La société chrétienne se manifestait dans les œuvres charitables avec des hommes comme Ozanam qui disparut en 1852, de Melun, Baudon, Cornudet, Cochin, Mgr de Ségur, de nobles femmes telles que Mme Swetchine et la sœur Rosalie inspiratrices de la charité parisienne.

Dans ce mouvement, non seulement les associations de bienfaisance, mais les associations religieuses proprement dites devaient tenir une grande place. Quelle était leur situation légale ? Depuis le décret de 1852 qui avait remis en vigueur les articles 291 et 294 du Code pénal considérés comme abrogés par le décret de 1848 dans son article 19, il apparaissait que les associations ayant un objet religieux étaient soumises au régime de l'autorisation préalable.

En ce qui concerne les associations ayant pour objet l'exercice d'un culte, il en était de même à plus forte raison. Sans doute la Constitution du 14 janvier 1852 dans ses articles premier et 26 [1] paraissait garantir la liberté des cultes, mais la jurisprudence maintenait que les associations ayant pour objet des cultes non reconnus tombaient sous le coup de l'article 291 et de la loi de 1834 [3]. Le décret du 19 mars 1859 [4] attribuant aux préfets le droit d'autoriser les réunions temporaires pour l'exercice du culte protestant et réservant au Conseil d'Etat l'autorisation de l'exercice public d'un culte non reconnu, était précédé d'un rapport du ministre des cultes qui posait en principe l'application de l'article 291 et du décret de 1852 aux associations ayant pour objet l'exercice d'un culte. C'est ce qui résulta du reste de la discussion de la loi du 6 juin 1868. Dans son article premier elle disposait que les réunions publiques ayant pour objet de traiter des matières politiques ou religieuses continuaient à être sou-

1. *Eod loco.*, t. II, p. 172 et s.
2. Sirey. *Lois*, 1852, p. 11.
3. Arrêts de Cassation des 9 décembre 1851 et 9 janvier 1858. (*La liberté religieuse et la législation actuelle*, 1860, p. 92, 97). Pour les cultes reconnus il y eut aussi l'obstacle à la liberté résultant de la législation concordataire.
4. Sirey. *Lois*, 1859, p. 52.

mises à l'autorisation. En ce qui concernait les réunions
pour l'exercice d'un culte, M. Chassaigne-Goyon, rapporteur du Conseil d'Etat, déclarait : « La question présente
peu d'intérêt au point de vue pratique car l'enseignement
ou l'exercice d'une religion suppose une affiliation, une
organisation, c'est-à-dire une association, et le projet ne
comporte aucun changement aux lois qui régissent actuellement le droit d'association [1].

Au régime du Code pénal restaient aussi soumises les
associations ayant pour objet la propagande religieuse.
C'est ainsi, qu'après la guerre d'Italie, des comités s'étant
formés pour recueillir les souscriptions au denier de
Saint-Pierre, M. Billault, ministre de l'Intérieur, dans une
circulaire aux préfets du 10 novembre 1860, tout en affirmant que les offrandes individuelles au Saint-Père restaient libres, déclara que le Gouvernement ne pouvait
tolérer la formation sans autorisation d'associations ou de
comités permanents [2]. De même, le 17 juillet 1860, dans
une circulaire aux Evêques, M. Rouland s'élevait contre
la formation de l'*Archiconfrérie de Saint-Pierre ès-liens*
destinée à soutenir le Saint-Siège dans ses droits spirituels
et temporels. Il menaçait de dissolution une association
formée sans autorisation et revêtant, disait-il, « un caractère de société secrète et prohibée [3] ».

En ce qui concerne les congrégations religieuses, la
législation spéciale subsistait [4], et le décret du 25 mars
1852 n'avait pas touché à cette question qui, nous l'avons
vu, avait été réservée lors de la discussion de la loi du
28 juillet 1848 et de la loi de 1850 sur l'enseignement.
Le régime impérial fut marqué par un développement
important des congrégations religieuses. Si aucune congrégation ne fut autorisée aux termes des lois de 1817 et
de 1825, un certain nombre furent autorisées comme établissements d'enseignement d'utilité publique d'après la

---

1. Sirey. *Lois*, 1868, p. 314.
2. Weil, p. 224.
3. Weil, p. 226.
4. L'arrêt de cassation du 3 juin 1861 déclare qu'aux termes des lois
de 1817 et de 1825 les congrégations ne peuvent recevoir l'existence
légale que d'un texte législatif.

loi de 1850. Le décret du 31 janvier 1852 [1], permit l'autorisation par décret des congrégations religieuses de femmes, non seulement quand elles existaient antérieurement à 1825, mais quand elles déclareraient adopter des statuts déjà approuvés pour d'autres communautés religieuses.

En fait, la tolérance fut grande pour les congrégations non reconnues. Le 13 juillet 1865 le ministre de la Justice, consulté par un préfet, déclarait : « Il existe en France un certain nombre de communautés de femmes qui ne sont pas légalement reconnues et jamais le Gouvernement n'a cru devoir en autoriser la dissolution. La loi du 25 mai 1825, après avoir déterminé les conditions de l'autorisation de ces établissements, s'est bornée à attacher des avantages à la reconnaissance légale, sans atteindre par aucune disposition les congrégations ou communautés qui ne régulariseraient pas leur position. La privation des droits conférés aux institutions reconnues est la seule conséquence du défaut d'autorisation [2]. »

Telle était du reste l'attitude du Gouvernement vis-à-vis des congrégations dépourvues d'existence légale [3], et surtout vis-à-vis des congrégations enseignantes qui, profitant de la loi de 1850, ouvraient partout des établissements. Les collèges des Jésuites se fondaient, Lacordaire, qui entrait en 1860 à l'Académie française, organisait Sorèze, l'Oratoire était restauré [4]. Partout se multipliaient les ordres religieux sans entraves de la part de l'Administration. Les Petites Sœurs des pauvres accroissaient le nombre de leurs maisons à Paris, les Sœurs de Saint-Paul pour les aveugles étaient instituées [5]. De nombreuses subventions étaient accordées aux congrégations charitables.

Cette période qui paraissait une période de tranquillité pour les congrégations devait cependant voir se renouveler contre elles les attaques et se réveiller les préjugés.

1. Sirey. *Lois*, 1852, p. 31.
2. Rousse. *Consultation*, p. 73 (note).
3. M. Rousse (p. 49, note) cite des traités passés pour le service des colonies avec les Jésuites.
4. De la Gorce, t. II, p. 172, 174.
5. De la Gorce, t. II, p. 172, 174.

L'année 1860 marqua le commencement des hostilités [1]. Une pétition présentée au Sénat par un sieur de Billy qui demandait des mesures législatives pour garantir les familles contre les libéralités faites à des établissements religieux, provoqua le 25 mars 1860 un rapport de M. Dupin au Sénat. Concluant au renvoi au ministre de l'Intérieur, M. Dupin dénonçait l'accroissement des congrégations religieuses : pour les femmes, 4.932 associations autorisées et 2.870 non autorisées ; pour les hommes, 19 associations autorisées et 49 non autorisées. Il rappelait le passage du discours de Portalis en 1827 : « Ce qui ne doit pas être possible, c'est qu'un établissement même utile existe en fait lorsqu'il ne peut avoir aucune existence de droit. » « Souvenez-vous, ajoutait-il, que dans un Etat bien réglé aucune association ne peut se fonder sans l'autorisation du Gouvernement [2]. » Le cardinal Mathieu remarqua que des congrégations avaient déposé leur demande d'autorisation sans qu'il leur ait été répondu. M. Boulay de la Meurthe rectifiant les chiffres déclara que 922 congrégations de femmes seulement étaient reconnues et nia qu'il fut opportun de dissoudre les autres. M. Rouland, ministre de l'Instruction publique fit voter le renvoi aux ministres tout en proclamant « le droit de surveillance de l'Etat », et dans une circulaire confidentielle aux préfets du 16 novembre suivant il les invita à surveiller la tentative de formation d'établissements nouveaux, la haute tolérance de l'Empereur ne devant pas permettre « une extension abusive » des congrégations non autorisées.

En 1861, cédant à une campagne de presse qui dénonçait « des actes de prosélytisme », le Gouvernement prononçait la dissolution des établissements non autorisés des capucins d'Hazebrouck et des Rédemptoristes de Douai, en mettant en demeure de quitter la France ceux de ces religieux qui n'étaient pas français. A la même époque, après un procès dont on parut chercher à prolonger le scandale, un couvent de Douai se vit retirer

1. Weil, p. 273.
2. *La liberté religieuse en France*, p. 122.

l'autorisation légale [1]. Le Sénat fut saisi le 13 juin 1861
d'une pétition de 60 manufacturiers de Lille appelant
l'intérêt du Gouvernement sur leurs ouvriers, presque
tous d'origine flamande, qui se trouvaient privés de secours religieux par suite de l'expulsion des rédemptoristes belges. M. Billault répondit en affirmant le droit
du Gouvernement vis-à-vis d'établissements qui n'étaient
que tolérés. C'était reprendre la doctrine qui confondait
la congrégation dépourvue de personnalité avec l'association illicite et la soumettait au bon plaisir du Gouvernement.

En 1862 une nouvelle mesure intervenait contre les
rédemptoristes de Morlaix. On peut, à cette occasion,
relever la lettre écrite par M. Rouland au préfet du Finis-
tère : il se plaignait de ce qu'un des religieux était revenu
dans la ville pour y vivre, non à titre de moine, mais en
invoquant ses droits de citoyen français. « Il est manifeste,
disait M. Rouland, devançant des prétentions actuelles,
que cette conduite est frauduleuse. » Ce fut le 8 avril
1865 [2], à l'occasion de l'adresse, que la question des congrégations fut pour la dernière fois soulevée. M. Guéroult,
au milieu des cris d'impatience de la majorité, lut une
interminable nomenclature de toutes les confréries en
associations qui « pullulaient » sous le régime impérial.
M. Vuitry, président du Conseil d'Etat, déclara que le
Gouvernement « ne suivrait pas les conseils de dissolution en masse et de proscription ». Il entendait « rester
armé des moyens légaux qui sont à sa disposition », mais
avec le désir de concilier les intérêts de la religion et les
intérêts de l'Etat. « La contrainte et la violence sont de
mauvais moyens : ils provoquent les résistances, bien plus
qu'ils ne les surmontent. » Sages paroles, et qui auraient
pu trouver dans la suite une utile application.

Malgré ces attaques qui correspondaient aux préjugés
toujours subsistants contre les congrégations religieuses [3],

---

1. De la Gorce, t. IV, p. 124.
2. Weil, p. 279.
3. « La mainmorte, avait osé dire M. Haussmann, est une sorte de
caisse d'épargne qui peut être dans l'avenir, comme elle l'a été après
1789, une puissante ressource pour l'Etat. » (De la Gorce, t. II, p. 143.)

on peut dire que la période du second Empire fut pour
elles une période de paix et de prospérité. Leur situation
légale, à part les facilités de reconnaissance données aux
communautés de femmes par le décret de 1852, restait la
même. Les congrégations autorisées demeuraient soumises
à une législation spéciale. Contre les congrégations non
autorisées le Gouvernement avait la prétention de rester
armé des dispositions antérieures. Il avait affirmé à maintes reprises que leur existence dépendait de sa bonne volonté, et il s'était appuyé sur le décret de Messidor pour
dissoudre certaines communautés religieuses [1]. Leur situation restait donc incertaine, et malgré la déclaration ministérielle de 1865 que nous avons citée, se perpétuait l'équivoque qui faisait de la congrégation non autorisée une
association illicite. Le régime qui avait dominé la période
avait été cependant pour les congrégations dépourvues de
la reconnaissance légale un régime de liberté et de large
tolérance.

Situation générale pendant la période du second Empire

Pendant la période que nous venons d'envisager on peut
constater combien s'accentue le mouvement vers la liberté
d'association, et, d'une façon générale, le progrès de l'idée
d'association. Tout d'abord, ce qui domine c'est un besoin
d'ordre et de sécurité inspiré par le mouvement démagogique de la fin de la période de 1848 [2]. L'opinion publique
redoute les groupements socialistes et ouvriers et, devant
les mesures rigoureuses qui suivent le coup d'Etat, une
véritable panique disperse les associations existantes. Mais
bientôt les idées de liberté se réveillent par une réaction
naturelle contre l'arbitraire, la vie politique reprend, le
besoin de l'association se fait sentir de toutes parts.
L'exemple de la Constitution belge, de l'Angleterre surtout, exercent une grande influence. Les Trade-Unions
sont révélées aux ouvries français et, de leur contact, sort
le mouvement qui est marqué par la fondation de l'Inter-

---

1. Weil, p. 276.
2. De la Gorce. *Histoire de la second République*, t. II, p. 597, 598.

nationale, la création de syndicats et de coopératives. Les associations ouvrières, malgré la méfiance qu'elles excitent dans les milieux patronaux, deviennent populaires et rencontrent la faveur de l'Empire dans son évolution libérale. Les catholiques sentent la nécessité de s'appuyer sur l'association pour développer la liberté de l'enseignement au moyen des congrégations. Les associations de bienfaisance marquent les progrès de l'initiative individuelle.

L'idée d'association est en même temps de plus en plus mise en lumière par les hommes politiques, les économistes et les écrivains. Berryer se fait le défenseur de la liberté d'association sur le terrain professionnel dans le procès des ouvriers typographes. Les hommes de l'opposition la revendiquent sur le terrain politique, notamment avec Jules Favre dans le procès des Treize. Dans ce procès, Berryer prend la parole devant la Cour d'appel le 25 novembre 1864 et, à propos des comités électoraux, il s'élève en réalité jusqu'à réclamer la liberté d'association : « On invite tous les citoyens à se réunir, à voter, à choisir des députés, et on interdirait à ces citoyens la faculté de se concerter, de former des réunions particulières, des comités... Est-ce que la société consiste seulement dans un certain nombre d'hommes agglomérés ou jetés sur un même sol ? Non, elle consiste par-dessus tout dans l'union des âmes et des intelligences, dans l'échange des pensées et des volontés... Aujourd'hui qu'on est sous la loi du suffrage universel, ce qu'il faut c'est que des hommes qui ont des opinions différentes se rencontrent et cherchent à s'entendre. » En 1865 nous avons vu le droit d'association revendiqué au Corps législatif par Emile Ollivier sur le terrain électoral. Il devait l'admettre formellement comme ministre en 1870. En 1864, comme rapporteur de la loi sur les coalitions, il avait fait l'éloge de l'association et avait manifesté ses vœux en faveur de la liberté d'association dont il était partisan.

Les économistes se rencontrent avec les socialistes pour préconiser l'association. Ils en propogent l'idée en vue de la coopération et de l'extension du crédit [1]. En 1857

1. Levasseur, t. II, p. 492.

Anatole Lemercier publie une étude sur les associations ouvrières [1] ; en 1865 paraît le livre de Véron sur les associations ouvrières de consommation, de crédit et de production en Angleterre, en Allemagne et en France. En même temps est fondé le journal l'*Association* qui se donne pour programme de repousser l'intervention de l'Etat [2]. On avait pu noter dès 1851, dans un document quasi officiel, le rapport fait par M. Léon Laborde au nom d'un jury de l'exposition universelle un vœu pour le rétablissement sous une forme nouvelle des corporations dont la disparition a produit « un vide qui n'a pas été comblé [3] ».

Le Play, qui avait commencé en 1855 avec la publication des *Ouvriers européens*, la vaste enquête sur les conditions du travail que devaient continuer ses disciples, et qui était honoré de la confiance personnelle de l Empereur, recherchait dans ses ouvrages le moyen de rétablir la paix sociale [4]. Il était frappé du mal dont souffre la société moderne, l'antagonisme des individus, mais il repoussait l'intervention de l'Etat pour y remédier. Il préconisait une réforme sociale fondée sur l'observation du Décalogue, la restauration de la famille stable, la paix dans le monde du travail par l'union dans les ateliers et l'exercice du patronage. Mais si Le Play était frappé des avantages de l'association au point de vue de l'aide mutuelle que devaient se prêter les divers éléments sociaux, il redoutait l'illusion qui en fait, disait-il, « une panacée universelle [5]. » Il craignait que l'association qui peut compléter l'initiative privée ne vînt à la supplanter [6]. L'échec du mouvement de coopération de 1848 avait suscité sa défiance. Il avait redouté les conséquences de la loi de 1864 et montrait peu de confiance dans les tendances des milieux ouvriers vers l'association : « Les ouvriers, disait-il, ont cru pendant longtemps qu'une révolution nouvelle leur assurerait la

---

1. *Eod. loco*, p. 372.
2. *Eod. loco*, p. 380.
3. Hubert-Valleroux, p. 256.
4. Le Play : *La réforme sociale en France*, 1864 ; *L'organisation du travail*, 1870.
5. *Réforme sociale*, t. I, p. 353.
6. *Réforme sociale*, t. I, p. 353.

prépondérance conférée par la révolution de 1789 à l'ancienne bourgeoisie. Déçus à ce sujet par la dure expérience de 1848 les plus violents mettent leur espoir dans de nouvelles révolutions ; les plus modérés rêvent des formes nouvelles d'associations qui seraient acquises à toutes les classes et qui n'auraient d'autres bornes que les nécessités dérivant du maintien de la paix publique. On ne saurait trop applaudir à cette dernière évolution des esprits. A la vérité, la concession des rares libertés qui manquent spécialement aux classes ouvrières contribuera peu à l'amélioration de leur sort ; mais elle satisfera de légitimes exigences ; elle dissipera de regrettables illusions, et elle aidera ainsi tous les intéressés, patrons et ouvriers, à reconnaître enfin que leur entente mutuelle est la vraie condition de la réforme [1]. » Au fond, si Le Play était favorable à l'association, c'était surtout sur les terrains où elle peut éviter l'ingérence de l'Etat, comme en matière d'assistance et de bienfaisance [2] ; sur le terrain professionnel il attendait plutôt un secours de l'entente entre l'ouvrier et le patron et de l'exercice par ce dernier de son devoir social.

A côté des économistes, d'autres écrivains préconisaient l'association. L'influence de Tocqueville continuait à cet égard à se faire sentir. En 1864 paraissait le livre d'About, *Le Progrès*, contenant sous une forme souvent paradoxale mais saisissante l'éloge de l'association [3] : « C'est l'association fondée sur la solidarité des individus qui crée la sécurité, l'abondance et la force [4]. » L'association est vue avec méfiance par l'Etat qui croit toujours y voir une pensée politique. Elle est cependant une condition de progrès et le bon sens veut que l'Etat laisse faire par les citoyens ce qu'ils peuvent réaliser par eux-mêmes. « C'est ainsi que les choses se passent en Angleterre, dans la patrie de l'association. » Il faut faire entrer l'association dans les mœurs en montrant ses avantages dans le domaine de la bienfaisance [5], dans le domaine économique, et même pour con-

---

1. Anburtin. p. 445. *Organisation du travail*, p. 111, 146.
2. *Réforme sociale*, t. II, p. 361.
3. Chapitre VI. *L'association*.
4. *Le Progrès*, p. 72.
5. A ce propos on peut regretter que l'auteur, en même temps qu'il

tribuer au maintien de l'ordre public [1]. La propagande en
faveur des avantages de l'association est nécessaire : il
faut « importuner le public au jour le jour, en frappant
tous les matins sur le même clou, lui prêcher l'association
sous toutes les formes, lui faire toucher du doigt les avantages qu'il en peut tirer, et à quel prix, lui raconter l'histoire des sociétés existantes, énumérer les services qu'elles
ont rendus, en conseiller de nouvelles, enfin rabâcher sans
trève un *Delenda Carthago. Carthago*, dans le cas présent.
c'est l'impuissance de l'individu isolé [2] ».

Les personnalités que préoccupaient la question ouvrière
en jugeaient inséparable la question de l'association. Le
comte de Chambord dans sa lettre du 20 avril 1865 sur
les ouvriers [3] promettait de restaurer « les anciennes corporations avec leurs abus corrigés. » Le comte de Paris
faisait paraître en 1869 son livre sur *les associations ouvrières en Angleterre*. Décrivant les Trade-Unions [4] qu'il
avait observées avec soin et relevant les avantages qu'elles
offraient, malgré les défauts qu'on pouvait leur reprocher,
il montrait comment elles pouvaient servir à consolider
l'union entre les patrons et les ouvriers par l'arbitrage et
la coopération [5], comment la liberté politique peut seule
donner la vie au principe d'association [6]. D'une façon générale le développement des associations ouvrières lui apparaissait comme un fait nécessaire qui, malgré tous les dangers pouvant en résulter, peut être utile à la société entière.
« L'application nouvelle du principe fécond de l'association, disait-il, non seulement assurera à la société un profit

paraît accueillir les griefs de M. de Persigny contre la Société de Saint-
Vincent de Paul, se plaigne des mesures prises au sujet de la Franc-Maçonnerie « ancienne et respectable association » dont « la première loi est
de ne pas toucher à la politique » (p. 88).

1. About préconisait le premier, croyons-nous, le rôle de l'association
pour contribuer à la répression des délits. Il prenait comme exemple les
associations pour la répression des délits de chasse et de pêche et la protection des animaux. On nous permettra de renvoyer pour ce sujet à
notre étude: *L'association contre le crime*, 1901.

2. P. 91.

3. Weill. *Histoire du mouvement social*, p. 96. Le comte de Chambord
demande « la liberté d'association sagement réglée ».

4. P. 266.

5. P. 268.

6. P. 316.

matériel et un accroissement de la richesse publique, mais
lui rendra, dans l'ordre moral, des services plus importants encore. Elle contribuera à montrer tout ce qu'il y
a de spécieux et de funeste dans la prétendue opposition
d'intérêts entre le capital et le travail [1]. »

L'école positiviste contribuait à mettre en honneur le
principe d'association. Pour Auguste Comte la société est
la réalité par excellence et les institutions qui sont faites
pour l'individu doivent disparaître. A l'individualisme
doit se substituer le principe de sociabilité qui rapproche
les hommes. Ces doctrines devaient contribuer à favoriser le mouvement des idées vers l'association [2].

Les écrivains et les orateurs catholiques voyaient dans
l'association un moyen de défendre la liberté d'enseignement et la liberté religieuse elle-même, ils y voyaient
aussi un instrument de progrès au point de vue social.
Augustin Cochin réclamait la liberté d'association comme
la condition de l'effort individuel, il la revendiqua au
moment des mesures prises contre la Société de Saint-Vincent de Paul, mesures contre lesquelles il avait conseillé
la résistance légale [3] M. de Melun, nous l'avons vu, voyait
dans l'association une garantie de sécurité et de moralité
pour ses membres. Montalembert [4], rapproché au début
du Prince-président par de généreuses illusions, lui avait
proposé un projet qui abrogeait les dispositions des articles organiques et du Code pénal incompatibles avec les
associations religieuses ; il lui demandait la liberté pour
les œuvres de charité privée et, d'accord avec M. de Melun, il l'engageait à favoriser l'action d'associations ouvrières chrétiennes [5]. En 1860, en publiant *Les Moines d'Oc-
cident*, il élevait un monument aux ordres religieux dont
il retraçait les bienfaits, par le moyen de l'association, dans
l'œuvre de la civilisation du pays.

La liberté d'association sur le terrain religieux trouvait

1. Avant-propos, p. vi.
2. *Système de politique positive*, 1841-54 ; *Appel aux conservateurs*, 1855.
3. *Revue hebdomadaire*, 10 février 1912, p. 177, 179. — M. Keller dans
son ouvrage *Le Syllabus et les principes de 1789* faisait l'éloge de la corporation et préconisait l'esprit d'association.
4. Lecanuet. *Le Correspondant*, 25 décembre 1900.
5. *Eod. loco*, p. 1083, 1085.

aussi d'éloquents défenseurs à propos des mesures prises
contre la Société de Saint-Vincent de Paul ou des attaques dirigées contre les ordres de religieux. Le Père de
Ravignan, rééditant en 1855 son ouvrage sur l'Institut des
Jésuites, s'élevait « contre les efforts qu'une presse enne-
mie fait chaque jour pour ranimer de vieilles animosités »,
et renouvelait sa réponse éloquente à « de vieilles attaques » contre une société « non d'oppresseurs mais d'op-
primés [1] », dont les membres réclamaient la liberté et les
droits de français [2].

Malgré le maintien du régime légal de prohibition, malgré les doctrines soutenues en faveur du droit supérieur
de l'État par les hommes politiques et ceux que nous
avons appelé les légistes, l'idée d'association, la notion de
liberté d'association étaient donc propagées et soutenues.
Elles continuaient à se répandre et à pénétrer de plus
en plus dans l'opinion publique et dans la masse du pays.

De ce mouvement d'idées et de ces aspirations sortirent non seulement des réclamations, mais des manifestations parlementaires en faveur de la liberté. Il s'agissait
d'abord des réunions publiques en matière électorale et
des comités électoraux. Le 7 mars 1862 la gauche soutenait un amendement à l'adresse pour réclamer le droit de
réunion à l'occasion des élections. Nous avons vu en 1861
la protestation de Garnier-Pagès, en 1865, l'amendement
qui visait les poursuites dans l'affaire des Treize et réclamait la liberté d'association en matière électorale. Le
15 mars 1866 un amendement de Jules Favre protestait
contre l'interdiction des réunions pour cet objet [3]. En 1861
un débat s'était élevé au Sénat à propos des conférences
organisées par le comité franco-polonais [4]. Dans la discussion de la loi de 1868, Marie, Garnier-Pagès, Pelletan,
Picard, firent entendre des protestations à propos de la
limitation apportée au droit de réunion sur le terrain électoral [5].

1. Préface, p. vi, xxxv.
2. Eod. loco, p. 12.
3. Weil, p. 233.
4. Eod. loco, p. 239.
5. Eod. loco, p. 243, 244.

Quant au droit d'association lui-même, il faisait le
27 décembre 1869, l'objet d'une proposition au Corps législatif[1]. Jules Favre, Ernest Picard, Jules Grévy et Gambetta
demandaient l'abrogation de l'article 291 dans les termes
les plus énergiques : « Nous proposons à la Chambre,
disait l'exposé des motifs, l'abrogation d'une disposition
du Code pénal contre laquelle en tout temps se sont élevés les esprits libéraux, de l'article 291 inspiré par la
défiance, et brisant, sous le niveau de la servitude, les
plus utiles relations des hommes entre eux. La défense
de se réunir périodiquement pour échanger ses vues sur
les sujets qui préoccupent le plus naturellement la pensée humaine, la religion, les arts, la politique, etc., ne
s'est maintenue que grâce à l'affaiblissement de nos
mœurs publiques qui a permis tant d'usurpations et d'abus
coupables. » Les auteurs de la proposition ajoutaient :
« Nous n'avons pas d'autre hardiesse que d'être de notre
temps en faisant disparaître de l'arsenal de nos lois une
règle aussi contraire à notre dignité que choquante pour
notre bon sens et blessante pour nos intérêts. Sans doute
cette suppression ne suffit pas. Nous aurons un peu plus
tard l'honneur d'appeler notre attention sur l'ensemble
de la législation qui étouffe le droit d'association sous
prétexte de le réglementer. »

Cette promesse d'une loi générale sur le droit d'association ne devait pas être tenue par les hommes qui la
formulaient quand les événements les eurent portés au
pouvoir. Notons seulement qu'alors ce droit constituait
l'une des principales revendications de l'opposition et
figurait sur les programmes électoraux des partisans des
idées libérales à la fin de l'Empire.

L'Usage de l'Association,
Les diverses Catégories d'Associations a la fin de l'Empire

La revendication de la liberté d'association, nous l'avons
remarqué, correspondait de plus en plus avec l'état de
l'opinion publique. L'association pénétrait dans les mœurs,

1. *Eod. loco*, p. 253.

elle tendait à se développer sur tous les terrains. On arrivait à considérer comme nécessaire dans l'avenir la reconnaissance d'un droit qui en consacrait la liberté, car on prenait l'habitude d'y recourir comme à un indispensable moyen d'action. On peut s'en rendre compte si on envisage le développement des associations dans cette période.

Nous rapellerons l'extension des associations de bienfaisance qui jouissaient en général d'une large tolérance et de la bienveillance du pouvoir, des associations économiques encouragées par des mesures gouvernementales et législatives. Nous résumerons surtout les constatations que nous avons faites à propos des trois catégories d'associations qui ont toujours provoqué les résistances les plus vives à l'établissement du régime de la liberté.

Contre les associations religieuses soupçonnées d'être susceptibles de prêter un appui à l'opposition politique, la méfiance du pouvoir persistait. Il entendait rester armé à leur égard des dispositions législatives léguées par les régimes précédents, il entendait en particulier se réserver le droit d'user à l'égard des congrégations de la législation spéciale dont il ne laissait passer aucune occasion d'affirmer le maintien. Mais en somme le régime impérial s'était montré vis-à-vis des congrégations d'une bienveillante tolérance : il avait même dans un grand nombre de cas recouru à leurs services dans l'intérêt public. Sous l'influence du mouvement religieux les congrégations s'étaient multipliées dans la période de tranquillité et de paix qu'elles avaient traversée. Si les anciens préjugés se perpétuaient et se manifestaient encore par des attaques dans la presse ou à la tribune, les services que rendaient les ordres religieux sur le terrain charitable révélaient le bienfait de leur action ; les esprits non prévenus pouvaient espérer qu'ils étaient appelés à bénéficier dans l'avenir d'un régime légal de liberté.

Les associations professionnelles se développaient avec le mouvement ouvrier qui s'orientait de plus en plus vers l'association et en réclamait la liberté pour le monde du travail, avec les tendances qui portaient les esprits à s'occuper des questions ouvrières. Le pouvoir impérial, désireux de s'attacher les masses populaires, favorisait la coopération et la mutualité, tolérait la formation des syndicats et supprimait, en faisant voter la loi de 1864, un des principaux obstacles aux groupements ouvriers. Si les tendances manifestées par l'Internationale et les manifestations populaires de la fin de l'Empire devaient dans l'avenir susciter de nouvelles craintes et compromettre pour un temps le mouvement vers l'association marqué dans les milieux ouvriers, ce mouvement n'en avait pas moins accompli, sur le terrain professionnel, un progrès. Les associations professionnelles, d'ouvriers aussi bien que de patrons, s'imposaient désormais.

Les associations politiques avaient été visées spécialement par les mesures qui avaient suivi le coup d'Etat, mais, sur ce terrain, la liberté devait être réclamée au nom du suffrage universel que l'Empire avait rétabli tout en s'efforçant de le dominer par le système de la candidature officielle. Il était logique, de la part des citoyens appelés à élire leurs représentants, de revendiquer le droit de se concerter et de s'entendre pour cet objet. De là toute la campagne qui se produisit de la part de l'opposition pour obtenir le droit de réunion et d'association. La loi de 1868, malgré ses restrictions en matière de réunions électorales, vint reconnaître le droit de réunion. Quant aux associations électorales elles furent, on peut le dire, reconnues par le Gouvernement, à la fin de l'Empire. En fait les associations politiques avaient fini par ne plus encourir aucune mesure de répression.

Sur tous les terrains l'association s'étendait donc et sur tous les terrains elle réclamait la liberté. Quelle fut, en face de ce mouvement l'attitude du pouvoir ? Elle fut différente, comme nous l'avons vu, dans les deux périodes qui caractérisent la politique de Napoléon III. Au début l'Empire fut autoritaire, préoccupé de la nécessité d'être fort et de répondre ainsi au besoin d'ordre et de sécurité qui l'avait fait proclamer et accepter. Dans sa seconde période l'Empire tendait à donner satisfaction aux idées libérales qui, par une réaction naturelle, se réveillaient de toutes parts. A partir de 1860 il inaugurait un programme qui devait aboutir à l'introduction de la législation de ce qu'on appelait les libertés civiles. En même temps il cherchait de plus en plus à gagner la confiance des classes populaires. L'Empereur, guidé par la pensée de fortifier sa dynastie par une politique libérale, inclinait personnellement à la tolérance, à l'égard des associations de quelque nature qu'elles fussent. Les poursuites contre les associations politiques furent rares et remontaient surtout au début du régime, les sociétés secrètes et la Franc-Maçonnerie furent peu inquiétées, les réunions publiques furent autorisées par une loi dont l'application ne fut jamais rigoureuse [1].

De ce régime proclamé despotique et autoritaire on a pu dire qu'il avait laissé au droit d'association, dans son exercice, les meilleurs jours qu'il ait connus jusqu'alors [2]. Ce ne fut pas seulement, dans la dernière période, la tolérance à l'égard de toutes les associations, ce fut aussi la faiblesse vis-à-vis de celles qui constituaient des agents de désorganisation sociale [3]. Naturellement bon, mais égaré par ses rêveries politiques et humanitaires, vieilli du reste et malade [4], l'Empereur devait laisser s'accroître les éléments de désordre qui contribueront à emporter le régime et répandront dans le pays tant de germes funestes pour l'avenir. En perdant sa force l'Empire avait perdu sa raison d'être [5]. La chute du régime impéral se produisit en effet sous la poussée d'événements extérieurs dûs à l'imprévoyance de sa politique étrangère [6]. La catastrophe de Sedan permit, au 4 septembre, à une partie de l'opposition de s'attribuer à elle-même le pouvoir [7] en présence de l'invasion du territoire par l'ennemi et du désarroi universel. Mais cette désorganisation subite avait des causes plus anciennes; les éléments de désordre qui s'étaient

---

1. « L'Empire se laisse critiquer à l'heure où il commet le plus de fautes. » (De Faget de Casteljau, p. 391).

2. *Eod. loco*, p. 414.

3. *Eod. loco*, p. 415.

4. « La principale faiblesse était celle du souverain » (de la Gorce, t. V, p. 447).

5. De la Gorce, t. VII, p. 16.

6. « Un Napoléon ne régnait qu'à condition de n'être pas vaincu... La vraie conspiration était celle des événements. » (De la Gorce, t. VII, p. 393.)

7. Au 4 septembre on voit se répéter le procédé de 1848, l'invasion du Corps législatif et un Gouvernement se proclamant lui-même sans l'intervention des représentants du pays.

recrutés parmi l'Internationale et les organisateurs de
réunions publiques avaient puissamment travaillé à la
ruine de ce pouvoir [1] qui, n'ayant pas de racines assez
profondes dans la tradition, ne se maintenait que comme
une garantie de l'ordre public. Les associations politiques
et révolutionnaires n'avaient pas seulement provoqué,
comme sous la Restauration, la chute du régime, mais
surtout elles l'avaient préparée directement par leurs
attaques et elles contribuaient à la rendre irrévocable.
Elles allaient constituer, pour le Gouvernement sorti de
la révolution du 4 septembre ; une cause de faiblesse, en
même temps qu'un danger pour le pays au milieu des
événements qu'il allait traverser.

Si nous nous plaçons maintenant au point de vue plus
précis du caractère de la législation vis-à-vis de l'association pendant cette période, nous voyons, au début, dominer, par le rétablissement de l'article 291 le système de
la prohibition. De notables atténuations y sont apportées
par la loi de 1864 et celle de 1868 et la législation semble s'acheminer vers la liberté d'association. Mais cette
marche logique n'est pas poursuivie. Le pouvoir n'ose pas
franchir cette dernière étape qui était entrevue peut-être
par le souverain, dans tous les cas par certains des hommes
placés à la tête des affaires, et qu'il était possible, en présence du progrès des idées, de réaliser [2]. Le pouvoir, dans
la pratique et à la longue, se montre tolérant et même
jusqu'à la faiblesse, mais il ne prend l'initiative d'aucune
loi générale sur le régime des associations. Il entend maintenir le principe qui subordonne l'existence de l'association à l'autorisation de l'Etat. Il conserve le système de
prohibition générale à laquelle il ne peut être dérogé que
par l'autorisation arbitraire émanant de la puissance gouvernementale.

Si nous voulons, en résumé, caractériser la période du
second Empire, nous pouvons dire que la législation, malgré certains progrès, constitue un recul sur la législation

---

1. Voir sur l'agitation démagogique et sur l'Internationale à la fin de
l'Empire ; de la Gorce, t. VII, p. 198, 392.

2. « Les avantages en eussent peut-être compensé les dangers. » (De la
Gorce, t. V, p. 364.)

de 1848 puisqu'elle rétablit la prohibition du Code pénal et de la loi de 1834. Dans le domaine des faits au contraire, un progrès fut réalisé par la tolérance plus grande que jamais dont avait joui l'association, par son extension dans la pratique et dans les mœurs, par l'importance qu'elle avait prise dans l'opinion publique. Dans l'opinion publique, la notion de la liberté d'association est de plus en plus assise, le système de la prohibition de plus en plus ouvertement attaqué ; l'exercice du droit d'association est de plus en plus considéré comme nécessaire. Ce sont les résultats les plus importants pour l'avenir. On peut donc dire que la période du second Empire se caractérise, en droit, par la prohibition, en fait, par l'acheminement vers la liberté.

LIVRE SECOND

PÉRIODE CONTEMPORAINE

La période qui s'étend de la chute du Second Empire jusqu'à nos jours [1] ne pourra être retracée que dans son ensemble et sans qu'il nous soit possible de donner à chacun des sujets dont elle comporterait l'étude un entier développement. Se proposer en effet d'étudier d'une façon complète l'association sous toutes les formes sous lesquelles elle se manifeste à notre époque, ce serait se proposer de décrire le mouvement politique, social et religieux depuis un demi-siècle. L'exécution de ce plan dépasserait nos forces et déborderait du cadre de cet ouvrage. Ce que nous avons en vue c'est de retracer l'histoire de la liberté d'association, de montrer la marche progressive des idées et des mœurs orientant la législation vers la reconnaissance d'une liberté primordiale dont nous appelons de nos vœux la conquête intégrale par le pays. Il s'agit donc d'un tableau d'ensemble et non d'un exposé détaillé de la législation, exposé qui nous entraînerait en particulier à une étude approfondie des associations de toute sorte et en particulier des associations économiques (mutualité et coopération) et surtout des syndicats professionnels et des congrégations religieuses.

Nous nous référons du reste à des événements contemporains et connus quoique trop souvent oubliés, à une législation récente, à un mouvement qui se déroule sous nos yeux, et dont nous voulons seulement marquer les grandes lignes. Notre dessein de nous en tenir aux aspects généraux de cette période nous servira d'excuse si nous

---

1. Jusqu'en 1914 ainsi que nous l'indiquerons plus loin à propos de la législation postérieure à la loi de 1901.

nous exposons au reproche d'avoir effleuré trop rapidement certains sujets. Cette seconde partie de notre étude, nous le répétons, n'a pas la prétention d'être un traité des diverses formes de l'association actuellement existantes : elle se propose simplement d'offrir un exposé d'ensemble de l'histoire de la liberté d'association dans la période contemporaine.

CHAPITRE PREMIER

Le Gouvernement de la défense nationale et la Commune.

Le Gouvernement de la défense nationale. Son caractère. — L'article 291 du Code pénal n'est pas abrogé. — Situation des associations après le 4 septembre. — Décret du 22 janvier 1871 sur les clubs. — Mesures locales contre les congrégations. — Les sociétés secrètes. — La Commune. — Les comités de vigilance. — Le comité central. — Les loges maçonniques. — Les congrégations religieuses. — Les manifestations du socialisme dans la Commune. — Rôle de l'Internationale. — Les ligues du Midi, de l'Est, du Sud-Ouest.

Le Gouvernement de la défense nationale, issu de la révolution qui s'était accomplie à la suite de la catastrophe de Sedan, portait, lui aussi, dans son origine, une cause de faiblesse. Pouvoir de fait, il n'avait pas été constitué par le Corps législatif [1], il n'avait même pas été ratifié par le suffrage universel : les électeurs n'avaient pas été convoqués par un gouvernement sorti d'une insurrection et dont le premier devoir aurait été de remettre le pouvoir aux représentants du pays [2]. Bien plus, au mois de décembre 1870, ce gouvernement avait dissout les conseils généraux seule représentation légale de la nation qui eût subsisté [3]. Mais d'autre part il puisait sa force dans le patriotisme qui groupait toutes les bonnes volontés uniquement absorbées par la résistance à l'invasion. La défense nationale, dominant toutes les autres préoccupations,

1. Proclamation du 4 septembre 1870 . « Le peuple a devancé la Chambre qui hésitait. Il a mis ses représentants non au pouvoir mais au péril. » (Sirey. *Lois*, 1871, p. 511.)

2. De Marcère. *L'Assemblée Nationale de 1871*, p. 19. — Décret du 4 septembre 1870 qui dissout le corps législatif et abolit le Sénat (Sirey. *Lois*, 1870, p. 513). — Décret du 20 septembre 1870 qui dissout les conseils municipaux. — Décret du 24 septembre qui suspend les élections municipales et à l'Assemblée Constituante (Sirey, 1871, p. 5). — Décret du 1er octobre fixant les élections à l'Assemblée Constituante annulé par le gouvernement de Paris (Sirey, 1871, p. 6).

3. Décret du 25 décembre 1870 (Sirey, 1871, p. 18).

semblait effacer jusqu'au souvenir des revendications des partis politiques. Toutes les ·pensées étaient concentrées sur la lutte contre l'étranger.

Les hommes de l'opposition républicaine, subitement portés au pouvoir, furent cependant conduits à rendre uu certain nombre de décrets relatifs aux mesures considérées comme urgentes, mais ces mesures furent toutes de circonstance. Emportés par les événements ils n'eurent guère le temps de se souvenir des revendications qu'ils avaient formulées avec tant d'ardeur.

S'ils se hâtèrent, par exemple, d'abroger l'article 75 de la Constitution de l'an VIII qui défendait la poursuite des fonctionnaires devant les tribunaux ordinaires [1], ils n'eurent pas la pensée ou la volonté de porter atteinte à l'interdiction du Code pénal que tous les gouvernements conservaient comme une arme contre la liberté d'association [2]. Tout au plus peut-on signaler un décret où est visé le droit « de libre association », celui qui donne aux sociétés de secours mutuels le droit d'élire les membres de leurs bureaux [3]. Ajoutons le décret, inspiré par le souvenir des mesures de répression qui avaient marqué le début du Second Empire, qui abrogea le décret du 8 décembre 1851 sur les individus reconnus coupables d'avoir fait partie d'une société secrète et la loi de sûreté générale de 1858 [4]. Ce sont, avec le décret sur les clubs, les seules mesures qui se rapportent aux associations.

Les associations du reste, dans la période qui suit le 4 septembre, attiraient peu l'attention publique dans le désarroi général. On peut noter seulement, sur le terrain politique, les comités électoraux qui, après la dissolution des conseils généraux, dressèrent des listes de coalition en vue des élections législatives et se prononcèrent pour une paix nécessaire après une lutte héroïque [5]. Il faut aussi rappeler les clubs qui pouvaient être considérés comme de véritables associations et servaient de centres à des comi-

1. Décret du 19 septembre 1870 (Sirey. *Lois*, 1870, p. 518).
2. L'état de guerre pouvait être du reste une excuse, sinon une explication de cette omission.
3. Décret du 22 septembre 1870 (Sirey. *Lois*, 1871, p. 5).
4. Décret du 24 octobre 1870 (S., 1870, p. 522).
5. Hanotaux. *Histoire de la France contemporaine*, t. I, p. 31.

tés révolutionnaires et anarchistes. Sous l'influence des événements les clubs pullulèrent [1] et constituèrent un véritable danger. Ils furent supprimés jusqu'à la fin du siège par le décret du 22 janvier 1871 qui les signalait comme des foyers de guerre civile [2]. Il s'agissait simplement d'une mesure de circonstance.

Les congrégations religieuses au sein desquelles s'étaient montrés les plus nobles dévouements à la cause patriotique furent l'objet de mesures locales de persécution [3]. On a souvent rappelé à cet égard l'arrêté pris contre les Jésuites le 13 octobre 1870 par M. Esquiros, administrateur des Bouches-du-Rhône [4]. Invoquant les mesures prises sous les régimes antérieurs, il prononçait la dissolution de la congrégation comme n'ayant aucune existence légale et incapable de posséder. Les Jésuites, dont les meubles étaient placés sous séquestre, devaient être arrêtés et conduits à la frontière. Par une dépêche du 16 octobre, Gambetta annula la partie de l'arrêté qui prononçait l'expulsion des Jésuites français : « Considérant que si on peut dissoudre légalement la corporation, on ne peut porter atteinte à la liberté des Français qui en font partie et à leur droit de résidence en France. »

La Commune se signala par une éclosion de groupements révolutionnaires dans les milieux où régnait la licence et l'anarchie. Nous avons indiqué comment se forma sous le second Empire l'état-major de ce mouvement insurrectionnel qui, sous prétexte de proclamer l'indépendance communale, s'étendit à certaines villes de province et, à Paris, suscita, sous les yeux de l'ennemi, une lutte fratricide et criminelle. Dès le début de la troisième République s'étaient formés des comités de vigilance qui se posaient en antagonistes du pouvoir [5]. Les sociétés secrètes trou-

---

1. Clunet. *Les associations*, 1907, p. 66 ; Maxime du Camp. *Les convulsions de Paris*, t. I, p. 10.
2. Weil, p. 280.
3. En particulier les Frères des écoles chrétiennes comme brancardiers sur les champs de bataille.
4. A Lyon, à Marseille, à Aix, à Saint-Etienne (*Consultation* de M. Rousse, p. 49).
5. Weil, p. 313.
6. Maxime du Camp. *Les convulsions de Paris*, 1889.

vèrent dans la Commune la réalisation de leurs projets et
la mise en œuvre de leurs doctrines, projets et doctrines,
dit M. Maxime du Camp, « qui se sont cristallisés dans la
fédération de la garde nationale ». « L'histoire du 18 mars,
ajoute t-il, devrait donc être un ouvrage spécial, racontant
les origines, remontant aux causes lointaines, dévoilant
les mystères des sociétés révolutionnaires sous le règne
de Louis-Philippe, sous la seconde République, sous le
second Empire, et démontrant que la capitulation de Paris n'a été qu'un prétexte dont on s'est servi pour faire
réussir les tentatives. qui avaient échoué plus d'une fois
depuis l'attentat de Fieschi (juillet 1835) jusqu'au 22 janvier 1871 [1] ».

Le 7 décembre 1870 on vit aux comités de vigilance
succéder le comité central qui se donnait pour mission de
pousser le gouvernement à une défense énergique. Il se
donna en janvier une organisation complète et prit le nom
de « Comité central de la garde nationale [2] ». Ce fut lui
qui, après avoir préparé et installé la Commune en de-
meura l'inspirateur et lui imprima sa direction. On sait ce
que furent alors les sociétés politiques dont le développement avait été favorisé par le désarroi général et les difficultés où se débattait le Gouvernement de la défense nationale. Les clubs, installés dans tous les locaux disponibles
et même dans les églises, étaient les foyers des excitations
les plus violentes et poussaient aux pires excès [3].

Un grand nombre des membres des Loges parisiennes
manifestèrent pour la Commune une sympathie que le
Grand Orient s'efforça de désavouer comme n'ayant pas
engagé la fédération elle-même. Ils cherchèrent à s'imposer à l'attention publique par la fameuse manifestation
du 29 avril. Un cortège partit du Louvre pour aller plan-
ter les bannières maçonniques sur les fortifications en
signe d'appel à l'apaisement. Une décharge des troupes
de l'armée de Versailles mit fin à cette manifestation qui
sombra dans le ridicule [4].

1. Maxime du Camp, t. I, préface, p. v.
2. Eod loro, t. I, p. 23, 38 ; Weil. p. 292.
3. Maxime du Camp, t. IV, p. 183 et s.
4. *Les Francs-maçons et la Commune de Paris* par un Franc-maçon.

Les congrégations furent atteintes par la persécution religieuse que marquèrent les vexations de toute sorte, perquisitions, arrestations, expulsions, et qui fût signalée par l'assassinat des otages, le massacre des dominicains d'Arcueil et celui de la rue Haxo [1]. Quant aux biens des congrégations, la Commune en avait décrété la transformation en biens nationaux [2].

Les doctrines socialistes se traduisirent, sous la Commune, par diverses déclarations. Le manifeste du Conseil fédéral de l'Internationale du 23 mars réclamait « l'organisation du crédit, de l'échange, de l'association, afin d'assurer au travailleur la valeur intégrale de son travail [3] ». Le manifeste de la Commune du 19 avril parlait « d'universaliser la propriété [4] ». Enfin la Commune décida que les ateliers abandonnés par les patrons seraient donnés aux ouvriers formés en associations, un jury d'arbitrage devant fixer l'indemnité due aux patrons [5]. On peut encore noter le décret relatif au retrait des objets usuels mis au Mont-de-Piété et le décret sur les marchés à passer avec les corporations ouvrières [6]. Mais l'heure n'était pas aux réformes économiques pour un gouvernement insurrectionnel qui s'abritait derrière la théorie de l'indépendance communale et traitait la réforme sociale comme une réforme vague et lointaine [7] en présence de la lutte engagée sur le terrain de la guerre civile. Du reste, comme on l'a fait observer [8], les organisations ouvrières n'avaient pas encore assez de force pour appuyer un mouvement de ce genre.

Quel était alors le rôle de l'Internationale ? Si on a nié qu'elle ait fait la Commune [9] dans laquelle ses membres ne

Dentu, 1871 : Maxime du Camp, t. IV, p. 51, 55 : *Bulletin du Grand Orient*, mai-août 1871, p. 5.

1. Rousse. *Consultation*, p. 50 ; Hanotaux, t. II, p. 204, 208.
2. Weil. *Histoire du mouvement social*, p. 145.
3. *Eod. loco*, p. 143.
4. *Eod. loco*, p. 144.
5. *Eod. loco*, p. 145.
6. *Eod. loco*, p. 147.
7. *Eod. loco*, p. 144.
8. *Eod. loco*, p. 147.
9. *Eod loco*, p. 141.

formèrent qu'une minorité [1], on peut constater qu'elle ne
fut pas étrangère à son organisation [2]. Après les hésitations
du début, le Conseil fédéral de l'association internationale
des travailleurs résolut d'aider le comité central sans engager l'association elle-même . Le 23 mars il décidait
d'appuyer, en vue des élections de la Commune, le comité
central par le manifeste que nous avons cité. Il devait, il
est vrai, protester contre les violences du comité de salut
public [4]. Mais il n'est pas moins exact que, depuis 1862,
l'Internationale avait allumé tous foyers d'agitation révolutionnaire et propagé les idées d'où devait sortir la Commune. Dès le début de l'insurrection le Conseil général de
l'Internationale avait encouragé le Conseil fédéral pari-
sien à s'y joindre, envoyant de Londres des agents chargés de le diriger. L'insurrection à peine réprimée, il
publiait un manifeste violent, rédigé par Karl Marx, qui
contenait une apologie de la Commune représentée comme
« un premier essai de Révolution sociale [5] ».

Ce qui est du reste incontestable c'est qu'on peut retrouver la main de l'Internationale dans tous les mouvements
insurrectionnels qui se produisirent notamment dans le
Midi en sympathie avec la Commune de Paris [6]. Ce fut
aussi l'Internationale qui, dans une réunion tenue le 7 septembre à Marseille, provoqua l'organisation de la *Ligue
du Midi* aspirant, sous prétexte d'aider le Gouvernement,
à créer un pouvoir provincial distinct du pouvoir central [7].
Englobant 15 départements elle avait constitué un comité
central qui comprenait des représentants de l'Internationale et émettait la prétention de lever des troupes, de
répartir les impôts. Elle sommait les autorités civiles et
militaires « d'abdiquer toutes leurs prérogatives ». Le
Gouvernement de Tours qui avait d'abord donné à la ligue

1. *Eod loco*, p. 144.
2. Maxime du Camp, t. I, p. 22.
3. Weil, p. 142 (sources citées) ; Hanotaux, t. I, p. 165.
4. Weil, p. 147.
5. Weil, p. 150. Un article de l'*Echo de Paris* du 5 mai 1918 a rappelé
les déclarations anti-françaises de Karl Marx au moment de la guerre
de 1870.
6. De Lacombe. *Correspondant*, 10 octobre 1900, p. 11.
7. Weil. *Le droit d'association*, p. 294. (Rapport de la Commission
d'enquête sur les actes du Gouvernement de la défense nationale.)

une sorte de consécration officielle lui retira son appui après l'insurrection de Marseille.

La ligue de l'Est et la *ligue du Sud-Ouest* manifestèrent des tendances non moins dangereuses. La ligue du Sud-Ouest surtout, avec sa commission centrale, ses comités d'arrondissements et de départements, avait la prétention de fusionner avec les autres ligues qu'elle s'efforçait de constituer afin de créer un gouvernement révolutionnaire. Les délégués envoyés au Gouvernement de Tours rencontrèrent cette fois un accueil complètement hostile. Les débris de ces ligues se retrouvèrent devant les tribunaux qui eurent à juger les affaires de l'*Alliance républicaine* de Saint-Etienne, de la *Permanence* de Lyon, du *Comité central* de Marseille.

Tel fut, dans la période troublée qui marqua le siège de Paris et la Commune, le mouvement des associations politiques. Ces associations, en général révolutionnaires, profitaient des épreuves que traversait le pays pour s'organiser en violation de la loi qu'un Gouvernement de fait était impuissant à faire respecter.

CHAPITRE II

L'Assemblée Nationale.

L'Assemblée Nationale, issue de la plus libre consultation du suffrage universel que le pays ait jamais connue, avait pour mission essentielle, dans la pensée des électeurs, de rétablir la paix et d'assurer l'ordre dans le pays. Aussi les suffrages se portèrent spontanément dans un grand nombre de départements, vers « les hommes connus, désignés par leur âge, leur expérience, leur situation, leur fortune, et aussi par leur incontestable honorabilité[1] ».

Ces hommes ne faillirent point à la tâche essentielle qu'ils avaient assumée, et l'œuvre de réorganisation qu'ils poursuivirent, en même temps que sous l'énergique effort de M. Thiers s'accomplissait la libération du territoire, restera dans l'histoire comme un exemple de patriotique et féconde activité. Les bonnes volontés qui s'unirent, les capacités qui se révélèrent, permirent ce relèvement du pays qui est pour l'Assemblée Nationale son plus beau titre de gloire.

Mais en même temps ne tardait pas à se poser la question de la forme du gouvernement qu'il convenait de substituer à la situation de fait résultant des événements. Sur ce terrain les divisions ne devaient pas tarder à se manifester. Si le pouvoir constituant de l'Assemblée était contesté par certains, tous les partis voulaient en réalité

---

1. Hanotaux. *Histoire de la France contemporaine*, t. I, p. 31.

l'exercer à leur profit. Les républicains prétendaient proclamer définitivement la République qu'ils considéraient comme établie depuis le 4 septembre. Les bonapartistes maintenaient leur fidélité à un régime auquel s'étaient substitués des hommes dont la prise de possession du pouvoir n'avait pas été ratifiée par un mandat du pays. Les monarchistes envisageaient que la royauté pouvait seule affermir l'ordre par le rétablissement d'une autorité qui aurait renoué la tradition nationale. Ils étaient les plus nombreux dans l'Assemblée mais ils se trouvaient divisés par la scission qui séparait les légitimistes et les orléanistes et dont on s'efforçait, plus en apparence qu'en réalité, d'effacer les traces.

Quand les dernières espérances d'une restauration monarchique se furent dissipées pour le présent, les monarchistes s'efforcèrent de réserver l'avenir. Mais surtout le pouvoir instauré par le 24 mai et le septennat eurent pour objet de combattre les tendances révolutionnaires et démagogiques dont s'effrayaient, non sans raison, les éléments conservateurs de l'Assemblée. A l'opposé de ce mouvement conservateur se dressait le mouvement démocratique. La démocratie s'acheminait vers le pouvoir, appuyée sur la force du nombre, sur la puissance du suffrage universel inorganisé, dominée de plus en plus par les influences antisociales et surtout par les influences antireligieuses qui feront de l'anticléricalisme le principal terrain de lutte politique pour le plus grand malheur du pays.

En présence de ces divisions et des luttes de partis qui s'accentuaient chaque jour. l'Assemblée Nationale, unie cependant sur le terrain patriotique, pouvait difficilement résoudre dans son ensemble la question de la liberté d'association qui soulevait d'ailleurs tant de méfiances. Si en effet on constatait de toute part une aspiration très sincère vers la liberté, on voyait les bonnes volontés paralysées par la crainte qu'inspiraient certaines catégories d'associations ou les préjugés qu'elles faisaient revivre.

Tout d'abord les associations politiques, et surtout les associations révolutionnaires. La crainte de la Commune, réprimée au prix de si durs sacrifices après les maux qu'elle avait fait peser sur le pays encore soumis à l'occupation étrangère, dominait les esprits [1]. L'*Internationale* était accusée à juste titre d'avoir exercé une influence sérieuse sur les soulèvements insurrectionnels qui s'étaient produits à la fois sur plusieurs points du territoire. Le fait que le projet dont nous allons parler, celui de M. Tolain, était présenté par des affiliés ou des amis de cette société n'était pas sans inspirer de vives appréhensions [2].

D'autres associations politiques étaient faites aussi pour éveiller des craintes. Nous avons cité déjà les ligues politiques. notamment la *Ligue du Midi* dont les tendances séparatistes avaient vivement impressionné M. Thiers [3], et le comité de propagande radicale organisé à Lyon sous le nom de *Permanence*. Plus tard ce fut le *Comité central de l'appel au peuple* dont l'existence souleva dans l'assemblée de vives discussions.

Les associations ouvrières excitaient aussi les méfiances. Ce n'est pas que l'Assemblée Nationale fût indifférente aux questions ouvrières et, tout en repoussant en majorité l'intervention de l'Etat [4], ne comprît la nécessité de porter remède à des maux trop évidents. On en trouve la preuve dans la Commission d'enquête sur les conditions du travail en France organisée le 24 avril 1872, et dans la loi votée en 1874 sur la protection des enfants dans l'industrie. Mais nous verrons le rapport de M. Ducarre au nom de cette Commission se montrer hostile à l'abandon des principes de 1791. On peut aussi relever les objections qui se produisirent au sein de la Commission chargée d'examiner le projet de M. Tolain sur la liberté d'association. On invoquait le danger des grèves et le souvenir récent de l'Internationale [5].

Enfin reparaissaient les vieux préjugés contre les congrégations religieuses, préjugés exploités par les hommes qui faisaient de « la congrégation » un épouvantail qui

---

1. De Lacombe. *Le Correspondant*, 10 octobre 1900, p. 11 et 12 ; Hanotaux, t. II. p. 71, 395.
2. De Lacombe, p. 6 et 11.
3. Hanotaux, t. I, p. 224.
4. Weill. *Histoire du mouvement social en France*, p. 172, 176.
5. De Lacombe, p. 17, 20 : Weill. p. 172-173.

devait être si longtemps employé au profit de la politique
anticléricale [1]. Ces attaques contre les congrégations aboutissaient à placer sur ce terrain la lutte entre la liberté
et l'anticléricalisme. La liberté d'association payait les
frais de cette guerre, et la question des congrégations
devait être « la pierre d'achoppement » qui ferait échouer
tous les projets [2] jusqu'au jour où elle empêcherait, dans
la loi de 1901, le triomphe complet de la cause de la
liberté.

Ainsi, malgré ses tendances libérales, le législateur se
trouvera dans cette période impuissant à faire une œuvre
d'ensemble. Il n'aboutira qu'à voter certaines mesures
inspirées par les circonstances.

Notons la loi du 30 mars 1872, motivée par les nécessités fiscales, qui éleva notablement la taxe de mainmorte
établie par la loi de 1849 sur les immeubles de mainmorte
passibles de la contribution foncière.

La loi du 14 mars 1872 sur l'association internationale
des travailleurs [3] fut une loi répressive dictée au législateur par le développement d'une association que l'application de l'article 291 du Code pénal ne suffisait pas à
dissoudre. Elle avait été vivement combattue comme
visant une association déterminée et dérogeant ainsi au
principe d'après lequel toute loi doit avoir un intérêt
général. On put répondre qu'il ne s'agissait pas de porter atteinte au droit d'association, mais, de réprimer des
actes qui, commis par des individus isolés, appelleraient
déjà la répression. « Ainsi. disait le rapporteur, dispa-
raît toute crainte sur le sort même du droit d'association
dont le loyal exercice ne court aucun risque dans l'avenir... Le droit n'est pas plus lésé ici qu'il ne l'a été par
les dispositions répressives de toute association qui s'organiserait en vue de concourir à des crimes ou des délits
entre les personnes et les propriétés (Code pénal, articles 205 et suivants). »

L'article premier définissait l'association visée : « Toute
association internationale qui, sous quelque dénomination

1 De Faget de Casteljau, p. 420.
2 Weil. *Le droit d'association*, p. 281.
3 Sirey. *Lois*, 1872, p. 191.

que ce soit, et notamment sous celle d'association internationale des travailleurs, aura pour but de provoquer
à la suspension du travail, à l'abolition du droit de propriété, de la famille, de la patrie, de la religion ou du
libre exercice des cultes, constituera, par le fait même
de son existence et de ses ramifications sur le territoire
français, un attentat contre la paix publique. » Le législateur distinguait trois catégories de délinquants : les affiliés, les dignitaires ou meneurs de l'association, ceux qui
auront prêté ou loué leur local pour les réunions. Il spécifiait en outre, pour éviter le reproche de rétroactivité,
que ceux-là seuls seraient punissables qui s'affilieraient
ou feraient actes d'affiliés après la promulgation de la loi.

Une loi d'une importance considérable dans l'histoire
de la liberté d'association fut la loi du 12 juillet 1875
sur la liberté de l'enseignement supérieur [1]. Elle eut en
effet pour résultat, à côté de son objet principal, de donner à la liberté d'association son premier texte législatif
et de marquer ainsi, d'une façon détournée, un premier
pas dans cette voie [2].

Le projet avait été déposé le 31 juillet 1871 et donna
lieu à un long examen de la part d'une Commission spéciale ; il ne vint en discussion que le 3 décembre 1874 [3].
Le principe de l'article premier, l'enseignement supérieur est libre, avait été admis après une discussion dans
laquelle M. Challemel-Lacour témoignait la crainte qu'aucune association laïque ne pût profiter de la liberté nouvelle réservée en fait à l'Église catholique [4]. Le droit
d'ouvrir des cours ou des établissements d'enseignement
supérieur était reconnu aux citoyens français et « aux
associations formées légalement dans un dessein d'enseignement supérieur [5] ». Par là même on était logiquement conduit à reconnaître à ces associations le droit de

1. Sirey. *Lois*, 1876, p. 49.
2. De Faget de Casteljau, p. 432.
3. Un projet avait été déjà déposé en 1849 et repris en 1869. (Hanotaux,
t. III, p. 126.)
4. Il se trompait car, comme le faisait remarquer M. Laboulaye (Séance
du 5 décembre 1874, p. 8012), devant la seule promesse de la liberté
s'était fondée l'école des Sciences politiques. (Hanotaux, t. II, p. 578.)
5. Article premier.

se constituer. Ce fut l'objet du titre II de la loi qui doit fixer particulièrement notre attention.

Le rapporteur, M. Laboulaye, faisait sur ce point les déclarations les plus nettes : « Il est difficile, disait-il, de s'occuper de l'enseignement supérieur sans s'occuper en même temps des associations ; car il n'y a que les sociétés puissantes qui soient en état de fonder de grands établissements. » Et il citait l'exemple de l'Angleterre et de l'Amérique. Il était évident en effet que des universités libres ne pouvaient être fondées et soutenues par des individus isolés. M. Laboulaye faisait à cette occasion l'éloge de la liberté d'association : « Dans sa haine des corporations et de leurs abus, la Révolution a porté un coup terrible au droit d'association ; elle a mis la France en poussière, et l'a livrée sans défense au pouvoir absolu. On revient aujourd'hui à des idées plus saines... Aussi, en attendant qu'une loi, depuis longtemps promise, assure, en le réglant, le droit d'association, nous avons cru nécessaire de déclarer que les dispositions de l'article 291 du Code pénal ne seraient pas applicables aux associations formées, soit pour encourager, soit pour propager l'enseignement supérieur [1]. » L'objection tirée de l'influence qui pourrait être donnée aux congrégations ne l'arrêtait pas : « Nous ne nous sommes pas demandé si ces associations seraient religieuses ou laïques. Que des citoyens adoptent un genre de vie ou un habit particulier, c'est là un engagement de conscience, un lien spirituel, absolument étranger à l'ordre civil et dont l'État n'a pas à s'inquiéter, à moins que l'association n'ait un objet politique. La liberté religieuse n'est pas moins respectable que toute autre forme de liberté, et nous n'avons aucun droit d'exclure de l'enseignement des Français et des citoyens parce qu'ils s'y croient appelés par une vocation sacrée. » Nobles paroles qui devaient être bientôt méconnues. Enfin le rapporteur prévoyait que les établissements d'enseignement supérieur ou les associations formées en vertu de la loi pourraient être reconnus d'utilité

---

1. Sur l'amendement de M. Pâris on adopta la formule : « les associations formées pour créer ou entretenir des cours ou établissements d'enseignement supérieur ».

publique car « les associations sans ressources permanentes sont des créations éphémères qui ne peuvent rien établir de solide ».

Sur le premier point, liberté des associations, il n'y eut pas de discussion [1]. Les prescriptions de l'article 291 du Code pénal furent supprimées par l'article 10 de la loi et remplacées par une déclaration pure et simple faite au préfet, au recteur d'Académie et au parquet.

Sur le second point, la loi décida que les associations pourraient acquérir la personnalité civile en obtenant la reconnaissance d'utilité publique conformément à la loi, ce qui leur permettrait de posséder et d'acquérir à titre onéreux ou gratuit. La déclaration d'utilité publique ne pourra être révoquée que par une loi [2]. En cas d'extinction d'un établissement d'enseignement supérieur, les biens acquis à titre gratuit feront retour aux donateurs ou à leurs successeurs et à défaut de successeurs à l'Etat ; les biens acquis à titre onéreux feront retour à l'Etat en l'absence de toute disposition contraire des statuts et seront en ce cas affectés aux besoins de l'enseignement supérieur [3].

Ce second ordre de dispositions fut au contraire l'objet de vives discussions. M. Jozon, tout en se déclarant partisan avec la grande majorité de l'assemblée de la liberté d'association, repoussait un amendement de M. de Belcastel qui proposait l'acquisition de la personnalité civile de plein droit. Jules Favre, dans la troisième délibération [4], réclamait la nécessité d'une loi pour conférer la reconnaissance d'utilité publique. Il s'élevait contre ce qu'il considérait comme une prérogative « énorme, dangereuse », et, remontant jusqu'aux textes de l'ancien droit, il évoquait le spectre de la mainmorte, et, en somme, la crainte des congrégations. A propos de la collation des grades M. Jules Ferry [5] devait accentuer l'opposition sur le terrain antireligieux en déclarant qu'il s'agissait d'un programme de

1. Séance du 10 juin 1875 (2ᵉ délibération), séance du 10 juillet 1875 (3ᵉ délibération).
2. Article 11.
3. Article 12.
4. Séance du 9 juillet 1875.
5. Séance du 12 juillet 1875 (*Officiel*, p. 4217) ; Hanotaux, t. III, p. 301 ; de Marcère. *L'Assemblée Nationale*, t. II, p. 240.

combat destiné à faire de l'Eglise un Etat dans l'Etat :
« Voilà le péril, s'écriait-il, voilà l'ennemi. »

La question des congrégations, éternel obstacle à l'établissement de la liberté d'association, se posait donc de nouveau, et cependant elle n'était pas en jeu dans le débat. C'est ce que démontra M. Robert de Massy. Il ne s'agissait pas de décider sous quelles conditions les congrégations religieuses pouvaient être reconnues, il s'agissait de permettre à des établissements d'enseignement supérieur d'acquérir la reconnaissance d'utilité publique conformément au droit commun, que ces établissements soient formés par des laïques ou par des congrégations. S'ils étaient tentés de créer indirectement une congrégation religieuse, la législation spéciale aux congrégations (c'est-à-dire les lois de 1817 et de 1825), devrait être appliquée.

En ce qui concernait la dévolution des biens acquis à titre onéreux, un amendement de MM. Chesnelong et Lucien Brun obtint qu'ils ne reviendraient à l'Etat que si les statuts n'en avaient pas prévu la disposition. Il ne fallait pas en effet que le Gouvernement fût soupçonné d'avoir provoqué dans un but intéressé le retrait de la reconnaissance d'utilité publique. Sur ce point encore M. Ernest Picard évoqua la crainte de la mainmorte et « des congrégations toutes puissantes [1] ».

La loi de 1875 devait être modifiée par la loi du 18 mars 1880 [2]. En ce qui concerne en particulier le point de vue qui nous occupe, elle exigea une loi pour la reconnaissance d'utilité publique. Mais le principe subsistait de l'abrogation de l'article 291 du Code pénal pour une catégorie d'associations. C'était, comme on l'a dit [3], la première conquête de la liberté, conquête sur un terrain limité, car d'une façon générale subsistait la législation prohibitive antérieure.

En effet, dans leur ensemble, les dispositions du Code pénal et de la loi de 1834 restaient intactes et servirent

1. *Officiel*, 9 juillet 1875.
2. La loi de 1880 enlève aux établissements d'enseignement supérieur libre la collection des grades et leur interdit de prendre le titre d'universités.
3. De Fagot de Casteljau, p. 438.

de bases aux poursuites dirigées dans cette période contre certaines associations politiques.

Il faut citer à cet égard *l'alliance républicaine*, fondée à Saint-Etienne en 1871, qui donna lieu à une poursuite en police correctionnelle terminée le 14 octobre 1872 par un jugement d'acquittement. Le tribunal considérait que la présence de fonctionnaires au sein de l'association équivalait à une autorisation tacite. Les poursuites dirigées contre *la Permanence* de Lyon aboutirent, le 2 août 1875, à une condamnation fondée sur ce que l'association, poursuivant un but politique en dehors de la préparation des élections, comprenait un nombre de personnes dépassant de beaucoup celui de vingt. Pour le même motif le tribunal de Marseille prononçait, le 23 septembre 1875, des condamnations dans l'affaire du *Comité central* de cette ville [1]. Une autre association politique suscita de violentes discussions sans aboutir à des poursuites ; ce fut l'organisation bonapartiste dénoncée sous le nom de *Comité de l'appel au peuple*. A la suite d'une interpellation du 8 mai 1871 une instruction fut ouverte à la suite de laquelle le procureur général déclarait n'avoir pu dégager les éléments d'un délit, les comités incriminés se composant de moins de vingt personnes. La question fut reprise sans résultat à propos de l'élection de M. de Bourgoing [2].

Cependant, comme nous l'avons déjà noté, et en particulier à propos de la discussion de la loi sur la liberté de l'enseignement supérieur [3], un mouvement profond se faisait dans les idées en faveur de la liberté d'association. Les associations de toute nature prenaient le développement que nous constaterons plus loin. L'association était devenue populaire. Tout le monde parlait de la liberté d'association et tous les partis la réclamaient. Les ouvriers la prônaient au retour des expositions de Vienne et de Philadelphie. Les catholiques la réclamaient pour l'enseignement supérieur et pour les congrégations [4]. Les orateurs radicaux y voyaient le moyen de résoudre la question so-

1. Weil, p. 308 et s.
2. Weil, p. 303 et s.;Hanotaux, t. III, p. 134, 218, 302.
3. Rapport de M. Laboulaye, *suprà*.
4. Congrès catholique de 1872. (Hanotaux, t. III, p. 300.)

ciale [1]. L'article 291 du Code pénal apparaissait comme despotique et démodé.

Ce n'est pas que cette opinion fût unanime. Sous l'empire des craintes que nous avons signalées, le système de prohibition trouvait encore ses défenseurs. C'est ainsi que, dans la discussion de 1872 sur le projet de M. Tolain, M. d'Haussonville ayant dit que l'article 291 « posait le principe d'absolutisme jusqu'au cynisme » fut violemment interrompu à droite et au centre [2]. Dans la commission chargée d'examiner le projet la même opposition de principe se produisit avec force [3]. De même le rapport de M. Ducarre, présenté à la suite de l'enquête de 1872 et dont nous parlerons plus loin, repoussait le principe de la liberté des associations ouvrières comme une atteinte à la liberté individuelle du travail et une substitution de la collectivité à l'initiative professionnelle. L'idée de la liberté d'association n'en était pas moins en marche et devait s'imposer aux préoccupations du législateur.

Un projet qui fut déposé en 1871, s'il n'aboutit à aucune solution, provoqua des discussions qui firent ressortir l'état des esprits au sujet de cette importante question.

Ce projet était celui que M. Tolain avait déposé le 8 mars 1871 à Bordeaux à la suite d'une interpellation sur l'interdiction par M. Jules Simon de l'affichage des conférences de l'Association internationale des travailleurs. Il réclamait « le droit absolu, entier, complet, d'association, » et se réduisait à cet article unique : « Les articles 291 et 292 du Code pénal et la loi du 10 avril 1834 sont abrogés. » La commission d'initiative chargea M. Bertauld du rapport qui fut déposé le 28 mars 1871. M. Bertauld se demandait s'il n'était pas possible de trouver une combinaison transactionnelle entre notre législation restrictive et la liberté absolue de l'Angleterre et des Etats-Unis. Le 30 mars l'Assemblée se prononçait pour la prise en considération et nommait une commission dont le secrétaire était M. de Chabrol [4].

---

1. Weill. *Histoire du mouvement social*, p. 199 (note).
2. *Officiel*. 15 mai 1892.
3. De Lacombe. *Le Correspondant*, 10 octobre 1900, p. 20.
4 Les procès-verbaux des délibérations de la commission et de l'en-

Malgré les appréhensions inspirées par les événements qui se déroulaient alors, la commission décida de poursuivre ses travaux et entendit les appréciations des personnalités les plus diverses. M. Tolain ne réclamait des. associations qu'une seule condition, la publicité. Il insistait sur la nécessité de reconnaître aux ouvriers le droit d'association « dont l'exercice ferait naître en eux des instincts conservateurs ». M. Louis Blanc revendiquait le même droit d'une façon absolue et sans limites, admettant cependant que la question de la reconnaissance de la personnalité civile pouvait soulever des questions délicates à résoudre. Les grands industriels montraient une véritable méfiance à l'égard des associations ouvrières dans lesquelles ils voyaient l'origine des grèves. M. Léon Say, estimant que toute tentative pour interdire les associations n'aboutirait qu'à la création d'associations secrètes, invoquait les résultats économiques et sociaux des Trade-Unions anglaises. M. Mettetal, qui avait remporté de ses fonctions à la préfecture de police la crainte des sociétés secrètes et de *l'Internationale*, se montrait adversaire résolu de toute modification à l'article 291 du Code pénal.

Avec Mgr Dupanloup fut envisagé surtout le point de vue des associations religieuses. Il demandait pour elles le droit commun qu'il plaçait volontiers dans l'abrogation de l'article 291 avec la garantie de la publicité. De cette abrogation découlait pour lui la nécessité de la personnalité civile, mais il admettait que l'Etat prît contre le trop grand développement des propriétés ecclésiastiques les mêmes précautions que contre celles des autres associations. Au nom des protestants, M. Delaborde écartait aussi pour les associations religieuses le système préventif et inclinait à reconnaître à l'Etat le droit d'autorisation pour les acquisitions à titre gratuit et même à titre onéreux quand il s'agirait d'immeubles.

Les associations qui ne touchaient ni à la religion ni à

---

quête rédigés par M. de Chabrol n'avaient jamais été publiés, mais seulement autographiés pour les membres de cette commission. C'est en se référant à ce document que M. de Lacombe a publié dans *le Correspondant* du 10 octobre 1900 une étude à laquelle nous empruntons les éléments de cet exposé.

la politique, telles que les associations agricoles ou scientifiques, furent représentées par M. Calemard de la Fayette
et M. de Caumont. L'un et l'autre ils rappelèrent l'hostilité que ces associations avaient rencontrée sous l'Empire.
M. Littré, au contraire, rendit hommage à la bienveillance qu'avaient trouvée ses tentatives de propagande
positiviste, et, s'il réclamait la liberté pour toutes les
doctrines, il ne croyait pas opportun de changer la
législation.

La commission devait conclure. Après avoir laissé
s'écouler six mois, sur la demande de M. Dufaure, garde
des Sceaux, qui jugeait un changement de législation
inopportun dans les circonstances troublées où se trouvait le pays, elle confia le rapport à M. Bertauld. Le
rapport, déposé le 14 décembre 1871, s'inspirait des idées
de justice et de liberté qui animaient la commission, il
posait en principe que le droit d'association est un droit
naturel qui n'a d'autres limites que le droit d'autrui et le
droit de l'Etat. Ce droit était depuis longtemps réclamé,
et, à l'époque actuelle, ne pouvait être plus longtemps
soumis au bon plaisir du Gouvernement. Les abus qu'on
peut redouter ne doivent pas être un obstacle à la reconnaissance du droit [1].

Le principe de liberté était admis pour toutes les associations sous la condition qu'elles seraient publiques, et
que leur but serait licite. La publicité était assurée par
une déclaration à l'autorité administrative et à l'autorité
judiciaire. L'association était légale si dans les quinze
jours le procureur général n'avait pas fait opposition
devant la Cour d'appel qui statuait sauf recours à la Cour
de cassation. L'opposition ne pouvait être admise que si
l'association avait un des buts que la loi déclarait illicite.
Était illicite toute association ayant pour but : 1° de changer la forme du Gouvernement établi ; 2° de mettre
obstacle à l'action des pouvoirs publics et d'en usurper
les attributions ; 3° de provoquer, d'organiser ou de subventionner des grèves, ou d'entraver, par un moyen quel-

1 M. Bertauld citait Royer Collard : « Il n'y a rien de si facile à atta-
quer qu'une liberté ou un droit parce qu'il arrive toujours qu'on en
abuse. »

conque, la liberté du travail ou des conventions ; 4° de porter atteinte au libre exercice du culte, aux principes de la morale publique ou religieuse, de la famille et de la propriété, ainsi qu'à l'ordre public et aux bonnes mœurs.

C'était donc le régime répressif substitué au régime préventif. Les congrégations religieuses bénéficiaient du droit commun : « Nous ne voulons pas de privilèges pour les congrégations, disait le rapporteur, nous n'en voulons pas contre elles .. elles n'auront aucun moyen direct de coercition, elles ne seront pas un Etat dans l'Etat. »

Le rapporteur reconnaissait que le droit de s'associer serait vain s'il n'entraînait le droit de posséder. Les acquisitions à titre gratuit, étaient, dans l'intérêt des familles, soumises à l'autorisation de l'Etat. Les acquisitions à titre onéreux pouvaient être limitées par la loi. Enfin, en cas de dissolution, les biens seraient dévolus conformément aux statuts. Dans leur silence, les biens acquis par donation revenaient aux donateurs ou à leurs héritiers ; les biens acquis à titre onéreux étaient répartis entre les associés ou leurs ayants cause ou entre les héritiers du dernier survivant. Tel était le projet proposé, projet dont les dispositions véritablement libérales ne devaient se retrouver dans presque aucun des nombreux projets qui allaient se succéder dans la période suivante.

Malgré un ajournement réclamé le 11 mai 1872 par M. Dufaure et à la suite d'un débat où parut se manifester l'unanimité pour la complète liberté [1], la première délibération s'ouvrit le 14 mai 1872.

M. d'Haussonville [2], qui présentait un contre-projet, critiquait certaines dispositions de la commission, notamment le rôle donné à l'autorité judiciaire, mais il montrait la nécessité de proclamer : « un droit naturel indispensable à l'homme ». Il réclamait l'abrogation d'une législation absolutiste qui n'avait jamais arrêté ceux qui voulaient de l'association faire un mauvais usage. En réalité, disait-il, « le droit d'association n'est ni un bien ni un mal ; c'est une arme, et elle vaut ce que vaut le sol-

1. M. Noël Parfait : « Nous voulons la liberté pour tous. »
2. Séance du 14 mai.

dat qui la porte ». Il se refusait à distinguer entre les diverses catégories d'associations, estimant qu'on devait abroger les lois « tracassières » contre les congrégations religieuses. L'association doit être un contre-poids à l'omnipotence de l'Etat que les gouvernements successifs ont défendue en maintenant le principe de la prohibition. Il concluait en ces termes : « Si vous ne vouliez pas passer à une seconde délibération, ce serait à désespérer de voir jamais le droit d'association exercé en France. »

Les critiques ne furent pas épargnées au projet. M. Besson [1] redoutait les associations politiques pour lesquelles il voulait maintenir l'autorisation préalable. Il critiquait le rôle donné à la justice pour l'autorisation des associations et la disposition qui accordait de plein droit aux associations reconnues comme licites la personnalité civile. Il insistait sur la nécessité de donner un statut aux congrégations religieuses ou tout au moins de les admettre au bénéfice du droit commun. M. Brisson, tout en réclamant la liberté pour les associations politiques, se préoccupait surtout des congrégations religieuses. Il avait débuté par ces paroles si souvent rappelées par la suite à son sectarisme : « Ma première observation c'est que, ni de ma part, ni j'en suis bien convaincu, de la part des membres qui siègent sur les mêmes bancs que moi, ne s'élèvera la prétention de faire revivre les lois répressives de la liberté des associations religieuses. Nous nous présentons ici pour réclamer l'égalité entre toutes les associations, mais l'égalité dans la liberté. » Mais immédiatement après il s'opposait à la reconnaissance pour les congrégations de la personnalité civile.

Avec M. Aclocque se manifestait la crainte des associations ouvrières. Il s'effrayait des luttes que leur organisation provoquerait entre patrons et ouvriers : « Le droit d'association que vous accorderez à l'ouvrier serait une arme dangereuse entre ses mains qui ne sont pas faites ni préparées encore à son maniement. »

M. Naquet réclamait la liberté de réunion inséparable de la liberté d'association.

---

1. Séance du 15 mai.

M. Bertauld [1] répondant aux critiques, déclara que le droit de réunion était réservé par le projet. Il insista sur la nécessité de modifier un régime qui était celui de l'arbitraire et qui poussait aux sociétés secrètes. L'article 291 était du reste insuffisant puisqu'il n'atteignait que les associations se réunissant périodiquement. En ce qui concernait les congrégations, il montrait qu'il s'agissait, non de leur donner un privilège, mais de les admettre à partager le droit commun. Comment pourrait-on leur accorder le droit de vivre sans leur en donner les moyens par la personnalité civile? Cette personnalité est une nécessité pour toutes les associations. Il revenait sur l'importance de la réforme : « Dans les sociétés démocratiques, quand l'égalité a détruit toute hiérarchie... c'est à la faculté de s'associer qu'il incombe de composer, avec des forces individuelles presque nulles dans leur isolement, des forces collectives qui personnifient les grands intérêts sociaux et qui soient une garantie contre l'omnipotence de l'administration et du Gouvernement. »

On entendit encore M. Tolain [2] qui, réclamant la liberté absolue, exprima sa méfiance vis-à-vis d'un projet qui pourrait donner des armes contre les syndicats ouvriers et les coalitions. M. Fresneau et M. Paris manifestèrent leurs craintes au sujet des associations politiques. M. Peltereau-Villeneuve, au nom de la minorité de la commission, vint déclarer que dans les circonstances troubles où se trouvait le pays, le projet lui apparaissait comme inopportun. Le garde des Sceaux, ajoutait-il, affirme avoir encore besoin des armes légales qu'il possède de par le Code pénal et la loi de 1834.

M. Dufaure en effet était partisan de l'ajournement du projet. Il considérait [3] que le maintien de l'article 291 et de la loi de 1834 était nécessaire, tout en reconnaissant que leurs dispositions devaient être appropriées à l'état social actuel. Il s'engageait au nom du Gouvernement, au cas du refus de passer à une seconde délibération, à présenter un autre projet. M. de Meaux et M. Lucien Brun

1. Séance du 16 mai.
2. Séance du 17 mai.
3. Séance du 17 mai.

insistèrent vivement pour que la question ne fut pas enter·
rée, et M. de Kerdrel supplia la majorité de ne pas se
déjuger en refusant de sanctionner une liberté qu'elle
avait réclamée pendant dix-huit ans. M. Naquet de son
côté déclarait qu'il voterait dans le même sens parce qu'il
s'agissait d'affirmer le principe de la liberté d'association. Le passage à une seconde délibération fut voté par
154 voix contre 160. Ce vote n'eut pas de lendemain, car,
ainsi que nous l'avons remarqué, l'antagonisme des partis ne devait pas permettre à une majorité de se retrouver sur cette question et au Gouvernement de la poser à
nouveau sous sa forme générale.

Nous avons rappelé ces débats de 1872, restés malheureusement sans résultats parce qu'ils caractérisent bien
l'état des esprits à cette époque. Si le projet de la commission avait été vivement critiqué c'était à cause des
objections que soulevait le système adopté pour la constatation du but licite poursuivi par les associations ; c'était
surtout parce que trois catégories d'associations soulevaient les appréhensions que nous avons déjà signalées.
Les associations politiques et les associations ouvrières
inspiraient des craintes que pouvaient expliquer des événements graves et récents ; les congrégations voyaient se
réveiller les préjugés et les passions antireligieuses. Enfin
le Gouvernement, par l'organe du gardé des Sceaux, montrait peu d'empressement à se dessaisir des pouvoirs que
lui donnait le régime prohibitif en vigueur. Il faut cependant noter, de la part de la majorité de l'Assemblée, la
reconnaissance du droit d'association comme un droit naturel et primordial, ainsi qu'une aspiration sincère à un
régime de liberté pour toutes les associations. Quant aux
congrégations religieuses, malgré les réserves formulées
à leur sujet, réserves pleines de périls pour l'avenir, personne n'avait osé les rejeter ouvertement de ce droit commun [1]. Des voix éloquentes avaient proclamé la nécessité ·

1. Une loi du 7 août 1875 autorisa la ville de Lyon à s'imposer extraor-
dinairement pour acquitter la somme qu'elle avait été condamnée à payer
au grand séminaire et aux jésuites à titre d'indemnité pour dommages
causés « à leurs propriétés » à la suite du 4 septembre 1870 (Rousse,
Consultation, p. 52).

d'en finir à leur égard avec le régime d'exception. Ce débat était tout à l'honneur de l'Assemblée Nationale qui témoignait ainsi une fois de plus « de ses sentiments conservateurs et de son goût pour les réformes libérales [1] ».

1. M. d'Haussonville. Séance du 24 mai 1872.

CHAPITRE III
LA TROISIÈME RÉPUBLIQUE

PREMIÈRE PÉRIODE
Avant la loi de 1901

I

COMMENT SE POSE LA QUESTION DE LA LIBERTÉ D'ASSOCIATION. LES PROJETS LÉGISLATIFS

Les lois constitutionnelles de 1875. Leur caractère. Elles ne touchent pas à la question de la liberté d'association. — La liberté de réunion distinguée de la liberté d'association. — Loi du 30 juin 1881. — Maintien de l'interdiction des clubs. — Comment se posa la question de la liberté d'association. — Mouvement vers la liberté d'association. — Craintes inspirées par certaines catégories d'associations. — L'anticléricalisme et la liberté d'association. — Les projets législatifs avant 1901. Leurs traits communs. — Discussion du projet de M. Dufaure. — Cause du retard apporté à la reconnaissance de la liberté d'association.

Nous entrons ici dans l'étude de la question de la liberté d'association sous le régime politique actuel, régime qui commence avec la mise en vigueur de la Constitution de 1875. Nous y distinguerons deux périodes : celle qui précède la loi de 1901, celle qu'inaugure la loi de 1901 elle-même.

Votée par une Assemblée en majorité monarchique, imposée par la lassitude des partis et la nécessité de donner au pays une organisation politique sous peine d'un aveu d'impuissance de la part de l'Assemblée [1], la Constitution avait été élaborée avec une préoccupation dominante, celle de régler le fonctionnement des pouvoirs exécutif et législatif qu'elle consacrait. De plus si l'étiquette

---

1. Voir le témoignage du duc de Broglie (Hanotaux, t. III, p. 179).

républicaine avait été votée, à une voix de majorité, il est vrai [1], l'éventualité d'une révision soigneusement ménagée donnait à la Constitution un caractère volontairement provisoire : les uns n'avaient pas perdu tout espoir de l'adapter à un gouvernement monarchique, les autres entendaient bien dans l'avenir donner au régime républicain un caractère définitif en fermant la porte à toute révision ayant pour objet de changer la forme de gouvernement [2]. La Constitution de 1875 est donc, ainsi que l'indiquent les libellés des lois du 26 février et du 16 juillet 1875, relative seulement à l'organisation des pouvoirs publics [3]. Aussi ne la trouve-t-on précédée d'aucune des déclarations de principe qui figurent dans la Constitution de 1848 [4]. Aucun principe de droit public n'en est mentionné, et, pas plus qu'aucune des grandes libertés publiques, n'y figure la liberté d'association.

Au premier rang des libertés depuis longtemps réclamées était la liberté de réunion. Elle allait être consacrée par la loi du 30 juin 1881 [5] que nous mentionnerons parce qu'elle a définitivement distingué la liberté de réunion de la liberté d'association longtemps confondues.

On a vu que la loi de 1868 n'avait accordé la liberté de réunion qu'à l'exclusion des réunions politiques et religieuses. La loi de 1868 avait continué à être appliquée après les événements de 1870 aux réunions de ces deux catégories [6]. D'après la loi de 1881, les réunions publiques sont libres sans autorisation et sur une simple déclaration. La législation est désormais fixée en ce sens et ne sera modifiée que par la loi du 28 mars 1907 qui supprimera l'obligation de la déclaration [7]. On peut noter que l'argu-

---

1. Adoption par 353 voix contre 352 de l'amendement de M. Wallon (Séance du 30 janvier 1875).

2. C'est ce que réalisa la loi du 14 août 1884 : « La forme républicaine du gouvernement ne peut faire l'objet d'une proposition de révision. »

3. Loi du 25 février 1875 « relative à l'organisation des pouvoirs publics ». Loi du 16 juillet 1875 « sur les rapports des pouvoirs publics ».

4. « La Constitution de 1875 se borne au strict nécessaire. Elle n'a pas d'envolée et marche sur la terre. » (Hanotaux, t. III, p. 414, 417.)

5. Loi sur la liberté de réunion (Sirey. *Lois*, 1881, p. 153).

6. Weil. *Le droit de réunion*, p. 317 et s.

7. Cette loi a été motivée par la nécessité de sortir de l'impasse où s'était placé le Gouvernement en exigeant pour les réunions cultuelles,

ment du rapporteur, M. Naquet, en faveur de la liberté
des réunions politiques, pourrait s'appliquer à la suppression des lois prohibitives des associations du même genre :
« Dire aux électeurs qu'ils sont souverains, qu'ils ont le
droit de trancher toutes les questions, et leur défendre
ensuite de se réunir pour étudier les questions qu'on leur
reconnaît le droit de trancher, c'est ne leur reconnaître
de souveraineté qu'en vue de la leur faire abdiquer tout
de suite [1]. »

La loi cependant laissait de côté la liberté d'association. Une des propositions visait à la fois le droit de réunion et le droit d'association. La majorité de la commission fut d'avis de prononcer la disjonction et de s'occuper
d'abord de la liberté de réunion. Un contre-projet de
M. Louis Blanc demandait l'abrogation pure et simple,
non seulement de la loi de 1868, mais aussi des articles
291 et suivants du Code pénal et de la loi de 1834, lois
qui entravaient l'exercice des droits de réunion et d'association [2]. Ce projet fut combattu par le rapporteur et la
Chambre décida de s'occuper exclusivement du droit de
réunion.

Une disposition toutefois, l'article 7 (les clubs demeu-
rent interdits), touchait au droit d'association. Les clubs,
que M. Naquet définissait [3] : des réunions périodiques
ayant un bureau permanent et tenues par des membres
affiliés, les clubs pouvaient être considérés comme des
associations. La fixation de leur situation aurait dû être
logiquement renvoyée à la loi sur les associations. On
maintient cependant la disposition qui les visait en vue de
l'interprétation de la loi [4]. A part cette réserve, l'intention
formelle du législateur était de régler définitivement

d'après la loi de séparation, la déclaration que le clergé se refusait à
faire.

1. Premier rapport à la Chambre. *Officiel*, 18 août 1879. (Sirey. *Lois.*
1881, p. 154)

2. *Officiel* du 25 et du 27 juin 1880 (Sirey, *eod. loco*). Ajoutons qu'on
manifestait déjà la crainte de voir les congrégations religieuses profiter
de la liberté d'association. (Hanotaux, t. IV, p. 545.)

3. Séance du 31 mars 1881. (Weil, p. 324.)

4. Rapport de M. Labiche au Sénat (*Officiel* du 15 février 1881 ; Sirey.
Lois, 1881, p. 153, 156).

l'exercice du droit de réunion et de réserver pour un autre débat le règlement du droit d'association.

Cette question de la liberté d'association, tant de fois soulevée, continuait à se poser sans être résolue. En fait, un mouvement de plus en plus puissant portait vers l'association qui en pratique était l'objet d'une tolérance contraire au texte même de la loi. Ce texte légal, c'est-à-dire l'article 291 du Code pénal, était généralement attaqué. Nous avons constaté dans la discussion de 1872 sur le projet de M. Tolain une opinion dominante qui portait les esprits vers la liberté d'association. Dans la discussion de la loi de 1875 sur l'enseignement supérieur, le principe de la liberté n'a pas été, en lui-même, contesté ; des réserves ont été faites seulement sur la personnalité à conférer aux associations. Les catholiques réclamaient la liberté. Elle figurait aussi dans les programmes de l'opposition. Aux élections de 1876 le programme des candidats républicains, dit programme Laurent-Pichat, comprenait la liberté d'association [1] ; Gambetta la réclamait dans ses discours électoraux en 1876 [2], et en 1879 dans le discours de Belleville [3]. En 1881 elle figurait dans le programme du parti radical [4].

En réalité, malgré les aspirations sincères qui s'élevaient de tous côtés vers la liberté, les mêmes causes s'opposaient toujours au fond à sa consécration légale : crainte des associations politiques, crainte des associations ouvrières, crainte des associations religieuses et, au fond, des congrégations. A ce dernier point de vue il faut constater la forme aiguë que prenait l'antagonisme des partis sur le terrain de la lutte antireligieuse. C'était l'anticléricalisme qui allait en être la formule politique.

Qu'était-ce en effet que l'anticléricalisme ? C'était, nous venons de le dire, l'étiquette donnée à la lutte politique engagée sur le terrain religieux. Elle avait l'avantage de paraître restreindre cette lutte à une résistance à ce qu'on appelait les empiètements du clergé sans porter atteinte

1. Hanotaux, t. III, p. 514.
2. Eod. loco, p. 524.
3. Eod. loco, t. IV. 516.
4. Eod. loco, p. 450.

en apparence aux droits de la conscience. On exploitait
contre le clergé et les catholiques les rancunes qu'avait
soulevées le 16 mai [1], tout en se défendant d'une hostilité
systématique contre la liberté religieuse elle-même. En
réalité, après avoir pris prétexte de l'ingérence politique
attribuée au clergé [2], on ne devait pas tarder à faire appel
aux passions antireligieuses dans ce qu'elles avaient de
plus violent. La formule avait été inventée dès 1872 par
Gambetta [3] quand il avait dénoncé le cléricalisme comme
l'ennemi qu'il fallait combattre. L'anticléricalisme fut
d'abord un programme d'opposition, un mot d'ordre électoral [4], une plate-forme politique [5]. Il devait devenir un
programme du gouvernement [6], et, depuis 1876, pour le
plus grand malheur du pays, prenant définitivement la
forme d'une guerre bientôt ouvertement menée contre le
catholicisme, il devait dominer de plus en plus toutes les
préoccupations politiques.

L'anticléricalisme, c'est-à-dire la politique antireligieuse,
devait surtout s'élever contre la liberté. Il allait exploiter
et entretenir les préjugés contre les congrégations, sou-
levant ces préjugés chaque fois que serait remise en question la liberté d'association. On ne pouvait se résoudre à
admettre les congrégations au bénéfice du droit commun,
et c'est pourquoi on ne se décidait pas à aboutir à une
législation qui aurait établi sur le terrain du droit commun la liberté en matière d'association. Ainsi, comme
nous l'avons rappelé, la liberté d'association payait les
frais de la guerre, et avec l'anticléricalisme s'affaiblissaient
les tendances libérales. En attendant le jour où l'on ose-

1. *Eod. loco*, p. 583.
2. Gambetta prononce le 15 juin 1877 la dangereuse parole qui met le
feu, une fois de plus, à des passions qui ne s'éteindront plus : « C'est le
gouvernement des curés. » (Hanotaux, t. IV, p. 32.)
3. « Le cléricalisme voilà l'ennemi. » (Hanotaux, t. III, p. 704 ; De Marcère. *Histoire de la République*, t. II. p. 243, 251.)
4. « Le cri fameux devenu le mot d'ordre du parti. » (Discours de
M. Baudouin à la Cour de cassation. *Gazette des tribunaux*, 8 décembre
1916.)
5. Hanotaux, t. IV, p. 358, 669.
6. De Marcère. *Eod. loco*, t. I, p. 28-146, t. II, p. VI. — En même temps
l'anticléricalisme était envisagé comme la base de l'entente avec l'Allemagne. (Hanotaux, t. IV, p. 255.)

rait excepter les congrégations religieuses d'un régime de liberté établi pour tous les citoyens, on trouvait dans la crainte de reconnaître la personnalité et même l'existence des congrégations un obstacle à la consécration de cette liberté. C'est ce qui explique, qu'à part certaines mesures d'exception comme la loi de 1875 sur l'enseignement supérieur, comme la loi de 1884 sur les syndicats professionnels, les tentatives en faveur de la liberté d'association ne se traduisirent que par des projets législatifs qui ne purent ni aboutir, ni même le plus souvent être discutés [1].

Nombreux furent les projets sur la liberté d'association dans la période antérieure à 1901 [2]. Le rapport présenté en 1900 par M. Trouillot en énumère trente-trois [3]. Ce

1. C'est ainsi que le duc de Broglie pouvait parler « de cette loi d'association qu'on présente toujours, qu'on retire ensuite, et qu'on ne discute jamais. » (Weil. *Le droit d'association*, p. 281.)

2. Ce nombre de projets révèle une sorte de hantise et d'obsession à l'égard du droit d'association. (Crépon. *Revue des Deux-Mondes*, 15 janvier 1901, p. 378.)

3. Chambre. 1900. *Documents*, p. 1217.
Projets législatifs sur la liberté d'association.
1° Proposition Loctroy et Tolain. (Assemblée Nationale, 8 mars 1871.)
2° Proposition de la commission. (Rapport de M. Bertauld, 19 décembre 1871.)
3° Proposition Naquet et Barodet. (Chambre, 26 mars 1876.)
4° Proposition Cantagrel. (Chambre, 16 janvier 1877.)
5° Proposition Louis Blanc, Madier de Montjan. (Chambre, 1er juin 1878.)
6° Nouvelle proposition Cantagrel. (Chambre, 18 mars 1879.)
7° Proposition Marcel Barthe. (Chambre, 27 novembre 1879.)
8° Amendement Brisson. (Chambre, 18 mars 1880.)
9° Proposition Dufaure. (Sénat, 17 juin 1880.)
10° Proposition de la commission chargée d'examiner le projet Dufaure. (Rapport de Jules Simon, 27 juin 1882.)
11° Proposition Gatineau (6 décembre 1881).
12° Proposition Waldeck-Rousseau. (Chambre, 11 février 1882.)
13° Proposition Jules Roche (11 février 1882).
14° Proposition Eymard-Duvernay. (Sénat, 23 février 1882.)
15° Proposition Georges Graux (4 décembre 1882).
16° Projet au nom du Gouvernement par M. Waldeck-Rousseau. (Sénat, 23 octobre 1883.)
17° Proposition Duchâtel. (Chambre, 25 mai 1886.)
18° Proposition Cunéo d'Ornano. (Chambre, 18 juin 1886.)
19° Proposition Marmonier (3 avril 1888).
20° Proposition Floquet. (Chambre, 5 juin 1888.)
21° Proposition Laffon (12 juillet 1888).
22° Proposition Cunéo d'Ornano, Laroche-Joubert. (Chambre, 19 novembre 1889.)

chiffre dénote l'impuissance du législateur dominé par des préoccupations qui l'empêcheront longtemps de résoudre une question considérée cependant comme capitale. Nous ne pouvons songer à les analyser ; leur intérêt est du reste purement historique, et à ce point de vue il importe seulemeut d'en dégager les traits principaux.

Ils se rencontrent sur certains points (en mettant à part les réserves faites en ce qui concerne les congrégations ') : reconnaissance de la liberté d'association dans l'égalité pour toutes les associations ; substitution du régime répressif au régime préventif, les associations devant être soumises à certaines formalités, en général à la déclaration ; faculté pour l'association de posséder, soit qu'elle acquière une personnalité plus ou moins étendue par le fait de sa constitution, soit qu'elle puisse posséder par le moyen de ses membres ; rigueur des pénalités qui doivent empêcher les abus de l'association.

Deux projets furent présentés au nom du Gouvernement, celui de M. Waldeck-Rousseau en 1883[1], celui de M. Fallières en 1892[3]. Ce dernier fut l'objet d'une discussion sur l'urgence qui fut repoussée après un violent débat sur la politique religieuse.

Parmi les propositions de loi émanant de l'initiative

23° Proposition Reybert. (Chambre, 22 février 1890.)
24° Proposition Goblet. (Sénat, 21 décembre 1891.)
25° Projet au nom du Gouvernement par MM. Fallières et Constans. (Chambre, 16 janvier 1892.)
26° Proposition Lemire. (Chambre, 24 avril 1894.)
27° Proposition Cunéo d'Ornano (14 mai 1895).
28° Proposition de la commission chargée d'examiner les deux propositions précédentes. (Rapport de M. Goblet, 9 novembre 1895.)
29° Proposition de résolution Michelin et Chassaing. (Chambre, 6 mars 1897.)
30° Proposition Cunéo d'Ornano, Arnous. (Chambre, 13 juin 1898.)
31° Proposition Charles Gras, Vazeille. (Chambre, 24 novembre 1898.)
32° Proposition Lemire, Henry Cochin. (Chambre, 25 novembre 1898.)
33° Projet soumis au Conseil d'Etat le 8 juin 1899 par M. Charles Dupuy.
34° Projet présenté au nom du Gouvernement à la Chambre par M. Waldeck-Rousseau le 14 novembre 1899.
1. Du Fagot de Casteljau, p. 422.
2. Sénat. *Documents*, 1883, p. 1018.
3. Chambre. *Documents*, 1892, p. 98. — Discussion sur l'urgence : Chambre, 18 février 1892, p. 127.

parlementaire une seule fut l'objet d'une discussion [1], celle de M. Dufaure déposée en 1880 [2]. Nous devons nous arrêter à cette discussion parce qu'elle révèle l'état d'esprit du législateur.

Dans l'exposé des motifs, M. Dufaure, rappelant les mesures qui venaie nt d'être prises sur le terrain religieux, montrait que les luttes religieuses rendaient une loi plus nécessaire. Il fallait réaliser les promesses de la Constitution de 1848 en établissant la liberté dans l'égalité, et ce principe devait s'appliquer à toutes les associations y compris les congrégations religieuses. Pour toutes les associations la déclaration était obligatoire. Cette condition remplie, les membres de l'association pouvaient se réunir et vivre en commun. L'association n'acquérait pas pour cela la personnalité : les actes de la vie civile étaient faits sous la responsabilité de l'un des associés. Quant à la personnalité, M. Dufaure, préoccupé du danger de la mainmorte, appliquait aux associations les dispositions édictées pour les congrégations par les lois de 1817 et de 1825. La reconnaissance d'utilité publique ne pouvait être accordée que par une loi spéciale [3].

Ce ne fut qu'en 1882, le 27 juin, après la mort de M. Dufaure, que le rapport fut présenté au Sénat au nom de la commission par M. Jules Simon [4]. Distinguant deux sortes d'associations, les associations laïques soumises à la législation du Code pénal, et les associations « dominées par l'esprit religieux » et réglementées par les dispositions les plus confuses et les plus complexes, le rapporteur rappelait la pensée de M. Dufaure pénétré de la nécessité d'une loi unique et complète : « Sans le droit d'association, disait-il, nous avons toutes les libertés en théorie ; avec ce droit nous les avons en fait et en pratique. » Le projet disposait que toutes les associations pou-

---

1. Dans la période de l'Assemblée Nationale nous avons noté la discussion du projet de 1872.

2. Sénat, 17 juin 1880. *Annexe* 375. — Exposé des motifs : *Officiel*, 8 juillet 1880, p. 7746.

3. M. Dufaure spécifiait que cette disposition n'était valable que pour l'avenir, les reconnaissances accordées jusque-là par les lois, ordonnances et décrets, conservant leur valeur.

4. Sénat. *Documents*, p. 1422.

vaient se former librement, qu'elles eûssent un objet religieux, littéraire, scientifique, politique ou autre. Elles étaient soumises à la déclaration et au dépôt de leurs statuts. Mais, pour répondre aux préoccupations de la commission à l'égard de la mainmorte, elles ne pouvaient s'attribuer à titre d'apport que des valeurs mobilières et les immeubles strictement nécessaires au but proposé, elles ne pouvaient recevoir de libéralités et aucune société de gain, civile ou commerciale, ne pouvaient se former entre les membres de l'association. La reconnaissance d'utilité publique ne pouvait être accordée que par une loi spéciale. La dissolution pouvait être prononcée par le tribunal en cas de condamnation pour un crime ou un délit et si l'association changeait l'objet pour lequel elle avait été constituée. Enfin la loi de 1848 était maintenue pour les sociétés secrètes ainsi que la loi de 1872 pour l'Internationale.

Après un ajournement demandé par le rapporteur le 26 novembre 1882, le projet fut discuté au Sénat dans les séances des 3, 5, 6 et 8 mars 1883. M. Jules Simon, défendant le projet comme l'œuvre testamentaire de M. Dufaure, insistait sur ses caractères distinctifs : unité de loi, liberté, publicité. Allant au-devant des objections qu'il prévoyait contre les congrégations religieuses, il rappelait le libéralisme qui s'était manifesté à cet égard au sein de l'Assemblée Nationale. Montrant que le projet s'était préoccupé des dangers de la mainmorte, il s'écriait : « Il y a une mode à présent, c'est de croire que tout le mal ne peut venir que des associations religieuses [1]. » D'autres associations ne peuvent-elles être aussi dangereuses pour la propriété ?

M. Jules Simon ne se trompait pas en constatant que « ce sont les congrégations religieuses qui font la principale difficulté de la loi [2] ». Sur ce terrain se plaça la plus violente opposition contre le projet. MM. Corbon et Tolain, reprochant à M. Dufaure de n'avoir présenté son projet qu'à la suite des décrets de 1880, se livrèrent aux plus vio-

---

1. Séance du 4 mars, p. 225.
2. Séance du 5 mars, p. 139.

lentes attaques. M. Clamageran se refusa à confondre le droit de s'associer et celui de « s'asservir ». M. Waldeck-Rousseau, ministre de l'Intérieur, déclara qu'assimiler les congrégations aux associations c'était consacrer des conventions « qui suppriment la personnalité humaine ». M. Chesnelong, défendant les congrégations, reconnut au projet un caractère libéral et loyal. M. Jules Simon en arriva à cette adjuration : « Je me demande si en bonne politique vous faites une œuvre utile, intelligente, utile pour vous, en faisant la guerre au christianisme et à la religion. [1] »

Rien n'y fit, et, à la suite de la discussion sur l'article premier, au cours de laquelle M. Waldeck-Rousseau annonça le dépôt d'un nouveau projet par le Gouvernement, M. Marcel Barthe pouvait faire observer qu'on avait parlé des congrégations et de l'Eglise sans avoir dit un mot du projet lui-même [2]. L'article premier fut repoussé par 169 voix contre 122.

La discussion du projet de M. Dufaure révélait les tendances dominantes du législateur. C'est avec tristesse que l'historien peut constater que, dans une discussion de ce genre, aucun débat d'un ordre élevé ne s'engage sur les moyens de fonder cette liberté d'association depuis si longtemps réclamée comme nécessaire. Elle doit profiter aux congrégations religieuses en mettant fin à une situation mal définie : c'en est assez pour que le projet rencontre les oppositions les plus violentes et de la part d'orateurs qui n'en dissimulent pas les motifs. Une discussion du même genre interviendra en 1892 pour repousser l'urgence du projet beaucoup moins libéral présenté par M. Fallières [3]. Quant aux autres projets présentés avant la loi de 1901, à part quelques propositions libérales n'offrant aucune chance d'être admises, ils tendent, sous une forme ou sous une autre à l'exclusion du droit commun des congrégations.

C'était donc la question des congrégations, avec les mé-

---

1. « Qu'est-ce que la liberté ? La liberté pour tous ou pas de liberté, voilà ce que nous avons voulu faire dans cette loi. » (*Eod. loco.*)
2. Séance du 8 mars.
3. Chambre, 18 février 1892.

fiances ou les haines qu'elle soulevait, qui était le véritable obstacle à la reconnaissance de la liberté d'association. Elle se ravivait dès que le problème était posé. La
majorité ne pouvait, comme nous l'avons dit, se résoudre
à admettre les congrégations au bénéfice du droit commun [1]. Devant cette hostilité tous les projets restaient
sans résultat [2]. Dans son rapport de 1900 [3] M. Trouillot
devait en faire l'aveu : Permettre aux associations de se
former sans autorisation, c'était, suivant lui, réclamer la
liberté pour tous afin d'en réserver le bénéfice aux seules
congrégations religieuses. « Le triomphe de la cause de
la liberté d'association, disait-il, a été retardé devant les
Chambres par le conflit perpétuel de ceux qui réclament
pour les congrégations religieuses tantôt le privilège, tantôt les avantages sans limite de la liberté, et de ceux au
contraire qui voient dans l'extension des congrégations le
plus grave péril de la société civile. Tous les projets déposés depuis trente ans portent la trace de ces préoccupations. Onze d'entre eux seulement se réclament d'une pensée d'égalité absolue entre les associations laïques et les
congrégations religieuses. Tous les autres prévoient, en
ce qui concerne ces dernières, un régime de précautions
spéciales... Ces précautions démontrent par là-même la
difficulté du problème et *nous expliquent les retards qu'a
subis sa solution.* »

Ces retards à résoudre la question de la liberté d'association s'expliquent en effet trop clairement. L'anticléricalisme et, en particulier, la crainte des congrégations
religieuses, devaient empêcher toute réforme générale
d'aboutir avant la loi de 1901. Après avoir constaté ce
fait, nous devons envisager quelle fut, pendant cette longue période d'attente, la situation des diverses catégories
d'associations.

1. Weil, p. 281.
2. Pierre Dareste. *Revue des Deux-Mondes*, 15 octobre 1891, p. 831.
3. Chambre, 1900. *Documents*, p. 1217.

II

LES DIVERSES CATÉGORIES D'ASSOCIATIONS AVANT LA LOI DE 1901

lance. Son caractère, les buts qu'elle poursuit. Sa situation en fait et
en droit. Les associations antimaçonniques. Les associations antireligieuses.

§ 5 — *Les associations politiques.*

Les groupements socialistes. Les organisations sorties du syndicalisme.
Les associations politiques proprement dites. Les associations électorales. La situation des associations politiques en fait et en droit.

La période qui précède la loi de 1901 est caractérisée
par un développement toujours croissant de l'association
dans la vie du pays. La réaction s'affirme de plus en plus
contre l'individualisme : l'époque contemporaine c'est,
dans le mouvement des idées et la réalité des faits,
l'époque des associations. Nous devons rappeler quelle
était, avant la loi de 1901, la situation des diverses catégories d'associations en envisageant principalement les
trois sortes d'associations qui jusque-là soulevaient les
objections les plus graves contre la proclamation du principe de liberté : les associations professionnelles, religieuses, et politiques.

§ 1. — *Les corps indépendants.*

Signalons d'abord, encore une fois, l'existence de ce
que nous avons appelé les corps indépendants, c'est-à-dire
des corps qui doivent leur existence à l'Etat mais constituent cependant des organismes autonomes. Ce sont à
proprement parler des corporations plutôt que des associations, mais ils représentent des collectivités distinctes
de l'organisme même de l'Etat.

Ces corps se perpétuent sous le régime politique actuel
sans qu'il soit apporté de changements essentiels à leur
constitution : ordre des avocats, chambres de notaires,
compagnies d'agents de change [1] et de commissaires-pri-
seurs, courtiers de commerce. Les Chambres de commerce
devaient être l'objet de la loi du 9 avril 1808 [2] qui, sta-

---

1. Sur les Chambres syndicales d'agents de change : Décret du 7 octobre 1890 qui leur donne la personnalité (Sirey. *Lois*, 1891, p. 113).

2. Sirey. *Lois*, 1899, p. 689. — La question de modification du régime
électoral des Chambres de commerce fut ajournée en 1898 (Sirey, p. 691).

tuant sur leur organisation, les a déclarées « organes des intérêts commerciaux et industriels de leur circonscription auprès des pouvoirs publics [1] ». Elles sont mises au rang des établissements publics et constituent ainsi une représentation officielle des métiers [2]. Elles peuvent correspondre entre elles à se concerter pour subventionner ou créer des établissements et travaux d'intérêt commun [3]. C'est là une reconnaissance du droit d'association exercé par des organisations légales.

D'autres mesures législatives peuvent être notées dans le même ordre d'idées [4] : c'est ainsi que la loi du 10 août 1871 sur les conseils généraux permet, dans son article 89, à plusieurs conseils de provoquer entre eux une entente sur des objets d'utilité départementale ; que la loi du 15 février 1872 prévoit le cas d'une assemblée de délégués des conseils généraux pouvant se réunir dans des circonstances exceptionnelles. Par contre, les congrès de municipalités n'ont jamais cessé d'être interdits [5]. Mais la loi du 22 mars 1890 [6] a autorisé la création par décret rendu en Conseil d'État de syndicats de communes qui jouissent de la personnalité civile.

Il faut enfin signaler quelques vestiges des anciennes corporations dont nous avons relevé l'existence et qui continuèrent à subsister : ainsi les bouchers de Limoges [7] et quelques autres organisations telles que les prud'hommes pêcheurs, les portefaix de Marseille, etc., que nous avons antérieurement mentionnées [8].

§ 2. *Les associations économiques et de bienfaisance.*

Sur le terrain économique, des lois spéciales viennent favoriser le besoin de groupement qui se fait de plus en plus sentir et auquel le législateur est contraint, par la

1. Article premier.
2. *Réforme sociale*, 16 avril 1914.
3. Articles 18 et 24 (Sirey, p. 691).
4. Weil, p. 283.
5. Weil, p. 285.
6. Sirey. *Lois*, 1890, p. 799.
7. Taine, t. VIII, p. 168.
8. Hubert-Valleroux, p. 271.

force des choses [1], de donner satisfaction au point de vue
des intérêts matériels et financiers. Ces intérêts, comme
on l'a dit, parlant plus haut, se firent servir les premiers [2].

Les sociétés financières reçoivent une nouvelle extension de leur liberté par la loi du 1er août 1893 [3]. Cette loi,
modifiant la loi de 1867 sur les sociétés par actions, ne
touche pas à ses principes fondamentaux, mais elle atténue
quelques-unes de ses dispositions trop restrictives ou inter-
prétées par la jurisprudence avec une rigueur exagérée [4].

Les associations syndicales ayant pour objet l'exécution
de travaux sont facilitées par les lois du 15 et du 22 décembre 1888 [5] qui modifient la loi du 21 juin 1865. Elles
donnent plus d'extension à l'initiative privée en permettant la constitution de syndicats, non seulement pour les
travaux agricoles, mais aussi pour les travaux urbains. Les
syndicats ainsi constitués jouissent de la personnalité
morale. La loi du 5 novembre 1894 [6] permet aux sociétés
de crédit agricole de se constituer parmi les membres des
syndicats professionnels agricoles qui se seront formés en
vertu de la loi de 1884 [7]. La loi du 30 novembre 1894 sur
les habitations à bon marché [8] confère certains droits aux
associations de construction ou de crédit constituées pour
cet objet [9].

Les sociétés de secours mutuels, comme nous l'avons
remarqué, sont en réalité des associations car elles se proposent de procurer à leurs membres non un gain, mais,
comme leur nom l'indique, un secours. Ce sont, dit l'article premier de la loi du 1er avril 1898 [10], « des associations de prévoyance ». Elles étaient soumises, d'après la

1. Discours de M. Trouillot à la Chambre le 17 janvier 1901.
2. Congrès de 1899, p. 53.
3. Sirey. *Lois*, 1893, p. 569.
4. *Annuaire de législation comparée*, p. 214 (Notice par M. Lyon-Caen).
5. Sirey. *Lois*, 1889, p. 563, 566. — Règlement d'administration publique. Sirey. *Lois*, 1895, p. 948.
6. Sirey. *Lois*, 1895, p. 969.
7. La loi, proposée pour tous les syndicats professionnels, fut limitée
aux syndicats agricoles. (*Annnaire de législation française*, 1895, p. 87.)
8. Sirey. *Lois*, 1895, p. 1013. — *Annuaire de législation française*, 1895,
p. 97.
9. Article 11.
10. Sirey. *Lois*, 1899, p. 729. — *Annuaire de législation française*, 1899,
p. 111.

loi de 1850, à une réglementation étroite [1] et n'avaient qu'une personnalité limitée. Nous avons même relevé que, sous le second Empire, les sociétés libres étaient considérées comme simplement tolérées. Envisagées comme étant soumises à l'article 291 du Code pénal, elles devaient demander leur existence à une autorisation de police ; elles étaient traitées comme des réunions de personnes poursuivant un but utile mais n'ayant pas de personnalité et pouvant être dissoutes par un simple arrêté préfectoral [1]. Aussi, dans son rapport au Sénat, M. Lourties considérait que la législation aurait arrêté leur développement « si l'autorité administrative n'avait, depuis longtemps, par des autorisations nombreuses et une large tolérance, rendu inoffensives des restrictions surannées ». Ce développement était cependant considérable et le nombre des sociétés de secours mutuels, d'après le rapporteur, avait passé de 4.237 en 1872 à 10.558 en 1898.

Une législation nouvelle s'imposait qui, après des travaux parlementaires remontant à 1881, aboutit le 1er avril 1898 à la loi actuellement en vigueur. La législation sur les sociétés de secours mutuels était codifiée, leurs droits étaient étendus ; mais surtout, à côté des sociétés reconnues d'utilité publique et approuvées [2], les sociétés libres pouvaient se constituer sans autorisation et s'administrer sans contrôle [4]. La situation des sociétés libres était définitivement réglée. La loi de 1898, qui donnait aux sociétés de secours mutuels un nouvel essor [5] et qui n'a pas

---

1. Rapport de M. Lourties au Sénat (Sirey, p. 729).

2. Fuzier-Hermann. *Répertoire*, vᵒ sociétés de secours mutuels, nᵒ 45. — Pour les poursuites dirigées contre une société de secours mutuels de plus de vingt membres voir la *Revue catholique des Institutions*, janvier 1892, p. 21 (et sources citées).

3. Les sociétés approuvées jouissent de subventions et de la bonification d'intérêt à condition de déposer leurs statuts. Sur les abus qui se sont produits et le développement des sociétés de secours mutuels voir le *Guide social* publié par *l'Action populaire* (1899, p. 293 et s.).

4. Pour les sociétés libres les dons et legs mobiliers doivent être autorisés par le préfet. Elles ne peuvent acquérir que des immeubles affectés à leurs services (article 15). La dissolution d'une société de secours mutuels « détournée de son but » peut être prononcée par le tribunal (article 10).

5. Voir sur ce point : Weill. *Histoire du mouvement social en France*, p. 433.

été modifiée par la loi de 1901, devait consacrer pour ces sociétés, comme l'a dit le rapporteur à la Chambre [1], la liberté d'association. A cet égard elle mérite d'être spécialement notée.

Il faut signaler aussi les sociétés coopératives car la coopération peut être considérée comme une forme d'association tendant à la suppression des intermédiaires [2] : suppression de l'intermédiaire commerçant dans les coopératives de consommation, de l'intermédiaire patron dans les coopératives de production, de l'intermédiaire banquier dans les coopératives de crédit. Les sociétés coopératives sont en général constituées sous la forme de sociétés à capital variable permises par la loi de 1867. On pouvait contester le caractère de sociétés aux coopératives de consommation ou de crédit ne distribuant pas de bénéfices à leurs membres. Les associés recherchaient, non un gain, mais une économie ; en réalité ne s'agissait-il pas d'associations pouvant tomber sous le coup de l'article 291 du Code pénal ? Notons par avance que la loi de 1901, en permettant aux associations d'acquérir la personnalité par une simple déclaration, rendra ainsi possible la constitution légale de toutes les coopératives auxquelles ne s'appliquait pas la loi de 1867 : coopératives poursuivant un but désintéressé, coopératives qui, sans distribuer de vrais bénéfices, se proposent de faire réaliser des économies à leurs membres.

Un certain nombre de textes législatifs, dans la période qui nous occupe, sont relatifs aux sociétés coopératives. La loi du 1er décembre 1875 (article 2) exonère de l'impôt sur le revenu des valeurs mobilières les parts d'intérêts dans les sociétés coopératives exclusivement formées entre ouvriers et artisans. La loi du 5 novembre 1894 a trait aux sociétés de crédit agricole. La loi du 31 mars 1899 modifiée par celle du 25 décembre 1900, a pour but d'instituer des caisses régionales de crédit agricole mutuel. La loi du 30 novembre 1894 sur les habitations à bon mar-

<hr>

1. M. Andiffred. Sirey, p. 735.

2. Fuzier-Hermann. *Répertoire*, v° sociétés coopératives ; Hubert-Valleroux. *Les associations coopératives en France et à l'étranger*, 1880 ; Gide. *La coopération*, 1900 ; *Guide social*, 1909, p. 185.

ché prévoit que les sociétés formées pour cet objet peuvent prendre la forme de sociétés à capital variable c'est-à-dire constituer des sociétés coopératives. Enfin les décrets du 4 juin 1888 et du 29 juillet 1893, en facilitant l'admission des sociétés ouvrières aux adjudications des travaux pour le compte de l'Etat et des communes, favorisent les coopératives ouvrières de production.

Les sociétés coopératives ont pris un développement important [1]. Les coopératives de consommation étaient en 1904 au nombre de 1.940, et en 1909 de 2.491 ; en 1903 les coopératives de production étaient au nombre de 335, en 1909 de 431 ; les coopératives de crédit populaire urbain au nombre de 33. Les coopératives de crédit agricole comprenaient en 1909 : le centre fédératif avec 970 sociétés et l'union des caisses rurales avec 800 sociétés [2].

Nous mentionnerons en passant [3] les associations littéraires et scientifiques dont le développement est de plus en plus grand. Quand elles n'étaient pas l'objet d'autorisations administratives ou de la reconnaissance d'utilité publique, elles jouissaient d'une tolérance en contradiction avec les principes légaux en vigueur.

Quant aux cercles [4], qui sont des associations, ils étaient soumis à l'article 291 du Code pénal et à la loi de 1834 [5], et étaient en conséquence autorisés par l'administration préfectorale [6]. Ne possédant pas la personnalité civile, ils constituaient, comme beaucoup d'autres associations, des sociétés de fait, pouvant, d'après la jurisprudence, exercer certains droits par l'intermédiaire de leurs membres en vertu d'un contrat innomé. La loi du 1er juillet 1901 en

1. Weill. *Histoire du mouvement social*, p. 435. — Sur les coopératives et le socialisme : Weill, p. 447 ; Max Turman. *Le Correspondant*, 25 juillet 1914.

2. Fuzier-Hermann, n° 23 et s. ; Weill, p. 439.

3. Car il s'agit d'associations qui ne sont ni de bienfaisance, ni politiques, ni professionnelles, ni religieuses.

4. Clunet. *Les associations*, p. 76, 274 et s. — Sur les associations de sport et de divertissement. *Eod. loco*, p. iv.

5. Dans la discussion de la loi de 1881 le ministre déclarait que l'interdiction des clubs ne s'appliquait pas aux sociétés de ce nom qui sont des sociétés privées (Sirey. *Lois*, 1881, p. 156, note 2).

6. Sur la question spéciale du jeu dans les cercles voir Clunet, p. 120 et s.

réglementant le contrat d'association fera rentrer les cercles dans le droit commun [1].

Les associations de bienfaisance, avant la loi de 1901, étaient soumises en droit à l'application de l'article 291 du Code pénal. Elles devaient solliciter une autorisation de police pour ne pas être en contravention avec la loi. En fait, l'autorisation était rarement sollicitée et la prescription légale était tombée en désuétude, l'administration fermant le plus souvent les yeux. Il n'en est pas moins vrai que les associations de bienfaisance non autorisées étaient toujours dans une situation précaire au point de vue légal et que l'autorisation était subordonnée au bon plaisir de l'administration [1]. Quant au droit de posséder et de recueillir des libéralités il ne pouvait appartenir à l'association même autorisée si elle n'était pas investie de la personnalité civile. Cette personnalité ne pouvait résulter que de la reconnaissance comme établissement d'utilité publique et cette reconnaissance ne pouvait être accordée que par un décret rendu en Conseil d'Etat lequel exige de l'association une certaine durée et la justification d'un certain patrimoine déjà réalisé [1]. Notons du reste que l'association reconnue d'utilité publique sera soumise à certaines exigences fiscales, notamment pour les libéralités qui lui seront faites, et ne pourra recueillir de libéralités qu'avec l'autorisation administrative.

De là pour les associations de bienfaisance une existence essentiellement précaire et qui devait être encore aggravée par les mesures prises contre les congrégations religieuses. Pour posséder les ressources nécessaires elles devaient souvent recourir aux procédés les plus divers. Cette situation était caractérisée au Congrès international de 1900 [1] dans des termes saisissants par M. Louis Rivière : « Nous espérons, disait-il, que l'Etat, reconnais-

---

1. Un certain nombre de lois fiscales de 1871 à 1900 peuvent être considérées comme reconnaissant l'existence juridique des cercles. (Clunet, p. 207.)

2. *Congrès international d'assistance publique et de bienfaisance privée*, 1900, t. III, p. 24. Rapport de M. Marbeau.

3. *Eod. loco*, p. 25, 26.

4. T. II, p. 175.

sant combien est utile pour lui le concours des œuvres de
bienfaisance privée, leur accordera enfin le droit qui leur
est le plus nécessaire, le droit de vivre au grand jour et
de posséder les immeubles nécessaires à l'accomplissement de leur mission, sans avoir à recourir à tous ces
artifices de sociétés civiles, de personnes interposées, qui
sont vraiment humiliants pour des gens qui ne demandent
qu'à dépenser leur argent en faveur des pauvres. »

Poser en principe que la bienfaisance privée doit être
l'auxiliaire de l'action de l'Etat [1], c'est placer la question
sur son véritable terrain. Il faut à cet égard rappeler le
rôle si considérable de l'initiative privée et la nécessité
de l'entente entre la bienfaisance qui s'exerce par son
action et l'assistance publique [2]. Mais l'initiative privée
ne vit que de liberté [3] et s'exerce surtout par l'association. C'est par le moyen de l'association qu'agissent les
œuvres de bienfaisance. De là résulte la nécessité de la
liberté d'association sur le terrain charitable. Cette liberté
était depuis longtemps réclamée, elle le fut notamment
dans le Congrès international que nous avons rappelé. On
y demandait que l'article 291 cessât d'être applicable aux
œuvres de bienfaisance [4]. Des vœux furent adoptés tendant à ce que l'Etat laissât à la bienfaisance privée sa
liberté d'action et que fussent simplifiées les conditions
imposées pour autoriser l'existence des œuvres et leur
accorder la capacité légale d'acquérir et de posséder [5]. Ces
vœux devaient être en partie réalisés par la loi de 1901
qui permit aux associations de bienfaisance de se constituer librement, mais, comme nous le dirons, sans leur
accorder, par leur simple constitution en association déclarée, une personnalité suffisante.

Ce qu'il faut noter dans la période contemporaine, c'est
cependant, malgré les entraves d'une législation surannée,

1. Encore peut-on soutenir que le rôle principal doit appartenir à l'initiative privée dont l'Etat doit combler les lacunes. (C'est ce que nous
avons soutenu dans notre ouvrage : *Tout par l'Etat*, p. 198, 206.)
2. *Congrès de 1900*. Discours de M. Picot, p. 44. — Rapport de M. Louis
Rivière, p. 173, 177, 189.
3. *Congrès de 1900*, t. I, p. 60. Rapport de M. Sabran.
4. *Eod. loco*, t. I, p. 25. Rapport de M. Marbeau ; et p. 407.
5. *Congrès de 1900*, t. I, p. 418 ; t. III, p. 466.

le développement des associations de bienfaisance par
suite de la tendance de plus en plus grande des bonnes
volontés individuelles à se grouper pour cet objet [1]. Pro-
cédant souvent d'une inspiration confessionnelle, ces associations prennent une extension considérable qui est caractéristique à notre époque et frappe tous ceux qui ont tenté
d'en faire le dénombrement. « En abordant l'étude des
œuvres privées, disait M. Louis Rivière au Congrès de
1900 [2], on se sent tout d'abord déconcerté par leur abondance et leur variété. » Nous renvoyons à l'énumération
qu'il en a faite dans son rapport, énumération qu'il déclarait restreindre à un certain nombre de types principaux ;
l'un des plus remarquables était la Société de Saint-Vincent de Paul qui peut être prise comme type d'une association de bienfaisance s'accroissant dans des proportions
considérables par la seule force de l'initiative privée.
Deux publications faites par l'Office central des œuvres
de bienfaisance [3], *Paris charitable et prévoyant* [4], *La France
charitable et prévoyante* [5], peuvent donner une idée de
l'action de l'initiative privée de nos jours. Elle a fait ses
preuves, et l'importance de cette action en montre la
nécessité sociale.

La conclusion qui devrait être tirée de ces constatations, c'était, nous l'avons dit, qu'on ne pouvait refuser à
l'initiative privée s'exerçant en matière de bienfaisance
l'instrument [6] qui lui est indispensable et qui est l'association. Sans doute l'Etat pourra prétendre à un contrôle
pourvu qu'il ne soit pas tyrannique [7], mais, sur le terrain
de la bienfaisance, la revendication de la liberté d'asso-

---

1. *Congrès de 1900*, t. II, p. 23 ; De Laborie. *Revue hebdomadaire*, 30 décembre 1916, p. 570.
2. T. I, p. 155.
3. Sur l'Office central lui-même, voir : Léon Lefébure. *Histoire d'une
œuvre*, 1900. — Discours de M. Picot au Congrès de 1900 (t. I, p. 43).
4. 1 vol. in-8, 1897. Plon.
5. 2 vol. in-8, 1898. Plon.
6. « Cet instrument que ne possédaient pas nos pères. » (M. Picot,
Congrès de 1900, t. I, p. 41.)
7. Le contrôle était admis en principe par le Congrès de 1900 (t. I,
p. 417), mais à cet égard il faut faire des réserves sur le projet déposé
en 1900 par M. Waldeck-Rousseau sur la surveillance des établissements
de bienfaisance. (Voir les réserves faites au Congrès de 1900, t. I, p. 410).

ciation était particulièrement pressante : « S'assembler pour aimer les hommes et soulager leurs maux ne peut être interdit, disait M. Picot au Congrès de 1900. La liberté d'association est le droit commun de la République des Etats-Unis. Elle est le corollaire de la liberté individuelle, elle est le sang qui circule, elle est la force qui centuple l'action ; elle sera le droit commun du xxᵉ siècle qui s'ouvre [1]. »

Si nous résumons la situation des associations économiques et de bienfaisance nous voyons que, pour les premières, la liberté d'association a été reconnue sur un point spécial, c'est-à-dire en ce qui concerne les sociétés de secours mutuels. Les autres catégories d'associations, et notamment les associations de bienfaisance, restent sous le régime prohibitif qui constitue la plus étrange anomalie avec leur constant développement en fait.

§ 3. *Les associations professionnelles et ouvrières.* *La loi de 1884.*

Il n'entre pas dans notre dessein de faire l'historique complet du mouvement ouvrier dans la période antérieure à la loi de 1884 et dans celle qui a suivi cette loi. Nous voulons indiquer seulement quelle influence il a exercée sur la formation et le développement des associations professionnelles qui vont trouver dans cette loi de 1884 leur charte d'affranchissement.

Ce qui caractérise le régime politique nouveau dans son évolution de pl s en plus démocratique, c'est l'importance toujours croissante de la classe ouvrière [2]. Ce qu'on peut appeler le parti ouvrier s'affirme, sous le régime du suffrage universel, avec la puissance du nombre, de telle sorte qu'en pourra définir l'Etat moderne : « Le nombre

---

1. *Congrès de 1900*, t. I, p. 42. Discours de M. Picot sur la bienfaisance privée.

2. En parlant de classe ouvrière nous ne saurions entendre que l'ouvrier considéré comme tel a des droits distincts des autres citoyens, mais nous admettons en fait que les travailleurs manuels sont réunis par des intérêts communs.

malheureux et législateur [1] ». Sous cette influence s'élabore toute une série de lois ouvrières et sociales [2]. Cette législation, excellente dans son principe, est. cependant pleine de dangers quand elle aboutit à imposer l'excès de la réglementation et de l'obligation par l'intervention constante et abusive de l'Etat.

Mais en même temps que s'affirme la puissance du monde du travail, se révèle aussi son absence complète d'organisation. Un mouvement irrésistible le pousse à réagir contre l'isolement du travailleur par une tendance constante vers l'association professionnelle appelée syndicat [3].

Nous avons vu que les associations professionnelles, en contradiction avec la législation toujours en vigueur, avaient été largement tolérées par le second Empire. La troisième République fut, en général, libérale à cet égard, et vit s'organiser de nombreux groupements.

En ce qui concerne les syndicats de patrons nous constatons un développement de ceux qui se sont fondés antérieurement à 1870. En même temps de nouvelles organisations se créent, antérieurement à la loi de 1884 [4] ou postérieurement à cette loi, pour la défense commune des intérêts patronaux. La liberté dont jouissent ces diverses organisations et leur importance seront invoquées dans la discussion de la loi de 1884 comme un argument en faveur de la liberté des groupements ouvriers.

La tendance des syndicats patronaux est de se grouper en union : *Les Chambres syndicales françaises de l'industrie du bâtiment* sont installées depuis 1872 rue de Lutèce. *L'Union nationale des syndicats de Paris et du département de la Seine*, 1, rue de Lancry, comprenant des groupements importants tels que *l'Alliance syndicale du commerce et de l'industrie, la Chambre syndicale du papier,*

---

1. Benoist. *La crise de l'Etat moderne*, 1905, p. 25.
2. Sur la législation ouvrière de la période contemporaine : Weill. *Histoire du mouvement social*, p. 411.
3. Le syndicat peut être défini : l'association libre entre personnes exerçant la même profession. C'est la définition de la loi de 1884.
4. Le rapport de M. Allain-Targé en 1881 (cité *infrà*) mentionne 138 associations de patrons avec 15.000 adhérents.

a vu ses services s'augmenter d'une façon considérable.
Parmi les plus importantes fédérations de syndicats patronaux il faut encore mentionner : *Le Comité central des
Chambres syndicales* siégeant rue de Rennes, *le Syndicat
général du commerce et de l'industrie* siégeant rue Saint-
Honoré, *le Syndical central des unions fédérales* comprenant des groupements patronaux catholiques, *l'Union des
industries textiles, l'Union des industries minières et métallurgiques, le Comité central des houillières de France, le
Comité de l'alimentation parisienne, l'Union des syndicats
de l'alimentation en gros, la Fédération du commerce en
détail des vins* [1]. Il faut aussi noter les unions patronales
en province [2].

Le caractère commun de ces diverses organisations
c'est la concentration des forces patronales en vue de la
défense des intérêts communs, soit sur le terrain économique, soit sur le terrain de la résistance à l'action violente des exigences ouvrières s'exerçant par le moyen des
grèves [3]. Au premier point de vue on peut signaler leur
intervention dans les questions économiques et leur participation indirecte à l'œuvre législative, leur influence
pour les élections au tribunal et à la Chambre de commerce, leur participation par l'arbitrage au fonctionnement des tribunaux de commerce. Les syndicats patronaux
ont créé diverses institutions patronales telles que mutualistes, cours d'enseignement techniques, écoles professionnelles. On a pu leur reprocher l'insuffisance de leur
action en matière de conciliation et d'arbitrage, insuffisance attribuée à leur répugnance à entrer en relations
avec les syndicats ouvriers [4].

Parmi les groupements ouvriers il faut d'abord rappeler le compagnonnage, longtemps le seul mode d'organisation de la classe ouvrière, mais dont la décadence est

---

1. Voir sur ces syndicats patronaux et leur importance respective :
Fagniez. *Corporations et syndicats,* p. 74 ; Martin Saint-Léon. *Histoire
des corporations de métiers,* p. 758 ; et les sources citées par ces deux
ouvrages.

2. Notamment au Havre et à Marseille (Sénat, 23 février 1884, p 456).

3. Voir en particulier la caisse centrale centrale d'assurances créée
par l'union des industries métallurgiques. (Martin saint-Léon, p. 760.)

4. Fagniez, p. 92.

désormais définitive[1]. Les sociétés de compagnons constituent encore des associations autonomes groupant des métiers de différents corps : *la Fédération compagnonnique* fondée au Congrès de Lyon en 1874 et devenue en 1889 *l'Union compagnonnique*[2] ; les *sociétés du devoir* représentant la tendance traditionaliste et dont les membres s'intitulent « les compagnons restés fidèles au devoir, » avec les caisses de retraites dites *du ralliement ; le devoir de liberté.* Il faut y ajouter l'*Union des travailleurs du tour de France*[3] qui n'est pas une société de compagnons mais est issue du compagnonnage ; elle a créé des institutions de mutualité et de prévoyance et ses statuts ont été approuvés en 1899 par le ministre de l'Intérieur. On a pu remarquer que le caractère du compagnonnage moderne était de constituer une association mixte comptant des patrons comme membres honoraires. L'esprit des compagnonnages diffère de celui des syndicats actuels, et loin de se considérer comme en état d'hostilité de parti pris avec les patrons, ils ont, en plusieurs circonstances, refusé d'obéir au mot d'ordre des comités révolutionnaires[4]. Il faut noter, au point de vue qui nous occupe, qu'avant les lois de 1884 et de 1901, les compagnonnages étaient en marge de la légalité. Ils n'en avaient pas moins contribué à propager l'idée corporative dont le syndicat allait être la forme moderne.

Après les événements de 1870, les syndicats ouvriers, dispersés par les événements, avaient recommencé à se développer. Ce développement fut surtout sensible à partir de 1872, époque à laquelle M. Barberet se mit à la tête d'un mouvement de renaissance qui aboutit à la création ou au rétablissement de quinze syndicats parisiens et à la fondation du *Cercle de l'Union syndicale ouvrière*[5]. La dissolution du cercle par la préfecture de police n'empêcha pas l'extension du mouvement syndical

---

1. « Aujourd'hui le compagnonnage est mort ou se meurt. » (Martin Saint-Léon. *Le compagnonnage*, p. 348.)

2. Voir pour les détails : Martin Saint-Léon. *Le compagnonnage*, p. 180 et s.

3. *Eod. loco*, p. 206, 322.

4. *Eod. loco*, p. 338.

5. Fagniez, p. 102, et sources citées.

entretenu par les expositions et les congrès. Le rapport de M. Allain-Targé sur le projet de la loi de 1881 [1] mentionne à cette époque 150 Chambres syndicales comprenant 60.000 adhérents à Paris, et 350 associations dans les départements. Même en admettant une exagération dans ces chiffres dont l'exactitude a été contestée [2], même en tenant compte de l'indifférence d'un grand nombre d'ouvriers [3], il faut constater la progression notable des syndicats.

Un courant d'opinion leur était du reste favorable et le Gouvernement manifestait pour eux une bienveillante tolérance. Un bureau « des associations professionnelles » dont M. Barberet fut le chef, était créé au ministère de l'Intérieur. On put même voir dans la création de l'*Union des chambres syndicales ouvrières de France*, en 1880, une tentative pour grouper les syndicats ouvriers sous l'influence officielle [4].

Il n'en est pas moins vrai que les syndicats tombaient toujours légalement sous l'application de l'article 291 du Code pénal et que la loi de 1791 paraissait toujours en vigueur. C'est ainsi que furent dissoutes *l'Union des ouvriers rubaniers de Saint-Etienne* et *l'Union des ouvriers sur métaux de Lyon* [5]. C'est ainsi que des poursuites étaient exercées conformément à l'article 416 du Code pénal [6]. En somme, on pouvait appliquer aussi bien aux syndicats ouvriers qu'aux syndicats patronaux ce que disait en 1878 le président de l'Union nationale des syndicats parlant de l'association : « Le pouvoir la tolère, les mœurs la protègent, mais la loi la condamne [7] ». Les syndicats vivaient donc sous le régime de la tolérance, c'est-à-dire de l'arbitraire [8], et cette tolérance même ne

1. *Officiel.* Documents de la Chambre, 30 mars 1881, n° 3420.
2. Hubert-Valleroux, p. 338 et s.
3. *Eod. loco*, p. 344.
4. *Eod. loco*, p 362. — Il faut citer aussi comme union de syndicats ouvriers la *Fédération typographique française*. (Rapport de M. Lagrange à la Chambre, 6 mars 1883, p. 398.)
5. Martin Saint-Léon, p. 658.
6. *Eod. loco*, p. 657.
7. De Faget de Casteljau, p. 439.
8. Rapport de M. Lagrange à la Chambre, 6 mars 1883, p. 398.

leur donnait pas la personnalité civile qui aurait été nécessaire pour leur assurer une complète vitalité.

Cependant le mouvement syndical s'affirmait comme une preuve de la nécessité de l'association professionnelle, soit qu'il prît la forme de la coopération, soit qu'il prît celle du syndicat proprement dit. Le syndicat, que nous avons défini l'association corporative librement constituée, était la conception nouvelle de l'association professionnelle. Il fallait bien reconnaître, qu'en présence de cette aspiration légitime vers la liberté d'association sur ce terrain, la contradiction était par trop flagrante, entre le développement des syndicats et la tolérance générale du Gouvernement d'une part, et les prohibitions légales toujours en vigueur d'autre part. Aussi les vœux se multipliaient en faveur de la liberté des syndicats professionnels, surtout de la part des représentants des classes ouvrières.

La liberté était réclamée par les délégués des ouvriers français aux expositions de Vienne en 1873 et de Philadelphie en 1876 ; par les congrès ouvriers de Paris en 1876, de Lyon en 1878, de Marseille en 1879, du Havre en 1880, de Reims en 1881, congrès dont les tendances étaient surtout socialistes [1]. Les associations purement professionnelles la revendiquaient ; c'est ainsi que le congrès corporatif des boulangers de France, en 1877, protestait contre « la funeste loi de 1791 ». Les catholiques se joignaient à ces revendications, notamment en 1875 au congrès de Reims où ils réclamaient « la réorganisation des corporations fondées sur l'esprit chrétien et appropriées aux conditions nouvelles de la vie moderne [2] ».

Ces aspirations s'étaient produites, non sans rencontrer de vives résistances, dès 1872 [3]. C'est à ce moment que, lors de l'enquête ordonnée par l'Assemblée nationale, les corps de métiers entendus par la commission avaient una-

---

1. Il faut noter aussi l'exemple donné par le développement des syndicats en Angleterre et en Amérique (*Revue des Deux-Mondes*, 1er juin 1899, p. 687).

2. Martin Saint-Léon, p. 656 et sources citées. — Sur les manifestations d'opinion relatives au vide laissé par la suppression des congrégations voir : Hubert-Valleroux, p. 225 et s.

3. Weill. *Histoire du mouvement social*, p. 195.

nimement réclamé la liberté d'association [1]. Cette enquête, votée sur la proposition du duc d'Audiffred-Pasquier, se prolongea jusqu'à la fin de 1875 ; elle aboutit au rapport de M. de Melun et à celui de M. Ducarre [2]. Ce dernier rapport, qui ne fut jamais discuté par l'Assemblée, s'inspirait des traditions individualistes qui avaient pesé jusque-là sur notre législation [3]. Le rapporteur croyait avoir à constater que tous les remèdes proposés aboutissaient à cette conclusion : « Réduire ou supprimer la liberté individuelle du travail et la remplacer par des collectivités, associations ou syndicats chargés de veiller aux intérêts de la profession. C'est en un mot le retour au régime des corporations, corps de métiers, maîtrises et jurandes qui a été si longtemps celui du travail en France [4]. » En quoi consistait du reste le mouvement syndical ? il n'avait pris aucune extension en dehors de Paris, et à Paris même il était factice et inspiré surtout par la politique. Le rapport concluait qu'il fallait avant tout respecter la liberté du travail qui « laisse à tous les citoyens français, ouvriers ou patrons, le soin de régler leurs rapports professionnels comme ils l'entendent ». Ce principe de la liberté du travail « interdit à toute collectivité, quels que soient son nom, sa forme et son origine, de se substituer à l'initiative personnelle des citoyens ». Ces considérations qui indignèrent les ouvriers montrent assez à quelle opposition se heurtaient encore l'idée syndicale et la liberté d'association sur le terrain professionnel.

Le mouvement se poursuivait cependant. Le 4 juillet 1876 M. Lockroy déposait un projet qui avait pour objet la constitution et l'organisation de syndicats profession-

1. Il faut noter cependant que les demandes d'informations relatives aux syndicats furent écartées et que les ouvriers s'abstinrent en général de répondre, l'enquête comprenant surtout des rapports d'industriels. (Weill, p. 173 ; Hanotaux, t. III, p. 72.)

2. *Officiel*, 15-26 novembre 1875 : Weill, p. 173-176.

3. Le rapport de M. Tallon favorable au mouvement de coopération ne fut pas adopté par la commission. (Hanotaux, t. III, p. 74 et sources citées.)

4. De Fagot de Casteljau, p. 440. — Il est à peine besoin de remarquer que le problème à résoudre était précisément de reconnaître la liberté d'association dans la profession sans rétablir le monopole et sans porter atteinte à la liberté du travail.

nels (on avait dit jusque-là chambres syndicales) [1]. Ce projet, qui imposait l'obligation du dépôt des statuts et de la liste des membres, fut mal accueilli par les patrons. Dans les milieux ouvriers eux-mêmes il excita certaines méfiances et l'on vit les congrès ouvriers de Paris en 1876, de Lyon en 1878, le dénoncer comme un piège policier et réclamer la liberté générale d'association [2].

C'est à la suite du congrès de 1876 qu'eurent lieu les réunions des délégués des syndicats ouvriers qui rencontrèrent l'opposition du Gouvernement. Le refus d'autoriser une réunion des délégués devant lesquels M. Lockroy se proposait de développer sa proposition amena une interpellation le 18 novembre 1876. M. de Marcère [3], tout en refusant « d'organiser un petit parlement à côté du grand », reconnaissait comme utile, bonne en elle-même, féconde en ses résultats, l'institution des chambres syndicales ». La question des syndicats disparut au milieu de l agitation politique qui suivit le 16 mai pour se poser de nouveau au moment des débats d'où devait sortir la loi de 1884.

Quelles furent, dans la période qui précéda cette loi, les diverses formes sous lesquelles se manifesta l'idée syndicale dont nous avons constaté le développement ?

Parmi les syndicats purement professionnels on peut distinguer les syndicats de patrons, les syndicats d'ouvriers, et les syndicats mixtes.

Les syndicats patronaux ont pour caractère général, ainsi que nous l'avons relevé, de constituer des groupements en vue de la défense des intérêts économiques et de la résistance aux grèves. En général ils s'inspirent surtout des intérêts professionnels de leurs membres et de l'industrie à laquelle ils se rattachent [4]. S'ils créent des institutions patronales dont il ne faut pas méconnaître l'importance, ils montrent peu d'empressement à entrer dans un mouvement d'entente avec les syndicats ouvriers en vue d'un concert commun [5].

1. Weill, p. 203.
2. Hubert-Valleroux, p. 364 ; Fagniez, p. 106 ; Weill, p. 204.
3. De Marcère. *Histoire de la République*, 1re partie, p. 130.
4. Fagniez, p. 83.
5. Fagniez, *eod. loco.*

Les syndicats ouvriers ont un caractère plus exclusif encore. Inspirés par le désir d'obtenir par leur groupement une amélioration de leur situation et surtout un relèvement de leurs salaires, les ouvriers syndiqués formulent trop souvent des revendications qui arriveraient à paralyser l'industrie qui les fait vivre. Ils visent à être considérés comme représentant toute la classe laborieuse et tendent à exclure de la profession les ouvriers qui ne comptent pas au nombre de leurs adhérents. Mais leur tendance, tendance qui ne fera que s'exagérer par la suite, est surtout d'envisager les syndicats comme des moyens de lutte et de pousser à l'antagonisme contre les patrons [1]. De plus ils subissent de plus en plus les influences socialistes [2] qui les rendent suspects aux milieux patronaux et excitent les méfiances d'une partie de l'opinion publique. C'est ainsi que dans la discussion de la loi de 1884 on pourra signaler, qu'à côté du mouvement professionnel, s'est produit un mouvement socialiste entraînant une grande partie des syndicats ouvriers ; on pourra dénoncer comme un danger la propagande en faveur des grèves et l'action de la Fédération du parti des travailleurs socialistes de France [3].

Toute différente est la conception des syndicats mixtes, c'est-à-dire des groupements professionnels comprenant des patrons et des ouvriers rapprochés par leurs intérêts communs et se proposant d'arriver à une entente sur ce terrain. Les syndicats mixtes sont peu usités avant la loi de 1884. Il faut noter la chambre syndicale établie sur l'initiative de M. Havard président de la chambre syndicale du papier et qui s'occupa, non seulement des tarifs de salaires, mais des questions d'apprentissage et d'édu-

1. Voir les résultats de l'enquête de 1884 analysés par Hubert-Valleroux, p. 353 et s.

2. Sur la pénétration du collectivisme dans les milieux syndicaux voir: Weill. *Histoire du mouvement social*, p. 219 et s.

3. Rapport de M. Marcel Barthe au Sénat. (Sénat *Documents*, 1882, p. 329). — Discours de M. Jouin au Sénat, 6 juillet 1882. — Discours de M. Barthe au Sénat le 17 juin 1884 : les syndicats figurent dans les congrès socialistes. — Au congrès ouvrier de Marseille en 1879 on préconise les chambres syndicales comme « foyers de l'idée révolutionnaire ». Weill. p. 232.)

cation professionnelle. Il faut noter aussi les ententes qui
s'organisèrent entre les syndicats de patrons et d'ouvriers
des mécaniciens, des bijoutiers, des gantiers, des passe-
mentiers[1].

Mais le syndicat mixte se trouve surtout préconisé sous
le nom de corporation chrétienne par l'école des cercles
catholiques d'ouvriers fondée par M. de Mun[2]. Il s'agit
de syndicats professionnels, mais l'idée qui domine leur
initiateur n'est pas seulement l'idée professionnelle mais
une idée sociale et religieuse. Sous l'impression des événements de 1871[3], M. de Mun avait cherché un remède
à l'isolement et à l'antagonisme dans le monde du travail. Il l'avait envisagé dans l'association ayant à sa base
la communauté de foi religieuse considérée comme le
moyen le plus puissant de réunir les hommes[4]. Les
ouvriers et les patrons, groupés dans leurs assemblées
respectives, devaient, quand il s'agirait de discuter les
intérêts généraux de la corporation, être représentés par
des délégués auxquels s'adjoindraient des membres d'honneur. Les membres d'honneur, appelés membres honoraires, n'étaient pas des adhérents de la corporation reti-
rés du métier, mais des hommes de professions libérales
qui donneraient à la corporation le même appui que celui
que les membres honoraires donnaient aux sociétés de
secours mutuels. La corporation ainsi constituée réglerait
les questions relatives au travail, organiserait l'assistance,
le placement, l'apprentissage, l'enseignement professionnel. La constitution d'un patrimoine lui serait nécessaire.

---

1. Hubert-Valleroux, p. 350. Weill, p. 190. — La fédération du livre
vise aussi à l'entente des patrons et des ouvriers par des comités mixtes.
(Fagniez, p. 148.)

2. On retrouve les mêmes idées, moins les tendances catholiques, dans
le projet d'organisation ouvrière préconisé par M. Mazaroz (*Histoire des
corporations françaises d'arts et métiers*, 1878.) — M. Mazaroz déplorait
la destruction des corporations : « Il fallait améliorer, non détruire ; il
serait utile de reconstruire » (p. 83). Il demandait la fusion des chambres
syndicales patronales et ouvrières (p. 453). « Les corps de métiers,
disait-il, se referont d'eux-mêmes » (p. 447).

3. De Mun. *Ma vocation sociale*, 1908. — Discours de réception de
Mgr Baudrillart à l'académie française.

4. L'idée maîtresse de l'école de M. de Mun a été formulée ainsi : « Le
syndicat libre dans la profession légalement organisée. » *Guide social*,
1911, p. 152.

Tel fut le système préconisé par M. de Mun, qui s'en fit l'éloquent apôtre, et par les catholiques réunis dans les cercles catholiques d'ouvriers [1].

La doctrine de l'œuvre des cercles ne fut pas sans susciter de violentes critiques. Elle fut attaquée surtout par les hommes qui, affectant de voir dans la corporation chrétienne le retour à la corporation de l'ancien régime avec ses abus, ne manquaient pas de faire appel aux préventions les plus extrêmes et les plus injustifiées contre toute tentative d'association professionnelle inspirée par les convictions religieuses [2]. On peut cependant, croyons-nous, sans partager ces préjugés, faire certaines réserves sur la doctrine soutenue par le milieu qu'on a appelé l'école des cercles. Au point de vue historique il n'était pas exact de représenter la corporation chrétienne comme destinée à reprendre la tradition brisée par la Révolution. Tout au moins aurait-il fallu remonter à une époque beaucoup plus ancienne, car la corporation, telle qu'elle avait été détruite par la loi de 1791 ne représentait pas l'union des patrons et des ouvriers; elle était arrivée à une période de décadence où elle ne constituait plus que ce qu'on aurait appelé de nos jours un syndicat de patrons [3]. Au point de vue des tendances pratiques on pouvait critiquer certaines aspirations où se laissait entraîner l'ardeur irréfléchie des promoteurs de la corporation qu'ils rêvaient d'établir. C'est ainsi qu'on a pu regretter, bien que la corporation dût être essentiellement libre dans la pensée de M. de Mun, des tendances qui conduisirent certains partisans ou continuateurs de sa doctrine à réclamer

1. Sur l'œuvre des cercles elle-même où M. de Mun voyait la première base d'union dans l'association : Weill. *Histoire du mouvement social*, p. 181 et sources citées. Sur le développement des cercles catholiques dont le premier avait été fondé en 1864, voir : Hanotaux, t. IV, p. 399, 401; Victor Giraud. *Revue des Deux-Mondes*, 15 octobre 1917, p. 795.

2. Voir, dans la discussion de la loi de 1884, les discours de M. Lockroy (Chambre, 12 juin 1883), de M. Floquet, de M. Clemenceau (Chambre, 19 juin 1883).

3. « C'étaient des chambres syndicales de patrons », a dit M. Jules Roche à la Chambre en parlant des corporations (16 juin 1883. *Officiel*, p. 317). M. de Mun en effet ne voyait dans les corporations, avant la Révolution, que leur bon côté, l'existence d'une organisation professionnelle, sans se rappeler que leur caractère dominant était d'être devenues des corps privilégiés investis d'un monopole.

l'obligation pour la corporation [1] et à se montrer dans les questions de réglementation du travail trop favorables à l'intervention de l'Etat [2].

En fait, on peut signaler peu de groupements créés avant 1884 sous l'influence de la doctrine qui préconisait la corporation chrétienne. D'une part la loi rendait ces créations difficiles [3], en l'absence surtout de la possibilité de constituer un patrimoine ; d'autre part les mœurs contribuaient à entretenir chez les patrons et plus encore chez les ouvriers des aspirations contraires à l'union désirée entre les hommes de même métier [4].

Il n'en est pas moins vrai que, dans leur ensemble, les idées défendues par M. de Mun répondaient à la réalité en mettant en lumière le trouble profond qui résultait de l'absence de toute organisation professionnelle et de l'isolement auquel l'individualisme législatif avait réduit les hommes appartenant au monde du travail. En propageant les idées d'union et d'association, en montrant la nécessité de donner satisfaction aux plus légitimes aspirations, il rendait un service considérable à la cause de la liberté d'association sur le terrain professionnel. Son idéal, qui était celui de l'association mixte, était le plus désirable à réaliser. Il tendait en effet à prévenir l'antagonisme entre patrons et ouvriers, antagonisme qui ne ferait que s'accroître entre syndicats se recrutant séparément dans chacun de ces deux milieux et sans lien commun pour les réunir [5].

Par toutes ces tentatives se poursuivait le mouvement syndical, et les aspirations qui se manifestaient de toutes parts rendaient une loi nécessaire. Il était impossible de refuser plus longtemps la liberté d'association professionnelle, car, sans la liberté, l'association professionnelle ne

1. Il s'agit surtout des catholiques sociaux tirant des conclusions extrêmes de la doctrine des cercles. (Weill, p. 393 ; Fagniez, p. 181, 184 et sources.)

2. Weill, p. 391, 393.

3. A l'origine les cercles catholiques d'ouvriers étaient soumis à l'autorisation administrative (de Roquefeuil. *L'histoire de l'œuvre des cercles. — Revue l'action populaire*, n° 242).

4. Hubert-Valleroux, p. 268, 269.

5. Discours de M. de Mun à la Chambre (*Officiel*, 12 juin 1883, p. 1282).

pouvait sérieusement se constituer. Bien que le mouvement syndical pût, dans bien des circonstances, revêtir un caractère révolutionnaire, en somme l'opinion publique lui était favorable [1]. Il ne faut pas oublier du reste la puissance électorale des milieux ouvriers. C'était assurément cette considération [2] qui allait déterminer le Parlement jusqu'alors impuissant à régler par une loi générale la question de la liberté d'association [3], à accorder cette liberté à l'association professionnelle qu'on envisageait surtout au point de vue de la classe ouvrière.

L'élaboration de la loi fut longue et laborieuse [4]. Le projet, déposé à la Chambre, le 22 novembre 1880, par M. Cazot, ministre de la Justice, et M. Tirard, ministre du Commerce, fut l'objet de discussions souvent confuses. Les deux chambres n'arrivèrent à se mettre d'accord qu'en 1884 grâce à l'insistance de M. Waldeck-Rousseau, ministre de l'Intérieur, qui fit en quelque sorte de la reconnaissance légale du syndicat ouvrier et surtout des unions de syndicats son œuvre personnelle. En même temps avait été

1. « On a fait de la loi de 1884 un titre de gloire à M. Waldeck-Rousseau : en réalité le mérite appartient à tout le monde. » (De Marcère. *Histoire de la République*. 1re partie, p. 134.)

2. Clunet, p. 247.

3. Dans la première délibération au Sénat, M. Brunet demanda l'ajournement jusqu'à la discussion du projet Dufaure sur la liberté d'association en général. (Sénat, 1er juillet 1882.) M. Cantagrel à la Chambre avait déjà réclamé le vote d'une loi générale (Chambre, 17 mai 1881).

4. Loi du 21 mars 1884 sur les Syndicats professionnels. (Duvergier, 1884, p. 174 ; Sirey, *Lois*, 1884, p. 1644). — Présentation à la Chambre par M. Cazot, ministre de la Justice, et M. Tirard, ministre du Commerce, le 22 novembre 1880 (*Officiel*, 29 novembre, n° 3029). — Rapport de M. Allain-Targé, 15 mars 1881 (*Officiel*, 20 mars, n° 3420). — Première délibération à la Chambre : 17, 18, 21, 23, 24 mai 1881. — Deuxième délibération : 9 juin 1881. — Rapport de M. Marcel Barthe au Sénat, 24 juin 1882 (Sénat, *Documents*, 1882, p. 329). — Première délibération au Sénat : 1, 6, 8, 11, 12 juillet 1882. — Rapport supplémentaire de M. Barthe, 20 juillet 1882 (Sénat, *Documents*, 1882, 476). — Deuxième délibération : 29, 31 juillet ; 1er août 1882. — Rapport de M. Lagrange à la Chambre, 6 mars 1883 (*Officiel*, 21 mars, p. 396). — Discussion à la Chambre : 12, 16, 18, 19 juin 1883. — Rapport de M. Tolain au Sénat, 14 décembre 1883 (Sénat. *Documents*, 1884, p. 1117). — Première délibération au Sénat : 15, 17, 28, 29 janvier ; 1er, 2 février 1884. — Deuxième délibération : 21, 22, 23 février 1884. — Rapport de M. Lagrange à la Chambre, 6 mars 1884 (*Officiel*, 12 juil. p. 580). — Discussion à la Chambre, 13 mars 1884. — Promulgation, 21-22 mars 1884. — Circulaire du ministre de l'Intérieur relative à l'application de la loi (*Officiel*, 28 août 1884).

ouverte une enquête où furent entendus les délégués des syndicats patronaux et ouvriers [1]. On peut citer en particulier les rapports de l'*Union nationale du commerce et de l'industrie* et de l'*Union des Chambres syndicales ouvrières de France* sur lesquels de Gouvernement s'appuya particulièrement dans la discussion [2].

Le principe même de la reconnaissance légale des syndicats professionnels fut généralement adopté. On faisait valoir la nécessité d'en finir avec le système qui dominait la législation depuis la loi de 1791. Ne fallait-il pas du reste consacrer une situation de fait qui existait depuis longtemps [3] ? On invoquait à cet égard la situation quasi officielle admise pour les chambres syndicales patronales, car, si le projet visait toutes les associations professionnelles, en réalité les orateurs se préoccupaient surtout de donner satisfaction aux vœux de la classe ouvrière. Ceux même, comme M. Bérenger, qui devaient combattre le plus vivement la reconnaissance des unions de syndicats, voyaient dans le syndicat lui-même un moyen d'entente et de conciliation dans le monde du travail [4]. Tout au plus quelques-uns des partisans de la liberté craignaient-ils qu'on ne retirât aux syndicats qui ne voudraient pas profiter de la loi la tolérance dont ils avaient joui jusqu'alors [5]. La critique la plus vive adressée au projet fut qu'il constituait un privilège pour une catégorie de citoyens [6] au lieu de consacrer la liberté d'association par une loi générale depuis si longtemps promise. Mais on répondait qu'il valait mieux résoudre de suite la question des associations ouvrières puisqu'il s'agissait de consacrer une situation déjà existante [7]. On ne manquait pas du reste, bien que le projet ne les touchât nullement, de rééditer les attaques contre les congrégations religieuses

1. Hubert-Valleroux, p. 338, 353 ; Fagniez, p. 106.
2. Voir ces documents annexés au rapport de M. Tolain (Sénat, *Documents*, 1884, p. 119).
3. Rapport de M. Allain-Targé. (Chambre, *Documents*, 20 mars 1881.)
4. Sénat, 8 juillet 1882.
5. M. Beauquier. Chambre, 18 mai 1881.
6. M. Ribot à la Chambre (18 mai 1881) ; M. Jouin au Sénat (6 juillet 1882).
7. Rapport de M. Marcel Barthe (Sénat, *Documents*, 1882, p. 322).

en spécifiant que, pour elles, une législation spéciale serait nécessaire [1]. Sans vouloir faire une analyse complète de la discussion, nous indiquerons les principaux points sur lesquels elle porta.

Le principe facilement admis, nous l'avons dit, fut celui qui, abrogeant la loi de 1791, et rendant les articles 291 et suivants du Code pénal [2] et la loi de 1834 inapplicables aux syndicats professionnels, leur permettait de se constituer librement sans autorisation du Gouvernement [3]. Mais, d'une part, les syndicats devraient avoir « exclusivement » pour objet les intérêts professionnels, c'est-à-dire économiques, industriels et commerciaux [4]. On ajouta le mot « agricoles », et cette adjonction devait avoir les conséquences les plus inattendues et les plus fécondes. D'autre part, si les étrangers de nationalité étaient exclus seulement de l'administration des syndicats laquelle était réservée aux Français [5], il était entendu que les syndicats ne pouvaient comprendre des personnes étrangères au métier, c'est-à-dire n'étant ni patrons ni ouvriers [6]. On repoussa la proposition de M. de Mun d'admettre dans les syndicats des membres honoraires comme dans les sociétés de secours mutuels [7]. Enfin les syndicats ne pouvaient être formés qu'entre personnes exerçant la même profession, des métiers similaires ou des professions connexes [8].

---

1. Rapport de M. Allain-Targé, 1881 ; M. Cantagrel (Chambre, 17 mai 1881).

2. En même temps qu'était abrogé l'article 293, du Code pénal fut rejetée la disposition qui appliquait aux réunions de syndicats les articles 23 et 24 de la loi du 29 juillet 1881 sur la provocation aux crimes et aux délits, la législation pénale sur ce point restant applicable aux syndicats. (Sénat, 23 février 1884.)

3. Articles 1 et 2.

4. Les syndicats ne peuvent donc avoir un objet politique ou religieux, mais en fait on ne peut empêcher les membres des syndicats de n'admettre que des membres professant les mêmes opinions.

5. Article 4.

6. M. Waldeck-Rousseau. (Sénat, 29 juin 1884). — Un article additionnel de M. Lalanne en ce sens fut repoussé comme inutile. (Sénat, 23 février 1884, p. 476.)

7. Chambre, 19 juin 1883. — On devine quelle fut la raison du rejet de cette proposition qui pouvait introduire dans les syndicats des éléments de pondération : on voulut écarter les hommes animés d'idées religieuses. (M. Floquet le 12 juin 1883 à la Chambre ; Hubert-Valleroux, p. 371.)

8. Article 2. — Il résulte des débats que la loi permet la formation des

Comment devait-être constitué le syndicat ? Existera-t-il légalement par le fait de son existence, la formalité de la déclaration n'étant exigée que pour l'acquisition de la personnalité ? C'est ce qu'avaient proposé à la Chambre M. Trarieux et M. Ribot [1]. Ce système, appelé le système de la dualité des syndicats [2], parce qu'il consacrait deux sortes de syndicats, les syndicats ordinaires et ceux pourvus de la personnalité juridique, donna lieu à de vives controverses. Il fut repoussé sur l'insistance de M. Waldeck-Rousseau posant ce principe, qui ne devait pas passer dans la loi de 1901, que la publicité des associations est le corollaire indispensable de la liberté [3]. Les syndicats furent soumis à la nécessité de déposer leurs statuts et les noms de leurs administrateurs [4], ce dépôt leur conférant à tous les mêmes droits. La liberté de l'association professionnelle n'était donc accordée qu'avec la nécessité d'une déclaration préalable.

Notons enfin que l'article 7 permet au membre d'un syndicat de se retirer en tout temps et malgré toute clause contraire en conservant le droit d'être membre des sociétés de secours mutuels auxquels il aura contribué par ses versements.

Un des points qui suscita les plus ardentes discussions fut la question des unions de syndicats. Elle rencontra au Sénat surtout les plus déterminés adversaires, notamment MM. Marcel Barthe, Bérenger, Lalanne, Allou [5], qui craignaient avec raison l'intrusion des politiciens dans les syndicats. Ils faisaient remarquer que les unions ne répondaient à aucun besoin réel et pouvaient devenir une cause de dangers si la classe ouvrière était enrôlée dans une immense association qui pourrait obéir aux excitations révolutionnaires, exercer sur ses adhérents une véritable

syndicats mixtes, c'est-à-dire composés de patrons et d'ouvriers. (Martin Saint-Léon, p. 670.)

1. Chambre, 21 mai 1881.
2. Rapport de M. Lagrange. (Chambre. *Documents*, 1883, p. 396.)
3. Sénat, 29 juin 1884.
4. Article 4.
5. M. Marcel Barthe à la Chambre (9 juin 1881) ; M. Bérenger au Sénat (12 et 31 juillet 1882, 1ᵉʳ février 1884 ; M. Lalanne au Sénat (17 janvier, 1ᵉʳ février 1884) ; M. Allou au Sénat (2 février 1884).

tyrannie, pousser à l'organisation des grèves, même à la grève générale, constituer en un mot un Etat dans l'Etat. On ajoutait que le texte proposé, qui ne se trouvait pas dans le projet primitif du Gouvernement, n'exigeait même pas pour les unions, comme pour les syndicats, qu'elles fussent composées de personnes exerçant des industries similaires.

Le rapporteur au Sénat, M. Tolain, et M. Waldeck-Rousseau qui ne négligea aucun argument [1] pour faire triompher la thèse contraire, invoquaient la nécessité pour les ouvriers de défendre les intérêts communs à toutes les professions. Ils faisaient valoir que là aussi on se trouvait en présence d'une situation de fait : sans parler des compagnonnages qui comprenaient déjà des ouvriers de différents métiers, ne voyait-on pas déjà deux unions syndicales, celle des patrons de la rue de Lancry et l'union des chambres syndicales ouvrières ? Aux exemples cités des excitations révolutionnaires émanées d'organisations et de congrès auxquels avaient adhéré certains syndicats ouvriers [2], ils opposaient obstinément les déclarations pleines de sagesse et de modération des deux unions que nous venons de mentionner et qu'ils citaient comme seuls exemples. Dans une loi générale, disait M. Waldeck-Rousseau, on ne pourrait restreindre le droit d'association à certains métiers ; pourquoi accorder aux ouvriers un droit moindre : faites alors une loi générale, interrompit M. Buffet [3]. Le péril était du reste nié avec la plus entière assurance. Déjà M. Cazot dans l'exposé des motifs du projet de loi [4], avait refusé de voir aucun danger dans la liberté syndicale. Dans son rapport au Sénat [5], M. Tolain déclarait « chimérique » l'hypothèse de syndicats s'enrôlant dans une action révolutionnaire, et il ajoutait : « Dans les syndicats professionnels se trouveront les plus puissants éléments de sécurité publique et d'ordre social. »

1. Pas même les attaques contre les congrégations et les cercles catholiques d'ouvriers (Sénat, 2 février 1884).
2. M. Marcel Barthe (Chambre, 9 juin 1881) ; Sénat, 17 janvier 1884.
3. Sénat, 29 janvier 1884.
4. *Officiel*, 29 novembre 1880.
5. Sénat. *Documents*, 1884, p. 117.

Dans la discussion [1] il affirmait : « Les ouvriers, quand ils pourront s'unir, excluront les politiciens. » Les faits devaient donner le plus cruel démenti, avec la constitution des bourses du travail et de la confédération générale du travail, à ces déclarations optimistes.

L'Union des syndicats fut votée malgré la résistance du Sénat en première délibération, les syndicats régulièrement constitués pouvant « librement se concerter pour l'étude et la défense de leurs intérêts économiqeus, industriels, commerciaux et agricoles [2] ». L'accord se fit entre la Chambre et le Sénat sur le refus de toute personnalité civile [3].

Cette question de la personnalité civile à reconnaître aux syndicats proprement dits fût réglée par les articles 6 et 8 de la loi. Les syndicats de patrons ou d'ouvriers régulièrement constitués recevront par là-même la personnalité civile. C'est-à-dire qu'ils auront le droit d'ester en justice [4]. Quant au droit de posséder, le législateur, toujours sous l'influence de la crainte de la maimmorte [5], parut préoccupé de le restreindre. Les syndicats peuvent employer les sommes provenant de leurs cotisations, ils peuvent acquérir à titre onéreux. On admet [6], bien que le texte de la loi ne soit pas formel [7], qu'ils peuvent acquérir à titre gratuit. Mais, en ce qui concerne les immeubles, ils ne peuvent acquérir que les immeubles nécessaires à leurs réunions, bibliothèques et cours d'instruction, et les acquisitions ou libéralités excédant cette limite seront annulables [8].

C'est ici que se place la proposition de M. de Mun qui

1. Sénat, 29 janvier 1884. — Voir aussi M. Waldeck-Rousseau au Sénat (1er février 1884.)

2. Article 5.

3. Disposition qui peut être tournée grâce à la loi de 1901.

4. Ce droit d'agir en justice devait être étendu par la jurisprudence au droit d'agir pour la poursuite des actes contraires aux intérêts collectifs des syndicats.

5. Rapport de M. Allain-Targé (Chambre. *Documents*, 20 mars 1881) ; M. de la Bassetière à la Chambre, 19 juin 1883.

6. Martin Saint-Léon, p. 679. — Rapport de M. Lagrange (Chambre. *Documents*, 1883, n° 1760).

7. L'article 8 parle cependant de libéralités.

8. Article 8. — Le projet primitif ne comportait pas cette limitation relative aux immeubles. (*Le Correspondant*, 25 décembre 1900, p. 1069.)

demandait que les syndicats professionnels mixtes réunissant les patrons et ouvriers d'un même métier puissent recevoir des dons et legs même immobiliers et acquérir des immeubles pour la création de logements d'ouvriers et l'entretien d'œuvres de bienfaisance. C'était assurément un privilège pour les syndicats mixtes, mais pour tous les syndicats de ce genre lesquels offraient le plus de garanties en réunissant les patrons et les ouvriers dans un but de concorde et d'apaisement. Cette proposition fut repoussée à la suite de discours violents de plusieurs orateurs, notamment de M. Floquet, qui agitèrent le spectre de la main-morte, de l'ancien régime, et affectèrent de croire que la disposition proposée ne profiterait qu'aux groupements catholiques [1].

Un autre point qui souleva de vives controverses fut l'abrogation de l'article 416 du Code pénal qui frappait l'entente portant atteinte à la liberté du travail quand elle a été accompagnée d'amende, de défense ou de proscriptions. La Commission de la Chambre avait même proposé d'abroger les articles 414 et 415 réprimant les violences ou manœuvres frauduleuses pour amener la cessation du travail ; sur la proposition de M. Ribot [2] ils furent conservés et tout le débat porta sur l'article 416 que le Sénat avait maintenu dans ses deux premières délibérations à une forte majorité [3]. Le maintenir, disait-on, n'est-ce pas supprimer le droit de coalition, et M. Ribot faisait cette déclaration : « Si vous donnez aux syndicats la liberté de s'organiser pour la lutte, il faut leur permettre de procéder au moins vis-à-vis de leurs membres par certaines sanctions, certaines amendes ou interdictions dont nous n'admettons pas la validité au point de vue civil, mais qui au point de vue pénal ne peuvent être l'objet d'une incrimination [4]. »

On put répondre, non sans raison, que le droit d'association et le droit de coalition doivent laisser intacte la

---

1. M. Lockroy (Chambre, 12 et 16 juin 1883) ; M. Waldeck-Rousseau (Chambre, 16 juin 1883) ; MM. Floquet et Clémenceau (Chambre, 19 juin 1883).
2. Chambre, 18 mai 1881.
3. Sénat, 17 juillet et 1ᵉʳ août 1882.
4. Chambre, 18 mai 1881.

liberté de l'ouvrier. Les syndicats ne doivent pas être un moyen d'oppression [1]. Il fallait craindre la tyrannie des commissions exécutives de grèves auxquelles ne manquera pas de pousser le parti socialiste [2]. M. Waldeck-Rousseau persista à considérer les dispositions de l'article 416 comme contraires au droit de coalition. Il ajoutait cette affirmation singulièrement optimiste : « Les syndicats sont un instrument pacifique digne de notre confiance [3]. » La suppression de l'article 416 fut votée [4]. Elle laissait la porte ouverte à toutes les difficultés d'application que la jurisprudence devait rencontrer : il faudrait désormais apprécier dans quelle mesure les agissements des syndicats pourraient donner naissance aux réparations civiles que M. Ribot avait considérées comme suffisantes pour sauvegarder la liberté [5].

La dissolution des syndicats est prévue par l'article 9 de la loi pour violation des dispositions relatives à leur constitution et à leur fonctionnement ; elle pourra être prononcée par les tribunaux à la diligence du Procureur de la République.

Quant aux pénalités prévues par la loi, la question avait une grande importance. Il ne s'agissait pas seulement de réprimer l'absence de déclaration ou la fausse déclaration [6] ; la violation des dispositions qui excluaient les étrangers de l'administration, des dispositions qui limitaient la capacité d'acquérir des syndicats. Ce qui était plus important c'était d'empêcher les syndicats de sortir de leur rôle, soit en admettant des membres étrangers au métier ou exerçant un métier différent, soit en s'occupant d'autres objets que des intérêts professionnels [7]. Les pénalités des articles 291 et suivants devaient, d'après

1. M. Marcel Barthe (Sénat, 17 et 28 janvier 1884) ; MM. Lalanne et Jouin. (Sénat, 28 janvier 1884.)
2. M. Marcel Barthe. (Sénat, 28 janvier 1884.)
3. Sénat, 28 janvier 1884, p. 191.
4. Sénat, 28 janvier 1884. — Il faut remarquer que l'article 416 était abrogé d'une façon absolue, c'est-à-dire à l'égard de toutes les associations et coalitions.
5. Martin Saint-Léon, p. 664 et s. ; Fagniez, p. 114. — Voir pour la jurisprudence le *Guide social*, 1909, p. 134 et s.
6. Cas visés spécialement dans l'article 9 § 2.
7. MM. Marcel Barthe et Bérenger. (Sénat, 22 février 1884.)

M. Waldeck-Rousseau, rester suffisantes pour les associations qui irrégulièrement auraient pris le titre de syndicats professionnels ou pour les syndicats ne se renfermant pas dans leur rôle légal. Ces syndicats ne seraient plus alors considérés comme de véritables syndicats professionnels [1]. On se contenta donc des dispositions de l'article 9 [2] et en particulier de la sanction de la dissolution, sans prévoir que, si l'article 291 n'était abrogé par la loi en discussion qu'en ce qui concernait les syndicats professionnels régulièrement constitués, il devait être abrogé d'une façon absolue par la loi de 1901.

Le danger le plus redoutable était l'intrusion de la politique dans les syndicats, et ce danger n'avait pas manqué d'être signalé dans la discussion, surtout à propos de la disposition qui permettait les unions de syndicats de professions différentes. « Tout le monde est d'accord, disait M. Marcel Barthe [3], que les syndicats professionnels ne doivent pas s'occuper de politique. » Et il ajoutait que le mot « exclusivement », appliqué dans l'article 3 aux intérêts professionnels dont pourraient s'occuper les syndicats, présentait une garantie suffisante.

Les dispositions de la loi à cet égard ont-elles toujours été observées, notamment celles qui exigent que les membres des syndicats soient des patrons ou des ouvriers, c'est-à-dire des hommes de la profession ? Les événements ont prouvé que trop souvent les syndicats devaient avoir à subir l'influence d'hommes étrangers à la profession, excitateurs de grèves, ou hommes politiques cherchant à se créer une situation électorale et faisant, des groupements professionnels détournés de leur véritable but, des instruments de leurs ambitions politiques.

La loi fut votée définitivement le 12 mars 1884 après ces débats prolongés et souvent passionnés. Sans parler du danger qu'elle présentait au point de vue politique et que nous venons de signaler, sans parler aussi de l'insuffisance de protection qu'elle laissait à la liberté du tra-

---

1. M. Waldeck-Rousseau au Sénat (29 janvier, 22 février 1884).
2. Les pénalités, consistant en une simple amende, avaient même été supprimées en 1883 par la Commission de la Chambre.
3. Rapport supplémentaire au Sénat. (*Documents*, 1882, p. 476.)

vail en supprimant l'article 416 du Code pénal, elle pouvait donner lieu à de graves critiques en raison de ses lacunes [1].

On peut reprocher à la disposition qui donne aux syndicats le droit « d'ester en justice » de laisser, relativement à l'étendue de ce droit, la porte ouverte à de nombreuses controverses [2]. On peut critiquer surtout la disposition qui a restreint leur droit d'acquérir des immeubles nécessaires à leur fonctionnement. On a fait remarquer combien la propriété d'immeubles aurait donné aux syndicats un caractère de stabilité en offrant une garantie de leur responsabilité ; il est bon, a-t-on dit, en citant l'exemple de l'Angleterre et des Etats-Unis, que les associations professionnelles soient riches [3]. Il serait du reste toujours possible de limiter par la loi l'acquisition des immeubles [4]. L'interdiction de faire des actes de commerce qui a été admise par la jurisprudence à propos des syndicats agricoles a été aussi critiquée [5].

Mais la lacune la plus grave de la loi consiste en ce qu'elle a visé les professions commerciales, industrielles et agricoles, paraissant ainsi exclure toutes les autres. Ne fallait-il pas en conclure qu'elle était inapplicable aux professions libérales, c'est-à-dire à celles qui ne comportent ni salaires fixes, ni l'exécution des ordres d'un patron? C'est ce qu'a décidé la jurisprudence [6], bien que, sous l'empire de la loi de 1884, un grand nombre de syndicats de professions libérales se soient constitués. Une seule exception fut formellement apportée par la loi du 30 novembre 1892 qui contint la première reconnaissance de la liberté d'association au profit des professions libérales en permettant aux médecins, chirurgiens, sages-femmes, de se grouper pour la défense de leurs intérêts professionnels. Dans le même ordre d'idées la question

1. Voir le Sénat, 21 et 22 juin 1917.
2. Fagniez, p. 174 et sources citées; Martin Saint-Léon, p. 672 ; *Année sociale internationale*, 1912, p. 292.
3. Congrès de 1889, p. 95, 111, 114.
4. *Eod. loco*, p. 117.
5. Martin Saint-Léon, p. 673; Fagniez, p. 115; voir aussi M. Millerand, (*Gazette des tribunaux*, 19 décembre 1913).
6. Martin Saint-Léon, p. 670 et sources citées.

se posera pour les ouvriers salariés par l'Etat[1], pour les fonctionnaires, et en particulier pour les instituteurs[2], question délicate qui devait ouvrir la porte à tou‘es les variations des décisions gouvernementales et qui se compliquait de la difficulté d'admettre pour ces diverses catégories l'exercice du droit de coalition[3]. Il faut du reste noter qu'on verra dans bien des circonstances les salariés de l'Etat et en particulier les instituteurs réclamer le droit au syndicat dans une pensée politique et dans l'intention d'adhérer à l'organisation révolutionnaire de la Confédération générale du travail[4].

Aussi la loi de 1884 a-t-elle suscité de nombreux projets de réforme dont nous ne pouvons qu'indiquer les principaux[5]. Celui déposé par M. Bovier-Lapierre en 1885[6] avait pour objet de réprimer les entraves à la liberté des associations professionnelles et provoquait par contre-coup la proposition de rétablir l'article 416 du Code pénal. Celui de M. Léveillé en 1890 visait les professions libérales.

Mais il faut citer surtout le projet de M. Waldeck-Rousseau[7] déposé en 1890 et repris par M. Millerand en 1902[8]. Il considérait comme un délit civil, donnant lieu à une réparation du dommage causé, le refus d'embauchage ou le congé tendant à entraver le droit syndical[9] et l'interdit prononcé par le syndicat dans un autre but que d'assurer

1. Dans le sens de l'affirmative on peut invoquer le silence de la loi de 1884.

2. Martin Saint-Léon, p. 700, 701; Weill. *Histoire du mouvement social*, p. 489 et s.

3. Le droit de coalition et de grève est refusé aux fonctionnaires qui détiennent une portion de l'autorité publique par les articles 123 et 124 du Code pénal.

4. Voir notre ouvrage *Tout par l'Etat*, p. 275, et les faits cités en note; Clunet, p. 251; Weil, p. 489.

5. Voir ces projets dans Clunet, p. 263 (note.)

6. Fagniez, p. 113; Weill, p. 415.

7. Fagniez, p. 115; Martin Saint-Léon. p. 695. — Pour la critique de ce projet voir : de Lamarzelle, *Le Correspondant*, 25 décembre 1900, p. 1069; voir aussi le projet déposé en 1913 et le vote du Sénat en 1917.

8. Millerand. *Travail et travailleurs*, 1908, p. 97. — Un rapport a été déposé en 1903 par M. Barthou.

9. En 1892 la Chambre votait une proposition de loi proscrivant les actes patronaux ayant pour objet de troubler le droit syndical. (Conseil d'Etat. *Etudes sur le droit d'association*, p. 204.)

les conditions du travail fixées par lui. Il autorisait les
syndicats à acquérir des meubles et immeubles sans autorisation préalable ni limitation. Il permettait aux unions
de syndicats d'ester en justice, d'acquérir les immeubles
nécessaires à leur fonctionnement, de recevoir les dons
et legs affectés à leurs institutions syndicales. Quant à la
capacité commerciale il imaginait un système assez com-
pliqué pour permettre au syndicat de se doubler d'une
société commerciale. Sur ce dernier point le projet a ren-
contré en général l'opposition des patrons et des ouvriers [1],
bien qu'on ait fait observer qu'il pourrait y avoir avantage pour les syndicats à se créer ainsi un patrimoine [2].

M. Barthou ajoutait à ce projet une autre disposition,
celle qui supprimait les articles 414 et 415 du Code pénal
réprimant les violences et voies de fait contre la liberté
du travail [3]. On a rappelé avec raison combien cette
mesure serait inopportune en présence des actes de
désordre et de pression qui ont caractérisé un si grand
nombre de grèves [4]. N'a-t-on pas été, dans cet ordre d'idées,
jusqu'à exprimer le vœu que, dans le cas de grève, les
syndicats, « dont la liberté doit rester entière », soient
déchargés même de toute responsabilité civile à l'égard
des actes qu'ils auront provoqués [5] ? L'abrogation des
articles 414 et 415 conduisait en fait au syndicat obligatoire dont on a proposé l'admission par la loi [6]. Des tendances de ce genre n'ont plus à se recommander de la
liberté d'association, car, de l'association professionnelle
qui doit être libre par essence, elles ne visent qu'à consacrer l'abus.

Une autre modification proposée a été l'admission au
droit de syndiquer des agents et employés de l'Etat. Le

1. Martin Saint-Léon, p. 697. — Voir sur ces points M. Millerand
(*Gazette des Tribunaux*, 19 décembre 1913). — *Guide social*, 1911, p. 153.
2. Fagniez, p. 177.
3. Voir aussi les projets de MM. Coutant, Allard, etc., en 1906 (Clunet,
p. 254) et le projet du Gouvernement en 1907. (Clunet, p. 265.)
4. Fagniez, p. 180.
5. M. Jay, voir note sur l'arrêt de Cassation du 22 juin 1892. (Sirey,
1893, I, p. 41.) Martin Saint-Léon. *Le compagnonnage*, p. 362.
6. Projet de M. Jules Guesde (8 février 1894) — Voir aussi les projets
de 1900 de M. Lemire, de M. Vaillant, de M. Guesde. (*Année sociale
internationale*, 1912, p. 290.)

projet de M. Barthou y était favorable. Depuis lors, à la suite des travaux d'une commission instituée en 1906 [1], un projet a été déposé par le Gouvernement en 1907 accordant aux fonctionnaires le droit de s'associer mais leur refusant le droit de grève [2]. La question, qui soulève des controverses passionnées, n'a pas encore été résolue. [3]

La loi de 1884 fut accueillie avec méfiance par les patrons, surtout par la grande industrie qui, dans les premières années, manifesta une opposition évidente [4]. Les patrons, auxquels on a reproché d'avoir témoigné vis-à-vis des syndicats cette méfiance qui était une source de conflits continuels, devaient être cependant, il faut bien le reconnaître, peu portés pour des groupements qui par leur attitude témoignaient trop souvent d'une hostilité systématique. Les syndicats en effet se montraient peu disposés à entrer en rapports conciliants avec les patrons, et dans bien des circonstances ils allaient être menés par des agitateurs dont l'autorité patronale avait lieu de regretter l'intrusion [5]. De leur côté, les milieux ouvriers n'avaient pas envisagé la nouvelle législation avec un sentiment d'une unanime satisfaction. Les congrès ouvriers de Rennes en 1884, et de Lyon en 1886 [6], y voyaient une œuvre de réaction et de police. Sans aller jusque-là, beaucoup d'ouvriers voyaient d'un mauvais œil la publicité des statuts et des noms des administrateurs. Beaucoup d'autres répugnaient à se lier par des engagements ; ils redoutaient l'hostilité des patrons et la domination des syndicats. Il faut bien reconnaître, en voyant ce que furent les luttes entre syndiqués et non syndiqués, que ces craintes n'étaient pas chimériques.

1. Clunet, p. 250.

2. Clunet, p. 250, 273 ; *Guide social*, 1909, p. 177.

3. En 1920 le gouvernement devait déposer un projet sur le statut des fonctionnaires leur permettant, sans certaines restrictions, de constituer des groupements professionnels. Toute union avec d'autres groupement leur est interdite.

4. Weill. *Histoire du mouvement social*, p. 282.

5. Nous avons dit que cette méfiance réciproque des patrons et des ouvriers expliquait le peu de développement des syndicats mixtes qui auraient constitué la meilleure forme d'organisation professionnelle.

6. Fagniez, p. 108 (sources citées) ; Millerand. *Travail et travailleurs*, p. 102.

Toutefois si, à l'origine, un assez grand nombre de syndicats se mirent en hostilité avec les prescriptions légales et se refusèrent à la déclaration, cette attitude se modifia peu à peu et le développement des syndicats devint considérable et ininterrompu [1]. On pouvait indiquer en 1907 un total de plus de 920.000 syndiqués dans les syndicats ouvriers et mixtes, non compris les syndiqués agricoles au nombre de 700.000. Pour être exact il faudrait observer que ce chiffre est très loin de comprendre la majorité de la classe ouvrière [2], et que beaucoup de syndiqués, ayant adhéré à la veille d'une grève ou sous la pression de camarades plus ardents, ne le sont que nominalement et cessent de payer leurs cotisations [3]. Il ne faut pas oublier non plus, qu'avec la facilité de former un syndicat, l'organisation constituée peut n'être qu'un trompe-l'œil étant donné le petit nombre d'adhérents sérieux qu'elle comporte.

Il n'en est pas moins vrai que, depuis la loi de 1884, le mouvement syndical a pris une importance de plus en plus grande, le syndicat réussissant souvent à rallier à ses mots d'ordre la masse des travailleurs. C'est ce qu'observe justement M. Fagniez [4]. « C'est, dit-il, une armée où les cadres surabondent et qui compte beaucoup de réfractaires, mais qui, à l'ouverture d'une campagne, a chance de grossir instantanément son effectif par une levée en masse. »

Le résultat du mouvement syndical a été de développer de plus en plus dans les milieux ouvriers les tendances qui les portaient vers l'idée d'association et triomphaient des répugnances individualistes. Ces tendances les conduisaient naturellement à la poursuite de l'amélioration de leur sort, c'est-à-dire à la réglementation du travail et à l'élévation du salaire, à la substitution du contrat collectif de travail au contrat individuel. Elles les acheminaient à l'organisation de la profession. Mais en même temps elles devaient, comme nous allons le faire remarquer,

1. Chiffres cités par Martin Saint-Léon, p. 706 (note). — Voir aussi : *Guide social*, 1909, p. 134 ; chiffres cités au Sénat par M. Chéron le 21 juin 1917. (*Officiel*, p. 599.)
2. Hubert-Valleroux, p. 338 et s.
3. Fagniez, p. 110 ; Weill, p. 348.
4. Fagniez, p. 111.

les pousser à un antagonisme qui ferait envisager dans le syndicat un instrument de lutte contre les patrons.

En se plaçant au premier point de vue, celui de l'organisation professionnelle, on peut constater les services rendus par les syndicats à la classe ouvrière [1] : éducation professionnelle, quoique dans une mesure restreinte à cause des idées d'exclusivisme qui se sont opposées à l'organisation de l'apprentissage ; placement ; réglementation du travail et du salaire poursuivie trop souvent par la menace ou l'emploi des grèves ; institutions de conciliation et d'arbitrage malheureusement trop rarement tentées ; mutualités trop souvent entravées par l'opposition des syndicats révolutionnaires.

Quels sont les principaux types de syndicats sortis de l'application de la loi de 1884 ? Mettant à part les syndicats révolutionnaires dont nous indiquerons plus loin le caractère spécial, nous distinguerons d'abord les groupements à esprit professionnel. Du côté des patrons, les grands syndicats patronaux que nous avons cités plus haut se sont maintenus et accrus postérieurement à 1884. En même temps se sont créées diverses fédérations opposées aux fédérations à tendances révolutionnaires : *la Confédération générale du commerce, de l'industrie et de l'agriculture, la Fédération des industriels et des commerçants français*, et d'autres analogues [2]. Pour les ouvriers : *La Fédération des travailleurs du livre* fondée en 1881, *la Fédération des ouvriers mécaniciens de France* constituée en 1889, *la Fédération des mouleurs en métaux* en 1894, *la Fédération lithographique française* en 1884, ont été représentées comme les exemples les plus caractérisés des syndicats purement professionnels.

Un groupe important est constitué par les syndicats chrétiens qui sont en général des syndicats mixtes. Sur ce terrain le mouvement fut organisé sous l'influence de l'œuvre des cercles catholiques [3] propageant les doctrines que nous avons vu préconisées par M. de Mun : l'union

---

1. Ces points de vue ont été développés par M. Fagniez, p. 119 et s.
2. *Guide d'action sociale*, 1909, p. 199.
3. M. Fagniez (p. 158) évalue à 400 les syndicats qui doivent leur origine à l'œuvre des cercles.

dans la même profession des patrons et des ouvriers
groupés par les sentiments de fraternité chrétienne et de
dévouement réciproque. Les catholiques sociaux devaient
modifier cette doctrine dans le sens d'une intervention
plus grande de l'Etat et de l'appel à l'obligation pour la
constitution d'une organisation corporative ; les démocrates chrétiens et l'école *du Sillon* l'accentuèrent encore
dans un sens égalitaire et démocratique [1].

Mais l'impulsion vint surtout de l'encyclique de 1891
« sur la condition des ouvriers ». Léon XIII, condamnant
la doctrine socialiste et proclamant la nécessité de l'union
entre les deux classes de la société, rappelait les devoirs
réciproques des patrons et des ouvriers, reconnaissait le
droit d'intervention de l'Etat pour la protection des travailleurs, mais il préconisait surtout l'association [2]. Encou-
rageant la formation des corporations [3] « soit composées
des seuls ouvriers, soit mixtes », il louait les efforts tentés pour les constituer à la lumière des principes du christianisme. Il affirmait le droit d'association dont l'existence n'est pas subordonnée à la volonté de l'Etat, l'Etat
ne pouvant que réprimer les abus contraires à la sécurité
publique [4].

Il faut noter dans le mouvement du syndicalisme chrétien *la Corporation chrétienne* créée par M. Harmel et qui
représente plutôt un ensemble d'institutions patronales
appuyées sur le concours des ouvriers [5]. Sous l'influence
de l'Association catholique des patrons de la région du
Nord de la France étaient aussi fondés *les syndicats mixtes
des industries textiles du département du Nord* [6]. On peut

1. Voir la lettre de Pie X aux évêques de France sur le *Sillon* en 1910.
2. « De peur que dans ce cas (la fixation du salaire) et d'autres analogues comme en ce qui concerne la journée de travail et la santé des ouvriers, les pouvoirs publics n'interviennent pas importunément, il sera
préférable que la solution en soit réservée aux corporations ou syndicats. »
3. Les corporations doivent être « adaptées » aux conditions de la vie
du temps présent.
4. « Le droit des sociétés privées à l'existence leur a été octroyé par la
nature elle-même, et la société civile a été instituée pour protéger le droit
naturel, et non pour l'anéantir. »
5. Hubert-Valleroux, p. 267.
6. Fagniez, p. 161.

encore citer comme exemples *le Syndicat mixte de l'aiguille* fondé à Paris en 1892, *la Corporation des tisseurs lyonnais* [1].

Parmi les syndicats fondés sous l'inspiration des idées chrétiennes on peut relever aussi *les syndicats féminins de Mme Rochebillard* à Lyon [2], *les syndicats féminins de la rue de l'Abbaye et de la rue de Sèze* à Paris [3], et surtout *les syndicats dits de la rue des Petits-Carreaux* [4]. Ceux-ci, qui datent de 1898, comprennent *le syndicat* si important *des employés du commerce et de l'industrie* et *la fédération française des syndicats d'employés catholiques ; les syndicats* tels que ceux *des industries du livre, de la métallurgie, du bâtiment, de l'ameublement, de l'habillement* [5]. Du côté patronal, il faut citer *l'Union du commerce et de l'industrie*, et *les unions fédérales de syndicats patronaux* constituées entre patrons catholiques. Ces derniers syndicats, comme ceux des Petits-Carreaux, (transféré maintenant rue Cadet), n'ont pas le caractère des syndicats mixtes.

D'autres groupements, sans avoir le caractère de syndicats chrétiens, sont inspirés par l'idée de concorde et d'union qui se traduit par une composition mixte de patrons et d'ouvriers. Telle est la *Corporation des menuisiers et ébénistes de Nantes* qui profita la première de la loi de 1884 [6]. Tels furent surtout les syndicats agricoles dont l'origine fut l'adjonction presque fortuite, au cours des débats, du mot « agricoles », qui ont pris une extension considérable et dont le rôle est aujourd'hui des plus importants [7].

1. Fagniez, p. 167.
2. Fagniez, p. 128 ; Martin Saint-Léon, p. 754.
3. Ainsi que d'autres syndicats analogues en province (*Guide social*, 1911, p. 186).
4. Fagniez, p. 169.
5. Il faut y ajouter *l'Union catholique du personnel des chemins de fer et le Syndical professionnel des cheminots de France*, ainsi que *l'Union catholique du personnel des P. T. T.*, et plusieurs syndicats analogues en province.
Citons aussi *les syndicats de l'enseignement libre* (*Guide social*, 1911, p. 181).
6. Fagniez, p. 168.
7. *Guide Social*, 1909, p. 209. Ils sont reliés par *l'Union centrale des syndicats des agriculteurs de France*. — Sur les syndicats agricoles voir :

Un groupement à part est celui des *syndicats jaunes*
remontant à 1899, nés de la réaction contre les syndicats
révolutionnaires et le collectivisme. Tel est le but de l'*organisation* dite *propriétiste* et ayant pour objet de pousser les ouvriers à l'accession de la propriété industrielle.
L'autre organisation des jaunes, *la fédération syndicaliste
des jaunes de France*, a pour objet l'extension de la capacité civile des syndicats, la création de conseils consultatifs, l'emploi du contrat collectif de travail. Le syndicalisme jaune est une organisation ouvrière mais dans
laquelle l'influence du patronat a été vivement critiquée
par les socialistes [1].

Du mouvement de réaction qui a produit ce qu'on a
appelé le mouvement jaune est sortie *la Bourse du travail indépendante* [2] en opposition à la fédération des
bourses.

Depuis lors, et sous des influences étrangères à ce mouvement, se sont formés divers syndicats indépendants qui
se sont proposé de réagir contre la tyrannie des syndicats
révolutionnaires et qui se sont placés sur le terrain purement professionnel [3].

Tels sont, sans qu'il nous soit possible d'arriver à une
énumération complète, les principaux exemples des différentes catégories de syndicats se rattachant normalement
à la loi de 1884. Dans les milieux ouvriers, le mouvement
syndical devait subir de graves déformations. D'une part,
les syndicats allaient être souvent entraînés à l'abus de
leur rôle sur le terrain professionnel ; d'autre part, ils
allaient en trop grand nombre [4], sortir du rôle professionnel pour lequel ils étaient reconnus par le législateur.

Sur le terrain professionnel, tout d'abord, les syndicats

L'année sociale internationale, 1912, p. 407, 507. — Sur les syndicats agricoles socialistes voir : Weill, *Histoire du mouvement social*, p. 493.

1. Weill, p. 407 et sources citées ; Martin Saint-Léon, p. 734.

2. M. Prache à la Société d'Economie sociale, le 10 mars 1918.

3. *Guide social*, 1909, p. 121.

4. Evidemment nous ne visons pas tous les syndicats. Nous n'avons
pas méconnu les syndicats professionnels qui ont tenu à conserver leur
véritable caractère. Mais le bruit fait par les syndicats révolutionnaires
ou à tendances politiques a conduit une partie de l'opinion publique à
rattacher à ces syndicats tout le mouvement syndical (Fagniez, p. 154).

ne se contentèrent pas de profiter de la disparition des restrictions législatives pour grouper les travailleurs manuels en vue de l'amélioration de leur sort et de la défense de leurs intérêts, ils ne visèrent pas seulement à rétablir par cette union l'organisation professionnelle. Ils tendirent trop souvent à revenir aux conceptions de l'ancienne corporation en ce qu'elle avait de plus exclusif [1]. Manifestant leur méfiance et même leur hostilité envers les non-syndiqués, ils allèrent dans un grand nombre de cas jusqu'à exercer une véritable persécution [2] vis-à-vis de ceux qu'ils avaient exclus de leurs syndicats comme n'acceptant pas avec une docilité suffisante la réglementation imposée à leurs membres [3]. Cette réglementation, ils cherchèrent à l'exercer par les revendications en matière de salaire, de limitation des heures de travail, d'exclusion des femmes des ateliers [4], de limitation du nombre des apprentis dans lesquels ils voyaient des concurrents [5]. La campagne contre les bureaux de placement n'a-t-elle pas eu pour principal motif le but poursuivi par les syndicats de s'assurer le placement pour leurs seuls adhérents au détriment des non-syndiqués [6].

Les syndicats, ne se contentant pas des services qu'ils pouvaient rendre légitimement à leurs membres au point de vue professionnel, mais se donnant le droit d'exercer, pour imposer leurs exigences, une véritable tyrannie, ont émis la prétention de représenter et même de diriger la classe ouvrière. Ils seraient appelés, pour certains, à jouer un rôle souverain en matière de réglementation économique [7]. Nous sommes loin, comme on le voit, de l'état d'esprit qui conduisait les constituants à la négation « des prétendus intérêts communs » des ouvriers. On est passé

---

1. Fagniez, p. 190.

2. Sur les mises à l'index d'un patron ou d'un ouvrier voir : Weill, p. 345. *Bulletin de la Société de législation comparée*, 1904, p. 135.

3. Hubert-Valleroux. *Réforme sociale*, 1er février 1917.

4. Hubert-Valleroux, p. 354.

5. Fagniez, p. 119, 122.

6. Ajoutons le désir de faire servir les bureaux de placement ouvriers à la lutte contre les patrons (Fagniez, p. 139).

7. Fagniez, p. 183. On a soutenu que la loi de 1884 était la reconnaissance par la loi française de « la souveraineté économique des groupements professionnels » (Paul Boncour. *Le fédéralisme économique*, 1901).

d'un extrême à l'autre pour s'écarter, dans les deux cas, de la réalité.

En même temps, le syndicat a trop souvent été considéré comme une arme et un engin de guerre contre les patrons, poussant à la lutte des classes et produisant l'antagonisme à son état le plus aigu [1].

Si le rôle essentiel du syndicat pouvait être un rôle de conciliation et d'arbitrage destiné à éviter les conflits, ce rôle a été trop rarement compris. La grève a été trop souvent le moyen d'action du syndicat. Considérée non comme une mesure exceptionnelle [2] mais comme une arme toujours dirigée contre les patrons, elle est déclarée par entraînement et parfois sans motif, provoquée par des meneurs, continuée par amour-propre et aveuglement, marquée par des actes de violence inqualifiables qui ne gardent plus aucun respect de la liberté individuelle.

Ces abus commis par les syndicats sur le terrain professionnel devaient les conduire à sortir de ce rôle professionnel qui leur appartenait. Leur parti pris de soulever les conflits devait pousser les groupements syndicaux vers les partis révolutionnaires [3]. Après avoir affiché la prétention de dominer la classe ouvrière, ils devaient avoir l'ambition de dominer l'Etat ou plutôt de constituer un Etat dans l'Etat. C'est à quoi devait aboutir le syndicalisme révolutionnaire.

Le syndicalisme révolutionnaire, dont un trop grand nombre de syndicats ont subi les entraînements, est sorti des influences socialistes et politiques qui ont fait dévier dans ce sens le mouvement syndical.

Il faudrait retracer l'histoire du mouvement socialiste depuis 1871 pour montrer comment le socialisme a pu viser à prendre la direction du mouvement syndical et à s'en servir comme d'un instrument [4]. C'est après la

1. « La besogne du syndicat, celle qui prime toutes les autres et qui lui donne son véritable caractère d'organisation de combat est la lutte des classes. » (*La confédération du travail* par Pouget, 1908, p. 7. Cité par Hubert-Valleroux. *Réforme sociale*, 1ᵉʳ janvier 1917, p. 68.)

2. La grève tend à devenir le moyen normal de provoquer un accroissement de salaire.

3. Weill, p. 283.

4. Martin Saint-Léon. *Le compagnonnage*, p. 363.

Commune que, sous l'influence des idées d'importation allemande, les vieilles formules du communisme furent remplacées par la doctrine collectiviste proclamant la reprise par les travailleurs des instruments de travail y compris la terre et les richesses naturelles. Au fond, et quelles que soient ses modalités, la doctrine socialiste se ramène à un certain nombre de traits communs à ses diverses manifestations : appel à la force matérielle et à la contrainte, recours au pouvoir central, exaltation de la puissance de l'Etat [1]. Impuissant à formuler d'autres conclusions pratiques que la confiscation de la propriété privée, le socialisme est avant tout une doctrine de négation et de destruction [2]. Cette doctrine était destinée à se propager parmi les classes populaires dont elle excitait les convoitises et avivait les souffrances trop certaines en leur promettant un impossible bonheur [3]. Elle devait donc pénétrer dans les syndicats ouvriers.

Mais, en même temps qu'une doctrine, le socialisme devenait un parti politique, et, pour avoir le pouvoir, ce parti devait chercher à imposer son influence aux mesures ouvrières auxquelles le suffrage universel donnait la puissance du nombre. Il cherchait à faire de l'association professionnelle la base de son action et surtout de l'action internationale de ce qu'il appelait le prolétariat [4]. Il tendait ainsi à faire du syndicat l'instrument des réalisations de son idéal de puissance politique. De leur côté, nombreux étaient les syndicats qui voyaient dans l'action politique le moyen d'amélioration du sort de leurs adhérents par des mesures législatives quelles qu'elles fussent et par l'intervention de l'Etat [5].

C'est ainsi que s'ouvrit pour les syndicats, à partir de 1880, ce qu'on a appelé la période politique [6], dans

---

1. De Chabrol. *Pour le renouveau*, 1916, p. 201.
2. Winterer. *Le socialisme contemporain*, 1901, 397.
3. « S'il en est qui promettent au pauvre une vie exempte de souffrances et de peines, toute de repos et de perpétuelles jouissances, ceux-là certainement trompent le peuple. » (Léon XIII. *Encyclique de Conditione opificum*.)
4. Hanotaux, t. IV, p. 397.
5. Weill. *Histoire du mouvement social*. Préface.
6. Weill, p. 286 et s ; Martin Saint-Léon, p. 708.

laquelle on vit les syndicats sous l'influence des chefs du socialisme. On vit trop souvent pénétrer dans les syndicats des hommes absolument étrangers à la profession par lesquels se laissaient diriger les ouvriers s'adressant à ceux qui flattaient leurs désirs et qu'ils jugeaient capables de les conduire à la réalisation de leurs aspirations. On vit les politiciens exciter les grèves et les diriger, trouvant ainsi un moyen qui a réussi à tant d'hommes politiques pour servir leurs ambitions et jeter les bases d'une situation électorale. Le syndicat devenait un organisme politique et, en s'adaptant à un programe électoral, viciait son origine professionnelle. Le discrédit rejaillissant sur le syndicat jetait l'association professionnelle hors de sa voie et constituait une cause de corruption pour les syndicats, de même que la fiscalité et le monopole avaient été, sous l'ancien régime, des causes de décadence pour les corporations [1].

Ce mouvement socialiste et politique devait aboutir au syndicalisme révolutionnaire. Il ne s'agissait plus seulement en effet, pour une nouvelle école, de chercher à conquérir les situations politiques par la conquête de mandats électoraux. Il s'agissait d'opposer au communisme d'État le communisme syndical, transférant aux fédérations corporatives les attributions essentielles de la vie publique, aboutissant à la possession des capitaux industriels [2]. Dans cette doctrine de syndicalisme révolutionnaire, pas de programme positif [3] ; un programme négatif. La révolution sociale par l'action directe [4], la guerre contre le capitalisme par la violence, le boycottage, le sabotage, la propagande antimilitariste [5], et surtout la grève générale

<hr>

1. Fagniez. Préface, p. VII. — On a fait remarquer le contraste qui s'est révélé à cet égard entre les syndicalistes américains et les syndicalistes français : « Les objectifs syndicalistes de l'ouvrier américain sont, comme le faisait ressortir M. Gompers, surtout professionnels et étrangers à la politique. » (Rondet-Saint. *Revue hebdomadaire*, 14 décembre 1918, p. 197.) En Angleterre, on a noté les tendances actuelles des Trade-Unions vers le syndicalisme révolutionnaire. (Blondel. *Réforme sociale*, 1er janvier 1913, p. 103.)

2. Fagniez, p. 156.

3. Martin Saint-Léon, p. 756.

4. Sorel. *Réflexions sur la violence*, 1908.

5. Propagande qu'il ne faut pas oublier à l'heure actuelle où chacun

considérée non pas seulement comme un moyen, mais comme un but à poursuivre[1]. Au fond le but poursuivi est la destruction sociale dont le syndicat doit être l'instrument.

Assurément tous les syndicats, même dominés par les tendances socialistes, n'entraient pas dans cette voie de la violence. Les congrès corporatifs étaient loin de réunir la totalité et même la majorité des syndicats[2]. Dans ces congrès on pouvait constater l'existence d'un parti dit réformiste[3]. Il n'en est pas moins vrai que le parti révolutionnaire, comme on l'a remarqué[4], faisait prévaloir ses idées dans presque tous les congrès corporatifs lesquels inscrivaient à l'ordre du jour la grève générale considérée comme préface de la révolution sociale.

Le syndicalisme révolutionnaire allait se manifester par une organisation plus politique que professionnelle dont le danger avait été signalé dans la discussion de 1884[5] et nié dédaigneusement par M. Waldeck-Rousseau[6].

En 1886 avait été créée la Fédération nationale des syndicats ouvriers qui n'eut guère qu'une existence apparente. Mais en 1892 fut créée la Fédération des bourses du travail. Les bourses du travail résultaient d'une idée qui se fit jour après la mise en vigueur de la loi sur les syndicats, et la première bourse, celle de Paris, fut inaugurée en 1887. En 1892 était fondée la Fédération qui se développa rapidement, groupant les bourses et leurs syndicats adhérents[7]. En 1895, au Congrès de Limoges était fondée la Confédération générale du travail qui devait grouper les syndicats, les bourses du travail, les fédérations locales, et la Fédération des bourses. La Fédération résista d'abord

doit prendre sa part de responsabilité des événements qui se sont accomplis depuis lors.

1. Au Congrès de Nantes, en 1894, M. Briand déclarait : « Je considère la grève générale comme une formule, comme un moyen puissant. » (Martin Saint-Léon, p. 713,742 ; Weill, p. 284.)

2. Martin Saint-Léon. *Le compagnonnage*, p. 363.

3. Voir notamment M. Keufer au nom de la Fédération générale du Livre. (Martin Saint-Léon, p. 722.)

4. Martin Saint-Léon. *Eod. loco*, p. 363.

5. M. Bérenger au Sénat, le 31 juillet 1882 : « A la liberté des syndicats vous allez substituer la tyrannie d'un syndicat supérieur ». (Sénat, 1882, p. 971.)

6. Discours sur les unions de syndicats. (Sénat, 2 février 1884.)

7. En 1902 elle comprenait 82 bourses.

à cette union qui fut enfin consommée par le Congrès de Montpellier en 1902 [1].

Les bourses du travail, groupant les syndicats locaux, devaient avoir pour but la fondation des institutions économiques intéressant les syndicats ; elles eurent surtout pour objet l'organisation des grèves [2]. La Confédération général du travail devait avoir pour objet, en se tenant en dehors de toutes les écoles politiques, « d'unir sur le terrain économique les travailleurs en lutte pour leur émancipation légale [3] ». Elle était administrée par un conseil national composé des délégués des unions locales, des fédérations nationales et de la Fédération des bourses [4]. D'après les statuts adoptés à Montpellier [5] elle eut pour objet « le groupement des salariés pour la défense de leurs intérêts moraux et matériels, économiques et professionnels ; le groupement des travailleurs en dehors de toute école politique, pour la disparition du salariat et du patronat ». La Fédération fut divisée en deux sections, les Fédérations d'industrie et de métier et des syndicats isolés, la Fédération des bourses ; les délégués des deux sections formaient le comité confédéral qu'on a pu appeler « le syndicat des syndicats [6] ».

La constitution de la Confédération générale du travail qui attribue une voix dans le congrès à chaque organisation quel que soit le nombre de ses adhérents, a donné la majorité aux éléments révolutionnaires malgré l'importance des éléments réformistes ou modérés [7]. Aussi la Confédération, dirigée par un comité confédéral révolution-

----

1. Weill, p. 358; Martin Saint-Léon, p. 714.

2. Le Gouvernement a permis aux municipalités de subventionner les bourses du travail et les a subventionnées lui-même (Dru. *La révolution qui vient*. Edition de l'*Echo de Paris*. 1906). — Les bourses ont travaillé sans relâche à la propagande socialiste. (Weill, p. 349.)

3. Congrès de Limoges en 1895. (Martin Saint-Léon, p. 714.)

4. En 1902 la Confédération générale du travail comprenait 35 fédérations et 14 syndicats non fédérés comptant au total 100.000 syndiqués. (Martin Saint-Léon, p. 717.) En 1908 elle comprenait 2.586 syndicats et 157 bourses avec 2.028 syndicats. (Martin Saint-Léon, p. 730.)

5. Martin Saint-Léon, p. 717.

6. Clunet, p. 240.

7. La Confédération ne comprend pas que des éléments révolutionnaires. (Martin Saint-Léon, p. 746). — Sur le syndicalisme réformiste voir : Weill, p. 359, 364.

naire, s'est-elle de plus en plus orientée vers les doctrines du syndicalisme révolutionnaire : l'action directe, la grève générale [1], et l'anti-patriotisme. Sur ce dernier point elle n'a pas reculé devant la propagande antimilitariste la plus scandaleuse [2] par son organe *la voix du peuple* [3].

Dans les divers congrès, malgré la résistance des éléments modérés, les décisions les plus violentes ont été adoptées. La Confédération du travail a provoqué ou soutenu des grèves nombreuses, et même, en 1908, à Villeneuve Saint-Georges, une véritable émeute [4].

Faut-il dire que l'importance de la Confédération du travail a été grossie par ses amis comme par ses adversaires [5] ? Même en faisant la part des exagérations, il n'en reste pas moins qu'elle constitue le foyer permanent de la révolution sociale [6]. En voyant son influence dans le sens de la violence, ses efforts pour embrigader dans ses rangs les agents de l'Etat et les instituteurs [7], on peut constater qu'elle a constitué la déviation la plus dangereuse du syndicalisme en faisant de l'association professionnelle une organisation politique, révolutionnaire, et même internationale [8]. Elle représente, sur le terrain professionnel, l'abus le plus grave de la liberté d'association.

1. Une des brochures répandues par la commission des grèves de la Confédération générale du travail est intitulée : *La grève générale et la Révolution*. Elle a pour auteur M. Aristide Briand. (Dru. *La Révolution qui vient*. — *Le Correspondant*, 25 septembre 1908, p. 1084.)

2. Martin Saint-Léon, p. 721, 736 ; Weil, p. 368.

3. En 1905 la Confédération générale du travail invite les syndicats allemands à commencer une agitation contre la guerre, invitation qui est repoussée. (Martin Saint-Léon, p. 725.)

4. Martin Saint-Léon, p. 728. — Sur la Confédération générale du travail voir M. Leroy-Beaulieu. *Revue des Deux-Mondes*, 1ᵉʳ août 1908, p. 481.

5. Fagniez, p. 157 ; *Guide social*, 1911, p. 177.

6. Martin Saint-Léon, p. 739.

7. Clunet, p. 243 ; Weill, p. 381 ; Martin Saint-Léon, p. 700.

8. Au point de vue international voir l'ordre du jour voté par le Congrès de Marseille en 1908 : « Le Congrès rappelle la formule de l'Internationale : les travailleurs n'ont pas de patrie. » (Martin Saint-Léon, p. 737.) Sur la Confédération générale du travail voir la brochure très complète : *La C. G. T.*, par Pierre Labaume. Edition de l'âme française. Nous en regretterons seulement la conclusion : l'auteur déclare que la C. G. T. « a rendu à la classe ouvrière d'incontestables services parce qu'elle a contribué à l'organiser et parce qu'elle a soutenu ses revendications professionnelles ». Il reconnaît cependant que « par sa propagande antireli-

Au point de vue de la répression de cet abus, la loi de 1884 édictait, nous l'avons vu, des répressions insuffisantes. Contre les syndicats qui ne se renfermeraient pas dans le rôle professionnel tracé par la loi ou qui recevraient des membres étrangers à la profession, la loi de 1884 prévoyait, avec la menace de la dissolution [1], la pénalité d'une simple amende. Comment fut-elle appliquée ? On peut relever quelques poursuites dirigées contre les membres de syndicats pour actes de propagande politique [2]. On vit aussi condammer pour infraction à la loi de 1884 les adhérents de l'association professionnelle des patrons du Nord prévenus d'avoir admis des membres étrangers à la profession et de s'être occupés de questions religieuses et sociales étrangères à l'intérêt exclusivement professionnel [3]. Mais dans combien de circonstances le Gouvernement osa-t-il provoquer la dissolution des syndicats ?

A l'égard des bourses du travail, son attitude fut particulièrement hésitante. Par le décret du 17 juillet 1900 [4] il reconnaissait aux syndicats professionnels le droit d'occuper un local dans les bourses du travail. En 1893 il fermait la Bourse du travail de Paris convaincue d'avoir reçu des syndicats illégaux, et poursuivait les syndicats irréguliers [5], mais en 1895 il accordait aux socialistes la réouverture de la Bourse du travail [6].

En ce qui concerne la Confédération générale du travail, non seulement le Gouvernement a fait preuve de faiblesse dans la répression des troubles qu'elle a excités [7], non seulement il a refusé d'en poursuivre les auteurs

---

gieuse et antipatriotique, par sa politique révolutionnaire, par les méthodes de violence qu'elle préconise, elle rend impossible l'union complète des travailleurs : elle risque de diviser profondément la classe ouvrière ». — Les deux affirmations semblent contradictoires Nous préférons la seconde.

1. Article 9 : « Les tribunaux pourront prononcer la dissolution à la diligence du Procureur de la République. »

2. Weil. *Le droit d'association*, p. 291. Arrêt de Nancy du 20 novembre 1899.

3. Weil, p. 290. Cassation, 18 février 1893 (*Gazette des tribunaux* du 26 février).

4. Clunet, p. 236.

5. Weil, p. 292.

6. Weil, p. 300.

7. *Tout par l'Etat*, p. 67-68 (sources citées).

responsables [1], mais vis-à-vis de l'organisation elle-même, organisation dont l'action ouvertement révolutionnaire pousse à l'émeute et à la guerre civile, il n'osait recourir à aucune sanction. La légalité de la Confédération générale du travail pouvait-elle être soutenue ? Dans une conférence faite en 1913 au musée social [2], M. Vavasseur déclarait qu'il était fort douteux que cette organisation se fût conformée aux dispositions de la loi de 1884 sur les unions de syndicats en déposant les noms des syndicats adhérents. De plus son objet avoué, qui est de préparer la grève générale, est-il un objet professionnel ? « Je crois, ajoutait-il, que poser la question c'est la résoudre et que le Gouvernement a certainement des armes contre la Confédération générale du travail s'il voulait exercer des poursuites et faire prononcer sa dissolution en justice. » Et M. Millerand, qui présidait la réunion, précisait encore, déclarant qu'une union de syndicats qui prêche la propagande antimilitariste « n'a rien de commun avec l'exercice des libertés syndicales ». Elle tombe, ajoutait-il, non seulement sous le coup de la loi de 1881 [3], mais sous les prohibitions de la loi de 1901 comme dangereuse pour l'ordre public [4]. Le Gouvernement, avait dit le conférencier, n'use pas de la loi, « il a peut être ses raisons ».

Quelles ont été ces raisons [5] ? La crainte de porter atteinte à la liberté syndicale, de voir la Confédération dissoute se reconstituer sous une forme occulte et plus dangereuse ? Un autre ordre de considérations est surtout intervenu. Lors de l'interpellation qui fut discutée à la

---

1. Les principaux militants de la Confédération générale du travail ont bénéficié d'un non-lieu après l'émeute de Villeneuve Saint-Georges (Martin Saint-Léon, p. 729).

2. *Gazette des tribunaux* des 12 et 19 décembre 1913.

3. La loi de 1881 en effet ne permet les syndicats que s'ils ont un but professionnel. Elle interdit aux syndicats d'admettre des hommes étrangers à la profession. — Sur la question de la dissolution de la Confédération générale du travail voir : *L'année sociale internationale*, 1912, p. 370.

4. Le projet de loi de 1913 déclare l'article 8 de la loi du 1er juillet 1901 applicable au cas où un syndicat ou une union dont le tribunal a ordonné la dissolution se serait maintenu ou reconstitué illégalement (*Gazette des tribunaux*, 2 juin 1913). Ce serait encore donner plus de force au moyen de la dissolution.

2. Vavasseur, *supra* ; Martin Saint-Léon, p. 739.

Chambre le 13 janvier 1911, M. Briand, tout en reconnaissant l'illégalité de la Confédération générale du travail, déclarait sa dissolution inopportune [1]. En 1908 [3], M. Clémenceau, ministre de l'Intérieur, s'était prononcé contre « une intervention aussi brutale qu'inutile » car il entrevoyait que le meilleur résultat serait obtenu « lorsque les syndicats eux-mêmes auront fait la police de leur organisation ». La vérité c'est que les pouvoirs publics avaient fait preuve d'une trop longue faiblesse pour oser appliquer la loi [2].

Telle est la déviation profonde de l'association professionnelle à laquelle a pu aboutir le mouvement syndicaliste. On en est arriv à voir dans le droit au syndicat un intérêt qui n'est plus d'ordre professionnel et économique, mais qui est devenu pour un grand nombre « d'ordre exclusivement politique [4] ». On en est arrivé aussi à faire considérer le syndicalisme, par ses abus, comme un obstacle à la véritable liberté d'association.

Est-ce à dire qu'il faille contester la légitimité de ce mouvement syndicaliste en lui-même ? Il nous est apparu comme l'aspiration naturelle à la liberté d'association sur le terrain professionnel, et nous croyons qu'on peut se féliciter d'avoir vu cette liberté consacrée par le législateur. L'avenir des syndicats peut être envisagé dans une organisation de plus en plus complète de la profession en vue de l'amélioration des conditions du travail, organisation exclusive de toute obligation qui deviendrait tyrannique [5] et de toute action politique qui serait abusive [6] ; dans une représentation des intérêts professionnels; dans la constitution d'un patrimoine corporatif insuffisant

---

1. *Officiel* du 14 janvier.— La Chambre a voté un ordre du jour de confiance au Gouvernement « pour garantir et développer les libertés syndicales tout en contenant les associations professionnelles dans le domaine qui leur est assigné par la loi. »

2. Clunet, p. 514.

3. En 1920 le gouvernement devait décider des poursuites tendant à la dissolution de la Confédération générale du travail.

4. Clunet, p. 236.

5. Le syndicat obligatoire ramènerait à la corporation eu ce qu'elle avait d'abusif.

6. Il faut opposer au syndicalisme révolutionnaire le syndicalisme « indépendant » (Martin Saint-Léon, p. 739).

jusqu'ici ; dans le développement d'ententes entre les intérêts patronaux et les intérêts ouvriers [1]. L'avenir des syndicats, intermédiaires entre le travailleur isolé et le pouvoir central, doit être surtout dans la liberté de ses
membres et dans l'indépendance vis-à-vis des influences
politiques. Le mouvement syndical devrait être, comme
on l'a dit, ramené sur le terrain professionnel. Mais,
comme on l'a dit aussi avec raison, le syndicat peut être à
la fois la meilleure ou la pire des choses. Il vaudra ce que
valent les hommes qui le composent [2]. Aussi nous l'avons
vu d'autre part, tendant à dévier de son véritable rôle,
chercher à s'imposer par la violence dans les milieux
ouvriers, soutenir cette doctrine dangereuse que l'hostilité est nécessaire entre les patrons et les ouvriers, s'orienter vers un idéal politique et révolutionnaire. Nous avons
déploré que l'idée d'union se trouvât fréquemment absente
dans le monde du travail, le syndicat étant trop souvent,
avant tout, pour l'ouvrier un moyen de lutte, pour le
patron un moyen de défense. Nous pouvons constater,
d'un autre côté, que l'Etat, manquant à sa mission qui
est de protéger la liberté du travail et la sécurité publique,
devait trop souvent négliger de réprimer les abus commis
en refusant de se servir des moyens qu'il trouvait dans
la loi.

Si nous voulons maintenant, après avoir d'avance indiqué les conséquences et les abus qui devaient résulter du
mouvement syndical dans l'avenir, caractériser la période
antérieure à la loi de 1901 en ce qui concerne les associations professionnelles, nous pouvons constater que la loi
de 1884 a été sur ce terrain la conquête de la liberté d'association. Désormais, sous réserve de la nécessité de la
déclaration, l'association professionnelle est libre. Elle
peut se constituer sans autorisation du Gouvernement :
l'article 291 du Code pénal est abrogé à son égard [3]. Mais
c'est un privilège qui lui est conféré, une situation exceptionnelle qui lui est donnée vis-à-vis du droit commun

1. Notamment par le contrat collectif de travail (*Guide social*, 1911,
p. 168) et par les organismes d'entente entre les patrons et les ouvriers.
2. Hubert-Valleroux, p. 419.
3. Article 2 de la loi de 1884.

lequel continue encore à régir les autres formes de l'association [1].

§ 4. — *Les associations religieuses et les congrégations. Les décrets de 1880. Les lois fiscales contre les congrégations.*

Le mouvement religieux, ravivé par les événements de 1870, se traduisait par un développement de l'action sur le terrain de l'association. Le régime de liberté et de tolérance qui existait en fait favorisa tout d'abord cette action religieuse qui se manifestait dans le domaine de l'enseignement, de la propagande religieuse, et, nous l'avons vu, dans le domaine de la bienfaisance [2]. Au dehors, on l'a remarqué justement, « écoles, asiles, crèches, orphelinats, ouvroirs, patronages, pensionnats, collèges, facultés, noviciats, séminaires, refuges, communautés catholiques de toute sorte et de toute utilité, se multiplient sur la surface du globe, entretiennent la renommée française un moment éclipsée et préparent l'œuvre d'expansion qui assurera un jour à la France la possession d'un vaste empire colonial [3] ».

Cette action des catholiques, d'abord favorablement envisagée par le concours des pouvoirs publics et l'adhésion de la majorité parlementaire sous l'Assemblée Nationale, allait se heurter à l'anticléricalisme, formule nouvelle politique inaugurée depuis 1876. Ce sera l'obstacle apporté à la liberté. L'anticléricalisme, c'est-à-dire au fond la guerre antireligieuse contre le catholicisme, guerre qui devait diviser le pays et le discréditer vis-à-vis de l'étranger [4], devenait de plus en plus, nous l'avons indiqué, un

1. Les associations professionnelles sont au nombre de celles qui ont « un traitement de faveur » (Congrès de 1899, p. 133). — La loi sur les syndicats, devançant le projet général sur les associations, avait dit M. Bérenger au Sénat, sera une loi de privilège (Sénat, 31 juillet 1882). Ajoutons que c'est un double privilège car la liberté d'association n'est accordée par cette loi qu'aux seuls professionnels et parmi ceux-ci aux seuls professionnels *manuels*.

2 Hanotaux, t. IV, p. 655 et s.

3. *Eod. loco*, II, p. 659.

4. On pourra constater, lors de la guerre de 1914-1919, les préjugés for-

programme de gouvernement. C'est même, comme on l'a fait remarquer, la seule politique qui ait eu le privilège d'une continuité absolue : « Il est admirable, a-t-on pu dire, de constater que les rares longs ministères dont nous ayons joui, n'aient dû leur longévité exceptionnelle qu'à la violence de leur action anticatholique [1]. »

La politique anticléricale allait être une entrave au mouvement d'association sur le terrain religieux. Elle allait surtout se concentrer contre les congrégations religieuses qui constituaient l'avant-garde de l'Eglise et représentaient son élément le plus actif et le plus exposé. En ravivant les préjugés, en multipliant les attaques contre les congrégations, on donnait satisfaction aux passions antireligieuses tout en se défendant de porter atteinte à la religion traditionnelle du pays [2]. Le résultat devait être, avec la destruction de nombreuses œuvres d'instruction et de bienfaisance, une grave atteinte portée au principe lui-même de la liberté d'association qui semblait pourtant s'imposer à tous les esprits. A la période de tolérance qui avait suivi les événements de 1870 allaient succéder des mesures d'exception dirigées exclusivement contre les congrégations religieuses. Par la crainte des congrégations toujours entretenue, par l'hostilité croissante manifestée contre elles, on s'acheminera à la disposition de la loi de 1901 qui, les excluant du droit commun, fortifiera le dernier obstacle à la reconnaissance définitive du principe de liberté en matière d'association.

Parmi les associations, autres que les congrégations mais inspirées par l'esprit religieux, il faut d'abord distinguer les associations qui ont un but de propagande religieuse. Avant la loi de 1901, elles bénéficient de la tolérance qui constitue le régime de fait des associations.

---

midables soulevés à l'étranger contre la France par la guerre antireligieuse (Mgr Baudrillart. *La guerre allemande et le catholicisme. La vie catholique dans la France contemporaine*, publications du comité catholique de propagande française à l'étranger).

1. Dessaint. *Avant tout un pouvoir central*. Préface par G. Deherme, 1916, p. 61.

2. On prétendra même servir l'Eglise catholique en la débarrassant de l'influence encombrante des congrégations. Cet argument reviendra constamment dans la discussion de la loi de 1901.

C'est ainsi que s'étaient constitués en 1873 des comités pour organiser les pèlerinages nationaux [1]. C'est ainsi que se forme en 1879 à Paris un *comité diocésain pour la création et l'entretien des écoles libres*, que se poursuit l'œuvre de la *Société générale d'éducation et d'enseignement* fondée en 1868 pour la défense de l'enseignement libre. En 1871 avait été créée l'*Union des associations ouvrières catholiques* [2] pour coordonner les initiatives tendant à la création d'œuvres ouvrières. En 1872 avait été fondée par MM. de Mun et de La Tour du Pin l'*Œuvre des cercles catholiques* qui comptait, en 1888, 400 cercles dirigés par des comités se rattachant à un comité central.

Du côté des protestants on peut citer les *Unions chrétiennes de jeunes gens* fondées en 1852 et fédérées en 1867 ; l'*Association protestante pour l'étude des questions sociales* créée en 1887 ; *les solidarités*, centres de réunions ouvrières, qui se sont groupés en fédération [3].

D'autres associations avaient un but de défense religieuse en même temps que de propagande [4]. Elles furent l'objet, à partir de 1877, de suspicions gouvernementales. Tels furent les cercles catholiques d'étudiants, pourvus de l'autorisation administrative, au sujet desquels M. Waddington, ministre de l'Instruction publique, adressa en mars 1877 une circulaire aux recteurs. Tels furent les comités catholiques qui, tout en proclamant leur neutralité politique, se proposaient de défendre les intérêts religieux et de préparer en ce sens l'amélioration de la législation [5]. Le comité catholique de Paris qui avait été autorisé le 4 avril 1874 fut dissous par arrêté du préfet de police du 5 avril 1877 à la veille de son assemblée générale. Cette mesure souleva de la part des catholiques des protestations auxquelles répondit une interpellation de M. Leblond discutée au Sénat le 3 mai suivant [6] et visant « les menées ultramontaines ». M. Jules Simon, minis-

---

1. Hanotaux, t. II, p. 73.
2. Weill. *Histoire du mouvement social*, p. 183.
3. Weill, p. 409.
4. Weil. *Le droit d'association*, p. 299 ; de Faget de Casteljau, p. 163 ; Hanotaux, t. III, p. 693.
5. De Faget de Casteljau, p. 464 (sources citées).
6. Hanotaux, t. III, p. 697.

tre de l'Intérieur, reconnut que la situation des cercles était irréprochable, mais il considérait que les comités « avaient été inventés dans un but d'affiliation générale et redoutable ». Il déclara que le Gouvernement se servirait de la loi en refusant ou en retirant l'autorisation. Dans un discours violent, Gambetta dénonça la guerre faite à la République au nom de la religion et le développement des congrégations ; il termina en rééditant le fameux cri de guerre : « Le cléricalisme voilà l'ennemi[1]. » « C'est au catholicisme qu'on en veut », répondait le 9 mai, dans une lettre pastorale, le cardinal Guibert[1]. Il s'agissait donc, à propos de l'association sur le terrain religieux, d'une déclaration formelle de guerre. Malgré les protestations de M. de Mun, cette déclaration de guerre fut votée par l'ordre du jour du 3 mai[2] qui, considérant que les manifestations ultramontaines constituaient « une violation flagrante des lois de l'Etat », invitait le Gouvernement « à user des moyens légaux dont il dispose ».

En ce qui concerne les associations ayant pour objet l'exercice d'un culte, la question ne devait se poser dans toute son ampleur que plus tard, au moment de la loi de séparation à laquelle devaient conduire les attaques dirigées contre le régime concordataire. Elle ne fut soulevée, antérieurement à la loi de 1901, qu'à propos de l'application des articles 291 et 292 du Code pénal à certaines réunions cultuelles organisées par des protestants[3]. Une tolérance de fait qui s'était manifestée depuis 1870 fit place à des poursuites ou à des mesures administratives que l'on peut signaler de 1873 à 1879. On peut citer aussi un arrêt de la Cour de Bourges du 27 mars 1876 qui vise les articles 291 et 292 du Code pénal. Ces associations donnèrent lieu au Sénat à un projet de M. de Pressensé en 1874, à un projet de M. Bardoux en 1877, et à la Chambre des députés à un projet de M. Seignobos qui, voté sans discussion, fut l'objet en 1880 de deux rapports favorables de M. Pelletan au Sénat.

1. *Eod. loco*, p. 704.
2. Hanotaux, t. III, p. 710.
3. Weil. *Le droit d'association*, p. 302.
4. Weil. *Le droit d'association*, p. 325 et s.

Les congrégations religieuses se trouvaient, en droit, dans la situation que nous avons caractérisée pendant la période du second Empire.

Les congrégations autorisées, c'est-à-dire reconnues par un acte de la puissance publique leur conférant la personnalité civile, restaient soumises à une législation spéciale. Il était admis, en principe, qu'une loi était nécessaire pour leur conférer la personnalité [1], mais aucune disposition législative, accordant spécialement l'autorisation à une congrégation déterminée, n'avait jamais été votée. Pour les congrégations d'hommes la loi de 1817 était restée lettre morte [2]. Quatre congrégations d'hommes seulement devaient, d'après le Conseil d'Etat, être considérées comme légalement reconnues en tant que congrégations [3]. Quant aux congrégations de femmes, un grand nombre étaient reconnues par des ordonnances ou des décrets rendus en vertu de la loi de 1825 ou du décret de 1852 [4]. Enfin des congrégations d'hommes avaient été reconnues comme établissements d'utilité publique de bienfaisance ou d'enseignement.

En ce qui concerne les congrégations non autorisées, c'est-à-dire non reconnues par un acte de la puissance publique, leur situation restait incertaine. L'autorisation gouvernementale était-elle nécessaire, non seulement pour donner aux congrégations la personnalité, mais même pour rendre licite le fait de leur existence à l'égard de la loi pénale ? Fallait-voir dans la congrégation non autorisée une association illicite ? C'est ce qu'on pouvait contester. On pouvait soutenir que le décret de Messidor, an XII, si tant est qu'il eût jamais été applicable d'après les principes de notre droit, avait été abrogé par le Code pénal « loi générale des délits et des peines [5] ; » que le

1. Avis du Conseil d'Etat du 16 juin 1881 cité par M. Trouillot, rapporteur. (Chambre, 14 mars 1901, p. 748.)

2. M. Trouillot à la Chambre, le 14 mars 1901 (p. 749) : « Aucune congrégation d'hommes n'a été autorisée depuis les lois de 1817 et de 1825. »

3. Avis du Conseil d'Etat du 16 janvier 1901.

4. M. Alicot à la Chambre, le 18 mars 1901 (p. 701) : « Les lois de 1817 et de 1825 en ce qui concerne l'autorisation législative n'ont jamais été appliquées ; jamais aucune Chambre n'a été saisie d'une demande d'autorisation législative. »

5. Rousse. *Consultation sur les décrets du 29 mars 1880*, p. 29.

Code pénal lui-même, dans son article 291, ne s'appliquait pas aux membres d'une congrégation réunis dans le même domicile [1] ; que la loi de 1834, d'après les déclarations mêmes de ses auteurs, ne visait que les associations politiques et nullement les congrégations. On pouvait se fonder sur ce qu'aucune disposition législative n'interdisait la vie en commun [2], et affirmer que la reconnaissance légale était un privilège et non une condition essentielle d'existence [3]. Mais il suffisait que ces controverses fussent toujours pendantes pour que la situation des congrégations non reconnues restât mal définie. Les préjugés toujours entretenus permettaient de perpétuer l'équivoque assimilant la congrégation non autorisée à la congrégation illicite. Les adversaires des congrégations continuaient à voir dans l'article 291 et la loi de 1834 des armes dont le Gouvernement pourrait se servir quand il le voudrait.

D'une façon générale, il fallait donc reconnaître que, sur le terrain légal, la question des congrégations religieuses était loin de se trouver nettement déterminée. C'est ce que constatait M. Jules Simon dans son rapport au Sénat au nom de la commission chargée d'examiner le projet de M. Dufaure [4] : « On ferait, disait-il, un recueil immense des édits, ordonnances, arrêts, proclamations, circulaires, décrets ou lois qui concernent les congrégations religieuses, monuments législatifs dûs aux époques les plus différentes, aux régimes les plus opposés, ne visant le plus souvent qu'un détail ou une espèce, inspirés par les circonstances, par un besoin pressant, par un péril, par une rancune, d'une authenticité quelquefois douteuse, d'une légalité contestable, d'une application difficile ou impossible ; tantôt abandonnés pendant des années ou même des siècles, puis subitement remis en vigueur pour être

---

1. Et dans tous les cas aux congrégations qui comprendraient moins de vingt personnes. (Sirey, *Lois*, 1880, p. 521.)

2. L'article 291 fournit même un argument *a contrario*.

3. C'est la doctrine admise en 1865 par le ministre de la Justice. (Voir au chapitre sur le deuxième Empire.) L'existence de fait était du reste nécessaire pour les congrégations qui voulaient obtenir la reconnaissance légale.

4. Sénat. *Documents*, 1882, p. 422.

abandonnés de nouveau au moindre revirement de l'esprit public : véritable image de la confusion, de celle qui naît de la multiplicité et de la contradiction des règlements[1]. »

Confuse sur le terrain du droit, la situation des congrégations était en fait, régie conformément aux tendances de tolérance qui avaient prévalu depuis 1870 et que M. Brisson lui-même n'osait pas répudier dans la discussion de 1872. Sous ce régime de la tolérance les congrégations avaient continué à se développer, comme « des bourgeons nouveaux qui repoussent et pullulent sur les vieux troncs que la hache révolutionnaire avait tranchés[2] ». Leur extension ne résultait pas seulement du mouvement vers l'association qui se manifestait dans la vie moderne ; elle répondait aux besoins multiples qui se révélaient dans le domaine de l'assistance sous toutes ses formes. Dans l'intérieur du pays leurs bienfaits se traduisaient par les œuvres les plus diverses qui embrassaient toute la série des misères humaines : maladie, infirmités, vieillesse, éducation des orphelins[3]. Les écoles et les établissements d'enseignement qu'elles dirigeaient étaient prospères, et l'ordre enseignant le plus populaire, celui qui avait créé ou perfectionné l'enseignement primaire dans le pays, l'Institut des frères des écoles chrétiennes, venait de donner en face de l'invasion étrangère le spectacle d'un dévouement patriotique hautement proclamé[4]. A l'étranger, nous l'avons dit, les congrégations religieuses étaient les

1. De même on a pu dire de cette législation que c'était un assemblage de lois contradictoires dont quelques-unes étaient depuis longtemps inappliquées et dont aucune n'avait été exécutée complètement et par mesure générale. (Auffray et de Crousaz. *Les expulsés devant les tribunaux*, 1881.)

2. Taine. *Les origines de la France contemporaine*, t. XI, p. 136. — D'après l'enquête de 1876 il y avait à ce moment 33 congrégations d'hommes autorisées avec 228 établissements, 903 congrégations de femmes autorisées avec 2.252 établissements. Les congrégations non autorisées d'hommes comptaient 384 établissements, les congrégations non-autorisées de femmes 602 établissements. (Hanotaux, t. II, p. 653, 654.)

3. Keller. *Les congrégations religieuses en France, leurs œuvres, leurs services*, 1880. — « Ce sont des bienfaiteurs par institution et des corvéables volontaires, voués par leur propre choix à des besognes dangereuses, répugnantes, et tout au moins ingrates. » (Taine, t. XI, p. 139 et s.)

4. Le dévouement des Frères des écoles chrétiennes avait été, après les événements de 1871, récompensé par l'Académie française lui décernant le prix fondé par la ville de Boston pour récompenser le plus beau dévouement pendant la guerre. (Discours du duc de Noailles le 8 août 1872.)

agents les plus actifs et les plus utiles de l'influence française [1]. De cette action l'État se servait en continuant à l'extérieur son rôle de protection. A l'intérieur, il utilisait les ordres religieux pour de nombreux services publics et passait même des contrats avec des congrégations qui n'avaient reçu la personnalité d'aucune disposition législative [2].

Quant à la question des biens des congrégations non reconnues, elle avait été résolue en pratique par des considérations d'équité inspirées par les nécessités de la vie quotidienne. Les congrégations pouvaient être considérées comme des sociétés de fait dont les membres étaient unis par un contrat innomé. C'est ainsi qu'elles étaient envisagées en Belgique ; c'est ainsi que la jurisprudence les avait souvent envisagées en France [3]. Il y avait toujours du reste la propriété individuelle dont le respect s'imposait, et les tribunaux ne devaient-ils pas reconnaître les droits que conférait au propriétaire apparent son titre légal sans avoir à refuser la protection de la loi quand l'usage de la propriété était commun à plusieurs personnes [4] ?

Le maintien de cette situation de fait suffisait aux congrégations non reconnues. Soutenant que l'autorisation était un privilège et non une obligation, protestant contre l'assimilation des congrégations non reconnues à des associations illicites, elles réclamaient en somme l'application du droit commun [5] : reconnaissance de la liberté individuelle, de l'inviolabilité du domicile, du droit d'habiter en commun qui pouvait être considéré comme consacré par l'article 291 du Code pénal ; respect de la propriété individuelle quand aucune personnalité morale n'avait été constituée.

1. Hanotaux, t. II, p. 659 ; Mgr Baudrillart. *La guerre allemande et le catholicisme*.

2. M. de Mun à la Chambre, 21 janvier 1901.

3. Clunet, p. 182 ; Rousse. *Consultation*, p. 197.

4. Barboux. *Discours et plaidoyers*, 1889. Affaire des Pères du Saint-Sacrement, p. 184, 187. Voir l'arrêt de la Cour de Paris du 21 février 1879 : « Considérant que l'acte de vente dont s'autorisent A... et consorts constitue un titre de propriété efficace par lui-même et opposable à tous. »

5. C'est ce qu'avaient réclamé le P. de Ravignan et le P. Lacordaire qui avaient placé la question sur le terrain du droit commun.

La tolérance de fait ne constituait pourtant pas un régime acceptable. La situation légale était, nous l'avons dit, confuse et incertaine ; elle ne donnait aucune sécurité et sa complexité fournirait des armes à ceux qui tenteraient de faire revivre des dispositions que tous les hommes de bonne foi considéraient comme tyranniques et surannées. On attaquait les congrégations non-autorisées comme contraires aux dispositions de la loi. On les accusait de masquer des associations illicites. On contestait la propriété des immeubles détenus par leurs membres. On allait jusqu'à y voir des biens vacants et sans maître que l'Etat pouvait revendiquer [1]. Les décrets de 1880, la discussion de la loi de 1901, devaient démontrer tristement le danger d'une législation spéciale contestable et d'ailleurs mal définie.

D'autre part, depuis longtemps les esprits libéraux s'élevaient contre cette incertitude et protestaient contre l'application aux congrégations religieuses des lois révolutionnaires ou des dispositions de l'article 291 du Code pénal et de la loi de 1834. Les catholiques, dès 1872, réclamaient l'abrogation de toute législation spéciale [2], et le projet discuté à cette époque leur donnait satisfaction. En 1875, M. Laboulaye, dans son rapport à l'Assemblée Nationale sur le projet relatif à la liberté de l'enseignement supérieur faisait cette déclaration : « Que des citoyens adoptent un genre de vie et un habit particulier, c'est là un engagement de conscience, un lien spirituel absolument étranger à l'ordre civil et dont l'Etat n'a point à s'inquiéter, à moins que l'association n'ait un objet politique. La liberté religieuse n'est pas moins respectable que toute autre forme de la liberté [3]. » Dans la discussion de 1880, M. Dufaure, réclamant la liberté sans nécessité d'autorisation pour toute association même religieuse, posait le véritable principe : « Je prie donc qu'on ne dise pas qu'une communauté non autorisée est, par cela même, une communauté illicite, parce qu'elle n'a pas encore demandé

1. Dalloz, 1880, I, p. 147 ; *Contrat* ; M. Beauregard. Chambre du 27 mars 1901, (p. 977).
2. Hanotaux, t. III, p. 400.
3. Sirey. *Lois*, 1876, p. 65.

l'autorisation. Elle a usé d'un droit en ne le demandant pas [1]. »

La nécessité s'imposait donc, si on voulait la liberté d'association sur le terrain religieux, de faire cesser les confusions et les incertitudes par des dispositions précises nettement et loyalement formulées. Cette loi, a-t-on dit [2], était difficile à faire. Nous n'apercevons pas quelle difficulté insurmontable se serait imposée au législateur uniquement préoccupé de poser le principe de liberté. Le meilleur moyen de résoudre le problème, c'était de faire rentrer les congrégations dans une loi générale sur les associations en les soumettant aux principes du droit commun.

Quelle raison y avait-il de distinguer entre les congrégations religieuses et les autres associations ? Quels caractères signalaient les congrégations [3] ? La vie commune : mais quel principe de notre législation l'interdit à des citoyens jouissant de la plénitude de leurs droits ? L'obéissance à un supérieur et les vœux : mais comment le législateur pouvait-il tenir compte d'engagements qui ne relèvent que de la conscience ? Comment pouvait-on soumettre à des sanctions légales des engagements de ce genre qui n'avaient plus d'effets juridiques [4], et n'était-ce pas commettre une grave confusion que de vouloir faire tomber sous le coup de la loi pénale des actes qui étaient inexistants au point de vue de la loi civile ? Pour les congrégations réclamant simplement le droit d'exister, le véritable principe à poser était, comme pour les autres associations, le principe de liberté.

Quant aux conditions nécessaires pour acquérir la personnalité morale, elles pouvaient être fixées pour les congrégations comme pour les autres associations et sous les mêmes garanties. On aurait pu, tout en respectant les droits acquis dans le passé, supprimer la législation spéciale de 1817 et de 1825, et donner aux congrégations, comme à

1. Sénat. 28 février 1880 ; Crépon. *Revue des Deux-Mondes*, 15 juin 1901, p. 383.
2. De Faget de Casteljau, p. 420.
3. Les congrégations sont des associations de personnes vivant en commun avec vœux. (*Pandectes françaises*), v° Congrégation religieuse.
4. Excepté au regard d'une loi spéciale, la loi de 1825.

toutes les associations, la faculté de se constituer comme
êtres juridiques et de posséder moyennant l'accomplissement de certaines conditions et sous une certaine surveillance des pouvoirs publics.

Telle était la solution qu'imposaient le bon sens et
l'équité, solution qui aurait honoré le législateur moderne
en faisant table rase de préjugés surannés [1]. Mais ces préjugés subsistaient et se perpétuaient à une époque qui se
prétendait une époque de liberté ou de tolérance. Nous
avons constaté à quelles attaques les congrégations étaient
en butte ; nous verrons à propos de la loi de 1901, quelles
objections étaient faites à l'admission des congrégations
au régime du droit commun. Rappelons seulement que
subsistait le préjugé qui posait en principe la nécessité
d'une législation spéciale pour les congrégations, et ce
préjugé s'appuyait surtout sur la crainte de la mainmorte.
Il était cependant facile de considérer que la mainmorte
n'était autre chose que le droit par une personne morale
de posséder et d'acquérir [2]. Qu'il y eût des précautions à
prendre contre le danger de l'extension de la mainmorte,
c'est une question qui pouvait être envisagée, tout en
ramenant cette question à ses véritables termes et en la
dégageant des exagérations qui en font un épouvantail.
Des précautions, telles que la nécessité de l'autorisation
des libéralités, pouvaient être prises ou maintenues aussi
bien pour les congrégations que pour les autres associations investies de la personnalité légale. Si même, en présence de craintes jugées insurmontables, on estimait nécessaire de soumettre sur ce point les congrégations à des
dispositions spéciales, il était facile de tenir compte des
nécessités de fait et des services de bienfaisance qui
devaient être assurés par le patrimoine des congrégations
pourvues de la personnalité. On pouvait s'inspirer de
l'exemple des législations étrangères, des dispositions qui,
aux États-Unis, limitent la valeur des immeubles dont

1. « Vous retardez de deux cents ans. » (M. Ribot à la Chambre,
25 mars 1901.)

2. M. Jules Simon au Sénat (3 mars 1882) : « Il y a une mode à présent,
c'est de croire que tout le mal ne peut venir que des associations religieuses. »

l'association incorporée peut être propriétaire afin de réaliser d'une façon durable l'œuvre qu'elle poursuit.

Mais, plus que tous les autres, se dressait le préjugé antireligieux qui devait être l'obstacle opposé aux tendances libérales. Dans le mouvement que nous avons constaté et qui, sous le nom d'anticléricalisme, entraînait la lutte politique sur le terrain de la guerre antireligieuse, la question des congrégations était agitée comme un épouvantail et devenait un cri de ralliement. Dès 1875 M. Jules Ferry, dans la discussion de la loi sur l'enseignement supérieur, dénonçait comme « un péril » l'abrogation des lois contraires aux congrégations religieuses [1].

Dans la discussion de la loi de 1881 sur la liberté de réunion, M. Madier de Montjau, soutenu par M. Brisson, s'élevait contre toute disposition de nature à faire disparaître de notre législation les lois « qui élèvent une infranchissable barrière entre la sécurité, le repos de la France républicaine et les associations, les congrégations religieuses [2] ». Cette hostilité contre les congrégations se manifestait surtout à propos de la question de l'enseignement. Les tendances qui poussaient au monopole de l'Etat, ou tout au moins à la ruine de l'enseignement libre ayant un caractère religieux, devaient lui imprimer un caractère particulièrement aigu. On était loin de la solution libérale qui aurait fait rentrer les congrégations dans une loi générale sur les associations. Aussi verra-t-on le préjugé antireligieux contre les congrégations apparaître à l'occasion de la plupart des projets relatifs au régime des associations et inspirer les projets spéciaux relatifs aux congrégations elles-mêmes.

Que la question des congrégations religieuses ait dominé la discussion de tous les projets législatifs depuis 1870, c'est ce que nous avons constaté, et c'est ce que devait reconnaître, ainsi que nous l'avons déjà remarqué [3], M. Trouillot rapporteur de la loi de 1901. Si, dans la discussion du projet de 1872, personne, malgré certaines réserves formulées, n'avait proposé de soustraire les con-

---

1. Hanotaux, t. III, p. 301.
2. Chambre, 24 janvier 1880. (Sirey, *Lois*, 1881, p. 154.)
3. Voir ci-dessus : chapitre III, I.

grégations au droit commun, on avait vu les préoccupations qu'elles soulevaient se manifester violemment dans les discussions législatives suivantes. Rappelons à cet égard la discussion de la loi de 1875 sur la liberté de l'enseignement supérieur, la discussion du projet de M. Dufaure en 1883, la discussion du projet de M. Fallières en 1892. Il n'est pas jusqu'à la discussion du projet sur les syndicats ouvriers en 1884 qui n'ait donné lieu à des déclarations méfiantes. En toute circonstance apparaissait la crainte des congrégations et, comme conséquence, l'opposition violente aux réformes législatives qui leur permettraient de bénéficier d'un régime de liberté. C'était, comme nous l'avons dit, la liberté d'association elle-même qui était atteinte, car l'hostilité contre les congrégations faisait échouer toutes les tentatives faites pour l'instituer définitivement [1].

Si on examine les projets législatifs eux-mêmes si nombreux avant la loi de 1901 on voit que l'égalité entre les congrégations religieuses et les associations ordinaires n'est admise que par le petit nombre d'entre eux [2]. Dans la plupart des projets généraux sur le droit d'association, des dispositions spéciales sont prévues à l'égard des congrégations religieuses [3]. « Il est de coutume, disait M. Aynard dans la discussion de la loi de 1901, que lorsqu'en France on dépose un projet de loi sur la liberté d'association, c'est un projet de loi contre la liberté de certaines associations [4]. » Or les associations suspectées de nos jours sont les congrégations religieuses.

Quant aux projets visant principalement les congrégations, ils sont en général inspirés par un sentiment de haine ou tout au moins de méfiance ; ce sont en réalité

1. Voir notamment l'échec du projet de M. Dufaure rapporté plus haut. — M. Milliard fera remarquer au Sénat dans la discussion de la loi de 1901 que c'est la question des congrégations qui a été jusque là un obstacle à l'abrogation de l'article 291. (Sénat, 11 juin 1901, p. 866.)

2. Crépon. *Revue des Deux-Mondes*, 15 janvier 1901, p. 378.

3. Citons en particulier : le projet Waldeck-Rousseau en 1883 qui permet aux associations ordinaires de se former sans autorisation tandis que les congrégations doivent être l'objet d'une autorisation législative. Le projet Fallières, en 1892, contient des dispositions spéciales sur les congrégations. De même le projet Floquet, et le projet Goblet.

4. Chambre, 20 mars 1901 (*Officiel*, p. 839).

des projets « contre les congrégations ». L'idée commune qui les inspire c'est d'exclure les congrégations du bénéfice du droit commun. Les procédés seuls diffèrent. Tantôt les projets se préoccupent de la confiscation des biens des congrégations[1]; tantôt ils les soumettent à une étroite surveillance administrative[2]; certains enfin, allant droit au but, prévoient la dissolution de toutes les congrégations[3]; on ira même jusqu'à demander que, les autorisations auparavant accordées étant rapportées, le fait d'affiliation à une congrégation constitue un délit[4].

En attendant la discussion, toujours ajournée, d'une loi générale sur les associations, ces tendances vont conduire à une série de mesures contre les congrégations : mesures destinées à les atteindre directement par les lois sur l'enseignement et la législation fiscale ; mais tout d'abord mesures de persécution directe par les décrets de 1880 qui vont avoir la prétention d'appliquer la législation existante sans recourir pour son application aux tribunaux de l'ordre judiciaire.

Déjà, en 1876, la loi du budget[5], dans son article 12, prescrivait qu'il serait dressé un état de toutes les congrégations autorisées ou non autorisées existant en France. L'état qui fut publié en 1878 contenait sur le dénombrement des congrégations et sur le relevé de leurs biens des constatations dont on a pu qualifier l'exactitude de « douteuse[6] », étant donné les bases contestables sur lesquelles elles reposaient. La pensée d'hostilité qui avait inspiré cette enquête n'était pas dissimulée. On pourra, dans la discussion de la loi de 1901[7], rappeler les paroles que devait prononcer le 16 mars 1880, M. Madier de Montjau aux applaudissements d'une partie de l'assemblée : « Promettez-nous de nous apporter bientôt les dépouilles des

1. Proposition de M. Jules Roche en 1882 sur la socialisation des biens des congrégations et des fabriques et la séparation de l'Eglise et de l'Etat (1882).
2. Projet Fallières en 1892. — Projet Goblet (1891).
3. Projet Cantagrel en 1879. — Projet Graux en 1882.
4. Projet Gatineau en 1881. — Projet Laffon en 1888.
5. Loi du 29 décembre 1876. (Sirey. *Lois*, 1877, p. 234).
6. *Pandectes françaises*, v° congrégations religieuses, n° 42.
7. Chambre, 15 janvier 1901, p. 50.

vaincus, des congrégations détestées. » Il s'agissait de préparer une législation fiscale, ou même, pour les plus ardents, de préluder à une confiscation complète.

C'est à propos de la loi du 16 mars 1880 [1], intitulée « loi relative à la liberté de l'enseignement supérieur », et qui avait en réalité pour objet de restreindre la liberté donnée par la loi du 12 juillet 1875 sur ce terrain, que se produisit la mesure la plus grave contre les congrégations religieuses. L'article 7 de la loi, revenant sur les dispositions de la loi de 1875, décide que les associations formées en vue de l'enseignement supérieur ne pourront être reconnues d'utilité publique que par une loi. C'est, d'après l'exposé des motifs, la crainte de la constitution des biens de mainmorte qui avait inspiré cette disposition [2].

Mais l'article 7 du projet présenté par M. Jules Ferry contenait une autre disposition d'une plus considérable importance : l'interdiction aux membres d'une congrégation non autorisée « de participer à l'enseignement public ou libre et de diriger un établissement d'enseignement de quelque ordre que ce soit [3] ». C'était établir une dérogation formelle à la loi de 1850. C'était aussi poser, à propos de la question de l'enseignement, la question de la légalité des congrégations non autorisées, question qui avait été écartée en 1850 comme en 1875 lors des discussions relatives à la liberté de l'enseignement. Cette disposition du projet déposé en 1879 fut combattue par de nombreuses pétitions et par les vœux de 37 conseils gégéraux.

Le projet, adopté par la Chambre le 9 juillet 1879, fut porté au Sénat le 10 juillet suivant et une discussion passionnée commença le 23 février 1880 [4]. L'article 7 soulevait à la fois la question du droit d'association à propos des congrégations religieuses non autorisées et la question du droit d'enseigner qu'il s'agissait d'interdire à leurs

---

1. Sirey, *Lois*, 1880, p. 513.
2. Sirey, p. 521.
3. Rousse. *Consultation sur les décrets du 29 mars 1880*, p. 53.
4. Pour la discussion voir Sirey. *Lois*, 1880, et sources indiquées à l'*Officiel*.

membres [1]. Sur le premier point fut soutenue la doctrine qui faisait des congrégations non autorisées des associations illicites : « Elles sont, disait l'exposé des motifs de M. Jules Ferry, dans un état de perpétuelle et imprescriptible contravention. » Elles sont privées de toute personnalité, répondait M. Jules Simon dans son rapport au Sénat, mais elles ne sauraient être frappées par des lois tombées en désuétude. M. Dufaure protestait au Sénat contre l'assimilation de la congrégation non autorisée, simple association de fait, à une association illicite. Dans tous les cas, ajoutait-il, chacun des membres qui la compose conserve ses droits, et la disposition projetée porte atteinte au droit d'enseigner qui appartient individuellement à tout citoyen [2].

L'article 7 fut repoussé par le Sénat le 9 mars. Le 17 mars, le jour même où le projet revint à la Chambre, celle-ci votait un ordre du jour invitant le Gouvernement à appliquer les lois relatives aux congrégations non autorisées. Déjà, dans la discussion au Sénat, M. de Freycinet avait fait entendre cette menace : « Si la loi n'est pas votée, le pouvoir exécutif sera mis en demeure d'appliquer des lois beaucoup plus dures que celle-là. » Le Sénat en effet refusait de retirer aux membres des congrégations non autorisés le droit d'enseigner, mais le Gouvernement allait retirer à ces congrégations le droit d'exister..

C'est alors que parurent les décrets du 27 mars 1880, véritable coup de force par lequel, suivant l'expression de Taine, la troisième République « reprenait à son compte » sur le point « le plus contestable et le plus contesté » en matière d'association, « les prétentions et les procédés du premier Empire [3] ». Les décrets étaient précédés d'un rapport [4] signé par M. Cazot, ministre de la Justice, et par M. Lepère, ministre de l'Intérieur. Sans tenir compte des

---

1. M. Jules Simon faisait remarquer dans son rapport qu'à l'occasion d'une loi sur l'enseignement supérieur on visait une interdiction relative à tous les degrés de l'enseignement.

2. L'article 7, devait dire M. Ribot dans la discussion de 1901, était une arme de guerre que l'on ramasse comme on peut au fort du combat. » (Chambre, 25 mars 1901.)

3. Taine. *Sa vie et sa correspondance*, t. I V, p. 355.

4. Voir le texte dans la *Consultation* de M. Rousse.

interprétations si diverses auxquelles avaient donné lieu
les dispositions relatives aux congrégations, sans tenir
compte du vote récent du Sénat [1], le rapport posait cette
affirmation : « C'est un principe de notre droit public
qu'aucune congrégation religieuse, soit d'hommes, soit de
femmes, ne peut s'établir en France sans une autorisation
préalable. » Il en tirait cette conséquence que les congrégations devaient être ramenées à se conformer à la législation en vigueur [2]. Un décret imposait à toutes les congrégations non autorisées l'obligation de se pourvoir dans
le délai de trois mois à l'effet d'obtenir la reconnaissance
légale, faute de quoi elles encourraient « l'application des
lois en vigueur ; » à l'égard des congrégations d'hommes
il devait être statué par une loi ; à l'égard des congrégations de femmes, soit par une loi, soit par un décret.
Un premier décret prescrivait la dissolution de la Compagnie de Jésus contre laquelle on invoquait même les
édits de l'ancienne monarchie et les décrets du Parlement.

Il est à peine besoin de faire remarquer ce qu'avait de
monstrueux cette première disposition. Les auteurs de
décrets imposaient aux congrégations la nécessité de l'autorisation, mais ils déclaraient qu'à une congrégation
spécialement désignée cette autorisation était d'avance
refusée [3], et de cet ostracisme contre la Compagnie de
Jésus on donnait deux raisons : c'était « la plus importa te »
des congrégations et le « sentiment national » s'était
toujours prononcé contre elle. Comment pouvait-on distinguer spécialement une congrégation pour lui refuser
d'avance le bénéfice de la reconnaissance légale qui,

1. Rousse. *Consultation*, p. 101.
2. La circulaire de M. Lepère, ministre de l'Intérieur, pour l'exécution
des décrets ajoutait : « Il ne m'appartient pas de préjuger ici quelles pourront être les résolutions ultérieures du législateur sur la grave question
du droit d'association ». (Sirey *Lois*. 1880, p. 526). — Le ministre ajoutait :
« Il ne sera plus permis aux anciens membres des congrégations dissoutes de faire ce qui est défendu aux autres citoyens, voilà la seule
atteinte à la liberté individuelle que la presse hostile ait pu relever. »
Le ministre oubliait que les décrets interdisaient la vie en commun qui
est cependant permise à tous les citoyens.
3. « On sait d'avance que cette autorisation lui serait refusée ». (Rapport de M. Cazot. *Consultation* de M. Rousse. p. 60.)

d'après les décrets eux-mêmes, devait être conférée par le législateur ? Comment pourrait-on, en droit, déterminer cette congrégation, et comment distinguer un jésuite d'un autre religieux, si ce n'est par a constatation d'engagements de conscience que la loi, de nos jours, n'a plus à connaître ?

Quant à la disposition qui imposait la reconnaissance légale aux congrégations non autorisées, elle tranchait ainsi souverainement les questions les plus délicates et toujours débattues [1]. On déclarait applicables aux congrégations le décret de Messidor an XII [2], et, sans vouloir examiner la portée de l'article 291 du Code pénal [3], on en aggravait au fond les prescriptions. La reconnaissance légale était en effet désormais nécessaire [4], non seulement pour conférer la personnalité, mais encore pour mettre la congrégation à l'abri des sanctions pénales. On confondait les deux autorisations en une seule ; on proclamait par là même, ce qui était vivement contesté jusque-là, que la congrégation non autorisée était, non seulement une association dépourvue de personnalité civile, mais une association illicite. On affirmait pour les congrégations l'existence d'une législation spéciale particulièrement rigoureuse, on constatait officiellement leur existence de fait pour en induire à l'égard de leurs membres une cause de déchéance.

Ce qu'il y avait de plus anormal, c'est que ces dispositions étaient édictées, non par le législateur, mais par le pouvoir exécutif seul. Quand avait-on vu un décret ayant pour objet unique de prescrire l'exécution d'une loi [5] ? « De deux choses l'une, pouvait dire avec force

1. « Le décret de 1880 a fixé la jurisprudence au sens napoléonien... Le plus proche parent de l'esprit napoléonien est l'esprit jacobin » (Taine, *Sa vie et sa correspondance*. t. IV, p. 356-358.

2. Nous avons montré plus haut combien l'existence légale du décret de Messidor était douteuse depuis le Code pénal et les lois de 1817 et de 1825.

3. L'article 291 n'est même pas visé dans le second décret.

4. Et dans beaucoup de cas par une loi. — De plus, pour les congrégations on ne tient compte ni du nombre de personnes, ni du fait de cohabitation.

5. Un décret au contraire est prescrit par une loi pour régler les détails de son exécution au moyen d'un règlement d'administration publique.

M. Rousse [1], ou les lois existent, et alors point n'était besoin d'un décret pour leur donner la vie ; ou bien les lois n'existent pas et alors, comme il s'agit ici d'une question constitutionnelle, comme il s'agit d'enlever à une classe de citoyens des droits garantis par toutes nos chartes... il n'est point de décrets qui puissent suppléer les lois qui font défaut et détruire celles qui sont debout. » C'est cependant le pouvoir exécutif seul qui prétendait régler ainsi lui-même la situation des congrégations.

Les décrets de 1880 soulevèrent, quoiqu'on ait pu dire [2], une profonde émotion. Une agitation légale se produisit dans le pays. A la Chambre M. Lamy interpellait le ministère le 4 mai ; au Sénat on repoussait, le 25 juin, le renvoi au Gouvernement de pétitions signées de toutes parts, et le duc d'Audiffret-Pasquier reprochait au Gouvernement de ne pas réaliser les promesses de 1848 en refusant la liberté d'association. M. Rousse faisait paraître sur les décrets la consultation célèbre à laquelle adhéraient, avec M. Demolombe, 2.000 membres des divers barreaux de France.

Dans cette consultation [3], qui reproduisait et complétait celle donnée par M. de Vatimesnil en 1845, M. Rousse se plaçait à deux points de vue [4]. En premier lieu, repoussant l'application de la législation de l'ancien régime qui se référait à un ordre de choses disparu, il examinait la législation moderne et soutenait qu'aucune loi actuellement en vigueur ne prohibait la vie en commun des personnes appartenant à des associations religieuses non reconnues. Il invoquait du reste, avec l'appui de M. Demolombe [5], la liberté individuelle, l'inviolabilité du domicile [6], le respect

---

1. *Consultation*, p. 59.

2. M. Hanotaux (t. IV, p. 539) prétend que « l'opinion les accueillit avec calme, sinon avec faveur ».

3. Voir aussi : *Mémoire pour la défense des congrégations religieuses suivi de notices sur les Instituts visés par les décrets du 29 mars* (Poussielgue. 1880).

4. *Consultation*, p. 11.

5. *Eod. loco*, p. 191.

6. Taine dira de même en se plaçant au point de vue du bon sens : « La cohabitation volontaire sous une règle acceptée est l'exercice le plus ordinaire et le plus innocent du droit le plus naturel et le plus universel... La cohabitation est le régime normal de toute famille, ferme, usine, atelier. »

de la propriété, placés par le droit public français « au-
dessus de l'atteinte du pouvoir exécutif. » En second lieu,
il établissait que, même si les lois invoquées existaient
réellement, les tribunaux judiciaires seuls pourraient connaître de leur application. L'administration ne peut intervenir qu'à la suite d'un jugement de condamnation pour
en assurer l'exécution. Qu'était-ce que la prétention de
recourir à la poursuite par la voie extraordinaire dont
parlait le décret de Messidor [1], et pouvait-on ainsi soustraire les citoyens aux garanties de l'autorité judiciaire ?

Les trois mois impartis arbitrairement par les décrets
du 29 mars étant écoulés, le Gouvernement procéda à l'exécution administrative des mesures qu'il avait lui-même
édictées. Le 30 juin furent expulsés de leurs maisons les
Jésuites ainsi que plusieurs autres congrégations. La police
dut enfoncer les portes malgré les protestations d'un certain
nombre de laïques dont plusieurs furent poursuivis devant
les tribunaux. D'autres expulsions eurent lieu en juillet et
août. Les congrégations s'étaient décidées à ne demander
aucune autorisation, convaincues que cette autorisation
serait refusée et voulant s'unir dans la même résistance
passive. C'est alors que M. de Freycinet fit proposer à
Rome une transaction : les congrégations signeraient une
déclaration désavouant toute hostilité à l'égard des institutions actuelles du pays. Le président du Conseil promettait de présenter une loi sur les associations [2]. Les déclarations se faisaient quand M. Constans fit paraître la lettre
adressée aux supérieurs des congrégations et refusant
toute entente. M. de Freycinet dut donner sa démission.

Avec le ministère de M. Jules Ferry les expulsions se
continuèrent donnant lieu à des scènes de violence odieuses qui rappelaient les jours de la Commune [3]. On put
compter la dispersion de 261 communautés d'hommes
comprenant 5.643 religieux [4]. Furent épargnées seulement
les congrégations d'étrangers soutenues par leurs ambas-

Mais c'est justement la cohabitation que le décret interdit aux religieux. »
(Taine. *Sa vie et sa correspondance*, t. IV, p. 357).
  1. *Consultation*, p. 28, 69.
  2. Hanotaux, t. IV, p. 572, 573.
  3. Du Faget de Casteljau, p. 473.
  4. Hanotaux, t. IV, p. 594.

sades [1] et aussi les congrégations de femmes vis-à-vis desquelles on n'osa pas renouveler les mêmes violences. Les expulsions étaient suivies d'une iuterpellation au Sénat qui vota l'ordre du jour pur et simple. Dans l'intervalle le Pape avait protesté. Deux cents magistrats du ministère public avaient donné leur démission et furent révoqués. Le 17 juin M. Dufaure avait déposé son projet de loi qui réclamait la liberté d'association même pour les congrégations religieuses et qui devait être repoussé en 1883.

Les religieux expulsés s'adressèrent aux tribunaux, pour obtenir leur réintégration ou déposèrent des plaintes au criminel contre les exécuteurs des décrets en se fondant sur les garanties de droit commun [2]. Les tribunaux accueillirent en général leurs demandes [3], mais le Gouvernement fit présenter des déclinatoires de compétence et élever le conflit. Le mouvement de démission des magistrats du Parquet s'accentua.

C'était donc le tribunal des conflits qui devait statuer, mais une première question se posait : le tribunal des conflits était présidé par le Garde des Sceaux, M. Cazot signataire des décrets; sa récusation fut demandée. La demande en récusation fut repoussée [4], et, sous la présidence de M. Cazot, la première affaire fut plaidée le 4 novembre par M. Sabatier. Pendant le cours des débats les expulsions continuaient à Paris et en province, et, devant cette attitude du Gouvernement, le second avocat, M. Bosviel, renonçait à prendre la parole : « Quand j'arrive ici, déclare-t-il, j'apprends que les exécutions se poursuivent, je crois entendre les coups de marteau, l'enfoncement des portes, le crochetage des serrures, et cela à Paris même, siège du tribunal des conflits. Que signifie la vaine protestation du droit dans un pays où la devise du Gouver-

1. *Eod. loco.*
2. Pour les décisions rendues par les tribunaux judiciaires et par le tribunal des conflits et pour les faits rapportés ici voir : Auffray et de Crousaz. *Les expulsés devant les tribunaux*, 1881.
3. Du 1er juillet au 5 novembre, 52 décisions judiciaires se prononcèrent pour la compétence judiciaire sur la question de propriété et de domicile, 6 décisions déclarèrent l'incompétence.
4. Le motif donné était que le tribunal des conflits, ne tranchant aucun conflit d'intérêt privé, les parties ne figurent ni comme demandeurs ni comme défendeurs et ne sauraient être admises à proposer une récusation.

nement paraît être : la force prime le droit [1] ? » C'est dans ces conditions que, le 5 novembre, le tribunal confirma le conflit. Le lendemain deux de ses membres donnèrent leur démission.

La décision du 5 novembre, suivie de plusieurs autres décisions identiques [2], déclarait que les mesures administratives avaient été prises pour assurer l'exécution des lois et que l'autorité judiciaire ne pouvait, en vertu du principe de la séparation du pouvoir, faire obstacle à ces actes administratifs. Si les réclamants contestaient l'existence de la loi, c'était à l'autorité administrative qu'ils devaient s'adresser pour faire annuler le décret pour excès de pouvoir. Le tribunal des conflits n'examinait donc pas les questions de savoir si les lois invoquées existaient, si dans le cas de leur existence, leur application ne devait pas être soumise aux tribunaux judiciaires alors surtout qu'il s'agissait de questions de propriété et de domicile [3]. Il se retranchait derrière la nature de la mesure prise constituant un acte administratif [4]. Il offrait aux demandeurs, en leur ouvrant la voie d'un recours pour excès de pouvoir, une resssource qui pouvait paraître dérisoire au moment où le conseil d'Etat venait d'être en partie renouvelé par les révocations et les démissions qui s'étaient produites en juillet 1879 à propos de la question de la révocation des instituteurs primaires [5].

D'autres demandes avaient été portées par les congréganistes expulsés devant les autorités judiciaires. Des plaintes avaient été formées devant les juges d'instruction ou les premiers présidents contre les exécuteurs des décrets. Le conflit fut encore élevé et, le 23 décembre 1880, le tribu-

1. Auffray, p. 279.
2. Sirey, 1881, III, p. 84.
3. Auffray, p. xii et 207.
4. « Nous ne saurions admettre, dit l'arrêtiste du Sirey, qu'il suffise qu'un fonctionnaire de l'ordre administratif rende un décret, prenne un arrêté. pour prescrire l'observation d'une loi déterminant la liberté des citoyens pour que la matière devienne administrative. » (Sirey, 1881, III, p. 85.)
5. Auffray, p. 206. — « Si le recours avait été formé, dit le rédacteur des *Pandectes françaises* (v° congrégation religieuse, n° 741) il est probable que la légalité des décrets aurait été reconnue et que tout recours aurait été fermé devant les tribunaux judiciaires. »

nal des conflits [1], déclara ces plaintes non avenues malgré
l'article 1er de l'ordonnance du 1er juin 1828 portant que
le conflit ne sera jamais élevé en matière criminelle.
D'après lui, l'ordonnance de 1828 avait eu pour but d'assurer le libre exercice de l'action publique devant la
juridiction criminelle, mais ne pouvait soustraire au
principe de la séparation des pouvoirs l'action civile formée par la partie lésée. Les plaignants restaient donc
sans recours.

Ce qu'il faut remarquer, en rappelant les décrets de
1880 et leur exécution, c'est le but fermement poursuivi de
soustraire les congrégations à la juridiction des tribunaux
de l'ordre judiciaire naturellement indiqués pour sanctionner l'application des lois dont on affirmait avec tant
de force l'existence. Des poursuites judiciaires ne seront
intentées contre les membres des congrégations qu'en
1901, dans le procès contre les assomptionnistes, après
« l'épuration » de 1883 et le renouvellement total des
Parquets.

Les événements de 1880 étaient importants à rappeler
car ils marquent dans l'histoire de la liberté d'association
une date notable. Les mesures de violence, qui furent une
cause de profonde agitation, sont de la part de l'Etat un
retour offensif contre la tendance vers la liberté qui se
manifestait de plus en plus sur le terrain de l'association
dans les idées et dans les mœurs. Après tant de déclarations en faveur de la liberté pour tous les citoyens sur le
terrain du droit commun, on en arrivait à ce point d'appliquer par la force à une catégorie de citoyens une législation contestée et dans tous les cas surannée. Sous la
poussée de la campagne anticléricale, s'accentuait la doctrine qui tendait à refuser la liberté à une catégorie d'associations et qui se réalisera dans la loi de 1901 par une
exception au régime de droit commun à l'égard de ces
mêmes associations formellement visées.

En attendant, tandis que, sur bien des points, les religieux expulsés réintégraient peu à peu leur domicile, tandis que subsistaient les congrégations qui n'avaient pas

1. Sirey, 1882, III, p. 57 et la note.

été atteintes, le Gouvernement, tout en continuant à prévoir une loi générale sur les associations [1], allait prendre une série de mesures destinées à frapper surtout les congrégations enseignantes qu'on voulait avant tout détruire et les congrégations de femmes dont on n'avait pas osé fracturer les clôtures.

Ce furent d'abord les mesures relatives à l'enseignement considérées comme les conséquences des décrets de 1880 [2]. Il ne s'agissait pas, disait le rapport qui avait précédé les décrets, de porter atteinte aux droits individuels, mais « uniquement d'empêcher une société non autorisée de se manifester par des actes contraires aux lois. » Ce furent cependant les droits individuels des congréganistes qui furent atteints par la prohibition imposée aux établissements d'enseignement de conserver pour professeurs des membres des congrégations dispersées et en particulier des Jésuites. La présence d'un seul d'entre eux [3] suffisait à caractériser une tentative de reconstitution de la congrégation et, dans ce cas, le directeur de l'école était considéré comme complice. Dans ces circonstances, les conseils académiques et le conseil supérieur de l'instruction publique réorganisés par la loi de 1880 prétendaient appliquer la loi de 1850 [4] et prononçaient l'interdiction à temps d'enseigner et la fermeture plus ou moins longue de l'établissement : le fait d'avoir désobéi à la loi en essayant de reconstituer une congrégation était considéré comme un acte d'inconduite ou d'immoralité.

Tout convergeait du reste vers l'idée de détruire l'enseignement libre et d'aboutir autant que possible, au moins en fait, au monopole de l'Etat dont l'enseignement serait dégagé de tout caractère confessionnel et même religieux [5]. La réalisation de ce plan poursuivie par M. Jules

1. Circulaire de M. Lepère citée plus haut.
2. Auffray, p. xxiii et s.
3. Le Gouvernement émit la prétention de voir une tentative de reconstitution de la congrégation dans la présence dans un établissement d'un seul professeur jésuite (Auffray, p. xxvii).
4. Articles 67 et 68.
5. « Le jacobin n'admet qu'une conception, la sienne... Désormais l'éducation sera non seulement gratuite et obligatoire mais encore laïque et

Ferry devait atteindre les congrégations dont le rôle en matière d'enseignement était si considérable.

Pour l'enseignement secondaire on usait des mesures que nous venons d'indiquer. Pour l'enseignement primaire la campagne se poursuivait sous la dénomination barbare et équivoque de « laïcisation [1] ». On se rappelle ses diverses phases : les conseils municipaux incités à retirer la direction des écoles aux maîtres congréganistes ; le droit de révocation des instituteurs reconnus aux préfets même en l'absence de toute faute disciplinaire [2] ; les diverses lois qui se succédaient pour réaliser la formule de l'instruction gratuite, obligatoire et laïque. C'est la loi du 27 février 1880 qui exclut les ministres du culte du Conseil supérieur de l'instruction publique, la loi du 16 juin 1881 qui établit la gratuité absolue de l'enseignement primaire et supprime les équivalences du brevet de capacité, la loi du 28 mars 1882 sur l'obligation de l'enseignement, la loi du 30 octobre 1886 [3] qui oblige les communes trop lentes à opérer la laïcisation des écoles, à renoncer aux instituteurs congréganistes quels que soient les vœux des conseils municipaux. Par centaines, chaque année, les écoles sont laïcisées. Si, au prix de mille difficultés, les écoles libres sont ouvertes, les congréganistes seront exclus de l'enseignement privé, par la loi de 1901, quand ils appartiennent à des congrégations non autorisées. Les congrégations autorisées seront atteintes par l'application

purement laïque. » (Taine, t. XI, p. 364.) En décembre 1880 les emblèmes religieux sont enlevés de l'école publique. (Hanotaux, t. IV, p. 617.)

1. Est-il besoin de rappeler que par une étrange interversion de son sens le mot laïque qui signifie : non membre du clergé, est devenu dans la phraséologie actuelle synonyme de : non-religieux ou même d'anti-religieux.

« Un mot a été trouvé. C'est beaucoup, un mot, pour mener ceux qui ne comprennent pas les choses. « Laïcité » voilà de quoi défrayer les professions de foi et les quêteurs de suffrages. Et comment ne seraient-ils pas écoutés ? Etre laïque c'est ne pas appartenir au clergé. Tous ceux à qui on s'adresse sont laïques : « Voulez-vous être gouvernés par les prêtres ? — Non, répond le grand nombre. — Alors vous êtes pour la laïcité ? — Oui, sans doute. — C'est bien. Nommez-nous. » On les nomme et les voici à l'œuvre pour accomplir leur mandat : Laïcisons l'école ». (Introduction de Mgr d'Hulst à la vie du Bienheureux de la Salle par Ravelet, 1888.)

2. Conseil d'Etat, 9 décembre 1879, 14 juin 1880.

3. L'article 2 prévoit que les écoles privées peuvent être fondées par des associations.

de cette même loi en vertu de laquelle on fermera les écoles en les considérant comme des établissements des congrégations. La loi de 1904 viendra enfin interdire tout enseignement même aux membres des congrégations autorisées en les déclarant incapables de l'exercer, toutes les écoles dirigées par ces congrégations devant être fermées dans un délai de dix ans. Toutes ces mesures frappent les congrégations enseignantes [1].

Les congrégations hospitalières sont visées par la campagne de laïcisation des hôpitaux que le Conseil municipal de Paris inaugure malgré le vote contraire du Sénat du 30 mai 1881 [2], et qui sera poursuivie par l'administration jusqu'à sa complète réalisation [3].

Contre les congrégations religieuses on chercha enfin avec le vote des lois fiscales un moyen de destruction en les accablant d'impôts. En 1872 avaient été prises des mesures législatives aggravant l'impôt de mainmorte. La loi du 28 décembre 1880 soumit à l'impôt sur le revenu établi par la loi de 1872 toutes les sociétés dans lesquelles les produits ne doivent pas être distribués aux membres [4]. Elle décida en outre que dans les associations admettant de nouveaux membres les accroissements opérés par une clause de réversion au profit des membres subsistants seraient soumis aux droits de mutation par décès ou à titre gratuit suivant les cas [5]. Le résultat fut à peu près nul car les congrégations autorisées firent valoir que leurs membres n'avaient aucun droit sur le patrimoine, et les congrégations non autorisées effacèrent de leurs statuts la clause de réversion.

1. Ajoutons que, malgré la pratique administrative antérieure, un avis du Conseil d'État du 16 juin 1881 déniait la personnalité civile aux congrégations religieuses d'hommes reconnues par des ordonnances comme associations charitables en faveur de l'instruction primaire. (Sirey. *Lois*, 1882, p. 356.)

2. Hanotaux, t. IV, p. 670.

3. Cette laïcisation, qui s'est terminée par la laïcisation de l'Hôtel-Dieu, s'est poursuivie malgré les protestations émanées du corps médical et d'une partie notable de la population parisienne dans diverses élections municipales faites sur cette question. (Élection du Dr Després, de M. Prache.)

4. Article 3.

5. Article 4.

On s'appliqua à combler les lacunes, à boucher les fissures. La loi du 29 décembre 1884 [1] fit du droit d'accroissement un impôt sur le revenu dû par toutes les congrégations ou communautés religieuses autorisées ou non autorisées et par toutes les associations désignées par la loi de 1880 dont l'objet n'est pas de distribuer des produits à leurs membres. Devant les conséquences excessives qui résultaient de l'application de cette disposition [2], la loi du 16 avril 1895 [3] convertit le droit d'accroissement en une taxe annuelle sur la valeur brute des biens meubles et immeubles possédés par les congrégations autorisées ou non et les autres associations désignées dans les lois précédentes, exception faite des biens acquis avec l'autorisation du Gouvernement et appliqués à des œuvres d'assistance. En un mot, depuis la loi de 1884 les congrégations sont soumises à des impôts qui ne pèsent pas sur les autres associations puisque leur exigibilité est indépendante de la distribution d'un revenu et des clauses d'adjonction et de réversion. « Cette exigibilité, on l'a fait remarquer [4], ne dépend plus que du caractère religieux de l'association, de la congrégation, ou de la communauté autorisée ou non. » Les décisions de la jurisprudence donnèrent à l'application de ces lois leur interprétation la plus rigoureuse. Les congrégations résistèrent ou se soumirent, et, par leur division, leur entente fut brisée. L'opinion publique se lassa d'entendre les protestations et « l'indignation était morte [5] » au jour où les mesures brutales de proscription succéderont aux procédés fiscaux de destruction. Ce qu'il faut noter en effet c'est que le système de tracasserie fiscale ainsi inauguré n'avait pas pour but réel de limiter les biens de mainmorte déjà frappés d'une taxe qu'il aurait suffi d'accroî-

1. Article 9.
2. Dareste. *Revue des Deux-Mondes*, 15 octobre 1891, p. 821.
3. Delamarre. *La vérité sur le droit d'abonnement et d'accroissement* (maison de la Bonne Presse).
4. *Pandectes françaises*, vº congrégation, nº 1010. — Delamarre. *Consultation sur les impôts exigés des congrégations*, p. 7 ; M. Clausel de Caussergues à la Chambre, le 18 mars 1895.
5. M. Lucien Brun au Congrès des jurisconsultes catholiques de 1891 : *Gazette des tribunaux*, 10 juin 1907, 25 mai 1908, 26 septembre 1914 (et sources citées), 6 janvier 1919.

tre, mais de ruiner les congrégations qui avaient survécu aux mesures de persécution et de dispersion ouvertement exercées en 1880. En même temps les dispositions fiscales devaient être appliquées par la jurisprudence à toutes les associations ayant un but religieux dominant, ce qui constituait un obstacle de plus au développement de l'association.

Ce n'était pas assez encore. Les congrégations les mieux constituées subsistaient. On se mit alors à préparer la spoliation en créant la légende du milliard qui devait exciter les haines et les appétits. L'enquête de 1876 avait été ordonnée dans ce but, d'autres enquêtes devaient suivre au moment de la préparation de la loi de 1901.

Telle était donc la situation à la fin de la période que nous envisageons. Contre les associations religieuses, contre les congrégations surtout, on aboutit à une attitude systématique d'hostilité et de destruction de la part des pouvoirs publics qui dirigent en ce sens toutes les forces de l'Etat. Les congrégations religieuses sont régies par une législation confuse et discutable qu'une longue tolérance a peu à peu rendue inapplicable et qui est en contradiction avec les mœurs et les idées de plus en plus orientées vers la liberté d'association. Bien loin de chercher à mettre un terme à cette situation par une loi générale sur les associations largement conçue, on recherche dans le passé toutes les dispositions qui peuvent atteindre les congrégations, on les ressuscite et on les aggrave pour maintenir à l'égard d'une catégorie d'associations une législation spéciale et prohibitive. On reconnaît l'existence des congrégations pour les persécuter. Tel est le système qui prévaut de plus en plus sous la poussée du mouvement anticlérical ; tel est le système qui se trouvera en vigueur au moment où on abordera la discusion de la loi de 1901. C'est un recul pour la cause de la liberté d'association et un obstacle à l'établissement complet de cette liberté.

§ 5. — *Les associations de malfaiteurs. Les sociétés secrètes. La Franc-Maçonnerie. Les associations anti-religieuses.*

Les associations de malfaiteurs restaient soumises aux articles 265 et suivants du Code pénal. Le développement des doctrines anarchistes répandues par Bakounine [1] et qui se traduisit par une série d'actes criminels, notamment par l'attentat de Vaillant le 9 décembre 1893, amenèrent, comme en 1848, sous l'empire de la nécessité, le vote de lois restrictives des libertés de la presse, de réunion et d'association.

La loi du 12 décembre 1893 [2] modifia la loi du 29 juillet 1881 en réprimant la provocation non suivie d'effet au délit de vol et aux crimes punis par l'article 445 du Code pénal ; elle aggrava les peines édictées par les articles 24 et 25 de cette loi ; elle donna à l'autorité judiciaire le droit de saisie et d'arrestation préventives dans certains cas déterminés. La loi du 18 décembre 1893 [3] modifia les articles du Code pénal sur les associations de malfaiteurs. Désormais l'association était punissable quels que soient sa durée et le nombre de ses membres ; l'existence de bandes telles qu'elles étaient définies par le Code pénal n'était pas nécessaire, la simple entente suffisait du moment qu'elle avait pour objet de préparer des crimes [4] contre les personnes ou les propriétés ; enfin la loi prononçait la peine des travaux forcés contre tous les affiliés avec relégation facultative, et la peine de la réclusion avec interdiction de séjour facultative contre ceux qui auraient favorisé les auteurs des crimes. La loi du 28 juillet 1894 [5], présentée à la suite de l'assassinat du président Carnot, soumit à la police correctionnelle les provocations anarchistes par la voie de la presse, en même temps qu'elle

---

1. *Réforme sociale*, 1er avril 1916, p. 508 et s.
2. Sirey. *Lois*. 1894. p. 640.
3. *Eod. loco*, p. 653.
4. L'article 265 nouveau n'est plus applicable aux associations ayant pour but de commettre de simples délits.
5. Sirey. *Lois*, 1894, p. 808. *Bulletin de la Société de législation comparée*, 1895, p. 76.

créait un nouveau délit, celui de propagande sans publicité ni entente. Les peines étaient aggravées dans certains cas par la peine accessoire de la relégation. Enfin l'emprisonnement devait être cellulaire et les magistrats pouvaient interdire le compte rendu des débats.

Les lois contre les anarchistes soulevèrent les violentes colères de l'extrême gauche qui leur appliqua l'épithète de lois « scélérates » et tenta tous les efforts pour en empêcher le vote [1]. Cependant si de nombreuses arrestations et perquisitions eurent lieu au lendemain du vote des lois de 1893, un petit nombre d'anarchistes furent poursuivis [2], et l'application de la nouvelle législation fut dans la suite rare et insignifiante [3]. Les socialistes renoncèrent à demander son abrogation. Les anarchistes s'attachèrent à entrer dans les milieux syndicalistes et à orienter la Confédération générale du travail dans le sens de la violence. En 1900 ils créaient la Fédération anarchiste qui s'est appelée depuis la Fédération communiste révolutionnaire [4].

En dehors des groupements d'anarchistes qui ont cherché à se couvrir par le mystère, existait-il depuis 1870 des associations qu'on puisse qualifier de sociétés secrètes ? Nous comprenons, sous cette dénomination, des sociétés cherchant à cacher leur existence, le nom de leurs membres, mais surtout leur but et leurs moyens d'action. Cette forme d'association, dissimulant une action politique, avait jusque-là excité les méfiances du législateur et nous avons vu que la crainte des sociétés politiques secrètes avait été l'un des principaux obstacles à la reconnaissance de la liberté d'association. En droit, les sociétés secrètes étaient toujours interdites par le décret du 28 juillet 1848 considéré comme toujours en vigueur, et qui ne sera abrogé que par la loi de 1901. La loi du 30 juin 1881, dans son article 12, maintenait la disposition du décret de 1848

1. Weill. *Histoire du mouvement social*, p. 299.
2. M. Guérin Garde des Sceaux, au Sénat le 27 juillet 1894 (Sirey. *Lois*, 1894, p. 816).
3. Weill, p. 300.
4. Clément. *Réforme sociale*, 1er avril 1916. p. 322, 323. — Sur le rôle des anarchistes dans l'affaire Dreyfus : Weill, p. 312.

interdisant les sociétés secrètes [1]. En fait, avec la liberté de la presse, la liberté de réunion, la tolérance dont jouissaient dans la pratique les associations politiques, le suffrage universel permettant à la propagande politique de s'exercer ouvertement sur tous les terrains, les sociétés secrètes n'avaient plus de raison d'être.

Une seule association, celle-là d'une importance incontestable, la Franc-Maçonnerie [2] pouvait encore être qualifiée de société secrète par le soin, souvent et justement dénoncé, qu'elle prenait de cacher les comptes rendus de ses délibérations et le nom de ses membres [3]. Malgré la facilité que donne à notre époque la presse pour la publicité de toutes les doctrines, malgré les divulgations qui devaient se produire dans un temps de libre discussion, la Franc-Maçonnerie, tout en niant, pour éviter la réprobation publique, son caractère secret, ne continuait pas moins à s'attacher à la singulière besogne de dissimuler, autant que possible, l'action qu'elle prétendait exercer. Elle voyait dans ce secret, ou tout au moins dans ce

1. Sirey. *Lois*, 1881, p. 158.
2. Sur la Franc-Maçonnerie, voir : Deschamps. *Les sociétés secrètes et la société*, 1881 ; Claudio Jannet. *La Franc-Maçonnerie et la Révolution*, 1884 ; Prache, député de Paris. *La pétition contre la Franc-Maçonnerie à la Chambre des députés, motifs et conclusion de la commission*. Paris, 1905. — Cet ouvrage renvoie sur chaque point aux sources originales maçonniques. — On nous permettra aussi de renvoyer à nos deux ouvrages contenant l'analyse de nombreux documents : *Le Club des Jacobins sous la troisième République*, 1900 ; *Les Jacobins au pouvoir*, 1904. — Pour les auteurs maçons : Jouaust. *Histoire du Grand Orient de France*, 1865 ; Findel. *Histoire de la Franc-Maçonnerie*, 1866.
3. Article 2 de la Constitution du Grand Orient : « La Maçonnerie recommande à ses adeptes la propagande par l'exemple, la parole et les écrits, sous réserve de l'observation du secret maçonnique. » (*Constitution du Grand Orient de France*, 1885.) — Sur le secret maçonnique, voir notamment : La circulaire du Conseil de l'Ordre sur la discrétion maçonnique (*Bulletin du Grand Orient*, 1893, p. 15). — Convent de 1892 (*Bulletin*, 1892, p. 244). — Convent de 1893 (*Bulletin*, 1893, p. 497). — Conseil de l'Ordre, 12 décembre 1893 (*Bulletin*, 1893, p. 609). — Convent de 1898. On invite à faire disparaître par incinération certains passages des rapports (*Bulletin*, 1898, p. 283). — Au Convent de 1893 (*Bulletin*, 1893, p. 490 et 547) on a mis à l'étude le moyen de soustraire les bulletins maçonniques au dépôt légal pour empêcher les profanes d'en prendre connaissance à la Bibliothèque nationale, ce qui a été réalisé en décembre 1896. (Prache, p. 231, 345.) — La cote du *Bulletin du Grand Orient*, à la Bibliothèque nationale est : H. 58.

qu'elle pouvait en maintenir, une garantie à la fois de son influence et de son irresponsabilité.

Nous ne pouvons donner ici tous les détails de l'organisation des diverses fédérations maçonniques parfois en rivalité entre elles mais au fond unies par un lien et surtout par un esprit commun [1]. La plus considérable en France est le Grand Orient dont nous parlerons plus spécialement.

Aucun esprit impartial ne peut méconnaître l'importance qu'a prise dans le régime politique actuel une association qui couvre le pays de ses ramifications [2]. Elle s'appuie sur la hiérarchie des grades, sur l'organisation des loges, dont les délégués se réunissent en un convent annuel, et qui reçoivent l'impulsion du Conseil de l'Ordre, véritable pouvoir exécutif [3]. Nous citerons seulement deux témoignages recueillis en dehors des auteurs qui se sont spécialisés dans la lutte antimaçonnique. C'est en ouvrant en 1899 le congrès sur le droit d'association [4], que M. Etienne Lamy, président du congrès, dénonçait « la Société toujours mêlée à la politique, creusant dans notre vie nationale ses cheminements ténébreux, conduite par des inconnus, affiliée à l'étranger [5] ». Dans son histoire de la France contemporaine [6], M. Hanotaux, parlant de la Franc-Maçonnerie, déclare de son côté qu' « on ne peut nier son action sur la Révolution française et sur les crises politiques qui se sont succédé en France dans le cours du xix⁰ siècle ». Il constate l'activité des loges au moment des élections de 1876 : « Le chiffre des adhérents, ardents ou tièdes, de la Maçonnerie était au moins de 50.000 ; mais l'influence proportionnelle était beaucoup plus con-

---

1. En dehors du Grand Orient existent : la Grande Loge de France (rite écossais), le rite de Misraïm, et le groupement mixte (hommes et femmes) le Droit humain. — Pour ces divers organismes voir : Prache, p. 30 et s.

2. De Faget de Casteljau, p. 461.

3. Prache, p. 32.

4. *Le droit d'association. Etudes, notes et rapports présentés au congrès tenu à Paris en 1899.* Rondelet, 1899, p. 10.

5. Au congrès maçonnique international de Bruxelles en 1904 on a « préconisé les moyens à mettre en œuvre pour réaliser un rapprochement entre la France et l'Allemagne ». C'est « la tâche la plus urgente de la Franc-Maçonnerie internationale ». (Prache, 286 et s.)

6. T. III, p. 503, 504.

sidérable. La continuité dans les desseins, la vigueur de l'offensive, la consigne du silence stimulaient un zèle efficace. »

La Franc-Maçonnerie est en effet, ou tout au moins elle est devenue, avant tout, une association politique. Nous l'avons vue sous les différents régimes précédents [1] chercher à se concilier la faveur du pouvoir ou tout au moins à maintenir son existence par des manifestations retentissantes d'adhésion à la forme de gouvernement établi. En réalité elle ne fut sincère qu'à l'égard d'un seul régime : C'était, dans le travail des sociétés secrètes, « la République que les loges cherchaient à fonder [2] » ; c'était aussi la République qu'elles entendaient dominer. Leur but était l'exercice, sans la responsabilité, du pouvoir politique.

A partir de 1876 surtout elles y travaillent. C'est en vain qu'elles mettent en avant un but philanthropique et vaguement humanitaire: visiblement la philanthropie n'est plus que l'accessoire dans l'association maçonnique et ne se traduit plus que par quelques rares institutions qui servent d'étiquette [3]. C'est en vain qu'elles affichent la tolérance pour toutes les opinions et proclament l'interdiction des discussions politiques : ces déclarations sont tellement contraires à l'évidence que le Grand Orient est obligé de modifier sa constitution sur ce point [4], et les discours des orateurs maçonniques laissent à chaque instant échapper des aveux significatifs [5].

1. Voir les chapitres précédents et Prache, p. 26.

2. Spuller cité par Hanotaux (t. III, p. 503).

3. Notamment par l'orphelinat maçonnique qui ne vit que grâce à une importante subvention de la ville de Paris, par la caisse de solidarité maçonnique alimentée par une taxe imposée aux loges. (*Bulletin du Grand Orient*, 1883, p. 191, 300.)

4. Hanotaux, t. III, p. 502. — « Les ateliers s'interdisent *toute intervention maçonnique* dans les luttes des partis politiques » au lieu de : « Elle interdit à ses assemblées *toute discussion* en matière religieuse et politique. » (*Bulletin du Grand Orient*, 1884, p. 114.)

5. Le F∴ Gonnard au banquet du Convent de 1886 déclarait : « Il fut un moment, non pas de règle, mais de formalisme, de déclarer que la Maçonnerie ne s'occupait ni de religion ni de politique... C'était sous l'impression des lois et de la police que nous étions obligés de dissimuler ce que nous avions tous mission de faire ou plutôt de faire uniquement. Oui nous faisons de la politique. » (*Bulletin du Grand Orient*, 1886, p. 545.)

En 1901, terme de la période que nous envisageons en ce moment, on peut dire que le but est atteint [1]. Par son influence électorale, par le nombre de ses adhérents qu'elle a fait pénétrer au Parlement, par les engagements qu'elle en exige et la direction qu'elle leur impose à l'insu du corps électoral [2], par la surveillance qu'elle exerce sur les fonctionnaires et surtout sur les petits fonctionnaires, la Franc-Maçonnerie exerce véritablement un pouvoir politique. Ce pouvoir est attesté par les hommages que lui rendent en toute occasion, comme à une institution officielle, les membres du Gouvernement et même, à certaines périodes, le chef de l'Etat [3]. Tout en tirant profit, pour son influence, de ces manifestations, elle continue, par une singulière anomalie, à dissimuler autant qu'elle peut au corps électoral l'affiliation de ses membres : dans toute élection, on peut observer que les candidats prennent les étiquettes politiques les plus diverses, mais ils n'invoquent jamais leur qualité de franc-maçon.

Les loges ne se contentent pas d'être, sur le terrain politique, le foyer actif du parti républicain conservant les traditions de 1848. Les « vieilles barbes » qui vivent de ces traditions ne tardent pas à être débordées par l'invasion de l'élément socialiste. Sans doute la Franc-Maçonnerie a la prétention de rester une secte fermée dont le caractère exclusivement bourgeois exclut par principe les éléments ouvriers qu'elle veut utiliser à son profit sans les admettre dans les loges [4]. Néanmoins, et surtout

---

1. « Dans dix ans la Maçonnerie aura emporté le morceau et personne ne bougera plus en France en dehors de nous. » (*Bulletin du Grand Orient*, 1890, p. 501.) — Voir le Congrès de 1899, p. 43, 44 : l'Etat laisse à la Franc-Maçonnerie le monopole de l'association en retour de l'influence qu'elle lui apporte.

2. Sur les convocations des parlementaires par le Grand Orient : Prache, p. 97 et s., 122.

3. Voir la préface du *Club des Jacobins*, p. xi, et celle des *Jacobins au pouvoir*, p. vii et ix.

4. Prache. *Pétition*, p. 42, et discours à la Chambre le 19 mars 1901. — Voir surtout le rapport présenté au Convent de 1891. (*Bulletin du Grand Orient*, p. 560, 638, 643.) — Déclaration faite au Convent de 1900 : « nous estimons que la Maçonnerie, par son essence, par sa composition même, est, non pas une démocratie, mais *une aristocratie*. » (*Franc-Maçonnerie démasquée*, 25 décembre 1911, p. 372.)

depuis l'abaissement du taux des cotisations [1], les politiciens socialistes vont envahir les ateliers. Ils y prêcheront, avec l'adhésion au programme socialiste [2], l'antimilitarisme [3] qui se donnera carrière à propos de l'affaire Dreyfus [4]. La Franc-Maçonnerie s'y lance avec une violence dont les causes avouables n'apparaissent pas clairement. Elle est le principal agent de désorganisation de l'armée par le système des fiches, et, quand la campagne de délation soulève l'indignation publique, elle s'en tire en payant d'audace et en se proclamant investie d'une sorte de mission de salut public [5].

Mais, en même temps qu'un but de domination politique, elle en poursuit un autre, la destruction des doctrines religieuses et surtout du catholicisme [6]. La Franc-Maçonnerie française, à la fin du xix° siècle, d'abord attirée par les théories de la morale indépendante, puis par les doctrines positivistes [7], a fait profession d'athéisme le jour où, en 1877, elle a rayé de sa constitution le Grand Architecte de l'Univers, au scandale des Maçonneries anglo-saxonnes [8]. Par une contradiction étrange, elle conservait un ensemble de rites rappelant la forme d'un culte et s'efforçait d'élaborer pour les masses un programme de céré-

---

1. Prache, p. 43.

2. Prache, p. 88. — *Les Jacobins au pouvoir*, p. 104.

3. Prache, p. 91, 211. — Sur la suppression des armées permanentes voir : *Les Jacobins au pouvoir*, p. 129. — *Franc-Maçonnerie démasquée*, 25 mai 1917, p. 72.

4. Convent de 1898. (*Compte rendu*, p. 423, 424.)

5. Le F.·. Laferre au Convent de 1905 à propos de l'affaire des fiches : « Ce reproche nous nous en glorifions, nous nous en honorons ; nous n'avons accompli que notre devoir et nous avons exercé notre droit. » (Convent de 1905, p. 23.)

6. Les aveux qu'on a laissé échapper à cet égard sont topiques. « Le catholicisme, a-t-il été dit au Convent de 1895, nous devons, nous francs-maçons, en poursuivre la dissolution. » (*Bulletin du Grand Orient*, 1895, p. 168.)

7. La réception de Littré et de Jules Ferry à la loge la Clémente Amitié marque une date mémorable. (Hanotaux, t. III, p. 504) ; de Marcère. *L'Assemblée Nationale*, t. II, p. 216.

8. Prache, p. 28. — En 1885 le Convent supprime des statuts du Grand Orient cette formule : « La Franc-Maçonnerie n'exclut personne pour ses croyances. Dans la sphère élevée où elle se place, elle respecte la foi religieuse et les opinions politiques de chacun de ses membres. (*Bulletin du Grand Orient*, 1885, p. 706.)

monies destinées à remplacer les cérémonies de la religion qu'elle se proposait de détruire [1].

C'est en effet la guerre antireligieuse que les loges poursuivent à mesure que s'étend leur influence [2]. La Franc-Maçonnerie est à l'origine de l'anticléricalisme [3], elle contribue à en faire une plate-forme politique et à faire dévier la lutte politique sur ce terrain [4]. Cette lutte, elle l'envenime et la poursuit d'après un plan que révèlent les vœux adoptés au Convent de chaque année. Tous les esprits clairvoyants ou simplement sensés comprennent combien cette lutte est funeste au pays, et les événements de la guerre récente devaient montrer d'une façon éclatante combien elle avait été funeste à son prestige dans le monde entier [5]. La Franc-Maçonnerie la continue néanmoins en contribuant à former le fameux bloc de gauche qui l'inscrit en tête de son programme [6]. Elle la fait aboutir, sur le terrain de l'enseignement [7], sur le terrain des congrégations, sur le terrain des mesures qui doivent amener la séparation de l'Eglise et de l'Etat, par l'adoption d'une série de dispositions gouvernementales ou législatives qu'on retrouve toujours formulées d'avance dans les vœux des loges transformés par les Convents en injonctions adressées aux pouvoirs publics [8]. A ce point de vue surtout elle donne l'impulsion au Parlement : « Depuis seize années, écrivait Taine [9] qui, sans nommer la Franc-Ma-

1. Voir notre ouvrage *le Club des Jacobins.*
2. Copin-Albancelli : *La Franc-Maçonnerie et la question religieuse.* Perrin, 1892 ; Goyau. *Revue des Deux-Mondes,* 1ᵉʳ mai 1899 : *La Franc-Maçonnerie en France,* 1899 ; de Marcère. *L'Assemblée Nationale,* t. II, p. 239, 283. — Voir les encycliques des Papes : Clément XII (1738). Benoît XII (1751). Léon XII (1825). Pie VIII (1829). Grégoire XVI (1832). Pie IX (1846). Léon XIII (Encyclique *Humanum genus,* 1884).
3. Les mots cléricalisme et laïcisation sont, par leur sens ambigu, visiblement d'origine maçonnique.
4. De Marcère. *Histoire de la République de 1876 à 1879,* t. I, p. 137. t. II. p. 316.
5. Publications du Comité de propagande catholique à l'étranger par Mgr Baudrillart.
6. Prache, p. 197, 210. Voir p. 226 l'adresse du Convent à M. Combes et la réponse de celui-ci.
7. Voir, par exemple, le rapport du F∴ Geyer au Convent de 1898. (*Compte rendu,* p. 300.)
8. Prache, p. 211 ; Michel le François. *Le plan maçonnique.* Lille, 1905.
9. *Origines de la France contemporaine,* t. XI, p. 186. — Taine n'a ja-

çonnerie, faisait cependant visiblement allusion à l'influence maçonnique, dans nos parlements élus par le suffrage universel, la majorité maintient au pouvoir le parti
qui fait la guerre à l'Église, qui par système et principe,
est et demeure hostile à la religion catholique, qui lui-
même a sa religion pour laquelle il réclame l'empire. »
Quant au Gouvernement, l'action maçonnique exercéc sur
lui au point de vue antireligieux n'est pas moins incontestable : « Le Gouvernement français, dit M. Paul Leroy-
Beaulieu [1], a été de 1878 à 1889 aux mains d'une sorte de
confrérie de fanatiques libre penseurs qui se sont appliqués à semer dans toute la France la haine et la discorde. »

Tels sont les buts de domination politique et de guerre
religieuse poursuivis par la Franc-Maçonnerie moderne.
Quelle est sa situation à la fin de la période que nous
envisageons ?

En fait, elle possède une puissance incontestable, quoique injustifiée par les éléments, au moins apparents [2], qui
la composent. Elle est redoutée et par suite protégée par
les pouvoirs publics qui la traitent comme une institution officielle. Elle exerce une action importante sur le
Parlement dont les membres recherchent son appui électoral et doivent ensuite obéir à ses injonctions. C'est un
Etat dans l'Etat. Non seulement elle contribue à la réalisation du programme radical-socialiste qu'elle a fait sien,
mais elle arrive à imposer complètement le programme
de guerre antireligieux qui est, nous venons de le dire,
une de ses principales préoccupations.

Nous ne pouvons citer ici tous les exemples [3] de cette
action que certains esprits se refusent encore à admettre
ne pouvant se résigner à constater une telle inversion de

mais nommé la Franc-Maçonnerie. C'est un fait qui a pu donner lieu à
diverses explications mais qui en lui-même est incontestable.

1. *L'Etat moderne et ses fonctions*, 1900, p. 254.

2. On peut se convaincre, en voyant les noms des membres du Conseil
de l'Ordre, de leur insignifiance en général au point de vue de l'influence
politique et sociale.

3. On pourrait les multiplier : voir Michel le François, *Le plan maçonnique* (Lille, 1905) contenant les vœux des loges qui se sont traduits par
des mesures législatives ou gouvernementales.

l'organisation politique du pays [1]. Nous devrions rappeler en particulier la compagne persévérante contre la liberté d'enseignement qui a réalisé, pour détruire l'enseignement congréganiste, toutes les mesures préconisées par les loges. Nous citerons seulement trois exemples en anticipant sur les dates de la période suivante.

En 1900 le Convent exprimait le vœu formel [2] que les mesures préparées contre les congrégations religieuses fussent rapidement votées : l'urgence était déclarée à la Chambre et au Sénat, presque tous les amendements libéraux étaient repoussés, et avec une hâte constatée à la tribune, la loi du 1er juillet, réalisant au moins en partie ce vœu, était votée avant la fin de la session de 1901.

La loi de 1901 avait réservé formellement le droit d'enseigner aux associations autorisées. La principale d'entre elles et celle dont la situation légale était inattaquable puisqu'elle avait été incorporée à l'Université, l'Institut des Frères des écoles chrétiennes, fut dénoncé au Convent de 1903 [3] qui exigea sa suppression. Dès le 7 juillet, la loi de 1904 vint donner satisfaction à une hostilité qu'on aurait pu croire impuissante devant tant de services hautement proclamés par les pouvoirs publics eux-mêmes.

En 1905 la loi de séparation soulevait de nombreuses et graves difficultés. Telle qu'elle avait été votée par la Chambre, il semblait impossible qu'elle ne fût pas modi-

---

1. Voir l'article anonyme de la *Revue des Deux-Mondes* du 1er novembre 1902 intitulé : Où est le Gouvernement ?

2. « Que les congrégations religieuses autorisées ou non soient supprimées et que leurs biens soient confisqués... que les loges dépendant de la Fédération soient invitées à exercer une influence énergique sur leurs membres faisant partie du Parlement pour la réalisation de ces réformes ». (*Les Jacobins au pouvoir*, p. 99. — Convent de 1900, séance du 6 septembre. *Compte rendu*, p. 161.)

3. *Les Jacobins au pouvoir*, p. 224 et 271. — « Je demande qu'on vise expressément les Frères de la doctrine chrétienne. » (Le F.·. Hubbard au Convent de 1903. *Compte rendu*, p. 28.) L'Assemblée décide que la motion sera portée à M. Combes par le président de l'Assemblée et par le président du Conseil de l'Ordre (p. 33).

« Il ne faut pas qu'une association puissante comme les Frères de la doctrine chrétienne puisse encore bénéficier de l'honneur qu'elle ne mérite pas d'être incorporée depuis 1806 à l'Université. » (Le F.·. Lafferre au Convent de 1903, p. 417.)

fiée au Sénat. Un vœu du Couvent de 1905 [1] déclara que, malgré ses imperfections, la loi devait être votée telle qu'elle pour pouvoir être appliquée dès 1906 [2], et au mois de décembre 1905 le Sénat votait sans aucun changement le texte adopté par la Chambre évitant ainsi le délai qui serait résulté d'un renvoi.

Assurément des faits de ce genre sont frappants. Si l'en rapproche, d'une part les vœux des Convents, d'autre part les votes de ces lois et la passion qui a présidé à leur discussion ; si on se souvient de la discipline imposée aux maçons membres du Parlement, de leur nombre et de leur influence dans les deux Chambres, il est difficile de voir dans ces circonstances de simples coïncidences.

En droit, quelle est, avant la loi de 1901, la situation de la Franc-Maçonnerie ? Nous croyons pouvoir affirmer qu'elle est illégale. Elle tombe sous le décret de 1848 [3] relatif aux sociétés secrètes et peut-être sous la loi de 1872 relative à l'Internationale. Elle tombe sous les dispositions de l'article 291 du Code pénal [4]. Et cependant la Franc-Maçonnerie n'a jamais été inquiétée dans cette période [5] tandis que les autres associations pouvaient toujours être poursuivies, et certaines le furent en effet [6], en vertu des prohibitions légales en vigueur. Bien plus, n'existant qu'en vertu d'une simple tolérance administrative, elle ne cessait de réclamer l'application ou le vote des mesures légales contre les congrégations religieuses [7].

1. Voir les vœux des Convents antérieurs (*Les Jacobins au pouvoir*, p. 92, 93).

2. Vœu adopté le 23 septembre 1905 : « Le Convent émet le vœu que la loi imparfaite, mais perfectible, sur la séparation des Eglises et de l'Etat, déjà votée par la Chambre des députés, soit le plus rapidement possible adoptée par le Sénat et promulguée avant les élections générales, mais qu'elle soit amendée par le Parlement républicain dans un sens plus strictement laïque. » (Convent de 1905. Compte rendu, p. 402.)

3. Même si son existence est avouée car elle a un but secret (Cassation, 13 décembre 1849. Sirey, 1850, p. 137).

4. Au Convent de 1894, le F∴ Poulle déclare : « Le pouvoir peut fermer nos temples quand il le veut... Nous ne sommes que des tolérés. » (*Compte rendu*, p. 213, 215).

5. Du Faget de Casteljau, p. 462.

6. Voir le procès des ligues dont nous parlons plus loin.

7. Hanotaux, t. IV, p. 539.

On pouvait cependant faire observer que, dans cet ordre d'idées et au point de vue purement légal, les griefs qu'on élevait contre les congrégations auraient dû retomber sur les loges. Ne trouvait-on pas chez leurs adeptes les vœux et l'obéissance à un supérieur qu'on reprochait avec tant d'insistance aux membres des congrégations comme contraires aux principes de notre droit moderne? Ne pouvait-on pas relever la fameuse société immobilière du Grand Orient[1] laquelle servait à suppléer à l'incapacité civile du Grand Orient par un de ces procédés de prête-noms nécessités par la pratique de la vie journalière et tant reprochés aux ordres religieux? Quoi qu'il en soit, les dispositions du Code pénal étaient certainement applicables aux loges[2].

Anticipant sur l'ordre chronologique nous pouvons ajouter que la loi du 1ᵉʳ juillet 1901 n'a pas donné une légalité incontestable à l'association maçonnique. La loi de 1901, remarquons-le tout d'abord, rendait inutile la précaution du secret sous lequel elle s'était abritée jusqu'alors. L'abrogation par cette loi du décret de 1848 sur les sociétés secrètes résultait de l'admission du principe de liberté des associations sans conditions de déclaration préalable et sans distiction du but poursuivi pourvu qu'il fut licite[3]. Le secret, qui ne pouvait même plus se justifier par la crainte de tracasseries de la part d'un gouvernement hostile, n'était donc maintenu que par le désir de perpétuer ainsi une domination politique injustifiée.

C'est précisément à cet égard qu'on a pu soutenir l'illégalité de la Franc-Maçonnerie même sous l'empire de la loi de 1901. Il ne s'agit pas en effet d'une association poursuivant simplement un but de propagande politique et électorale, il s'agit d'une organisation portant atteinte à la Constitution par le pouvoir qu'elle exerce, à la liberté

---

1. Prache, p. 326. — Sur les legs par interposition de personnes, voir : Prache, p. 325; Lerolle à la Chambre en 1901 (22 janvier).

2. Le mémoire présenté à la Cour de Cassation dans l'affaire de Mgr Cazet contient cette affirmation, qui n'a pas encore été contestée, que la Franc-Maçonnerie est une société secrète, illégale, simplement tolérée. (Sirey, 1893, I, p. 496.)

3. Sauf en ce qui concerne les congrégations religieuses pour lesquelles il est dérogé au principe posé par la loi.

du suffrage universel par l'autorité qu'elle s'assure sur les représentants du pays, à l'égalité des citoyens par les conditions qu'elle impose à l'accession aux emplois publics. Plus que jamais l'organisation maçonnique constitue un Etat dans l'Etat [1] et tombe sous la nullité qui frappe les associations constituées en vue d'un objet illicite et contraire aux lois ainsi que le prévoient les articles 3 et 7 de la loi de 1901 [2]. Telle est la thèse qui a été soutenue et qui nous paraît avoir une grande force.

Le fait que, postérieurement à la loi de 1901, certaines loges et le Grand Orient lui-même [3] ont fait la déclaration nécessaire pour obtenir la personnalité civile restreinte accordée par la loi aux associations déclarées ne nous paraît pas infirmer la valeur des considérations que nous venons de rappeler. Non seulement en effet cette déclaration n'a été faite que par certains groupements maçonniques et non par tous, mais surtout la formalité de la déclaration par une association n'entraîne nullement la reconnaissance de sa légalité si cette association constitue par son objet une association illicite.

L'existence et la puissance de la Franc-Maçonnerie ne peuvent être invoquées dans tous les cas comme un progrès dans l'histoire de la liberté d'association. La Franc-Maçonnerie n'a pas contribué à établir cette liberté. Ses adeptes ne se sont servis de l'association que pour eux-mêmes, sans jamais placer au nombre de leurs revendications et des réformes qu'ils prétendaient poursuivre la reconnaissance du droit d'association par tous les citoyens. Bien plus, ils ont retardé la reconnaissance de ce droit par le développement donné aux sociétés secrètes qui ont

---

1. « Cette surveillance traditionnelle de ceux qui ont la charge de gérer les intérêts de l'Etat a toujours été une des obligations et une des préoccupations de la Franc-Maçonnerie. » (Le F∴ Lafferre au Convent de 1905, p. 22.)

2. Prache, p. 18, 339. Le rapporteur concluait en outre à la violation de la loi de 1881 qui prescrit le dépôt légal des publications, à la violation des lois relatives à l'impôt sur le revenu et à la taxe d'accroissement.

3. Le 3 janvier 1913, le *Journal officiel* a publié la déclaration du Grand Orient comme association déclarée. Cette mesure a du reste provoqué la protestation d'un certain nombre de loges. (Revue la *Franc-Maçonnerie démasquée*, 25 août 1913, p. 244.)

si longtemps inspiré tant de méfiance au législateur et aux pouvoirs publics. Par la guerre implacable qu'ils ont faite aux congrégations religieuses ils devaient déterminer le vote des mesures restrictives de la loi de 1901 qui ont empêché la consécration complète de la liberté d'association en maintenant le dernier obstacle à l'abrogation totale de la législation prohibitive.

L'influence exercée par la Franc-Maçonnerie et qui s'est manifestée si visiblement, depuis une vingtaine d'années surtout, n'a pas été sans soulever contre elle un mouvement important d'opinion publique. Surtout ses prétentions à un secret qu'elle ne peut plus suffisamment garder à une époque de publicité à outrance ont indisposé les esprits. Elle a été, ce qui est notable, l'objet, non plus de quelques allusions comme à l'époque de 1848, mais de nombreuses attaques à la tribune parlementaire [1]. Dans la discussion de la loi de 1901 notamment, plusieurs orateurs dénoncèrent son abusive domination. Une pétition présentée à la Chambre, fut l'objet de la part de M. Prache, député de Paris, d'un rapport [2] qui est sur la question un important document. Si la discussion qui suivit, pas plus que celle qui avait eu lieu au cours des débats de 1901 sur un amendement du même député [3], ne purent aboutir à une solution, il est notable que la question ait été mise en lumière. Les débats parlementaires soulevés ainsi dans une Chambre hostile aux adversaires de la Franc-Maçonnerie ont fait ressortir l'importance de cette association ; ils ont fait apparaître les méfiances qu'elle a suscitées par son aspiration constante à exercer sur le pays une domination politique grâce à des moyens d'une léga-

---

1. Chambre des députés : M. Piou, 17 janvier 1901. — M. Lerolle, 22 janvier, 18 mars 1901 — M. Prache, 19 mars 1901. — M. Goyraud, 20 mars 1901. — M. Aynard, 20 mars 1901. — M. Lasies, 24 juin 1901. — M. Cunéo d'Ormano, 29 juin 1901. — M. Prache, 16 mars 1903. — M. Archdeacon, 24 juin 1904. — Voir aussi le discours de M. Prache lors de la discussion de son rapport (Chambre, 17 juin, 24 juin 1904). — Sénat : M. de Lamarzelle, 19 juin 1901, p. 936. — M. Delahaye, 24 mai 1912, p. 864.

2. Voir *supra*.

3. Amendement tendant à déclarer applicables à la Franc-Maçonnerie les dispositions votées sur les congrégations religieuses (Chambre, 19 et 20 mars 1901).

lité douteuse et dans tous les cas peu conformes aux principes qui régissent nos institutions modernes [1].

Notons qu'à cet égard le mouvement antimaçonnique s'est manifesté par la création d'associations antimaçonniques [2]. Les polémiques engagées par ces diverses associations [3] permettent de se rendre compte de l'état actuel de la question que nous avons voulu envisager spécialement au point de vue du mouvement des idées sur le terrain de l'association.

Mentionnons enfin la continuation de l'extension des associations anti-religieuses qui perpétuent l'action exercée sous le second Empire. Sous la poussée de l'anticléricalisme, dont, avec les loges, elles ont été les agents, elles se développent et accentuent leur action. Ce sont les sociétés de Libre-Pensée affiliées plus ou moins ouvertement à la Franc-Maçonnerie qui les considère, dans la lutte anti-religieuse, comme ses auxiliaires [4]. C'est la Ligue de l'enseignement dont le caractère anti-religieux et surtout maçonnique [5] est hautement avoué et dont l'influence s'étend avec la lutte dirigée contre l'enseignement religieux.

Dans les associations que nous venons d'envisager il faut donc distinguer deux catégories. Les associations de malfaiteurs restent sous les dispositions prohibitives du Code pénal dont les circonstances imposent l'aggravation. Les sociétés secrètes tombent toujours sous le coup des dispositions légales, mais la seule qui subsiste, la Franc-Maçonnerie, bénéficie d'abord de la tolérance qui couvre les associations politiques et, quand celles-ci seront poursuivies, elle jouira sur le terrain politique, avant la loi

1. En particulier la surveillance et la dénonciation des fonctionnaires et officiers. A propos de l'affaire des fiches on a vu la Franc-Maçonnerie s'arroger le rôle d'un comité de salut public.

2. En particulier l'association antimaçonnique de France et la ligue de défense nationale contre la Franc-Maçonnerie.

3. Les publications antimaçonniques ont insisté sur le caractère de domination politique et d'illégalité de l'association maçonnique laquelle ne cessait de dénoncer l'illégalité d'autres associations.

4. Prache, p. 45, 258.

5. « L'œuvre de la ligue est une œuvre maçonnique ». (Jean-Macé au Congrès de la ligue en 1885. *Bulletin de la ligue de l'enseignement,* 1885, p. 427). De la Gorce. *Histoire du second Empire,* t. V, p. 380.

de 1901, d'un véritable monopole de fait [1]. Lors du procès des ligues cette anomalie sera relevée par les défenseurs de leurs membres.

§ 6. — *Les associations politiques.*

Nous mentionnerons ici les associations politiques proprement dites c'est-à-dire non occultes. Aussi nous rappellerons seulement pour mémoire les différentes organisations socialistes de cette période qui sont plutôt des groupements de partis que de véritables associations.

L'Internationale, qui se réorganisait à l'étranger [2], voyait son influence disparaître devant les progrès du collectivisme qui se proclamait international avec Karl Marx et Jules Guesde. Le Congrès de Marseille en 1879 organisa « la Fédération des travailleurs socialistes de France » qui divisait la France en six régions dont chacune s'administrait elle-même ; le congrès annuel nommait le comité exécutif [3]. A la suite des querelles entre les guedistes et les possibilistes, les premiers s'intitulèrent « parti ouvrier », et les seconds fondèrent en 1882, au Congrès de Saint-Etienne, le « parti ouvrier socialiste révolutionnaire français [4] ». Il faut aussi noter le groupe dit « des indépendants » avec Benoit Malon qui fonda la *Revue socialiste* [5]. Une nouvelle scission se produisit en 1890 avec Allemane parmi les possibilistes [6]. En 1893 se forma une association, « la ligue d'action révolutionnaire » qui réunissait les délégués des nouveaux groupes socialistes pour la conquête de la « République sociale [7] ».

En 1898 un comité d'entente groupa les différentes organisations socialistes en vue d'une action parlemen-

---

1. « Elle dispose du droit exclusif à l'association. » (*Congrès de 1899*, p. 43, 110.)
2. Weill. *Histoire du mouvement social*, p. 215, 216.
3. *Eod. loco*, p. 232.
4. *Eod. loco*, p. 243.
5. *Eod. loco*, p. 269.
6. *Eod. loco*, p. 274, 289.
7. *Eod. loco*, p. 290.

taire[1]. Les conflits qui se prolongèrent ne devaient aboutir qu'en 1905 à la création du « parti socialiste unifié[2] ».

Le mouvement syndical, comme nous l'avons vu, devait sortir du terrain professionnel pour s'orienter trop souvent vers une action politique et même révolutionnaire. C'est en ce sens qu'on peut considérer ce qu'on a appelé le syndicalisme comme une manifestation de tendances politiques. C'est en ce sens aussi qu'on peut considérer comme des associations politiques les organisations diverses sorties du syndicalisme et dont nous avons parlé plus haut : la fédération nationale des syndicats, les bourses du travail, la Con[féderation] générale du travail. Nous avons considéré ces diverses associations, en tant qu'associations politiques, comme illégales, même depuis la loi de 1884 qui ne donne la liberté de se constituer qu'aux associations professionnelles, même depuis la loi de 1901 si, comme c'est le cas pour la Confédération générale du travail, l'association poursuit un but contraire à l'ordre public.

Des clubs il n'est plus question. Ils sont restés interdits par la loi du 30 juin 1881[3] qui ne sera abrogée que par la loi du 1901. Mais au fond les clubs sont des associations politiques dissimulées sous la forme d'assemblées délibérantes et périodiques. Avec la liberté de réunion et avec la liberté des syndicats et la tolérance qui les laisse s'orienter vers la politique sous prétexte de défendre les intérêts de la classe ouvrière, avec les grèves qui sont de plus en plus l'arme employée et servent de prétexte aux délibérations les plus libres, les clubs ont plus de raison d'être[4]. Sur le terrain politique du reste on préfère se grouper en associations proprement dites.

En droit, la situation des associations politiques est précaire, car elles sont toujours soumises à la législation du Code pénal et de la loi de 1834, ce qui est une anomalie avec un régime politique qui repose sur le suffrage universel et prétend s'inspirer de principes libéraux. Mais, en attendant la loi générale sur les associations, depuis

1. *Eod loco.* p. 314.
2. *Eod loco* p. 343.
3. *Sirey. Lois,* 1881, p. 156.
4. Clunet. *Les associations*, p. 68.

si longtemps promise, le Gouvernement a dans les mains des armes légales contre les associations politiques et nous le verrons s'en servir dans une période qui s'annonçait comme une période de tolérance à ses débuts.

En fait, c'est tout d'abord la tolérance qui prévaut. Avec la liberté de la presse et le droit de réunion, en présence de la faculté laissée aux groupements socialistes pour s'organiser librement, des associations politiques se constituent par la force des choses et se développent sous l'influence des mœurs orientées vers la liberté.

Parmi les plus connues citons : « la ligue des patriotes [1] », fondée en 1882, ayant pour objet le culte des traditions nationales et le développement de l'amour de la patrie. Elle se considérait surtout comme une protestation permanente contre l'annexion des deux provinces perdues en 1871. Exerçant son action au grand jour elle avait en 1889 un comité directeur siégeant à Paris et groupait 240.000 ligueurs. Son évolution vers le boulangisme en fit prononcer la dissolution à cette époque. Elle se reconstitua en 1893 sous le nom de « ligue patriotique des Français », et reprit en 1898 son ancien titre jusqu'au procès de 1899.

En 1898 était fondée par Edouard Drumont « la ligue antisémitique ». En 1898 étaient créées, au cours de l'agitation née de l'affaire Dreyfus, deux associations politiques représentant les deux courants qui divisaient le pays : « la ligue des droits de l'homme » se proposant de défendre les principes énoncés dans la déclaration des droits de l'homme ; « la ligue de la patrie française », pour maintenir les traditions de la patrie française et fortifier le respect de l'armée nationale. Ces deux dernières ligues prirent une extension considérable due aux événements qui passionnaient alors l'opinion. Mentionnons aussi les comités plébiscitaires de la Seine et l'association de la jeunesse royaliste.

Il faut enfin signaler les associations électorales telles que « l'alliance républicaine », « l'union républicaine », les « comités royalistes » et « de l'appel du peuple », les dif-

2. Du Faget de Casteljau, p. 450.

férentes organisations socialistes qui poursuivent un but électoral par là-même qu'il est politique. Une indication spéciale doit être donnée de « l'action libérale populaire » fondée par M. Pion et qui eut dès son origine une extension considérable.

Nous parlerons, en résumant la situation générale avant la loi de 1901, des poursuites qui furent dirigées contre les différentes ligues politiques en 1899. On put alors constater la contradiction que nous venons de signaler entre la situation de fait qui constituait pour les associations politiques une véritable autorisation tacite et l'existence des dispositions légales dont le Gouvernement pouvait toujours se servir et dont il se servait quand il s'agissait de défendre le régime politique au pouvoir.

C'est en relevant cette contradiction qu'on peut caractériser la situation des associations politiques au cours de cette période. Elles vivent dans une situation de tolérance imposée par l'état des mœurs et par un régime démocratique obligé de se montrer libéral. Mais elles n'en sont pas moins soumises à une législation prohibitive qui peut toujours être appliquée et qui sera invoquée suivant les passions politiques du moment. En droit c'est la prohibition, en fait c'est l'arbitraire. C'est précisément à propos des associations politiques qu'on peut mesurer le vide causé par l'absence de la liberté d'association : sous un régime démocratique de suffrage universel où tous les citoyens ont le droit de prétendre par leur vote à la direction des affaires publiques et même de se réunir, ils n'ont pas le droit de se grouper en associations pour s'entendre sur le vote à émettre et pour propager leurs idées. C'est l'illogisme même. Sur le terrain politique, comme sur le terrain religieux, l'absence de la liberté d'association se fait clairement sentir [1]. La situation est particulièrement choquante lorsqu'il s'agit, non d'associations occultes comme la Franc-Maçonnerie, non d'associations détournées de leur but comme les syndicats professionnels s'occupant de politique, mais d'associations dont le but

1. On a fait remarquer que, sur le terrain politique, il ne nous manquait que la liberté véritablement saine, celle d'association. (Congrès de 1899, p. 1011.)

est ouvertement politique et électoral. A leur égard la tolérance peut être imposée en fait par l'opinion publique, la liberté n'existe pas en réalité. Il faut noter d'ailleurs que l'application des dispositions légales est purement illusoire et se réduit à une mesquine tracasserie, car les associations politiques dissoutes ne tardent pas à se reconstituer, fut-ce sous un autre titre. Telle est la situation des associations politiques avant 1901.

III

SITUATION GÉNÉRALE AVANT LA LOI DE 1901

Situation légale des associations. Situation de fait des associations. Développement des associations.
Tendances de l'opinion publique. Exemples des législations étrangères. Mouvement des idées en faveur de la liberté d'association : les écrivains, les économistes et les sociologues. Les projets de loi. Les congrès.
Les poursuites contre les associations avant la loi de 1901.
La réforme à accomplir.

Après avoir envisagé les diverses catégories d'associations avant la loi de 1901, essayons de préciser la situation générale à la fin de cette période.

Au point de vue de la situation légale le sort des associations est resté le même en principe. C'est toujours l'article 291 du Code pénal qui est en vigueur : au-dessous d'un nombre restreint de personnes l'association est licite, au-dessus de ce nombre elle est soumise au bon plaisir du pouvoir administratif qui peut l'autoriser et prétend pouvoir toujours la dissoudre [1]. A défaut de cette autorisation ses membres sont exposés à des pénalités. La loi de 1834 est venue aggraver les dispositions du Code pénal

---

1 Dareste. *Revue des Deux-Mondes*, 15 octobre 1891, p. 817. Cette dissolution est prononcée sans aucune garantie et les réclamations sont jugées administrativement et par la seule voie du recours pour excès de pouvoir devant le Conseil d'Etat (*Eod. loco*, p. 820). On admettait en général avant 1901 que l'autorité administrative pouvait dissoudre les associations non autorisées bien que, d'après l'article 292 du Code pénal, la dissolution dût être précédée d'une condamnation judiciaire (Garraud. *Traité de droit pénal*, t. IV, p. 489).

en frappant l'association non autorisée même quand elle est divisée en groupements de moins de vingt personnes et en ajoutant la surveillance de la haute police aux peines prévues par le code de 1810 [1].

Un certain nombre d'exceptions sont venues déroger à ce principe du régime prohibitif : sur le terrain de l'enseignement, la loi de 1875 relative à la liberté de l'enseignement supérieur ; au point de vue économique, les lois du 21 juin 1865 et du 22 décembre 1888 sur les associations syndicales pour les travaux agricoles, du 22 mars 1890 sur les syndicats de communes, du 6 novembre 1864 sur les sociétés de crédit agricole, du 1er avril 1898 sur les sociétés de secours mutuels, du 9 avril 1898 sur les chambres de commerce ; enfin et surtout sur le terrain professionnel la loi du 21 mars 1884 sur les syndicats. Encore faut-il noter, à ce dernier point de vue, que la liberté n'est accordée qu'aux travailleurs manuels, car la loi du 30 novembre 1892 sur la médecine est la seule qui s'applique aux professions libérales. Dans tous ces cas il s'agit toujours d'associations poursuivant un but lucratif, économique, ou d'intérêt professionnel, jamais d'associations, telles que les associations de bienfaisance proprement dites, poursuivant un but désintéressé distinct de l'intérêt de leurs membres. Toutes ces mesures législatives ont été en somme comme des lambeaux de liberté arrachés peu à peu à l'État qui conserve son pouvoir prohibitif [2].

De ce droit le Gouvernement se sert d'une façon arbitraire. L'autorisation prévue par l'article 291 dépend de son bon plaisir. En fait elle est accordée rarement et du reste peu sollicitée. La reconnaissance d'utilité publique, laquelle peut conférer à l'association la personnalité morale, dépend aussi du bon vouloir de la puissance publique [3]. Elle est soumise à certaines conditions d'ancienneté d'existence et d'importance du patrimoine de l'association [4]

1. M. Renault-Morlière à la Chambre (15 janvier 1901).

2. C'est la méthode qui consiste à légiférer sur le droit d'association par voie de « morcellement » (Congrès de 1899, p. 54).

3. Clunet, p. 303.

4. D'après la jurisprudence du Conseil d'Etat (*Réforme sociale*, 1er septembre 1913, p. 229, 258.

et subordonnée à une enquête administrative. Tantôt, elle n'est pas demandée par des associations qui préfèrent une existence précaire mais indépendante comme certaines associations de bienfaisance, tantôt elle est accordée à certaines associations dont l'utilité « publique » serait difficilement justifiée.

Au point de vue de la personnalité, si nécessaire à la vie de l'association, on se trouve en effet en présence d'un système qui peut être caractérisé par cette formule : tout ou rien. L'association reconnue d'utilité publique est investie, sous la réserve de l'autorisation gouvernementale nécessaire pour ses actes d'acquisition et d'aliénation, de la plénitude de la capacité civile [1]. L'association simplement en règle avec le Code pénal par une autorisation administrative, ne possède aucune personnalité, même pas la personnalité restreinte qui suffirait par exemple à certaines associations de bienfaisance.

En un mot, à part certaines exceptions admises au jour le jour par le législateur et sous la pression de certaines nécessités, le régime prohibitif subsiste, malgré le mouvement des idées en faveur de la liberté, même pour les associations de bienfaisance qui peuvent invoquer leur développement considérable, même pour les associations politiques qui peuvent se réclamer d'un régime démocratique fondé sur le suffrage universel. « L'association, disait en 1891 M. Dareste [2], relève directement du Gouvernement qui la crée, la suit, la fait vivre, et la dissout à volonté. Le principe est si ancré dans la législation française, qu'on l'a placé et qu'on le place couramment au premier rang des règles du droit public. A ce titre, il est au-dessus du droit commun, et autorise tous les arbitraires. » Des trois catégories d'associations dont la crainte était un obstacle à l'admission du régime de liberté, une seule, celle des associations professionnelles et ouvrières, a été admise à jouir de ce régime. Les deux autres, les associations poli-

---

1. Rappelons que la reconnaissance d'utilité publique, qui dépend de l'autorisation du Gouvernement, est le seul moyen véritablement sûr pour réaliser une fondation. (Rapport de M. Geouffre de la Pradelle, *Réforme sociale*, 1ᵉʳ septembre 1913, p. 229.)

2. *Revue des deux-mondes*, 15 octobre 1891, p. 819.

tiques, les associations religieuses surtout, identifiées avec les congrégations, constituent encore cet obstacle que le législateur n'a pas jusqu'alors osé renverser.

En fait, le régime auquel sont soumises les associations est un régime de tolérance. Dans la discussion de la loi de 1901 [1] M. Waldeck-Rousseau pourra reconnaître que l'article 291 n'est plus appliqué. Tous les gouvernements s'en sont servi cependant successivement mais d'une façon arbitraire, car le pouvoir central a fermé les yeux et poursuivi qui il voulait poursuivre suivant les nécessités politiques du moment [2]. A l'époque où nous sommes parvenus, l'application du système légal de la prohibition est intermittente et par là même plus choquante. Sauf dans quelques circonstances on a toléré les syndicats professionnels avant la loi de 1884 comme on tolérera la Confédération générale du travail après cette loi et celle de 1901. On s'est livré à des mesures de persécution contre les congrégations religieuses mais en faisant appel, pour renforcer le Code pénal, à une législation spéciale exhumée contre elles. On requerra l'application de l'article 291 contre certaines associations politiques, mais ces poursuites seront relevées comme une étrange anomalie en présence du sentiment général qui considère comme un anachronisme les dispositions prohibitives en matière d'association.

En résumé, ainsi que nous l'avons dit, il n'existe pas, de la part du régime politique de la troisième République, un parti pris contre les associations, comme sous les régimes monarchiques. Par son caractère démocratique, un régime dont les partisans ont, de longue date, revendiqué la liberté d'association, est disposé à la tolérance. Cette tolérance, qui est l'arbitraire, est l'attitude qu'il adopte [3], sauf à s'en départir vis-à-vis d'associations politiques qui lui inspirent de l'ombrage ou des congrégations que lui dénonce la passion anticléricale [4]. Il n'en

1. Chambre 29 janvier 1901 (*Officiel*, p 221).
2. « L'article 291 dort ou ne dort pas selon le bon vouloir du Gouvernement qui l'applique s'il veut, quand il veut, à qui il veut. » (M. Charles Benoist, Congrès de 1899, p. 877.)
3. Basseville. *Le droit à l'association*, p. 218 ; Congrès de 1899, p. 151.
4. De Faget de Casteljau, p. 421, 460.

demeure pas moins que, jusqu'en 1901, le régime républicain, conservant comme les régimes monarchiques le système prohibitif[1], n'a pas encore abouti à la réalisation des promesses qui avaient depuis si longtemps annoncé une loi générale sur le droit d'association.

La législation existante est cependant en contradiction avec les mœurs, car le développement de l'association se continue sur tous les terrains avec une intensité qui peut faire donner à cette période, plus encore qu'à aucune autre, le nom d'époque des associations. Les traditions individualistes de la Révolution étaient battues en brèche depuis longtemps « par les faits eux-mêmes plus forts que les lois »[2]. « De toutes parts, disait M. Charles Benoist au Congrès de 1899[3], se formaient, sans que le glaive de la loi se levât, toutes sortes d'associations ou de sociétés, à toutes fins : comités électoraux, groupes d'études, orphéons et fanfares. » En 1900 on comptait, d'après les documents officiels, plus de 45.000 associations sans but lucratif[4]. Et ce n'était pas seulement d'associations sportives ou de divertissement qu'il s'agissait, quoiqu'elles fûssent nombreuses[5]. Nous avons noté le développement des associations économiques, sociétés de secours mutuels ou coopératives, des associations de bienfaisance, des syndicats professionnels et même des associations politiques. Tout le monde s'associe, même et surtout, sans une autorisation qui paraît désormais superflue[6]. On relève « une majorité d'associations sans reconnaissance d'utilité publique, sans autorisation de police, et vivant dans l'état de fait à la fois administratif et civil[7] ».

Devant l'opinion publique la question de la liberté d'association est constamment à l'ordre du jour[8]. L'expé-

---

1. Weil. *Le droit d'association*, p. 315.
2. Hanotaux, t. III, p. 73.
3. *Compte rendu*, p. 87.
4. Clunet. Préface, p. IV.
5. *Eod. loco.*
6. N'est-ce pas M. Buffet qui faisait cette remarque : quel est celui d'entre nous qui ne fait pas partie de plusieurs associations non autorisées ? — La jurisprudence reconnaît, par la force des choses, à certaines associations une existence de fait. (Clunet, p. 182).
7. Congrès de 1899, p. 132.
8. Weil, p. 280.

rience du passé a démontré que le droit d'association était
en quelque sorte incoercible et constituait une nécessité
qui s'affirmait de plus en plus impérieuse à travers les
obstacles que lui opposait une législation draconienne [1].
Aussi la liberté apparaît comme un but qui doit être
atteint et le droit d'association est revendiqué par des
parlementaires tels que Dufaure et Jules Simon [2]. Le
régime prohibitif est de plus en plus attaqué et l'article 291 du Code pénal est considéré comme frappé de
discrédit. Une réaction s'était produite à cet égard au
profit de l'initiative individuelle contre l'omnipotence
de l'Etat et l'individualisme qui en avait été la meilleure
garantie. Déjà la liberté avait été obtenue pour les associations professionnelles dans les professions manuelles.
Elle s'impose pour les associations politiques avec un
régime démocratique reposant sur le suffrage universel,
avec la liberté de réunion. Pour les associations religieuses
elle s'impose également aux yeux de tous les gens de bonne
foi. Pour toutes les associations elle se présente comme
la conséquence logique du mouvement qui s'est accentué
depuis le commencement du xixe siècle dans les mœurs et
dans les idées.

L'étude des législations étrangères mieux connues venait
fortifier ces tendances. En 1899 le Gouvernement ayant
soumis à l'avis du Conseil d'Etat le projet de loi sur les
associations, le vice-président du Conseil d'Etat fit procéder à une enquête sur les législations des nations étrangères « ayant fait l'expérience d'un régime libéral [3] ». Les

1. M. Puech à la Chambre (22 janvier 1901, p. 136.)

2. Congrès de 1899, p. 38 Voir aussi la discussion du projet de 1872 et
de la loi de 1884.

3. Conseil d'Etat. *Série d'études sur le droit d'association dans les législations étrangères* Imprimerie Nationale, 1899. — On lit dans la lettre
circulaire du vice-président du Conseil d'Etat : « Vous vous attacherez
spécialement à déterminer les conditions dans lesquelles la liberté d'association aura été introduite dans la législation objet de votre étude, les
caractères généraux de cette législation, les précautions qu'elle aura établies en vue de sauvegarder l'ordre public et les résultats obtenus. » Le
programme était ainsi résumé : historique et caractères généraux, existence légale (précautions prises notamment au point de vue politique et
religieux), personnalité juridique (précautions prises pour éviter les dangers au point de vue économique), effets de la législation et critiques

résultats de cette enquête étaient frappants. Nous nous y reporterons plus spécialement en ce qui concerne l'admission du principe de liberté.

En Allemagne [1], il faut distinguer les lois de l'Empire et la législation des divers Etats. D'une façon générale, et sauf dans quelques pays, notamment les pays annexés, le principe, depuis 1848, est que toute association peut se constituer librement. Des exceptions nombreuses existent pour les associations politiques soumises à une étroite surveillance. Sont interdites les associations ayant un objet illicite et les sociétés secrètes. Notons qu'en Prusse une association ne peut être dissoute que par l'autorité judiciaire [2].

La personnalité civile est acquise par concession de l'Etat ou par simple déclaration [3] ; les acquisitions mobilières ou immobilières sont en général subordonnées à l'autorisation. Les congrégations religieuses ont été soumises à des mesures de restrictions sévères qui depuis 1880, tendent à s'atténuer, et ne peuvent exister qu'en vertu d'une concession du chef de l'Etat [4]. Les associations socialistes, après une période de répression, ont fini par retomber sous l'empire du droit commun [5].

En Angleterre il n'existe pas de loi générale sur les associations, mais le principe est la reconnaissance de la liberté des associations qui peuvent se former sans autorisation [6]. La liberté d'association, comme toute liberté primordiale, y est « comme enracinée dans un fonds très lointain de traditions et de mœurs [7] ». Deux exceptions sont relatives aux sociétés secrètes ou ayant un objet illicite et aux congrégations religieuses d'hommes dépendant de l'Eglise romaine. Bien qu'elles n'aient pas été abrogées, ces dernières dispositions visant les congrégations

---

qu'elle soulève. — Ajoutons les constatations faites au Congrès de 1899. (*Compte rendu.*)

1. Conseil d'Etat, p. 10 et s. — Congrès de 1899, p. 243, 247.
2. Conseil d'Etat, p. 26.
3. Sauf pour les associations économiques. Code civil allemand de 1897 (Congrès de 1899, p. 254, 255).
4. *Eod. loco*, p. 69.
5. *Eod. loco*, p. 67.
6. *Eod. loco*, p. 79, 82 ; Weil, *Le droit d'association*, p. 331.
7. Congrès de 1899, p. 49.

catholiques ne sont plus appliquées surtout en ce qui concerne les communautés religieuses dont on constate le nombre toujours croissant [1].

La personnalité civile s'acquiert par un simple dépôt ou enregistrement des statuts [2]. Les associations enregistrées possèdent par l'entremise des fidéi-commissaires ou « trustees » indéfiniment remplacés, et ne sont soumises à aucune restriction d'étendue de leur patrimoine si ce n'est en ce qui concerne la propriété immobilière pour certaines sociétés [3]. Pour les ordres religieux, les dons à leur égard sont nuls, mais ils peuvent être recueillis par leurs membres, la loi anglaise ne connaissant pas la théorie des personnes interposées [4]. La dissolution peut être volontaire ou imposée par le « chief registrar » après une enquête sur la demande d'un certain nombre d'associés. Le sort des biens est réglé par une délibération des associés. Dans certains cas peut être prononcée la radiation qui n'entraîne pas la dissolution de la société mais lui retire le bénéfice de l'enregistrement [5]. Sous ce régime libéral, les associations, surtout les sociétés de secours mutuels et les Trade-Unions, ont pris un développement considérable. Nous avons rappelé l'influence que l'exemple des Trade-Unions avait exercée sur les ouvriers français [6].

La Belgique présente ce curieux spectacle d'un pays dont la législation, offrant une analogie complète avec celle de la France, en diffère totalement en ce qui concerne les associations [7]. Elles sont sous le régime de la liberté inauguré par le décret du Gouvernement provisoire du 16 octobre 1830 [8] et consacré par l'article 20 de

1. Conseil d'Etat, p. 84.
2. Voir surtout la loi de 1871 sur les Trade-Unions.
3. Conseil d'Etat, p. 88, 89, 90. — Congrès de 1899, p. 142.
4. Conseil d'Etat, p. 90.
5. *Eod. loco.*
6. M. Hanotaux (t. III, p. 73) rappelle qu'en 1874 les Trade-Unions touchaient à leur apogée par l'entrée de deux ouvriers à la Chambre des Communes.
7. Voir aussi pour la Belgique le rapport de M. Verhaegen au Congrès de 1899 (p. 57).
8. « Le Gouvernement provisoire considérant que les entraves mises à la liberté d'association sont des infractions au droit sacré de la liberté individuelle et politique. » (Conseil d'Etat, p. 98.)

la Constitution : « Les Belges ont le droit de s'associer ;
ce droit ne peut être soumis à aucune mesure préventive [1]. » La question de la capacité civile des associations
avait été réservée par le Congrès, elle n'a été réglée que
par des lois spéciales pour certaines associations : sociétés de secours mutuels, sociétés pour la construction
d'habitations ouvrières, unions professionnelles.

La liberté d'association est donc un des principes essentiels du droit belge, principe qui ne reçoit d'exceptions
qu'en ce qui concerne les associations de malfaiteurs ou
les étrangers [2]. Les dispositions spéciales que nous avons
indiquées s'inspirent d'une idée de bienveillance pour certaines catégories d'associations. C'est ainsi que le décret
français du 18 février 1809 qui continue à s'appliquer aux
congrégations hospitalières de femmes a pour but de leur
assurer les avantages de la personnalité. La loi du 23 juin
1894 sur les sociétés mutualistes se propose d'élargir les
conditions de leur fonctionnement. La loi du 31 mars 1898
sur les unions professionnelles règle les conditions de ce
fonctionnement : elle s'applique aux personnes exerçant
des professions similaires même libérales, elle prévoit
des membres honoraires même non professionnels, elle
autorise les unions organisées en fédérations, elle interdit aux unions de s'occuper de politique, elle prévoit la
répression des atteintes portées à la liberté du travail.

Le principe, au sujet de la personnalité civile, c'est
qu'elle n'existe pas en dehors de celle qui est reconnue
par une législation spéciale [3]. Pour les congrégations hospitalières de femmes on leur reconnaît une capacité limitée aux besoins du service qu'elles remplissent, chaque
hospitalière conservant la propriété de ses biens. Il en
est de même des sociétés mutualistes qui ne peuvent acquérir d'immeubles qu'avec autorisation. Les unions professionnelles ne peuvent posséder des immeubles que s'ils
sont nécessaires à leur fonctionnement [4] et ne reçoivent

1. *Eod. loco*, p. 101.
2. *Eod. loco*, p. 103.
3. *Eod. loco*, p. 111 et s.
4. La capacité civile des syndicats suscita d'abord des objections fondées sur la crainte de la mainmorte (*Eod. loco*, p. 115. — Congrès de 1899,
p. 145).

des dons ou legs que sous la condition de l'autorisation.

Quant aux associations non pourvues de la personnalité civile, notamment les congrégations non protégées par le décret de 1809, elles ont pu revendiquer une existence légale en se fondant sur la capacité individuelle de leurs membres. Elles ont fait valoir qu'aux termes du Code civil qui prévoit les contrats innomés, les citoyens pouvaient conclure entre eux un contrat d'asasociation dont la validité paraît admise par la jurisprudence [1]. On considérait qu'il y a nécessité de vivre pour les associations qui ont le droit de se former. Divers projets ont été formulés pour régler la question de la personnalité civile des associations et plus spécialement des congrégations religieuses, ces dernières étant particulièrement visées [2]. Dans l'état actuel des choses la situation est résumée ainsi par le mémoire du Conseil d'Etat : « Toutes les associations sont libres, voilà le droit. Les associations n'ont pas la personnification civile, voilà encore le droit. Les associations vivent et agissent comme si elles avaient la personnification civile la plus étendue, voilà le fait [3]. »

Il faut ajouter que, quels que soient les inconvénients et l'anomalie de la situation de fait au point de vue de la personnalité civile, le principe de liberté au point de vue de l'existence a donné lieu à une efflorescence considérable des associations. Leur développement a été important et l'on a pu dire que « trois Belges ne peuvent se rencontrer sans former une société dont l'un sera président, le second vice-président, et le troisième secrétaire-trésorier [4] ». Ajoutons qu'à l'époque du vote de la Constitution belge, les catholiques et les libéraux paraissent avoir compris que le meilleur moyen de s'assurer la liberté d'association c'était de la reconnaître à tous [5].

1. Conseil d'Etat. p. 128, 129.
2. *Eod loco*, p. 134. — Voir surtout le projet de M. Laurent (p. 135.) Ces doctrines restrictives paraissent aujourd'hui abandonnées par tous les partis (Congrès de 1899. p. 58). — Voir aussi le rapport de M. André au Congrès de 1899 (p. 67).
3. Conseil d'Etat, p. 140
4. *Eod.loco*, q. 130 et la statistique annexée.
5. *Eod.loco*, p. 102, 105.

Aux Etats-Unis [1] l'association est un élément essentiel de la vie publique chez un peuple « qui a pris l'habitude de compter plus sur son initiative que sur la protection de l'autorité publique ». Il faut du reste constater qu'aux Etats-Unis, la forme du Gouvernement n'étant pas contestée, les associations politiques n'inspirent pas la même crainte qu'en France et que la lutte antireligieuse n'y existe pas.

La législation varie avec les Etats, cependant on peut dégager certains points communs. En premier lieu, le droit d'association en lui-même n'est soumis à aucune autorisation, chaque citoyen étant libre à cet égard sauf à être poursuivi personnellement s'il accomplit des actes répréhensibles. La personnalité civile résulte d'une incorporation conférée, soit par un acte spécial, soit par un acte général qui fixe les conditions auxquelles il faudra se soumettre pour l'obtenir. Il en est ainsi pour les associations religieuses. Dans l'Etat de New-York qui peut être pris comme type, les associations ayant pour objet le culte doivent élire un bureau d'administrateurs qui font enregistrer leur déclaration, sont tenus de fournir un inventaire à la Cour suprême et peuvent acquérir des biens jusqu'à un certain revenu. Les autres associations ayant un but charitable, scientifique, bienfaisant où religieux, les congrégations religieuses elles-mêmes qui ne sont pas distinguées des autres associations [2], ont le même droit d'obtenir leur incorporation sous condition de ne pas détenir de biens dépassant un certain revenu [3]. D'une façon générale ces dispositions sont très libéralement appliquées. La plupart des Etats limitent le droit de disposer par testament au profit des associations incorporées. Les associations non incorporées arrivent à bénéficier d'une certaine capacité d'acquérir et de posséder au moyen de fidéicommissaires qui administrent pour leur usage sous la surveillance des cours d'équité. Les associations ouvrières

1. *Eod. loco*, p. 143 et s. — Congrès de 1899, p. 143, 260. — *De la participation des particuliers à la poursuite des crimes et des délits*, p. 197 et s.

2. Voir dans notre ouvrage. *Tout par . Etat*, p. 314, l'exemple de l'incorporation d'une congrégation religieuse.

3. Sur la limitation du patrimoine des associations « non for profit » par le Congrès de 1899, p. 144.

peuvent aussi obtenir leur incorporation avec une faculté de posséder généralement restreinte à ce qui est nécessaire aux opérations prévues par leurs statuts. C'est donc la liberté d'exister pour l'association et la faculté d'acquérir la personnalité ou même de posséder légalement, au moins dans certaines limites, qui constituent le droit commun.

En Italie on relève une tradition corporative qui a perpétué l'esprit d'association malgré les mesures qui réprimèrent les associations politiques et secrètes. Le principe de la liberté d'association considéré comme proclamé par le statut de 1848 fut cependant remis en question à partir de 1862, année où les projets réglementant le droit d'association ne purent aboutir. Les congrégations religieuses furent visées, de 1866 à 1873, par une série de lois qui les atteignirent, non pas en tant qu'associations de personnes [1], mais comme individualités possédantes. En 1864 les corporations d'arts et métiers furent supprimées et en 1890 les confréries en tant que personnes juridiques. En réalité l'association, d'une façon générale, n'est pas soumise comme en France à l'autorisation préalable pour avoir l'existence, mais en fait c'est une liberté menacée sans cesse par des mesures de police ou des prohibitions pénales [3]. Dans le domaine de l'enseignement l'association est libre sauf en ce qui concerne l'enseignement supérieur ; dans le domaine de la charité elle est étroitement réglementée [4].

De la personnalité juridique l'association ne peut jouir que si elle a été reconnue par l'autorité publique. Mais, dans la pratique administrative, cette disposition du Code civil, inspirée par la crainte de voir se reconstituer la personnalité civile des congrégations religieuses, est largement interprétée par le Conseil d'Etat. On reconnaît même la personnalité des anciennes associations qui jouissent d'une certaine possession d'état. Il faut cependant excepter les associations religieuses de cette large appli-

1. Conseil d'Etat, p. 151.
2. *Eod. loco*, p. 163.
3. *Eod. loco*, p. 161. — Code pénal italien de 1890.
4. *Eod. loco*, p. 165.

cation du Code civil qui profite surtout aux associations n'ayant un caractère ni religieux ni politique [1]. Les associations coopératives et les sociétés de secours mutuels peuvent acquérir la personnalité par une homologation de l'autorité judiciaire. Notons enfin que les associations reconnues ne peuvent acquérir des meubles ou immeubles à titre onéreux ou à titre gratuit sans y être autorisées et que les associations de bienfaisance sont soumises, depuis 1890, à une véritable tutelle administrative. La jurisprudence paraît tendre cependant à reconnaître l'existence de fait et même une certaine personnalité à toute association poursuivant un but licite [2]. Malgré toutes les restrictions apportées, le développement des associations a donc été considérable. Les projets présentés à la Chambre italienne en 1899 paraissaient se préoccuper surtout de leur danger politique, et là, comme en France, la question des congrégations religieuses semblait un obstacle au vote d'une législation libérale.

Dans les Pays-Bas [3], en exécution de la Constitution de 1848 qui portait une disposition analogue à la Constitution belge, la loi du 22 avril 1855 dispose que « pour établir une association aucune autorisation n'est requise ». Sont interdites les associations contraires à l'ordre public. La personnalité civile ne peut être accordée que par le Roi ou par la loi si la durée de l'association doit dépasser trente ans. Les associations religieuses ou de bienfaisance obtiennent largement la personnalité civile [4]. Les articles 291, 292 et 294 du Code pénal ont été abrogés. La loi de 1897 a confirmé cet état de choses : aucune restriction n'est apportée au patrimoine que peuvent posséder les associations reconnues, et l'autorisation nécessaire pour l'acceptation des dons et legs n'est jamais refusée. Un seul refus a été opposé à une demande de reconnaissance légale ; il s'agissait d'une association qui se proposait de combattre le Gouvernement par tous les moyens sans vouloir spécifier qu'il s'agissait de moyens légaux [4].

1. *Eod. loco*, p. 173.
2. *Eod. loco*, p. 179 et s.
3. *Eod. loco*, p. 190. — Congrès de 1899, p. 79.
4. Congrès de 1899, p. 80.

En Suisse[1] la question de la liberté d'association s'était posée surtout pour les congrégations religieuses à partir de 1830. La Constitution de 1848 plaça sous la garde de la Confédération la liberté de toutes les associations. Quant aux coïgrégations, les unes étaient interdites, l'action des autres était limitée. La Constitution de 1874 maintint ces dispositions en laissant aux cantons le soin des mesures nécessaires pour la répression des abus.

Le régime des associations a été organisé par le Code des obligations de 1881 qui considère l'association comme une forme de contrat. Il distingue en effet les sociétés commerciales, les associations qui ont un but financier, et les associations qui ont un but intellectuel et moral. Ces dernières sont les associations religieuses, politiques, professionnelles, de bienfaisance, lesquelles ne sont soumises à aucune obligation de déclaration. Mais à côté de ce principe de liberté des mesures de précaution sont prises contre les associations. Contre les associations de droit commun, en dehors des mesures que peuvent édicter les cantons sauf recours au Tribunal fédéral, l'article 176 du Code des obligations prévoit la dissolution par jugement si l'association poursuit un but illicite ou immoral. Contre les congrégations religieuses, la Constitution prévoit une interdiction générale contre l'ordre des Jésuites, interdiction qui peut être étendue par arrêté fédéral à d'autres ordres religieux « dont l'action est dangereuse pour l'Etat ou trouble la paix des confessions ». De plus il est interdit de fonder des couvents nouveaux. Mais les cantons catholiques ont conservé leurs couvents. Les autres associations religieuses qui ne pratiquent pas la vie en commun bénéficient des libertés constitutionnelles. Quant aux syndicats professionnels, le projet qui tendait à les rendre obligatoires a été repoussé par le referendum de 1894.

En ce qui concerne la personnalité juridique, elle est accordée suivant les règles établies dans chaque canton. Les uns exigent qu'elle soit accordée par le Gouver-

1. Congrès de 1899, p. 259. — *Le Correspondant*, 25 avril 1914, p. 234; la personnalité n'est refusée que pour des motifs « d'intérêt général ». Conseil d'Etat, p. 197.

nement, les autres la confèrent de plein droit moyennant une inscription sur le registre du commerce. Les couvents peuvent, dans les cantons où ils sont admis, bénéficier de cette personnalité. La capacité de l'association varie suivant la législation des cantons et donne lieu à de nombreuses controverses.

On a relevé[1] la place que tiennent en Suisse les associations et le rôle qu'elles jouent dans la vie individuelle des citoyens et dans la vie publique du pays. Tous les intérêts se présentent sous la forme d'associations souvent groupées en fédérations dont le Gouvernement considère les organes comme des représentants accrédités auprès de lui. La Confédération n'est restée hostile qu'aux congrégations religieuses, et c'est le seul point, si l'on met à part la revendication de l'obligation pour les syndicats, sur lequel la situation de la Suisse soulève des réclamations.

L'Autriche a, par deux lois de 1867, accordé le droit de former des associations politiques, mais l'association peut être interdite si elle est, par son but ou son organisation, contraire à la loi ou dangereuse pour l'Etat[2].

L'Espagne, par la Constitution de 1876 et par la loi de 1887, reconnaît la liberté d'association et accorde à toute association une personnalité légale restreinte[3]. Deux nations seulement, la Russie et le Portugal, ont maintenu le système prohibitif[4].

Tels étaient les exemples fournis par l'étranger. Ils montraient une tendance vers la liberté d'association. Dans certains pays cette liberté était traditionnelle, pour d'autres pays l'aspiration à la liberté concordait avec une réaction contre la puissance excessive de l'Etat[5]. Tant il est vrai que les deux tendances agissent en sens inverse

---

1. *Eod loco* p. 222.
2. Weil. *Le droit d'association*, p. 335. Pour la question spéciale des associations professionnelles en Allemagne et en Autriche voir : Hubert-Valleroux. *Les corporations d'arts et métiers*, 1885. Préface p. xix-xx, 206, 374.
3. Congrès de 1899 p. 49, 94 — Constitution de 1876 : « Tout Espagnol a le droit de s'associer pour les fins de la vie humaine. »
4. Congrès de 1899, p. 50.
5. Eod loco.

et s'excluent mutuellement. Ce qui était notable surtout
c'est que les pays qui, comme la Belgique et les Pays-
Bas, avaient vécu sous la législation de notre Code pénal,
s'étaient hâtés d'en abolir les dispositions prohibitives
le jour où ils avaient conquis leur indépendance. La liberté
d'association leur était apparue comme essentielle à ins-
crire dans leur charte constitutive.

Ces exemples des législations étrangères devaient frapper l'opinion publique, mais le mouvement des idées en
faveur de la liberté d'association devait aussi se traduire
par la réaction contre l'individualisme et les tendances
en faveur de l'association qui se manifestait chez les écrivains de la fin du xixe siècle[1]. De ce mouvement des idées
nous ne pouvons que rappeler les principales manifestations.

Ce n'était pas seulement de nouveaux travaux provoquant la comparaison de notre législation restrictive avec
la législation étrangère mieux connue chaque jour[2], ce
n'était pas seulement l'impulsion donnée aux études historiques, qui mettaient en lumière l'importance de l'association. Le réveil de la liberté d'association avec la création des syndicats et le développement des sociétés de
secours mutuels s'imposait comme un fait de l'ordre économique et social aux penseurs et aux écrivains qui en
constataient l'existence[3]. Sans doute on pouvait rencontrer des résistances à la reconnaissance du principe de
liberté, mais ces résistances avaient leur origine dans des
préoccupations d'ordre politique ou dans les préjugés
anti-religieux. Elles ne se retrouvaient plus dans les
esprits qui s'élevaient à une compréhension plus haute
des nécessités sociales. Si on avait vu en 1875, M. Ducarre
repousser dans son rapport l'idée de donner aux organisations professionnelles une consécration légale, on avait
entendu en 1874 prononcer à l'Assemblée nationale ces
paroles significatives : « Par l'absence de la liberté d'as-

---

1. « Au xixe siècle le recul de l'école individualiste a été constant. »
(Béchaux. *L'école individualiste et le socialisme d'État*, 1907. p. 320.)
2. La société de législation comparée a été reconnue d'utilité publique
en 1873.
3. Crouzil, *La liberté d'association*, 1907.

sociation nous nous sommes privés d'un moyen de réforme sociale [1] ». Comme nous l'avons dit, sur le terrain économique et social, une réaction s'était produite contre l'omnipotence de l'Etat qui avait toujours été le principal obstacle à la liberté d'association [2] et contre l'individualisme cause d'affaiblissement pour l'initiative privée et moyen d'asservissement au profit de l'Etat. L'homme isolé, tel que l'avait envisagé la Révolution, le citoyen, considéré abstraction faite de tout rapport volontaire et spontané avec ses semblables, apparaissait comme une chimère. Le système du Contrat social, éloignant le citoyen de tout groupement, ne lui donnant d'autres droits que ceux qu'il tenait de la majorité, sans lui permettre de prendre aucune initiative, s'écroulait devant la réalité [3]. Cette réalité c'était l'asssociation apparaissant comme un fait social qu'on ne pouvait méconnaître. La réaction contre l'individualisme conduisait à la nécessité de reconnaître la liberté d'association.

Contre l'individualisme se rencontraient les écrivains appartenant aux écoles les plus diverses. Les positivistes suivaient l'impulsion donnée par Auguste Comte dont l'influence subsistait [4]. Il avait enseigné une doctrine anti-individualiste, proclamant que l'homme individuel n'est qu'une « abstraction » [5]. S'il était partisan de la concentration du pouvoir en matière politique, il faisait de l'humanité un véritable objet de culte et plaçait à la base de son système de libre examen, parmi les libertés essentielles, la liberté d'association. Littré, malgré ses tendances individualistes, se montrait favorable à la coopération, aux sociétés de secours mutuels, aux unions ouvrières [6].

M. Renouvier, tout en faisant appel à l'intervention de l'Etat dans l'ordre économique comme dans l'ordre politique [7], réclamait les associations comme condition de

---

1. Lefébure. *La renaissance religieuse en France*, 1886.
2. *Réforme sociale*, 1er novembre 1915, p. 392, 394.
3. Fonsegrive. *Revue hebdomadaire*, 22 juin 1912, p. 416.
4. Hanotaux, t. II, p. 539.
5. *Cours de philosophie positive*, t. VI, p. 590.
6. Michel. *L'Idée de l'Etat*, p 542.
7. Michel, p. 609 (Renouvier. *Science de la morale*).

l'amélioration sociale [1]. L'association libre sous la forme
coopérative et mutualiste lui apparaissait comme le meilleur moyen de mettre fin à la guerre des classes [2].

M. Fouillée, cherchant à établir une doctrine qui con-
cilie les droits de l'individu et ceux de la collectivité, faisait ressortir l'utilité de l'association. Les citoyens comprennent, d'autant mieux qu'ils sont libres, l'utilité de
l'association qui est « la multiplication de force, d'intelligence et de liberté ». Il allait jusqu'à voir dans l'Etat de
l'avenir « une association des associations [3] », et déclarait
que l'Etat devait favoriser le progrès de la propriété foncière collective, de la propriété mobilière collective [4].

Parmi les économistes, les partisans de l'école libérale
préconisaient de plus en plus l'association [5]. Ils y voyaient
l'intermédiaire entre l'individu et l'Etat, l'organisme nécessaire pour accomplir des tâches que le citoyen isolé ne
pourrait entreprendre à lui seul et qui lui permettra
d'échapper à la tyrannie de l'Etat [6].

Les écrivains socialistes poussaient aussi au mouvement vers l'association en prêchant l'union des travailleurs comme condition essentielle de l'amélioration de
leur sort. Mais c'est à ce point de vue exclusif qu'ils se
plaçaient. Les socialistes se préoccupaient moins de réclamer la liberté d'association en elle-même que de faire de
l'association un moyen de réaliser leurs revendications.
L'association professionnelle devenait pour eux une arme
contre le capital, un instrument pour faire dévier le mouvement ouvrier vers la lutte des classes sous une forme
politique. Du reste, ils faisaient surtout appel, pour donner aux associations ouvrières une action sur la réglementation du travail, à l'intervention de l'Etat [7].

---

1. *Eod. loco*, p. 613.
2. Weill. *Histoire du mouvement social*, p. 199, 472.
3. *La science sociale contemporaine*.
4. Michel, p. 589.
5. *Eod. loco*, p. 371.
6. Leroy-Beaulieu, *L'Etat moderne*, p. 34-37. « L'homme est un être
qui a, par nature, le goût de l'association... moi qui écris ces lignes,
vous qui les lisez, faisons le compte, si nous le pouvons, des groupements dont nous faisons partie » (p. 32).
7. Hubert-Valleroux, p. 225.

Parmi les écrivains qui, en dehors des économistes proprement dits, contribuèrent directement à répandre la notion de la liberté d'association, il faut citer en particulier ceux qui s'inspirèrent des exemples fournis par les peuples anglo-saxons. Nous avons déjà constaté l'influence exercée par de Tocqueville à cet égard. M. le Comte de Paris qui, en 1869 [1], avait fait connaître les associations ouvrières d'Angleterre, publiait en 1894 sous ce titre : *Une liberté nécessaire, le droit à l'association* [2], un appel en faveur de la liberté d'association dont il faisait ressortir la nécessité dans les temps modernes.

Le Play, ainsi que nous l'avons vu, dans son ouvrage capital, *La Réforme sociale*, n'envisageait pas d'une façon générale la liberté d'association, mais on peut dire qu'il contribuait à en défendre et à en propager la notion. Toute sa doctrine en effet tend à combattre l'omnipotence de l'Etat et l'individualisme, c'est-à-dire l'isolement individuel, qu'il comprend dans ce qu'il appelle les « faux dogmes de 1789 ». Toutefois le grand principe d'activité sociale est pour lui l'initiative individuelle. Dans son ouvrage sur *l'organisation du travail* paru en 1870 il se montre méfiant à l'égard des organisations ouvrières ; il préfère le patronage dont il ne cesse de recommander l'exercice comme un devoir impérieux qui s'impose aux autorités sociales. Mais il préconise l'union et l'entente dans le monde du travail, il propose comme idéal la paix des ateliers et s'élève avec force contre la doctrine qu'il considère comme néfaste et d'après laquelle un antagonisme nécessaire existerait entre le patron et l'ouvrier [3]. A ce point de vue sa doctrine ouvre la voie à l'extension de l'association.

1. *Les corporations ouvrières en Angleterre.*

2. » Nous devons réclamer pour tous les citoyens le droit de former des associations ayant un but légitime sans autorisation préalable et sans que ces associations puissent être dissoutes autrement qu'on vertu d'un jugement motivé par une violation de la loi. » M. le Comte de Paris réclamait la publicité des statuts, des noms des administrateurs, du bilan financier, ce qui devait suffire à rendre impossible les sociétés secrètes (p. 10).

3. *L'organisation du travail* (édition de 1893), p. 29, 34, 300. « Le mal social et l'antagonisme social. » Les unions de la paix sociale sont organisées définitivement en 1874.

Cette voie est suivie par son école, l'école de la Paix sociale, qui aperçoit plus nettement la nécessité sociale de la liberté d'association. Si cette école manifeste des appréhensions à l'égard du mouvement syndical [1] par la crainte qu'elle éprouve de ses abus, si elle redoute dans la doctrine de M. de Mun et dans celle des catholiques sociaux la tendance qui paraît attribuer une part trop grande à l'ingérence de l'Etat, les disciples de Le Play se font les champions déterminés du principe de la liberté d'association. C'est ainsi que M. Claudio Jannet en 1889 [2], tout en repoussant la corporation obligatoire et oppressive, demandait la liberté des associations professionnelles et la possibilité pour elles de constituer un patrimoine collectif. M. Cheysson en 1904 [3] préconisait l'association comme un abri contre les envahissements de l'Etat et un remède à la faiblesse des individus isolés. Il signalait l'action de l'association par le développement de la mutualité, de la coopération, du syndicat. Le comité de défense et de progrès social, issu de la Société d'économie sociale, combattait le socialisme, s'associait à la campagne pour la liberté d'association [4]. La Société d'économie sociale elle-même ne cessait d'en poursuivre la revendication. Il ne faut pas oublier du reste que de l'école de la Paix sociale sortirent les tentatives des industriels du Nord qui aboutirent en 1888 à la corporation de Notre-Dame de l'usine [5].

Taine, repoussant l'intervention excessive de l'Etat dans tous les domaines et sa mainmise sur l'individu, combattait les théories de Rousseau et faisait ressortir l'importance des corps indépendants et spontanés dans la vie sociale. C'est la doctrine qui domine son ouvrage sur *les origines de la France comtemporaine* ; il s'élève contre l'ingérence de l'Etat ne se contentant pas de veiller à l'intérêt public, mais s'attachant à détruire les corps spontanés « aussi naturels que l'Etat, aussi indispensables dans

---

1. Fagniez. *Corporations et syndicats*, p. 187.
2. *Le socialisme d'Etat et la réforme économique*, p. 65, 72.
3. *La famille, l'association et l'Etat*, p. 11, 19.
4. Eugène Rostand : *La loi de 1901 et l'association ordinaire* (tract du comité).
5. Weill. *Histoire du mouvement social*, p. 388.

leur genre, partant aussi légitimes que lui [1] ». « L'Etat tue ces corps naturels, ou il les paralyse, ou il les empêche de naître... Les individus ne savent plus s'associer entre eux, coopérer de leur propre mouvement, par leur seule initiative [2]. » Et cependant l'Etat « est impropre aux besognes qui, pour être bien faites exigent des ressorts et des procédés d'une autre espèce (que l'autorité et la contrainte). Le ressort de l'Etat, tout extérieur, est insuffisant ou trop faible pour soutenir et pousser les œuvres qui ont besoin d'un moteur interne, comme l'intérêt privé, le patriotisme local, les affections de famille, la curiosité scientifique, l'instinct de charité, la foi religieuse [3] ». C'était démontrer la nécessité sociale de l'association, et c'était aussi à cette conclusion, comme nous l'avons dit, que Taine, blâmant les mesures prises contre les congrégations religieuses, devait aboutir dans le dernier volume de son ouvrage [4].

Les catholiques continuaient à réclamer la liberté d'association comme une liberté naturelle et nécessaire. Nous avons vu cette liberté revendiquée par les jurisconsultes qui avaient pris la défense des congrégations. Mais les catholiques voyaient surtout dans la liberté d'association une base nécessaire, non seulement pour assurer aux congrégations l'existence sous une forme nouvelle c'est-à dire sur le terrain du droit commun et dans l'indépendance vis-à-vis du pouvoir, mais comme fondement des libertés qui leur apparaissaient comme essentielles : liberté d'enseignement, et, dans une période prochaine liberté du culte [5]. Ils plaidaient en même temps la cause générale de la liberté. Dans son mémoire pour le rétablissement des Frères prêcheurs, Lacordaire n'avait-il pas formulé cette vérité : « L'association sera le remède à la plaie de l'individualisme. »

C'était l'idéal poursuivi par les écrivains catholiques comme par les économistes libéraux. Leurs efforts se

---

1. Taine, t. IX, p. 205.
2. *Eod. loco*, p. 188.
3. *Eod. loco*, p. 186.
4. Taine. *Correspondance*, t. IV, p. 351.
5. *D'Haussonville*. Lacordaire, p. 118.

multipliaient à l'approche de la discussion de la loi de
1901 et en présence des projets dont les tendances hostiles aux associations religieuses paraissaient opposées à
la reconnaissance d'une complète liberté[1]. Les diverses
écoles catholiques, l'école des cercles avec M. de Mun, les
catholiques sociaux, l'association catholique de la jeunesse
française, l'école du Sillon, les démocrates chrétiens, mettaient au premier rang de leur programme l'association.
A ce point de vue elles étaient toutes encouragées par la
Papauté que nous avons vue favorable à la liberté d'association. Léon XIII la récommandait comme une condition
de l'amélioration de la classe ouvrière dans l'Encyclique
Rerum novarum qui eut une si grande influence en France
et en Belgique[2].

Le mouvement des idées se traduisait aussi par les
pétitions, les projets de loi dont nous avons signalé le
nombre considérable. Les congrès ouvriers et les congrès
catholiques[3] formulaient des vœux en faveur de la liberté
d'association. Enfin, en 1899, les 25, 26 et 27 mai, un congrès présidé par M. Lamy était spécialement consacré au
droit d'association[4]. Il donnait lieu à un certain nombre
de discours et de rapports importants auxquels nous nous
sommes souvent référé. Il se terminait[5] par la constitution
d'un comité permanent pour la défense du droit d'association et par l'adoption de deux vœux : « 1° L'abrogation
immédiate de toutes les mesures préventives qui, lois ou
décrets, entravent, contrairement au droit naturel, la
liberté d'association. 2° La présentation d'une loi orga-
nique qui assure à tous les Français cette liberté, et à
toutes les associations le droit d'acquérir et de posséder,
sans lequel elles ne pourraient atteindre leur but. »

1. Voir : *La Revue catholique des Institutions et du droit; Société
catholique d'économie politique et sociale.* (Rapport de M. Hubert-Valleroux. Séances des 21 janvier et 18 avril 1896.)
2. Congrès de 1899, p. 64.
3. Voir les congrès des jurisconsultes catholiques : Lyon. 1898, Le droit
d'association ; Angers, 1898, Le contrat à l'association ; Lyon, 1899 : Arras
1911, Les collectivités professionnelles et économiques en face de l'Etat.
(*Revue catholique des institutions et du droit.*)
4. *Le droit d'association. Etudes, notes et rapports.* Paris, Rondelet,
1899.
5. *Compte rendu*, p. 275.

Droit d'exister, droit de posséder, tels étaient les droits réclamés pour tous les Français. Ces vœux résumaient bien les aspirations qui se manifestaient à la fin de la période qui précède la loi de 1901. Dans une série d'études parues dans *le Correspondant* des 10 et 25 novembre 1900, 25 janvier 1901, M. de Lamarzelle en défendait la légitimité sous ce titre : « la grande liberté ». Et il ajoutait : « C'est la liberté d'association que nous appelons ainsi. Pour nous, en effet, elle n'est pas seulement une grande liberté, elle est la grande liberté, la liberté primordiale, l'assise fondamentale sur laquelle reposent les autres libertés, sans laquelle les autres libertés ne peuvent exister[1]. »

Mais les poursuites entreprises en vertu de cet article 291 du Code pénal qui paraissait tombé en désuétude allaient démontrer plus clairement encore la nécessité de la reconnaissance du principe de liberté. Ces poursuites devaient d'autant plus émouvoir l'opinion publique qu'elles allaient viser des associations agissant au grand jour.

Nous avons dit en effet que, dans la période antérieure à la loi de 1901, le régime des associations était, dans la pratique, un régime de tolérance. Le Gouvernement, sous peine de se heurter à la réprobation générale, était dans l'impossibilité morale de poursuivre de nombreuses associations de toute nature qui s'étaient formées sans autorisation. Il les ignorait[2]. Un jour vint, en mars 1899, où, sous l'empire de considérations gouvernementales, le ministère public se souvint des associations politiques pour les poursuivre. Ces poursuites exercées contre certaines associations, en vertu de dispositions légales considérées comme archaïques, parurent d'autant plus choquantes qu'en présence de l'impunité laissée à tant d'autres associations non autorisées elles apparaissent comme arbitraires. Elles furent, comme le procès des charpentiers sous Louis-Philippe, comme le procès des typographes sous le second Empire, la démonstration évidente de l'arbitraire qui régnait dans le régime des associations avec l'article 291

1. *Le Correspondant*, 10 novembre 1900, p. 446.
2. Clunet, p. 506.

du Code pénal désormais inapplicable et portèrent le dernier coup à ses dispositions prohibitives.

A la suite de l'échauffourée de M. Déroulède le jour des funérailles de M. Félix Faure, le Gouvernement ne se contenta pas d'exercer des poursuites contre son auteur devant la cour d'assises [1], mais il fit perquisitionner au siège de toutes les ligues politiques. Aucune trace de complot ne fut relevée, mais le Gouvernement résolut de faire prononcer la dissolution des ligues dont il redoutait l'action pour l'avenir, et, le 18 avril 1899, il traduisit devant le tribunal correctionnel la ligue des droits de l'homme, la ligue des patriotes [2], la ligue antisémite, la ligue de la patrie française, les comités plébiscitaires de la Seine, la jeunesse royaliste. Reconnaissant l'existence de nombreuses associations qui vivaient en France grâce au bon plaisir du Gouvernement, invoquant son impartialité en raison même du caractère opposé des ligues poursuivies, rendant hommage à l'honorabilité personnelle de leurs chefs, le ministère public se bornait à retenir le fait de l'association sans autorisation et demandait l'application modérée de l'article 291 du Code pénal. [3]

La défense invoqua la contradiction entre la poursuite présente et la tolérance dont jouissaient manifestement une quantité d'associations non moins illégales. « La loi, disait M° Ménard, n'est plus la loi quand elle s'applique à quelques-uns. » Les associations poursuivies n'avaient-elles pas été l'objet d'une autorisation tacite. M° Trarieux « se refusait à comprendre qu'on pût poursuivre une association dont on a connu et toléré l'existence » ; M. Brunetière et M. Jules Lemaître affirmaient que le préfet de police avait déclaré l'autorisation superflue ; M° Tézenas affirmait que le Gouvernement avait toujours eu « des rapports constants avec les comités plébiscitaires et avec

1 Cour d'assises de la Seine, 28-31 mai 1899 (*Revue des grands procès contemporains*, 1900, p.543) . — M. Déroulède fut poursuivi, en réalité, en raison des mêmes faits devant la Haute Cour (18 septembre 1899, 4 janvier 1900). (*Revue des grands procès contemporains*, 1901).

2. Avril-juillet 1899. — Sur l'appel de la patrie française le jugement fut confirmé le 15 mai et le pourvoi en cassation fut rejeté le 22 juillet 1899 (*Revue des grands procès contemporains*, 1900).

3. De Faget de Casteljau, p. 453.

leurs chefs ». Du reste, faisait-on remarquer, le ministère public n'avait pas osé demander l'autorisation de poursuivre les membres du Parlement qui faisaient partie des ligues. Enfin on invoquait l'impunité dont jouissait la Franc-Maçonnerie association essentiellement politique. « Entre tant d'associations, disait M. Jules Lemaître [1], il y en a une de l'esprit le plus étroit et le plus sectaire, qui professe la plus brutale intolérance, qui se vante de mener le pays et d'envoyer son mot d'ordre aux ministres et au Parlement, et qui aspire à la tyrannie des consciences. La moitié des ministres actuels en font partie, et celui-même qui a ordonné de nous poursuivre appartient à cette association politique, secrète et non autorisée [2]. » M. Guérin [3] disait en parlant de la Franc-Maçonnerie : « Nous réclamons le même traitement que celui dont elle jouit. »

Le résultat fut une condamnation à 16 francs d'amende. Sur l'appel de la ligue de la patrie française la Cour de Paris confirma le jugement le 15 mai et, le 22 juillet, la Cour de cassation rejeta le pourvoi. Le jugement, après la défense des prévenus, était au fond la condamnation de l'article 291 : « Il est bien malade, cet article 291 », disait dans sa plaidoirie Mᵉ Chenu. Au lendemain du jugement, le journal *le Temps* [4] faisait cette remarque : « Le procès des ligues aura rendu le service de remettre au premier plan de l'actualité la question si importante de la liberté d'association et de démontrer que la solution n'en saurait être différée plus longtemps. » « Nous savons gré aux magistrats de leurs sentences, disait M. Lamy en ouvrant le 25 mai le Congrès sur le droit d'association [5]. Requis de charger la vieille pièce, le 291 ancien modèle, ils ne l'ont tiré qu'à poudre. Seize francs d'amende et l'application de la loi Bérenger c'est une bien douce leçon aux poursuivis, c'est une leçon sévère au Gouvernement. La magistrature elle-même a condanné la loi. »

Un autre procès analogue car il était fait sur le terrain

---

1. *Echo de Paris*, 21 avril 1899.
2. Voir aussi M. Coppée au Congrès de 1899 (*Compte rendu*, p. 101, 110).
3. *Libre parole* 26 avril 1899.
4. 19 avril 1899.
5. *Compte rendu*, p. 13.

politique ¹ plus que sur le terrain religieux, était le procès intenté aux Assomptionnistes dont l'influence avec la diffusion du journal *la Croix* préoccupait les hommes au pouvoir. En janvier 1900 les Assomptionnistes comparurent devant le tribunal correctionnel où le réquisitoire violent de M. Bulot, procureur de la République, conclut à la constatation du délit résultant de l'existence d'une association non autorisée de plus de vingt personnes. La défense soutint surtout la thèse de l'inapplicabilité de l'article 291 aux personnes habitant sous le même toit. Le 24 janvier le tribunal déclara la congrégation dissoute et condamna les prévenus à 16 francs d'amende ². Le 6 mars la Cour confirma le jugement en faisant application de la loi Bérenger. « L'article 291, dit M. de Faget de Casteljau ³, avait rendu son dernier service. »

La démonstration en effet était éclatante de la situation des associations au commencement du xxᵉ siècle. Quelle que fût la tolérance imposée par les mœurs dont jouissaient les asssociations, elles restaient soumises à un régime prohibitif dont l'application conduisait à l'arbitraire le plus complet et dont le caractère désuet et archaïque résultait de la modération des sanctions pénales imposées aux tribunaux par l'opinion publique. Une réforme s'imposait et cette réforme, nous l'avons dit, aurait dû s'accomplir, non par une série de mesures visant successivement certains intérêts, mais par une loi générale dont les caractères nécessaires étaient d'avance nettement indiques : abandon du système de prohibition faisant place à des mesures de répression contre les associations

1. L'association, disait l'organe du ministère public, prétend conquérir une prépondérance politique. « C'est ce que le Gouvernement ne pouvait tolérer. »

2. Le jugement vise l'article 291 du Code pénal et la loi de 1834. La Cour invoque le décret de Messidor qui serait sanctionné par l'article 291 (*Revue des grands procès contemporains*, 1900, p. 189, 390.)

Sur l'action politique reprochée aux congrégations voir, à propos du procès des Assomptionnistes l'observation de M. Barboux : « A-t-on trouvé la preuve la plus légère de la complicité d'une autre congrégation dans l'œuvre qu'on accuse les Assomptionnistes d'avoir entreprise ? » Voir aussi l'aveu de M. Waldeck-Rousseau au Sénat le 29 novembre 1900. (De Lamarzelle. *Le Correspondant*, 10 janvier 1900, p. 52.)

3. *Histoire du droit d'association.*

dangereuses pour l'ordre public[1] ; principe de la liberté reconnue à tous les citoyens ; facilité donnée à toutes les associations constituées en vue d'un but quel qu'il fut pourvu qu'il fut licite, non seulement de se former, mais d'acquérir une personnalité suffisante pour assurer leur existence et leur action. Malheureusement la loi de 1901 allait être bien loin de réaliser cet idéal.

1. « Que la liberté soit la loi des associations jusqu'à ce que par des excès manifestes, elles se soient montrées incapables ou indignes de la liberté. » (M. Ch. Benoist. Convent de 1899, p. 99.) — Voir aussi p. 55, 153.

La loi de 1901 et les lois postérieures.

I

LA LOI DU 1ᵉʳ JUILLET 1901 [1]

§ 1. — *Elaboration de la loi.*
Esprit du projet du Gouvernement. — Caractère de la discussion de la loi.

§ 2. — *Dispositions de la loi.*
Economie générale de la loi. — Titres I et II. — Les associations en général. — Constitution et personnalité des associations. — Extension des associations à la suite de la loi.
Titre III de la loi. — Les congrégations religieuses. — Tendances générales de la loi. — Discussion de la loi à ce point de vue. — Régime d'exception imposé aux congrégations religieuses : dispositions relatives à l'existence légale des congrégations ; incapacité personnelle dont sont frappés les membres des congrégations non autorisées ; congrégations auxquelles s'applique l'obligation de la reconnaissance. — Dispositions relatives à la capacité civile des congrégations. — Conséquences de la dissolution des congrégations pour le sort des biens possédés. — Application de la loi de 1901 relativement aux congrégations. — Rejet des demandes d'autorisation. — Fermeture des établissements des congrégations. — Liquidation des congrégations. — Dispersion des membres des congrégations et poursuites. — Résultat de la loi pour les congrégations.

§ 1. — *Elaboration de la loi.*

La loi depuis si longtemps attendue et si souvent promise aurait dû donner satisfaction au mouvement d'opinion qui se manifestait en faveur de la liberté d'association par une reconnaissance formelle et éclatante de ce principe primordial. Le projet déposé par M. Waldeck-Rousseau était intitulé : « Projet relatif au contrat d'asso-

---

1. *Loi du 1ᵉʳ juillet 1901 relative au contrat d'association.*
Proposition de loi sur le droit d'association par M. Cunéo d'Ornano, 13 juin 1898 (*Officiel*, 2 juillet, p. 1131).
Rapport sommaire par M. Roy de Lonlay, 29 novembre 1898 (*Officiel*,

ciation[1] ». Il reconnaissait que la législation de l'article 291 du Code pénal devait disparaître, mais il n'envisageait la question qu'au point de vue de la réglementation du contrat que constitue la convention d'association. Il n'avait en vue que le contrat d'association et non le droit d'association[2]. C'était rabaisser la question et restreindre l'horizon du législateur.

M. Waldeck-Rousseau manifestait ses craintes au sujet de la mainmorte, c'est-à-dire d'un patrimoine possédé par l'association et se perpétuant indéfiniment, et il formulait cette idée contestable : « L'association est indépendante de toute possession de biens. » Enfin, suivant la méthode qui lui était familière et qui consistait, après avoir rappelé un principe certain, à en tirer comme logiquement des conséquences discutables, il rappelait que l'association doit avoir, comme toute autre convention, un objet licite. Or l'association aurait un objet illicite si elle constituait « une abdication des droits de l'individu, une renonciation à l'exercice des facultés naturelles de tous les

8 décembre, p. 358). Prise en considération, 6 décembre 1898 (*Officiel,* 7 décembre).

Proposition de loi sur le droit d'association de M. Charles Gras, 24 novembre 1898 (*Officiel,* 15 décembre, p. 427).

Proposition de loi sur la liberté d'association de M. Lemire, 25 novembre 1898 (*Officiel,* 8 décembre, p. 346).

Projet relatif au contrat d'association par M. Waldeck-Rousseau, président du Conseil, 14 novembre 1899 (*Officiel,* 10 décembre, p. 123).

Rapport de M. Trouillot sur les propositions et le projet réunis, 8 juin 1900 (*Officiel,* 1er juillet 1900, p. 1217 ; 14 mars 1905, p. 115; 10 avril 1901, p. 249 ; 11 avril 1901, p. 266).

Chambre des députés. — Déclaration d'urgence. Discussion : 15, 17, 21, 22, 24, 28, 29, 31 janvier ; 4, 5, 7, 25, 26, 28 février ; 7, 11, 12, 14, 18, 19, 20, 21, 25, 26, 28, 29 mars 1901.

Sénat — Présentation le 14 mai 1901 (*Officiel,* 31 juillet et 3 août, p. 272). Rapport de M. Vallé, 6 juin 1901 (*Officiel,* 7 juin, p. 784). Déclaration d'urgence. Discussion : 11, 13, 14, 15, 17, 18, 19, 20, 21, 22 juin 1901).

Chambre des députés. —Retour, 25 juin 1901 (*Officiel,* 20 juillet, p. 625). Rapport de M. Trouillot, 27 juin 1901 (*Officiel,* 28 juin, p. 1618. Discussion et adoption, 28 juin 1901 (*Officiel,* 29 juin, p. 1649 et 1652).

Il faut joindre à la loi de 1901 les textes relatifs à son exécution : les deux décrets du 16 août 1901. Circulaires du 24 septembre 1901, du 11 septembre 1901, du 14 novembre 1901, du 5 décembre 1901 (Sirey. *Lois,* 1902, p. 285 et s.).

1. Sirey. *Lois,* 1902, p. 241, 242.
2. M. de Chambrun (Chambre, 31 janvier 1901).

citoyens ». C'était là viser les congrégations religieuses pour en faire l'objet de mesures d'exception. Nous dirons plus loin ce qu'il faut penser de ces affirmations qui constituent des sophismes au point de vue juridique [1]. Au point de vue des tendances de l'auteur du projet, elles révélaient son intention de faire passer la question du domaine du droit civil dans le domaine politique et pénal [2]. Si M. Waldeck-Rousseau, en présentant le projet, obéissait à une nécessité de l'ordre politique, s'il donnait satisfaction à l'opinion publique frappée par l'anomalie du procès des ligues, il donnait en même temps des gages à ses alliés de l'extrême gauche en menaçant les congrégations dont il ne prononçait cependant pas le nom dans son projet. Il affectait de se préoccuper uniquement de l'application des règles du droit civil pour les frapper d'une déchéance qui leur rendrait impossible l'existence sous l'empire de la loi qu'elle présentait au Parlement [3].

Cette crainte affectée de la mainmorte, cette intention arrêtée de faire de la loi un moyen de destruction et une arme contre les congrégations devaient ressortir de toute l'élaboration de la loi. Elles se manifestaient dans le rapport de M. Trouillot qui insistait, comme nous l'avons dit, sur la difficulté de régler la situation des congrégations religieuses et faisait aux catholiques le singulier reproche de réclamer la liberté pour tous afin d'en réserver le bénéfice aux seules congrégations. Quant à la discussion, dès la première séance, elle porta sur les congrégations. A peine fût-il question du principe même de la liberté et de la nécessité d'abroger une législation que tout le monde s'accordait à déclarer « détestable [4] ». Après le discours violent de M. Viviani [5], on peut dire que toute

1. Remarquons immédiatement que l'objet de la congrégation n'est pas de renoncer aux droits de l'individu, mais de s'associer pour faire une œuvre commune. Les vœux sont pour cette œuvre non un but mais un moyen qui échappe à la loi car ils ne sont pas sanctionnés par elle.

2. *Journal des Débats*, 22 mars 1906.

3. *Officiel*, 1er juillet 1900, p. 1218. — On aurait pu dire plus justement avec M. Rousse : « Il s'agit moins de donner la liberté à tous que de l'enlever à quelques-uns. » *Autour de l'enseignement congréganiste.* Publication de la Société d'éducation, p. 2.

4. M. Renault-Morlière. Chambre, 15 janvier 1901.

5. Chambre, 15 janvier 1901. — « Nous sommes face à face avec cette

la discussion générale, qui se termina par le vote de l'urgence[1], ne fut qu'une lutte entre les adversaires des congrégations[2] et ceux qui se refusaient à la pensée de voir une loi qui devait être une loi de liberté devenir une loi de haine[3]. Au milieu des interruptions de la gauche d'où partait ce cri : « Il faut en finir ! » M. Puech pouvait dire : « Voilà trois jours tantôt que dure la discussion générale. Mais, dans cette question du droit d'association, on a peu parlé du droit lui-même. L'ombre des congrégations s'est projetée sur l'ensemble de la discussion et semble l'avoir complètement éclipsée. » Et cependant, ajoutait-il, à côté des congrégations, « il y a 36 millions de Français qui attendent pour savoir à quelles conditions ils pourront s'associer[4] ».

A cette lamentable discussion devant la Chambre succéda au Sénat, sous l'impulsion de M. Combes président de la commission et de M. Vallé rapporteur, une hâte fiévreuse[5] pour faire voter le projet, hâte qui trahissait le désir d'obtenir avant tout les mesures d'exception dirigées contre les congrégations[6]. La commission, disait M. Combes, « a poussé vivement son œuvre ». « Il faut en finir le plus vite possible avec une question irritante[7]. » Le 14 juin l'affichage du discours de M. Waldeck-Rousseau ayant été voté, un membre de la gauche s'écria qu'il fallait manifester ainsi « l'approbation anticipée du Sénat.[8] » La discussion ayant été terminée le 22 juin, et l'adoption de quelques amendements ayant nécessité le retour à la Chambre, dès le 27 juin M. Trouillot déposait son rapport. Le 28 juin la Chambre adoptait le projet dont M. Vallé, rap-

Eglise catholique qui fait cause commune avec les congrégations » (p. 52.) « Les congrégations et l'Eglise ne nous menacent pas seulement par leurs agissements personnels, mais par la propagation de la foi » (p. 58.)

1. Chambre, 24 janvier 1901.
2. M. Viviani (15 janvier 1901) ; M. Trouillot (17 janvier) ; M. Waldeck-Rousseau (21 janvier) ; M. Brisson (22 janvier).
3. M. Renault-Morlière (15 janvier 1901) ; M. Piou (17 janvier) ; M. de Mun (21 janvier) ; M. Ribot (22 janvier).
4. Chambre, 22 janvier 1901, p. 136.
5. *Les Débats* cités *suprà*.
6. M. de Lamarzelle. Sénat, 11 juin 1901. — Congrès de 1899, p. 88.
7. Sénat, 11 juin 1901.
8. Sénat, 14 juin 1901.

porteur, avait pu dire : « Aux associations il donne la liberté, aux congrégations il la refuse [1]. C'était bien caractériser la discussion qui venait d'avoir lieu.

§ 2. — *Dispositions de la loi.*

Le point de départ de la loi de 1901, nous l'avons dit, se trouve dans la théorie qui envisage l'association comme un simple contrat. L'article premier définit l'association « la convention par laquelle deux ou plusieurs personnes mettent en commun d'une façon permanente leurs connaissances ou leur activité dans un but autre que de partager des bénéfices. Elle est régie, quant à sa validité, par les principes généraux du droit applicables aux contrats et obligations [2]. » Il semblait donc qu'il ne dût y avoir qu'une seule catégorie d'associations à laquelle seraient applicables toutes les dispositions de la loi relatives au mode de constitution, au fonctionnement, à la dissolution. Mais l'association, si elle n'a pas pour but de partager des bénéfices, a besoin de ressources pour réaliser l'œuvre qu'elle poursuit. A la conception du Gouvernement qui prévoyait qu'à côté de l'association de personnes se juxtaposerait une société de biens, fut substituée l'idée de personnalité civile à conférer aux associations. Dès lors apparaissaient plusieurs catégories d'associations suivant qu'elles auront ou non une capacité juridique et que cette capacité juridique sera plus ou moins entendue.

Il semblait aussi qu'une législation sur le contrat d'association, en supposant qu'elle contînt des dispositions spéciales aux associations composées en partie d'étrangers ou dirigées par des étrangers [3], devrait s'appliquer à tous les citoyens français jouissant de leurs droits civils. Il n'en fut rien cependant, et c'est le caractère saillant de la loi de 1901 de comprendre deux parties entièrement distinctes. C'était, comme le disait à la Chambre M. Re-

---

1. Sénat, 13 juin 1901.
2. Pour les conséquences à tirer de ce principe voir : *Société et associations* par Benoit, Levavasseur, Célier, Taudière, 1911 p. 32 et s.
3. Article 12, de la loi.

nault-Morlière [1], faire deux lois opposées en une seule ; et, comme on l'a dit encore, ces deux lois étaient séparées comme par un mur. Nous indiquerons, sans pouvoir songer à donner un commentaire détaillé, les traits principaux de ces deux parties de la loi : la partie qui se réfère aux associations en général, la partie qui contient les dispositions exceptionnelles sur les congrégations.

TITRES I ET II DE LA LOI DE 1901

Les associations en général [2].

Les dispositions de la première partie de la loi sont dominées par la disposition capitale contenue dans l'article 2 : « Les associations de personnes pourront se former librement sans autorisation ni déclaration préalable. » Le projet primitif du Gouvernement exigeait d'une manière absolue la déclaration. M. Groussier montra que l'obligation de la déclaration, critiquée pour les syndicats professionnels dans la loi de 1884, était contraire au droit commun : elle aggravait l'article 291 qui ne l'imposait pas aux associations de moins de vingt personnes. Son amendement fut adopté [3]. M. Fournière avait fait voter un amendement excluant les associations religieuses ce qui, dans sa pensée, visait, non les congrégations, mais les associations ayant un but religieux [4]. Les mots « autres que les associations religieuses » furent supprimés par la commission du Sénat [5].

Le principe de liberté d'association était donc imposé à l'Etat malgré sa longue résistance et il s'appliquait à toutes les associations. Le régime de prohibition avait vécu. Aussi, dans sa disposition finale, la loi abrogeait formelle-

---

1. Chambre, 15 janvier 1901.
2. Sur ces points voir l'excellent commentaire de MM. Célier et Taudière cité plus haut. — Trouillot et Chapsal. *Du contrat d'association.* Commentaire de la loi de 1901.
3. Chambre, 4 février 1901.
4. *Eod. loco.*
5. Rapport de M. Vallé (Sirey, p. 249) ; Clunet, p. 506.

ment les articles 291 [1], 292 et 293 du Code pénal, les dispositions de l'article 294 relatives aux associations ; l'article 20 de l'ordonnance du 5 juillet 1820 ; la loi du 10 avril 1834. Etaient aussi abrogés l'article 13 du décret du 28 juillet 1848 sur les sociétés secrètes ; l'article 7 de la loi du 30 juin 1881 qui visait les clubs ; la loi du 14 mars 1872 qui s'appliquait à l'Internationale.

En même temps était substitué au régime de prohibition le régime de répression. L'article 3 frappait de nullité « toute association fondée sur une cause ou en vue d'un objet illicite, contraire aux lois, aux bonnes mœurs ou qui aurait pour but de porter atteinte à l'intégrité du territoire national et à la forme républicaine du Gouvernement ». Ils s'agissait en somme de rappeler les dispositions du Code civil qui décide que l'obligation fondée sur une cause illicite, c'est-à-dire contraire aux bonnes mœurs et à l'ordre public ne peut avoir aucun effet [2]. La sanction en dehors des poursuites pénales qui pourraient être intentées contre les membres de l'association conformément au droit commun [3] est purement civile [4] ; elle consiste dans la dissolution garantie par les peines portées à l'article 8 contre ceux qui reconstitueraient illégalement l'association dissoute [5].

En ce qui concerne la dissolution des associations, la loi de 1901, rompant avec une ancienne pratique [6], réserve le droit de la prononcer à l'autorité judicaire. S'il s'agit de la dissolution d'une association fondée sur une cause illicite, elle sera prononcée obligatoirement par le tribunal civil à la requête de tout intéressé [7] ou à la diligence du ministère public. S'il s'agit d'infraction aux dispositions

---

1. Article 21 — Par la loi de 1884 l'article 291 n'avait été abrégé que pour les associations professionnelles.

2. Articles 1131, 1133.

3. Chambre, 4 février 1901.

4. Taudière, p. 34.

5. C'est seulement dans ce cas et dans le cas de non-accomplissement des formalités exigées des associations déclarées qu'il existe dans la loi une sanction pénale.

6. Taudière, p. 62.

7. La question de savoir s'il faut entendre par ces mots les tiers ayant un intérêt matériel ou moral, ainsi que les associés, n'a pas été clairement tranchée dans la discussion de la loi. (Sirey. *Lois*, 1902, p. 259, note 41.)

relatives aux associations déclarées, la dissolution sera facultative et pourra être prononcée, soit par le tribunal civil soit, semble-t-il, par le tribunal correctionnel[1]. Ajoutons que tout membre d'une association qui n'est pas formée pour un temps déterminé peut s'en retirer en tout temps moyennant certaines conditions posées à l'article 4, et que, quand il s'agit d'une association déclarée ou non déclarée, les particuliers intéressés peuvent en demander la dissolution conformément aux règles du droit commun[2] c'est-à-dire pour des motifs graves d'après l'article 1871 du Code civil. La dissolution peut enfin résulter de l'application des statuts ou se produire avec le consentement de tous les associés[3]. Dans un seul cas la dissolution peut résulter d'un décret, c'est quand il s'agit, d'après l'article 12, d'associations renfermant des éléments étrangers[4], et se livrant à des agissements de nature à menacer la sécurité intérieure de l'Etat[4]. Pour les associations d'utilité publique reconnues par décret, le retrait de la reconnaissance a lieu de la même manière, mais elles subsistent comme associations déclarées et ne peuvent être alors dissoutes que par l'autorité judiciaire[5]. Il est à noter qu'en cas de dissolution volontaire ou forcée les biens de l'association seront dévolus conformément aux statuts ou suivant les règles déterminées par la dernière assemblée générale. Nous verrons comment il n'a été tenu aucun compte de ces principes à l'égard des congrégations[7].

Telles sont les dispositions de la loi de 1901 en ce qui concerne le droit pour les associations de se former et de vivre. Au point de vue de la personnalité, contrairement au projet primitif qui accordait la même personnalité à toutes associations déclarées[8], la loi distingue plusieurs catégories d'associations.

---

1. Taudière, p. 63.
2. Taudière, p. 38, 63.
3. Taudière, p. 61.
4. Seule restriction à la liberté d'association à l'égard des étrangers. (Taudière, p. 61, note.)
5. Taudière, p. 61. 62.
6. Taudière. p. 71.
7. Les associés pourront reprendre leurs apports (décret du 16 août 1901, article 15).
8. Sirey, p. 248.

Les associations non déclarées, qui sont licites, ne jouissent d'aucune personnalité [1]. Un acte passé par une association de cette nature tombera sous le coup de l'article 17 qui permet à tout intéressé et au ministère public d'en demander la nullité, mais chaque associé peut exercer les droits qui lui appartiennent comme individu [2].

Les associations déclarées, c'est-à-dire celles qui se sont soumises aux formalités, du reste très simples [3], exigées par l'article 5 [4] jouissent d'une personnalité restreinte. Elles peuvent, sans aucune autorisation spéciale, ester en justice. Elles peuvent aussi acquérir à titre onéreux et posséder, en dehors des subventions de l'Etat, des départements et des communes : 1° les cotisations de leurs membres ou les sommes au moyen desquelles ces cotisations ont été rédimées, lesquelles sommes ne peuvent être supérieures à 500 francs ; le local destiné à l'administration de l'association et à la réunion de ses membres ; 3° les immeubles « strictement » nécessaires à l'accomplissement du but qu'elles se proposent [5]. C'est ce qu'on a appelé la petite personnalité que le législateur paraît avoir eu le souci de restreindre autant que possible. Il est à remarquer en effet que si les associations déclarées pourront en fait recueillir des dons manuels, l'acquisition à titre gratuit leur a été formellement refusée au cours des débats [6]. La sanction se trouve dans l'article 17 qui frappe de nullité les actes ayant pour objet de soustraire les associations à ces dispositions [7].

Enfin une troisième catégorie d'associations est celle des associations reconnues d'utilité publique par un décret rendu en Conseil d'Etat [8]. Cette reconnaissance accordée

---

1. Article 2.
2. Taudière, p. 37, 38.
3. Et dont l'accomplissement est sanctionné par l'article 8 qui prévoit des pénalités.
4. Article 5, et décret du 16 août 1901.
5. Article 6.
6. Chambre, 5 février, 19 juin 1901. — Taudière, p, 49.
7. Mais les présomptions légales d'interposition de personnes ne sont prévues que pour les congrégations. (Taudière, p. 53.)
8. Il faut un décret rendu en la forme des règlements d'administration publique, c'est-à-dire en assemblée générale du Conseil d'Etat. Autrefois il suffisait d'un décret rendu sur avis de la section de l'Intérieur.

aux associations déjà déclarées entraîne ce qu'on appelle la grande personnalité. Les associations reconnues d'utilité publique peuvent faire tous les actes qui ne leur sont pas interdits par leurs statuts [1], mais, quant aux acquisitions qu'elles peuvent faire, elles sont soumises à trois restrictions : 1° elles ne peuvent acquérir d'autres immeubles que ceux nécessaires au but qu'elles se proposent [2] ; 2° elles doivent placer leurs valeurs en titres nominatifs ; 3° elles ne peuvent accepter de donation avec réserve d'usufruit au profit du donateur. La sanction est toujours celle de l'article 17. Il faut surtout remarquer que l'acceptation des libéralités doit être autorisée par l'autorité administrative [3], et surtout que la reconnaissance de l'association elle-même dépend de cette autorité, le ministre de l'Intérieur pouvant écarter *de plano* la requête [4]. La forme d'association qui confère la plus complète personnalité reste donc subordonnée à l'approbation du représentant de l'Etat [5].

Telle est, dans ses grandes lignes, la première partie de la loi de 1901. Au point de vue du droit pour les associations de se former et de vivre elle abandonnait le principe de prohibition, le système de dissolution arbitraire si longtemps maintenu par l'Etat. Les associations pouvaient se former librement sans autorisation ni déclaration obligatoire, elles ne pouvaient être dissoutes, en principe, que par l'autorité judiciaire et pour les causes de nullité prévues par la loi. Au point de vue de la personnalité, la loi abandonnait le système du « tout ou rien » et elle admettait une situation intermédiaire entre le néant et la complète personnalité par la reconnaissance

1. Article 11.

2. D'après l'article 11, les immeubles qui ne rentreraient pas dans cette catégorie seront aliénés et le prix versé dans la caisse de l'association. — La loi du 3 juin 1913 sur le reboisement des forêts a permis aux associations d'acquérir à titre onéreux ou gratuit des bois, forêts, ou terrains à boiser.

3. L'autorisation du préfet suffit si la libéralité est inférieure à 3.000 fr. (Lois du 4 février. 1901.)

4. Taudière, p. 67.

5. Les unions d'associations ne sont pas expressément prévues par la loi mais le décret du 16 août 1901 suppose leur légalité et consacre leur capacité. (Taudière, p. 71, 72.)

d'une certaine capacité au profit des associations déclarées. A ce double point de vue la loi de 1901 réalisait de
grands et incontestables progrès[1].

Elle appelait cependant de sérieuses critiques. Tout
d'abord les associations reconnues d'utilité publique, c'est-
à-dire celles qui jouissent de la pleine personnalité, restent subordonnées quant à leur formation et au retrait de
leur personnalité à l'autorité du Gouvernement[2], et à sa
surveillance pour l'exercice de leurs droits[3]. On peut
se demander s'il n'aurait pas été possible d'adopter sur
ce point le système anglais qui accorde de plein droit
l'incorporation, grâce à un simple enregistrement, à
toute association qui se conforme à des statuts formulés
d'avance. Les statuts types proposés par le Conseil d'Etat
aux associations qui veulent solliciter la reconnaissance
d'utilité publique, contiennent en germe une réforme
législative de ce genre.

Mais c'est surtout à propos de la capacité des associations déclarées que la loi peut être critiquée. Le législateur a paru surtout préoccupé de limiter leur faculté de
posséder et de ne pas leur permettre d'acquérir un véritable patrimoine. Quant aux biens mobiliers, aucune limitation n'est apportée à leur capacité de posséder[4] ; quant
aux immeubles, elles ne peuvent posséder que ceux destinés au siège social et ceux qui sont « strictement nécessaires » à l'accomplissement de leur but. Mais comment
pourront-elles acquérir ces biens ? A titre onéreux l'acquisition leur est permise sans autorisation[5], mais l'acquisition à titre gratuit est soumise à de sévères restrictions. En
dehors des subventions hypothétiques des corps administratifs, Etat, départements ou communes, leur unique ressource prévue par la loi se trouvera dans les cotisations ;
encore faut-il observer que, si le taux de la cotisation
n'est pas limité, le taux de rachat de la cotisation ne peut
être supérieur à 500 francs. Il s'agit d'empêcher les dona-

1. *Revue catholique des Institutions*, décembre 1911, p. 498 et s.
2. Taudière, p. 71
3. Clunet. Introduction, p. 1.
4. Taudière, p. 48.
5. Article 6. Taudière, p. 48.

tions mobilières qui sont prohibées [1], et cette interdiction de recevoir à titre gratuit par voie de dons et legs résulte formellement des débats [2]. C'est là une restriction qui contraste avec la faculté reconnue, sinon par le texte de la loi, au moins par la jurisprudence, aux syndicats formés en vertu de la loi de 1884 de recevoir des libéralités. En vain a-t-on fait remarquer, dans les débats, qu'il était illogique de permettre aux associations de se constituer sans leur donner le droit de vivre ; les amendements qui avaient pour objet de leur permettre d'acquérir à titre gratuit ou même de recevoir des souscriptions [3] furent repoussés au cours de la discussion. En fait les associations déclarées recevront des dons manuels, mais, sauf la difficulté de la preuve, le ministère public pourrait en demander la nullité [4]. Quant aux apports il semble bien que le texte du décret du 16 août 1901, en prévoyant leur reprise [5], en consacre la légalité ; mais cette solution n'a pas encore été consacrée par la jurisprudence et n'est acceptée qu'avec hésitation par les commentateurs [6]. On ne voit pas cependant comment l'association, surtout à ses débuts, pourrait, avec les sommes provenant de cotisations ou de rachat de cotisations, acquérir l'immeuble nécessaire à son fonctionnement. On a fait remarquer aussi que l'association déclarée qui veut obtenir la reconnaissance d'utilité publique doit justifier de ressources suffisantes [7] : comment pourra-t-elle constituer le capital nécessaire pour fournir cette justification ? On est donc en droit d'observer que la capacité des associations déclarées est, à la fois, insuffisante et mal définie.

Quel était le résultat de la loi de 1901 pour les diverses catégories d'associations ?

Les associations politiques y trouvaient une liberté complète, conséquence logique du suffrage universel, sous la

1. Taudière, p. 49, 51 et sources citées.
2. Taudière, p. 49.
3. Taudière, p. 49.
4. *Eod. loco.*
5. Clunet. Introduction, p. x.
6. Taudière, p. 53.
7. Taudière, p. 52.

réserve des restrictions formulées dans l'intérêt de l'ordre
public et du régime politique par l'article 3.

Les associations religieuses étaient de même affranchies
de toute prohibition quand elles ne constituaient pas des
congrégations.

Les associations de bienfaisance pouvaient se former
librement, mais c'est à leur égard que s'appliquent surtout les critiques formulées à propos de la capacité insuffisante des associations déclarées : si ces associations ne
sont pas reconnues d'utilité publique elles ne peuvent
recevoir légalement aucune libéralité, pas même les souscriptions sans lesquelles aucune œuvre charitable ne peut
vivre [1]. Du même coup la difficulté de constituer ainsi un
patrimoine et l'incertitude de la légalité des apports qui
leur seraient faits rend problématique la constitution de
fondations au moyen des associations déclarées [2]. En fait,
il faut pour réaliser cet objet, qu'elles recourent aux
dons manuels dont il sera difficile, il est vrai, de rappor-
ter la preuve, ou à la constitution de sociétés sous la forme
civile ou commerciale, sociétés dont on pourra contester
la validité si elles ne produisent pas de bénéfice. Cette
situation a été signalée avec raison par tous ceux que
préoccupe la question de la bienfaisance privée [3].

En ce qui concerne les sociétés de secours mutuels et
les sociétés de commerce, l'article 21 de la loi spécifie
qu'il n'est en rien dérogé aux lois spéciales qui les régissent.

La même disposition vise les associations professionnelles qui restent sous l'empire de la loi de 1884. Mais
ici apparaît un des principaux griefs que l'on peut élever
contre la loi de 1901. Elle se présente comme une loi
générale sur le contrat d'association et laisse subsister
une loi précédente, loi d'exception qui n'accordait la

1. Taudière, p. 49. — M. Trarieux, M. Waldeck-Rousseau (Sénat,
11 juin 1908, p. 902). — Congrès de la Société d'économie sociale, 1912.

2. Rapport de M. Truchy au Congrès de la Société d'économie sociale,
1912.

3. Lods. *L'association et la liberté religieuse d'après la loi de 1901.*
Fisbacher, 1901 ; Hébrard de Villeneuve. *Du régime légal et fiscal des*
associations de bienfaisance. (Compte rendu de l'Académie des Sciences
morales, avril 1914.)

liberté qu'à une certaine catégorie d'associations, les associations professionnelles. Une refonte complète des deux lois en une seule aurait dû s'imposer, et cela d'autant plus qu'apparaissent entre les deux lois des différences qui ne sauraient s'expliquer : d'un côté, la loi de 1884 oblige les syndicats à une déclaration qui n'est plus imposée aux associations par la loi de 1901 ; d'un autre côté, la capacité de recevoir à titre gratuit paraît reconnue aux syndicats tandis qu'elle semble refusée aux associations simplement déclarées [1].

Une question se pose aussi, en raison de la coexistence des deux lois : quel sera, dans la pratique, le domaine de chacune d'elles ? Il sera souvent bien difficile de le délimiter.

La loi de 1884 s'applique aux associations professionnelles, mais non pas aux associations formées entre les membres de toutes les professions : elle vise seulement les professionnels de l'industrie, du commerce et de l'agriculture. Elle excluait par conséquent les professions libérales, sauf les médecins qui, par une disposition spéciale du législateur dans sa progression incohérente vers la liberté, leur avait reconnu en 1892 le droit de se syndiquer. Dès lors les autres professions libérales vont pouvoir utiliser la loi de 1901 et elles n'y ont pas manqué [2]. Mais ici de graves questions allaient se poser : les instituteurs et les fonctionnaires qui ne pouvaient se constituer en syndicats aux termes de la loi de 1884 pourraient-ils se servir de la loi de 1901 ? pour les instituteurs la difficulté a été tournée par la constitution d'associations amicales dont la tendance a été souvent de se tourner vers les syndicats professionnels proprement dits pour s'unir à eux dans une commune action politique [3]. Pour les fonctionnaires, nous avons vu quelles difficultés avait soulevé la question qui n'a pas encore

1. Voir *infrà*, la discussion du Sénat en 1917.
2. Clunet. *Gazette des tribunaux*, 12 décembre 1908.
3. La constitution en syndicats professionnels a surtout pour but de permettre aux syndicats de s'affilier aux Bourses du travail et à leurs fédérations, notamment à la Confédération générale du travail (Clunet, p. 236). — Weill. *Histoire du mouvement social*, p. 489 et s.

été résolue par une loi précise et a donné lieu aux expédients politiques les plus variables [1].

Enfin les professionnels auxquels s'applique la loi de 1884 ont-ils le droit de se constituer sous forme d'association conformément à la loi de 1901 pour éviter, par exemple, d'avoir à déposer leurs statuts et à faire une déclaration ? Un syndicat professionnel peut-il prendre la forme d'une association de la loi de 1901 ? C'est une solution qui a été soutenue [2], mais qui n'est pas résolue d'une façon certaine.

Toutes les lacunes relevées dans la loi de 1901, non moins que les doutes qui s'élèvent à l'occasion de son application, démontrent que, si la première partie de cette loi a posé un principe général de liberté, elle ne constitue pas une œuvre législative complète. Elle devrait être améliorée en ce qui concerne la capacité des associations. Elle devrait être refondue et raccordée avec la loi de 1884 afin de ne laisser en dehors des dispositions générales sur les associations que les dispositions forcément spéciales qui se réfèrent aux associations économiques.

Aussi des projets de réforme ont été proposés. En 1906 [3] le Gouvernement annonçait l'élaboration d'un projet qui aurait pour objet la fusion des lois de 1884 et de 1901. La commission extra-parlementaire de révision du Code civil, instituée au lendemain des fêtes du centenaire du Code civil en 1904, a élaboré un avant-projet comprenant la révision de la loi de 1901 sur la personnalité civile des associations et les fondations [4]. De toutes part la réforme de la loi a été réclamée en vue de l'établissement d'une législation unique sur les associations [5].

Ce qu'il faut noter dans tous les cas c'est le développement considérable des associations à la suite de la reconnaissance du principe de liberté. Ce mouvement s'est produit surtout sur le terrain de la bienfaisance [6]. Encore entravées par les restrictions trop grandes apportées par

1. Clunet, p. 23 et sources citées. — Le gouvernement a déposé en 1920 un projet sur les associations de fonctionnaires.
2. Taudière, p. 74; Clunet, p. 250.
3. Clunet, p. 246, 248.
4. *Eod. loco*, p. 284.
5. *Eod. loco*, p. 232, 248, 284, et sources citées.
6. *Revue Pénitentiaire*, décembre 1901, p. 1533 et s.

la loi de 1901 à leur capacité, les associations de bienfaisance ont cependant trouvé dans la déclaration un moyen de se constituer d'une façon plus solide sans être obligées de recourir autant que par le passé à des procédés d'une légalité contestable. En même temps se constituaient une foule d'associations pour la défense des droits des citoyens, en particulier sur le terrain de la liberté de l'enseignement : associations scolaires, associations de pères de famille. Pour les associations déclarées en particulier, la facilité de se constituer suscitait un mouvement considérable en faveur de leur création, mouvement qui attirait l'attention de l'Etat et devait provoquer de sa part des projets tendant à la surveillance de ces associations [1].

D'une façon générale l'extension des associations était donc la conséquence du régime de liberté et c'est avec raison que M. Piou pouvait caractériser la nouvelle législation en ces termes : « Une loi qui consacre de tels droits porte en elle-même toute une révolution, révolution pacifique sans doute, mais destinée à changer les mœurs d'un pays et le cours de ses destinées [2]. » Malheureusement la loi de 1901 comprenait une seconde partie absolument opposée à la première et se trouvait ainsi, par l'effet des préoccupations anti-religieuses, en contradiction complète avec elle-même.

TITRE III DE LA LOI

Les congrégations religieuses.

Le titre III, constituant une législation spéciale, s'appliquait aux congrégations religieuses, d'abord désignées dans le projet du Gouvernement par une périphrase, « les associations dont les membres vivent en commun », et visées sous la dénomination de « congrégations religieu-

---

1. Sur les craintes exprimées par M. Bérenger au sujet de la liberté laissée aux associations déclarées, M. Waldeck-Rousseau avait déclaré que la seule sanction serait la demande en nullité prévue par l'article 17 (Sénat, 17 juin 1901).

2. Discours du 17 novembre 1901 (cité par Clunet, p. 223).

ses » dans le texte adopté au cours des débats [1]. Nous ne pourrons exposer dans leur détail toutes les questions soulevées pendant la discussion ni donner un commentaire complet de cette partie de la loi. Nous voulons essayer seulement de mettre en lumière l'esprit dans lequel elle fut élaborée et ses dispositions principales.

La dissolution administrative des congrégations en 1880 n'avait au fond, abouti à aucun résultat. Elle avait donné lieu à des mesures d'exécution, et les protestations des congrégations qui n'avaient cédé qu'à la force avaient fait ressortir tout ce que ces mesures avaient eu d'odieux. Le Gouvernement n'avait pas osé poursuivre l'exécution des décrets contre les congrégations de femmes. Quant aux congrégations d'hommes, celles qui avaient été violemment expulsées s'étaient en général reconstituées par la force des choses [2], car, ainsi que l'avait prévu M. Rousse dans sa *Consultation* [3], il n'était pas possible de procéder à des expulsions réitérées. Ajoutons que les décrets de 1880 n'avaient pas touché à la question de propriété des biens qui étaient demeurés entre les mains de leurs propriétaires apparents. Les décrets de 1880 étaient une mesure de combat, ils ne constituaient pas une législation. La législation existante, les auteurs des décrets de 1880 avaient eu la prétention de l'appliquer : nous avons vu comment cette prétention était insoutenable et combien cette législation apparaissait comme incertaine et, de l'aveu de tous les gens de bonne foi, insuffisante, au moment où la question de la liberté d'association se posait avec tant de force sur le terrain du droit commun devant l'opinion publique.

Ce terrain du droit commun était celui sur lequel aurait dû se placer le législateur pour remplacer toutes les dispositions antérieures par une loi libérale et d'une portée générale, loi depuis si longtemps attendue. Ce n'était pas cependant ce point de vue qui allait être envisagé quand il s'agissait des congrégations. Le point de vue anti-reli-

---

1. Chambre, 21 janvier 1901.
2. M. Piou, 17 janvier 1901 (*Officiel*, p. 68).
3. P. 120. — Les décrets de 1880 étaient, d'une façon définitive, inexécutables : Burnichon, t. II, p. 639.

gieux allait dominer. Sous la pression de l'opinion publique la reconnaissance du principe de la liberté d'association s'imposait. Jusqu'alors on n'avait pas osé le proclamer, en grande partie à cause des préjugés qui s'opposaient à faire bénéficier les congrégations du droit commun. A l'heure où nous sommes, ces préjugés se sont transformés, dans les milieux parlementaires, sous l'empire de la passion anti-religieuse, en une hostilité déclarée. On proclame la liberté d'association, mais on en arrive à exclure les congrégations du bénéfice de la loi par des dispositions d'exception qui les rejettent hors du droit commun.

Cette hostilité contre les congrégations religieuses domine toute la discussion de la loi. Nous l'avons vue absorber, pour ainsi dire, la discussion générale. Dans la discussion des dispositions spéciales aux congrégations religieuses elle se donne libre carrière et procède de l'hostilité déclarée contre la religion catholique[1]. C'est en vain que le Parlement a reconnu le principe de liberté pour toutes les associations quelles qu'elles soient, même pour les associations religieuses : les congrégations sont considérées, et elles seules, comme une catégorie d'associations dangereuses contre lesquelles seront édictées les dispositions les plus minutieuses pour les réglementer, et en réalité pour les empêcher de se former et de vivre. Les défenseurs de la liberté auront beau lutter pied à pied : tous les amendements proposés seront rejetés avec un empressement qui dénote le parti pris le plus complet et la haine anti-religieuse la plus absolue. Tout au plus réussira-t-on à faire écarter les propositions les plus excessives et en particulier celles qui porteraient trop ouvertement atteinte à la liberté individuelle : suppression et interdiction absolue de toutes les congrégations[2], même des congrégations déjà autorisées[3], confiscation de tous leurs biens[4], incapacité électorale des membres des congrégations[5].

<hr>

1. Voir les calomnies apportées à la tribune par M. Zévaès (Chambre, 7 mars 1901) et le discours de M. Viviani. (Chambre, 15 janvier 1901.)
2. Amendement Viviani. (Chambre, 15 janvier 1901.)
3. Amendement Zévaès. (Chambre, 7 mars 1901.)
4. Amendement Zévaès. (Chambre, 18 mars 1901.)
5. Chambre, 29 mars 1901, p. 1025.

Pour quel motif des dispositions spéciales devaient-elles intervenir au sujet des congrégations dans une loi qui plaçait à sa base le principe de liberté ? Quelle raison de distinguer les congrégations des autres associations ? C'est à ce sujet que M. Waldeck-Rousseau, faisant revivre tous les préjugés des époques antérieures, soutenait, avec la froide destination qu'il apportait à défendre les pires causes, une catégorie d'arguments que nous n'hésitons pas à qualifier de sophismes. On peut résumer en quelques mots ces arguments, toujours les mêmes, opposés sans cesse aux défenseurs de la liberté sur le terrain du droit commun.

Les congrégations, disait-il, ne sont pas des associations ordinaires. Elles doivent rentrer dans la catégorie des associations ayant un objet illicite comme contraires à l'ordre public. En effet l'ordre public exige qu'il ne soit porté aucune atteinte à la libre circulation des biens et c'est un résultat qui est atteint par la constitution de la mainmorte. De plus le Code civil dans son article 1128 décide que seules les choses qui sont dans le commerce peuvent faire l'objet d'une convention; or les droits attachés à la personne sont-ils dans le commerce? On ne peut s'engager à ne pas exercer un de ces droits. Que fait-on si, par les vœux d'obéissance, de pauvreté, de chasteté, on arrive à la « négation » de la personnalité humaine[1]? On renonce par un contrat à des droits attachés à la personne, et de ces droits la loi prohibe la renonciation. D'ailleurs toutes les lois antérieures, et surtout la législation de l'ancien régime, si favorable aux congrégations religieuses, leur ont fait une situation à part qui doit être maintenue pour assurer les droits de l'Etat[2].

La faiblesse d'un tel raisonnement aurait apparu facilement à une majorité non prévenue, mais on voulait « en finir ». En ce qui concerne le danger de la mainmorte, en admettant qu'il y eut à prendre des précautions contre

---

1. « Ces hommes et ces femmes qui font dans le sacrifice de leur liberté, le dernier, le plus magnifique, le plus décisif usage de la liberté elle-même. » (M. de Mun cité par M. Victor Giraud. *Revue des Deux-Mondes*, 1ᵉʳ novembre 1917, p. 101.)

2. Chambre, 21 janvier 1901.

ce danger, précautions qui avaient été prises du reste
dans la première partie de la loi, le danger ne résul-
tait-il pas de la personnalité et de la permanence de l'association, ce qui était aussi vrai des associations ordinaires
que des congrégations [1] ?

Quant à soutenir que les congrégations religieuses ont
un objet illicite, on s'expliquait mal dans ce cas la disposition de la loi qui, au lieu de prohiber complètement les
congrégations, proposait de leur accorder la personnalité
légale à certaines conditions [2]. M. Waldeck-Rousseau lui-
même devait s'opposer à la suppression de toutes les congrégations en reconnaissant, au moins à propos des congrégations autorisées, que « les œuvres d'assistance se
sont concentrées entre leurs mains ». « Il n'est pas permis,
ajoutait-il, à un Gouvernement prévoyant de ne pas tenir
compte des droits acquis, non pas au profit des congrégations religieuses seulement, mais au profit de ceux qu'elles
assistent [3]. »

En ce qui concerne l'argument tiré de l'impossibilité
de renoncer aux droits attachés à la personne et qui sont
hors du commerce, comment soutenir que cette renonciation est, au point de vue de la loi civile, l'objet du contrat qui lie entre eux les membres de la congrégation ?
L'objet du contrat c'est l'œuvre commune de bienfaisance
ou de prière, poursuivie [4], et non l'observation d'engagements intimes qui ne peuvent avoir aucun résultat légal.
Quelle peut être en effet la conséquence légale de ces
engagements ? L'engagement de ne pas user personnellement de ses biens est nul à l'égard de la loi. Il en est de
même de l'engagement de continuer pour toute la durée
de sa vie ses services au même patron ; de même aussi
de l'engagement de ne pas se marier. Qu'en résulte-t-il ?
Que ces engagements, s'ils sont invoqués en justice, seront
frappés de nullité [5]. Mais pourra-t-on trouver dans la

1. M. de Lamarzelle. Sénat, 11 juin 1901.
2. *Eod. loco.*
3. Chambre, 11 mars 1901.
4. Et même, au point de vue légal, on peut dire que l'objet du contrat
consiste dans des choses qui sont dans le commerce: par exemple le bénéfice résultant de la vie en commun.
5. La nullité sera la seule sanction de l'article 1780 du Code civil dé-

manière de vivre, les habitudes, les intentions présumées des personnes qui auront pris ces engagements, des raisons de les frapper d'une incapacité civile ou même d'une peine si elles y persistent ? Les vœux, s'ils sont faits, ne sont plus que du domaine de la conscience, ils sont, comme on l'a dit [1], « en dehors de la loi » et non « contre la loi ». Comment le législateur ferait-il une cause de déchéance d'engagements dont il ne reconnaît pas l'existence.

Quant à la législation de l'ancien régime, comment pouvait-on sérieusement l'invoquer, alors qu'elle se référait à un ordre de choses, complètement aboli, sous l'empire duquel les vœux avaient des effets civils garantis par l'intervention du pouvoir civil [2] ? Sans doute une série de lois postérieures à la chute de l'ancien régime avaient statué sur les congrégations religieuses, mais était-ce le moment d'invoquer comme un précédent cette législation contradictoire et confuse quand il s'agissait de régler par des dispositions générales l'exercice du droit d'association ? Les membres des congrégations, pourvu qu'ils fussent français, jouissaient de leurs droits civils au même titre que les autres citoyens, et comment, dans une loi qui déclarait que « les associations de personnes peuvent se former librement », osait-on ajouter : « Aucune congrégation religieuse ne peut se former sans autorisation ? » C'est cependant ce que le Parlement allait voter. M. Trouillot, rapporteur, s'en vantait : La loi, disait-il, est « un acte de courage », une « œuvre de liberté et de progrès [3] ».

Peu importaient les services rendus par tant de congré-

fendant d'engager ses services à perpétuité (Rousse. *Consultation*, p. 85). Il ne s'ensuit pas qu'on puisse forcer le serviteur à quitter son maître et encore moins qu'on puisse le frapper d'une peine.

1. De Lamarzelle (*eod. loco*).

2. Dans la thèse du Gouvernement on aboutissait à retourner le principe de la législation de l'ancien régime : reconnaître les vœux pour en faire une cause de déchéance contre ceux qui les ont prononcés, tandis que sous l'ancien régime la législation avait un but non de proscription, mais de protection (de Lamarzelle. Sénat, 10 janvier 1901, p. 70).

3. Chambre, 29 mars 1901, p. 1028, 1037. — Voir au Sénat la protestation de M. Milliard accueillie par une interruption grossière qui est à l'*Officiel* (Sénat, 21 juin, p. 1069).

gations enseignantes et surtout hospitalières [1] qui avaient vécu jusque-là au grand jour et avec la tolérance sinon avec l'approbation des pouvoirs publics traitant souvent avec elles. Ces congrégations pouvaient invoquer une situation de fait les rendant aussi dignes de profiter de la même liberté que les associations de bienfaisance proprement dites. Peu importaient les services rendus à l'étranger et surtout en Orient par les ordres religieux. Peu importait l'argument tiré de l'existence de la Franc-Maçonnerie dont les adeptes faisaient aussi une « renonciation de leur personnalité » par des engagements dépourvus du reste aussi de toute sanction légale, et qui, d'une façon incontestable prétendaient exercer une action sur les électeurs et les pouvoirs publics [2]. Pas plus que les considérations légales, les considérations d'équité ne pouvaient émouvoir la majorité dont le siège était fait.

Les congrégations allaient donc être soumises à un régime législatif spécial : la première partie de la loi instituait la liberté d'association, la seconde partie devait être une loi contre les congrégations. Mais qu'était-ce qu'une congrégation ? On avait d'abord employé une périphrase pour désigner les congrégations, on s'était ensuite décidé à les nommer. Ne fallait-il pas les définir ? On l'avait demandé. M. Bérenger avait déposé un amendement qui définissait ainsi la congrégation religieuse : « l'association de plus de vingt personnes liées par des vœux religieux et vivant en commun ». Sans cette détermination, disait-il, une réunion de deux personnes pourra être considérée comme constituant une congrégation. C'est cependant à cette absurdité qu'on devait aboutir. M. Vallé, rapporteur, objecta la difficulté de constater les vœux. M. Waldeck-Rousseau répondit que la congrégation n'avait

1. Rivière. Congrès de bienfaisance publique et privée, 1900, p. 175 et la note.

2. M. Lasies (Chambre, 24 juin 1901), M. Prache (Chambre, 19 mars 1901) ; M. Waldeck-Rousseau (*Associations et congrégations*. Introduction) invoquait le droit de l'État de se défendre contre les agissements politiques des congrégations. Il suffit de remarquer que, si des actes contraires aux lois étaient commis, les pouvoirs publics trouvent dans la loi le moyen de les réprimer quel que soit le caractère de l'association.

jamais été définie[1] ; à quoi on aurait pu répondre que c'était précisément le cas de formuler cette définition au moment où les congrégations allaient être distinguées des autres associations pour être soumises à des mesures d'exception.

Si la congrégation n'était pas définie, comment la reconnaître ? « Les tribunaux, disait M. Waldeck-Rousseau[2] n'ont jamais été embarrassés pour cela. » C'est en effet la jurisprudence qui déterminera les caractères qui distinguent la congrégation : vie commune, obéissance à un supérieur, constatations de fait abandonnées à une appréciation arbitraire[3] et qui aboutissent en réalité à la présomption juridique des vœux dans une législation qui n'en reconnaît pas l'existence légale. On reconnaîtra les congrégations légalement inexistantes pour les poursuivre. L'association, et même la vie commune, permises à tous les citoyens, deviennent illégales quand elles sont pratiquées par des congréganistes : le délit de congrégation devient un délit d'opinion. Telles sont les conséquences auxquelles aboutit le législateur quand il s'engage dans la voie de l'arbitraire.

Les congrégations, nous l'avons dit, ne sont pas prohibées par le législateur qui cependant les déclare, ceci résulte des débats, fondées sur une convention ayant une cause illicite, mais elles vont être soumises à un régime d'exception.

Comment pourront-elles acquérir une existence légale ? Tout d'abord elles seront soumises aux dispositions de la loi quel que soit le nombre de personnes dont elles se composent, et ceci est une première aggravation de l'article 291 du Code pénal. En second lieu, et c'est une seconde aggravation plus exorbitante encore, elles ne pourront avoir une existence légale et licite que si elles ont la personnalité juridique, alors qu'à la base de la loi se trouve ce principe que toute association de personnes, même l'association ayant un but religieux, peut, en dehors

1. Sénat, 10 juin 1901.
2. *Eod. loco.*
3. Voir le rapport de M. Laurent-Athalin et les conclusions de M. le Procureur général Baudouin à la Cour de Cassation. (*Gazette des tribunaux*, 12 juin 1903.)

de toute acquisition de la personnalité juridique, se former librement sans autorisation ni déclaration préalables.
Cette personnalité juridique, nécessaire pour que la congrégation soit licite; ne peut résulter ni d'une déclaration
comme pour les associations déclarées, ni même d'un
décret comme pour les associations reconnues d'utilité
publique. Il faut une loi, et ici le pouvoir législatif se
substitue au pouvoir administratif considéré par toute
notre législation [1] et par la loi de 1901 elle-même comme
investi de la mission de conférer la personnalité civile.
Comment justifier cette innovation ? Parce que, disait
M. Waldeck-Rousseau, reprenant imperturbablement
l'énoncé de la théorie dans laquelle il se retranchait, les
congrégations se proposent de faire souscrire des engagements personnels, des renonciations au droit de posséder: « C'est parce qu'il s'agit de les autoriser à faire quelque chose que la loi ne permet pas, qu'une loi est
nécessaire [2]. » Admirable logique : la loi pourra permettre
ce qui est défendu (on l'affirme) par les principes fondamentaux de notre droit.

Ce n'est pas tout : d'après l'article 13 c'est la loi qui
déterminera les conditions du « fonctionnement » de la
congrégation. Le Parlement, et non pas le Conseil d'Etat,
devra donc examiner les statuts proposés, l'utilité de la
congrégation et s'en faire juge. Est-ce son rôle ? « Vous
serez des juges plus que des législateurs », s'écrie M. Hal-
gan [3]. Autant dire qu'on est décidé par avance à refuser
les autorisations. M. Waldeck-Rousseau s'indigne contre
cette supposition et émet cette affirmation qui devait être
cruellement démentie par les faits : « Comment croire
qu'on refusera l'autorisation à une congrégation véritablement utile [4] ? »

---

1. L'autorisation par une loi était considérée comme nécessaire en vertu
de la loi du 2 janvier 1817 pour les congrégations d'hommes et de la loi
du 24 mai 1825 pour les congrégations de femmes, mais la loi de 1825 et le
décret du 31 janvier 1852 pour les congrégations de femmes avaient intro-
duit tant d'exceptions que l'autorisation par décret était devenue la règle.
(Taudière. *Bulletin-commentaire des lois nouvelles*, 1902.)
2. Sénat, 20 juin 1901.
3. Sénat, 13 juin 1901.
4. Sénat, 13 juin 1901, p. 847.

L'autorisation législative, c'est-à-dire votée par les deux Chambres sans qu'on ait du reste voulu préciser la procédure parlementaire qu'il faudrait suivre, ne peut conférer l'existence légale qu'à la congrégation elle-même. La fondation de tout nouvel établissement ne pourra être autorisée que par un décret rendu en Conseil d'Etat [1], mais sa fermeture pourra être prononcée par un décret rendu en Conseil des ministres. Cette disposition, qui devait entraîner les plus graves conséquences, notamment à propos des établissements scolaires comprenant un personnel congréganiste, souleva des objections qui ne furent pas écoutées ou auxquelles il ne fut pas répondu [2].

Comment pourra être dissoute la congrégation ? Elle a été autorisée par une loi, mais, d'après l'article 13, elle pourra être dissoute, comme chacun de ses établissements peut être fermé, par un décret rendu en Conseil des ministres. Ç'était, comme le fit remarquer M. Ribot, prendre le contre-pied de la loi de 1825 d'après laquelle l'autorisation étant donnée par le pouvoir exécutif et retirée par une loi [3]. Les amendements qui avaient pour objet de remédier à cette anomalie furent repoussés. On ne voulut même pas admettre la garantie d'un décret rendu en Conseil d'Etat [4]. M. Trouillot défendit la disposition en déclarant que quand il s'agit de fonder un nouvel établissement c'est un acte administratif, quand il s'agit de le fermer c'est un acte politique. Le décret rendu en Conseil des ministres suffira donc. M. Vallé soutint qu'il y avait une garantie suffisante dans la responsabilité du Gouvernement devant les Chambres [5], et M. Waldeck-Rousseau voulut bien reconnaître que, si la congrégation s'était maintenue dans ses statuts, et était arbitrairement dissoute, elle pourrait recourir pour excès de pouvoir devant le Conseil d'Etat [6].

---

1. D'après l'avis du Conseil d'Etat du 4 septembre 1902 le Gouvernement n'est obligé de consulter le Conseil d'Etat que pour accorder et non pour refuser l'autorisation.

2. M. Lerolle. Chambre, 18 mars 1901.

3. Chambre, 15 mars 1901.

4. M. Iriart d'Etcheparre (Chambre, 15 mars 1901) ; M. Bertrand (Chambre, 19 mars 1901) ; M. de Chamaillard (Sénat, 20 juin 1901.)

5. Sénat, 20 juin 1901.

6. Sénat, 20 juin 1901.

Nécessité de la reconnaissance par une loi, possibilité de la dissolution par un décret rendu en Conseil des ministres, tel était le régime légal des congrégations.

La sanction se trouve dans l'article 16 qui déclare illicite toute congrégation formée sans autorisation, et frappe ceux qui en font partie d'une amende portée au double contre les fondateurs et administrateurs [1]. Ajoutons que, d'après l'article 15, la congrégation autorisée est soumise à la surveillance du préfet qui peut se faire représenter à toute réquisition la liste de ses membres ainsi que l'état de ses recettes et dépenses et l'inventaire de ses biens qu'elle est tenue de dresser chaque année.

Une disposition d'une gravité particulière est celle qui dispose [2] que « nul n'est admis à diriger, soit directement, soit par personne interposée, un établissement d'enseignement, de quelque ordre qu'il soit, ni à y donner l'enseignement, s'il appartient à une congrégation religieuse non autorisée ». C'était une atteinte directe à la liberté d'enseignement, renouvelée des décrets de 1880, et devant laquelle le législateur avait toujours reculé. L'article 15 édicte une pénalité et décide que la fermeture de l'établissement pourra être prononcée par le jugement de condamnation. On visait donc, non seulement la congrégation, mais les individus mêmes qui en faisaient partie pour leur infliger une déchéance personnelle en leur retirant le droit d'enseigner non plus seulement dans les écoles publiques (ce qui avait été décidé par la loi de 1886) mais même dans les établissements d'enseignement privé. Contre une pareille disposition les protestations furent vaines [3] ; à l'objection qui était faite relativement à la difficulté de reconnaître si une personne appartenait à une congrégation non autorisée, à l'injustice qu'il y aurait à interdire l'enseignement au membre d'une congrégation dissoute, on se contenta de répondre que les tribunaux apprécieraient [4].

---

1. La loi du 4 décembre 1902 frappera des mêmes peines ceux qui auront ouvert un établissement congréganiste sans autorisation.
2. Article 14.
3. M. Théodore Denis. (Chambre, 25 mars 1901.)
4. M. Waldeck-Rousseau. M. Combes. (Sénat, 23 juin 1901.)

A quelles congrégations devait s'appliquer l'obligation de solliciter la reconnaissance législative ? D'après l'article 18, « les congrégations existantes au moment de la promulgation de la loi et qui n'auraient pas été antérieurement autorisées ou reconnues » devaient, dans le délai de trois mois, justifier qu'elles avaient fait les diligences nécessaires sous peine d'être dissoutes de plein droit. La dissolution atteignait de même les congrégations auxquelles l'autorisation serait refusée [1].

La question de savoir quelles congrégations pouvaient être considérées comme autorisées avant 1901 a donné lieu à des débats assez confus. D'après l'avis du Conseil d'Etat du 16 janvier 1901 [2], quatre congrégations d'hommes seulement devaient être envisagées comme telles. Quant aux congrégations de femmes, le Gouvernement soutenait qu'aucune n'avait été autorisée par une loi, mais qu'un certain nombre d'établissements avaient été reconnus [3]. Il paraissait résulter des déclarations faites au cours de la discussion que la reconnaissance de ces établissements ne serait pas contestée [4].

Quant aux autres congrégations, obligées, dans un délai très court (de trois mois), de solliciter l'autorisation sous peine d'encourir la dissolution, l'arrêté ministériel du 1er juillet 1901 et le décret du 16 août suivant indiquaient les formalités à remplir. Notons que, parmi les pièces à fournir, on exigeait un état des biens meubles et immeubles ainsi que des ressources consacrées à la fondation et à l'entretien des établissements [5]. C'était mettre l'indication de la fortune des congrégations entre les mains du

1. Cette dissolution a lieu sans jugement. Circulaire du garde des Sceaux du 24 septembre 1901 (Sirey, *Lois*, 1902, p. 280) : « La congrégation non autorisée ou à laquelle l'autorisation a été retirée est illicite. Elle n'a pas d'existence juridique ; il n'y a pas lieu de faire prononcer par un tribunal sa dissolution qui est le fait de la loi ou le fait de la loi et du Gouvernement ».

2. Sirey, *Lois*, 1902, p. 291. — D'après cet avis les congrégations vouées à l'enseignement ne pouvaient invoquer les décrets ou ordonnances postérieures à la loi de 1817 ni même les décrets les reconnaissant d'utilité publique pour soutenir qu'elles constituaient des congrégations autorisées.

3. M. Waldeck-Rousseau. (Sénat, 20 juin 1901.)

4. Sénat, 20 juin 1901, p. 973.

5. Le décret du 16 août 1901 dans son article 18 parle même « des apports consacrés à la fondation de la congrégation ».

Gouvernement toujours libre de provoquer la dissolution
en refusant de transmettre au Parlement la demande d'autorisation. En effet l'article 21 du décret statuait que le
Gouvernement, après avoir pris l'avis du conseil municipal de la commune où est établie la congrégation et celui
du préfet, après avoir consulté les ministres intéressés,
« soumet au Parlement les projets de loi tendant à accorder ou à refuser l'autorisation ». Le Gouvernement pouvait donc se borner à ne pas présenter le projet de loi et
l'introduction de la demande était laissée à son arbitraire.
Il pouvait indifféremment présenter le projet à la Chambre ou au Sénat [1] et rien ne précisait la procédure parlementaire à suivre. Il a été jugé que toute demande d'autorisation écartée par l'une des Chambres ne devait pas
être transmise à l'autre et que le refus de l'une des deux
Chambres de statuer suffisait à constituer le rejet de la
demande [1].

La congrégation une fois autorisée par mesure législative possèdera la capacité des associations reconnues d'utilité publique, capacité soumise aux mêmes restrictions [1].
La sanction se trouve dans l'article 17 qui déclare nuls
« tous actes entre vifs ou testamentaires, à titre onéreux
ou gratuit, accomplis soit directement, soit par personne
interposée ou toute autre voie indirecte » ayant pour
objet de permettre aux associations « légalement ou illégalement formées de se soustraire aux prescriptions de la loi.
La nullité peut être prononcée à la diligence du ministère public ou à la requête de tout intéressé.

Ce qu'il faut noter particulièrement ce sont les présomptions légales édictées sous réserve de preuve contraire.
Sont présumées personnes interposées au profit des congrégations : « 1° les associés à qui ont été consenties des
ventes ou faits des dons et legs, à moins, s'il s'agit de dons

1. Le Gouvernement avait proposé d'ajouter au texte précédent : « Sous
la forme d'un projet tendant à accorder l'autorisation. » (Sirey, *Lois*, 1909,
p. 564, note.) Le décret du 28 novembre 1902 décida que le ministre de
l'Intérieur « soumettrait à *l'une ou à l'autre des Chambres* les demandes
des congrégations ».

2. Sirey, *Lois*, 1903, p. 564 (note).

3. Cependant, d'après l'article 13 la loi qui autorise une congrégation dé-
déterminera les conditions de son fonctionnement.

ou legs, que le bénéficiaire soit l'héritier en ligne directe
du disposant ; 2° l'associé ou la société civile ou commerciale, composée en tout ou en partie de membres de la
congrégation propriétaire de tout immeuble occupé par
l'association ; 3° le propriétaire de tout immeuble occupé
par l'association après aura qu'elle été déclarée illicite.
Ces dispositions ont été vivement critiquées au Sénat.
M. Waldeck-Rousseau les a défendues en rappelant [1]
les présomptions analogues édictées par le Code civil.
Il reprenait en outre la théorie qui consiste à tenir
compte, au point de vue légal, des engagements de conscience, et il allait jusqu'à dire : « Est-ce que le congréganiste peut être réputé acquérir pour son compte ?...
Est-il possible lorsqu'un immeuble a été donné à un congréganiste qui ne peut acquérir, de ne pas présumer que
ce n'est pas lui-même qu'on a voulu instituer, mais la
congrégation elle-même [2] ? » Pourquoi le congréganiste
ne peut-il acquérir pour lui-même ? Comment la loi
peut-elle faire état des vœux dont elle ne reconnaît pas
l'existence pour y voir une présomption de nullité. C'est
toujours le même sophisme auquel on peut opposer la
même réponse. Tout ce qu'on put obtenir c'est que la
présomption put être combattue par la preuve contraire
ce qui n'existait pas dans le projet primitif [3].

Nous avons vu que les congrégations autorisées par une
loi pouvaient être dissoutes par un décret. Elles devaient
être considérées comme dissoutes de plein droit quand
elles n'auraient pas sollicité l'autorisation dans les délais
nécessaires ou quand cette autorisation aurait été refusée
ou aurait été retirée [4]. Quelles seront, au point de vue du
sort des biens possédés, les conséquences de la liquidation ?

C'est ici que se posait la question du patrimoine des
congrégations, patrimoine dont on avait eu la prétention

1. On a fait remarquer que dans les cas prévus par le Code civil il s'agit
de personnes unies par des liens de parenté ; dans les présomptions de
la loi de 1901 il s'agit de personnes qui ne sont unies par aucun lien
reconnu par la loi civile. (M. Perreau à la Chambre, 26 mars 1901.)

2. Chambre, 26 mars 1901. Sénat, 22 juin 1901.

3. Sirey *Lois*, 1902, p. 277, note 98.

4. Article 18.

de dresser l'inventaire par des enquêtes administratives qui avaient abouti à des résultats manifestement exagérés [1], patrimoine dont on affectait de ne voir que le danger au point de vue économique [2], sans vouloir considérer son affectation dans tant de circonstances aux œuvres de bienfaisance et de diffusion de l'enseignement [3]. On avait évoqué le spectre de la mainmorte [4] et signalé les procédés d'interposition de personnes qu'on reprochait aux congrégations non autorisées ; comme si la mainmorte était à redouter de la part des congrégations non pourvues de la personnalité juridique, comme si le droit de propriété n'était pas toujours respectable entre les mains de quiconque invoque un titre légal [5]. On avait surtout signalé les biens des congrégations aux convoitises populaires, et le fameux discours de M. Waldeck-Rousseau en 1900 à Toulouse dénonçant « le milliard des congrégations » qu'on devait promettre aux ouvriers [6] a pu être, au cours des discussions parlementaires, sévèrement rappelé [7]. Pour beaucoup, le vote des dispositions relatives aux biens des congrégations dissoutes était attendu comme une satisfaction promise à des appétits.

Allait-on, pour la liquidation des biens des congrégations non autorisées, se conformer aux règles du droit commun en les traitant comme des sociétés de fait, ou tout au moins aux règles posées par le titre I de la loi pour la liquidation des biens des associations dissoutes ? Allait-on prendre les principes posés par la loi de 1825 pour bases dans le cas de liquidation éventuelle des con-

1. C'est ainsi qu'on comprenait dans les immeubles attribués aux Frères des écoles chrétiennes d'importants immeubles appartenant à la ville de Paris et dont ils n'étaient que les occupants en raison de leurs fonctions.
2. M. Trouillot (Chambre, 17 janvier 1901).
3. M. de Mun ; (Chambre, 21 janvier 1901) M. Ribot, (Chambre, 22 janvier 1901).
4. M. Brisson (Chambre, 22 janvier 1901).
5. Le danger de la mainmorte n'explique pas pourquoi les congrégations qui ne demandent pas la personnalité civile ne peuvent bénéficier du titre I de la loi, et pourquoi, pour être licite, la congrégation doit avoir la personnalité civile qui seule produit la mainmorte.
6. Discours de Toulouse. (*Autour de l'enseignement congréganiste.* Société générale d'Éducation, p. 3.)
7. M. Riou au Sénat, 21 mars 1912.

grégations autorisées par suite de dissolution prononcée ?
Il n'en fut rien.

Quand il s'agissait d'une association ordinaire, en cas
de dissolution volontaire ou même forcée, les biens étaient
dévolus conformément aux statut ou suivant la décision
de l'assemblée générale [1]. Quand il s'agissait de congrégations, le projet du Gouvernement remettait à un règlement
d'administration publique le soin de déterminer le mode
de liquidation, et à une loi ultérieure l'emploi de l'actif
qui en résulterait [2]. Sur l'amendement de M. Lhopiteau il
fut décidé, qu'après les reprises prévues par la loi, l'actif
serait déposé à la caisse des dépôts et consignations pour
le compte des « ayants droit ». Le texte voté [3] décida que
la liquidation des biens « détenus » par la congrégation
aurait lieu en justice. Un liquidateur nommé par le tribunal à la requête du ministère public [4] procédera à la
vente de tous les immeubles qui n'auraient pas été revendiqués dans le délai de six mois ou qui ne seraient pas
affectés à une œuvre d'assistance. Le produit de la vente,
ainsi que toules les valeurs mobilières, seront déposés à la
caisse de dépôts [5].

Quelles reprises seront possibles ? Les biens appartenant
aux membres des congrégations leurs seront restitués s'ils
leur appartenaient antérieurement à leur entrée dans la
congrégation ou s'ils leur étaient échus depuis, soit par
succession *ab intestat* en ligne directe ou collatérale, soit
par donation ou legs en ligne directe. Les dons et legs faits
autrement qu'en ligne directe pourront être revendiqués
mais à charge par les bénéficiaires de faire la preuve
qu'ils n'ont pas été personnes interposées. Les biens et
valeurs acquis à titre gratuit et qui n'auraient pas été spé-

---

1. Article 9.

2. Sirey, *Lois,* 1912, p. 279, note 206.

3. Article 18.

4. Les liquidateurs devaient être en fait désignés par la Chancellerie à
qui on a pu reprocher sa responsabilité dans leur nomination. (M. Riou
au Sénat, 21 mars 1912).

5. Article. 18 — Il est à noter que la congrégation investie de la personnalité et à laquelle la reconnaissance est retirée est traitée comme la
congrégation non autorisée. (Circulaire du garde de Sceaux. Sirey, *Lois,*
1912, p. 289.)

cialement affectés par l'acte de libéralité à une œuvre d'assistance pourront être revendiqués par le donateur ou le testateur, leurs héritiers ou ayants droit sans qu'on puisse leur opposer aucune prescription. Si les biens ont été donnés ou légués en vue de pourvoir à une œuvre d'assistance ils ne pourront être revendiqués qu'à charge de pourvoir à « l'accomplissement du but assigné. » Enfin toute action en reprise ou revendication devra être, à peine de forclusion formée contre le liquidateur dans le délai de six mois de la publication. Il en résulte que, la liquidation s'appliquant aux biens simplement « détenus » par la congrégation, le propriétaire d'un immeuble devra revendiquer devant le tribunal son propre immeuble.

Ajoutons que l'entretien des pauvres hospitalisés sera, jusqu'à l'achèvement de la liquidation, considéré comme frais privilégiés de la liquidation. Quant aux membres de la congrégation dissoute, s'il n'ont pas de moyens d'existence assurés, ou s'ils justifient avoir contribué par le produit de leur travail personnel à l'acquisition des valeurs mises en distribution, ils pourront, sur l'actif resté libre, recevoir, dans la mesure déterminée par le règlement d'administration publique[1], une allocation en capital ou sous forme de rente viagère. L'expérience devait montrer combien ces allocations devaient être insuffisantes et tardivement attribuées.

Mais, toutes ces reprises et prélèvements effectués, à qui devait revenir l'actif net ? A l'Etat, disait M. Waldeck-Rousseau, car « si la propriété des biens ne réside ni dans l'association, ni dans la personnalité de ses membres, elle tombe dans le domaine public[2] ». Cette théorie, qui ajoutait la confiscation à la spoliation, fut l'objet des plus vives protestations et énergiquement combattue[3] bien qu'elle ait été soutenue par tous les orateurs officiels[4]. Elle ne fut

1. Décret du 16 août 1901, articles 6 et s.
2. Chambre, 21 janvier 1901.
3. M. Lerolle (Chambre, 22 janvier 1901) ; M. Beauregard (Chambre, 27 mars 1901); M. Massabuau (Chambre, 28 mars 1901); M. Lhopiteau (Chambre, 28 mars 1901); M. Tillaye (Sénat, 23 juin 1901) Consultation de M. Barboux, *Gazette des tribunaux* ; 28 février 1901.
4. Sirey, *Lois*, 1902, p. 273, 275 (note 91), 251 (note 16). — La commission des associations avait proposé de consacrer le produit de la liquidation à la caisse des retraites ouvrières. (Sirey, p 283, note 21.)

pas consacrée formellement par le texte de la loi [1]. D'autre part, la disposition insérée par la commission du Sénat et portant que les membres des congrégations ne pourraient arguer d'une société de fait ayant existé entre eux pour réclamer tout ou partie de l'actif n'a pas été maintenue dans la loi [2]. Il n'apparait pas par là même que la réclamation des membres de la congrégation ne puisse pas être soutenue devant les tribunaux qui auraient à l'apprécier [3]. Il n'en reste pas moins que le législateur a laissé dans l'incertitude la question de savoir à qui appartiendrait l'actif restant après la fin des opérations de la liquidation. Il parlait des « ayants droit » sans les définir [4]. En raison des résultats des liquidations connus jusqu'alors il est triste de constater que la question ne devait pas, en pratique, avoir désormais une grande importance.

Comment furent appliquées les dispositions de la loi sur les congrégations ?

En ce qui concernait les demandes d'autorisation, les congrégations ne crurent pas devoir, comme en 1880, adopter une attitude uniforme. Deux courants se dessinè. parmi elles : solliciter l'autorisation c'était, d'après les unes, courir au-devant d'un refus après avoir livré à l'administration l'état de leurs biens et les noms de leurs membres ; former la demande d'autorisation, c'était, suivant les autres, se soumettre à la loi et faire confiance au Parlement dont on n'avait pas le droit de suspecter les dispositions équitables. Comment supposer, avait dit M. Waldeck-Rousseau un refus de parti pris ?

Ce fut cependant cette dernière hypothèse qui se réalisa. Un certain nombre de congrégations formèrent leur demande d'autorisation. Plusieurs de ces demandes, relatives surtout à des congrégations enseignantes, furent présentées à la Chambre par le ministre de l'Intérieur qui concluait au rejet et elles furent toutes repoussées, sans examen des statuts et par le refus de passer à la discus-

1. Sirey, p. 275, note 91, *in fine*.
2. Sirey, p. 284, note 124.
3. Sirey, p. 282, note 22 ; M. Guérin. (Sénat, 28 juin 1001). — Voir cependant : Cassation, 26 juillet 1910. (*Gazette des tribunaux*, 20 octobre 1910 et la note).
4. Sirey, p. 284, note 124.

sion des articles, dans des séances qui resteront comme une tache dans l'histoire du Parlement français [1]. C'est ainsi que débutait l'application d'une loi qui devait avoir pour objet, on l'avait répété au cours des débats, d'assurer une existence légale et définitive aux congrégations réellement utiles que saurait bien discerner le législateur [2]. D'autres demandes [3] restèrent en suspens, et cette situation se prolonge encore, laissant un certain nombre de congrégations dans un état de légalité provisoire puisque leur demande est formée, mais de légalité à laquelle le Gouvernement peut mettre un terme en faisant repousser cette demande par le Parlement, de même qu'il aurait pu refuser de la transmettre [4]. On se trouvait en plein arbitraire.

Quant aux établissements des congrégations autorisées, ceux qui dépendaient des congrégations non-enseignantes furent l'objet d'un certain nombre de décrets de fermeture [5] et plus tard de quelques décrets d'autorisation [6]. L'effort porta surtout sur les établissements des congrégations enseignantes, car il s'agissait, avant tout, dans l'esprit de la majorité qui avait voté la loi, de détruire autant que possible l'enseignement libre et de tendre au monopole de l'Etat. Déjà les membres des congrégations autorisées sont exclus des écoles publiques en vertu de la loi de 1886, ceux des congrégations non autorisées des écoles privées en vertu de la loi de 1901. M. Combes, véritable maniaque de la guerre religieuse, s'appuya sur la loi de

1. Chambre. Séances des 12, 13, 17, 18, 23, 24, 27 mars, 25, 26 juin 1903. — Au Sénat furent déposés le 2 décembre 1902 des projets portant autorisation partielle des demandes d'autorisation formées par les Cisterciens, les Frères Saint-Jean de Dieu, les Salésiens. Pour ces derniers, l'autorisation fut refusée le 3 juillet 1903. — Voir la statistique des demandes d'autorisation (Sénat, 26 mars 1912, p. 728).

2. La pensée véritable du législateur se révélait, rendre impossible la création de cette catégorie d'association. — Voir dans les journaux du 28 mars 1903 la déclaration des supérieurs des congrégations.

3. Le 26 juin 1903 M. Combes parlait à la Chambre des demandes de 314 congrégations hospitalières et contemplatives.

4. De plus un certain nombre de congrégations autorisées par décret comme établissements d'enseignement se sont vu retirer cette autorisation (Décret du 9 avril 1903, *Bulletin de la Société d'éducation*, 1903, p. 286, 355).

5. Par exemple pour les Bons Pasteurs (*Officiel*, 1903, p. 1546).

6. Par exemple *Officiel*, 1903, p. 317, 318. Ces autorisations se sont accrues depuis lors (Hébrard de Villeneuve. *Revue des Deux-Mondes*, 1ᵉʳ mars 1915, p. 167.

1901 pour fermer les écoles privées dirigées par les
membres des congrégations autorisées en considérant ces
écoles comme des établissements de congrégations autorisées pouvant être fermés par un simple décret[1]. On devait
refuser en bloc les demandes d'autorisation en refusant de
les transmettre au Conseil d'Etat[2]. Les mesures prises ainsi
étaient d'une légalité douteuse, surtout lorsque dans ces
établissements scolaires, les membres des congrégations
n'étaient présents qu'à titre d'employés des propriétaires
des écoles et ne revendiquaient aucun droit sur la propriété
de l'immeuble[3]; elles étaient contraires aux déclarations
formelles faites par M. Waldeck-Rousseau lui-même affirmant que la loi de 1901 visait la question d'association et
le non la question d'enseignement[4]. Les résistances locales
furent rares, mais les protestations furent nombreuses et
le Gouvernement dut les apaiser en se contentant provisoirement de la production de décrets de tutelles relatifs
à la fondation de ces établissements pour suspendre sur
certains points l'exécution de la loi qu'il déclarait applicable[5].

L'application de la loi de 1901 fut surtout poursuivie
en ce qui concernait la liquidation des biens. On y procéda
à l'égard des congrégations auxquelles l'autorisation avait
été refusée ou qui ne l'avaient pas sollicitée[6]. Sans doute,

1. Le 27 juin 1902 le ministre ferme 125 écoles ; en juillet, 2.500 écoles
en vertu de la loi de 1901, même des écoles fondées avant cette loi. (*Les
lois sur les associations*. 1905. Publication de la Société d'éducation.)

2. *Eod loco,*. p. 48 sans tenir compte des avis favorables des conseils
municipaux.

3. Un avis du Conseil d'Etat du 23 janvier 1906 considère comme un
établissement une école tenue par des congréganistes même si elle appartient à des tiers.

4. « Les dispositions projetées n'ont absolument rien à voir avec la
législation de l'enseignement. » Réponse de M. Waldeck-Rousseau à
M. Cochin (*Officiel*, 19 mars 1901, p. 794). Voir la lettre du cardinal Richard
au Président de la République protestant contre le décret supprimant
125 écoles et la circulaire ministérielle en supprimant 2.500 et la protestation des évêques. (*Autour de l'enseignement congréganiste*, p. 36, 43.)

5. 832 établissements qui ne bénéficiaient pas de ce sursis furent fermés le 1er août par un décret du Président de la République. Le Gouvernement ne tarda pas à exiger pour ces établissements une demande d'autorisation. (*Lois sur les associations*, p. 49, 47.)

6. Il faut ajouter les congrégations dont les biens furent liquidés en
vertu de loi de 1904 dont nous parlerons plus loin.

parmi ces dernières on laissait de côté provisoirement, et par un nouvel arbitraire, les congrégations de femmes, hospitalières et purement contemplatives. Mais pour les autres, surtout pour les congrégations enseignantes, la liquidation fut poursuivie avec une ardeur implacable. C'est alors que se révélèrent les appétits qui avaient pressé le vote de la loi: il ne s'agissait plus d'une réforme, mais d'une curée. On sait comment les liquidations furent opérées : immeubles vendus à vil prix, profits scandaleux réalisés par les liquidateurs qu'on dut remplacer ensuite par les receveurs de l'enregistrement.

Un procès célèbre [1] dans lequel l'accusé apparut, non comme une fâcheuse exception, mais comme un bouc émissaire chargé de concentrer l'indignation publique sur sa tête [2], vint démontrer ce qu'avait d'odieux l'exécution de la loi qui apparaissait de plus en plus comme une mesure destinée à satisfaire les haines et les convoitises. Quant au résultat des liquidations au point de vue financier que devrait-il donner? D'après les chiffres maintenant connus, une fois les reprises effectuées, une fois réglés les frais qui avaient récompensé le zèle des liquidateurs dont la désignation avait pu être souvent attribuée à des influences politiques, que restera-t-il dans l'avenir à répartir aux « ayants droit » que la loi n'a pas désignés ? Le fameux milliard sera loin d'être atteint. Comme les spoliations réalisées par les lois révolutionnaires, la spoliation organisée par la loi de 1901 aboutissait, au point de vue financier à un résultat misérable [3]. L'exemple le plus tristement significatif fut celui de la liquidation de la Grande Chartreuse : on vit une industrie qui avait fait la prospérité de toute une contrée devenir l'objet d'une spéculation plus ou moins avouable dont les bénéficiaires se disputaient les produits devant les tribunaux [4]. D'une façon

1. Affaire Duez. *Gazette des tribunaux*, 13-21 juin 1911. Le Président à M. Blondel, inspecteur des finances : « Vous avez fixé les détournements commis dans l'affaire des congrégations à 4.360.000 francs. »

. 2. Voir la plaidoirie de M⁰ Maurice Bernard et de M⁰ Paisant (*Gazette des tribunaux*, 21 juin 1911) faisant allusion aux animaux malades de la peste.

3. Discours de M. de Las Cases (Sénat, 31 mars 1912).

4. M. Jaurès à la Chambre le 11 mars 1910. — Voir l'interpellation sur

générale, la liquidation des biens des congrégations ne fut pas une réforme économique mais une affaire au sens le plus mesquin du mot [1].

Quant à la situation personnelle des membres des congrégations religieuses elle fut profondément atteinte par l'application ou même par les conséquences de la loi de 1901. Parmi les congrégations dont la liquidation n'avait pas été poursuivie, un certain nombre, redoutant l'avenir, cherchèrent un refuge à l'étranger où leur arrivée produisit une impression profonde qui devait nous aliéner tant de sympathies [2]. Les membres des congrégations soumises à la liquidation, dépouillés de leurs biens et de leurs moyens d'existence, durent se résoudre à l'exil. Cet exil sans doute était volontaire, mais il leur était imposé par l'impossibilité de continuer à mener l'existence commune conformément à leurs engagements de conscience. Les vieillards restés en France ne reçurent qu'une minime allocation qui ne leur était même pas régulièrement payée [3]. Les congréganistes dispersés et même à l'abri du besoin souffrirent cruellement d'un isolement qui leur était imposé sans égard pour les habitudes de vie commune depuis longtemps contractées [4].

Les membres des congrégations n'avaient-ils pas au moins le droit de se grouper en associations sans but lucratif puisque la loi reconnaissait la liberté des associations religieuses ? C'est ici qu'apparaissait l'illogisme d'une législa-

les liquidateurs. Chambre, 14 et 15 mars 1910. — *Gazette des tribunaux*, 13 décembre 1917 et s.

1. Voir au Sénat (21 mars 1912) les discours de MM. le Provost de Launay, Riou, et de Las Cases sur le rapport de M. Régismanset. M. Riou : « La législation qu'on a fait est une législation de désordre et de haine, c'est ainsi qu'elle est qualifiée par les tribunaux étrangers. »

2. Bertrand. *Revue des Deux-Mondes*, 1er juillet 1916, p. 43.

3. Déposition du F. Justinus dans l'affaire Duez (audience du 17 juin 1911) ; M. Riou au Sénat, 21 mars 1912 ; Delzons, *Revue des Deux Mondes*, 1er février 1908, p. 893.

4. Burnichon. *Histoire d'un siècle*, p. xv. — Voir dans Bourget (*Un divorce*) le portrait du P. Euvrard dont tous les hommes d'étude ont connu l'original. On s'attache à retirer aux anciens congréganistes tous les moyens d'existence : Circulaires du garde des Sceaux des 7 février 1902 et du 17 mars 1901 (Sirey. *Lois*, 1903, p. 535) visant surtout l'admission des anciens congréganistes dans le clergé séculier. Ajoutons les mesures destinées à les empêcher de se livrer à l'enseignement.

tion qui, sans vouloir reconnaître les vœux, en fait, en réalité, pour ceux qui les prononcent une cause de déchéance. Bien que la loi de 1901 ne définisse pas la congrégation, une congrégation est, dans la pensée de ses auteurs [1], caractérisée par la vie commune et l'existence des vœux, Dès lors toute association où se révèlera l'existence de ces deux éléments sera considérée comme une congrégation et sera par là-même illicite. C'est ainsi qu'on a poursuivi les capucins membres d'une association qui comprenait des laïques et même des personnes mariées parce qu'au nombre de ses membres se trouvaient d'anciens religieux qui paraissaient avoir persisté dans l'observation de leurs engagements antérieurs [2]. C'est ainsi qu'ont été engagées, à propos de la fermeture des écoles dirigées par des congréganistes, de nombreuses poursuites contre des religieux qui se déclaraient sécularisés : l'étaient-ils réellement, avaient-ils effectivement rompu avec leurs anciens supérieurs religieux, n'existait-il pas dans leur manière de vivre, dans leur costume, dans leurs relations, des indices suffisants pour établir cette qualité de congréganiste qui est une question « de fait » pour la jurisprudence [3]. S'il en était ainsi, il y avait reconstitution d'une congrégation ou tout au moins d'un établissement congréganiste [4]. Telles sont les investigations auxquelles s'est livré le ministère public et sur lesquelles ont eu à se prononcer les tribunaux. On est arrivé ainsi à scruter les dispositions intimes et les tendances des membres d'une association ou même d'un groupement de quelques personnes qui ne réclamaient pas autre chose que l'exercice des droits appartenant à tous les citoyens. De telles conséquences suffisent à juger une loi.

1. Rapport de M. Vallée. (Sénat, 13 juin 1901.)

2. Sur l'association franciscaine : Clunet, p. 397. — Cour de Paris, 16, 23, 30 décembre 1912, 13 janvier 1913. Le tribunal avait acquitté neuf anciens capucins poursuivis pour avoir reconstitué au moyen de l'association franciscaine la congrégation dissoute. La Cour infirma ce jugement contre six d'entre eux. (*Revue des grands procès contemporains*, 1913, p. 355).

3. « Tout est question de fait. » (M. le Procureur général Bandouin à la Cour de Cassation. *Gazette des tribunaux*, 12 juin 1903.)

4. Un jugement de Cambrai (juin 1909) a condamné, comme ayant formé un établissement non autorisé cinq religieuses attachées à une clinique médicale. (*Revue des grands procès contemporains*, 1909, p. 374.)

Contre les congrégations elles-mêmes il y eut peu d'actes d'exécution de la loi car les congrégations considérées comme dissoutes et soumises à la liquidation se dispersèrent en général sans résistance. Des mesures d'expulsion ou de perquisition furent prises cependant dans quelques localités notamment contre les capucins dont plusieurs furent condamnés en vertu de la loi [1]. Une congrégation de femmes fût poursuivie en la personne de plusieurs de ses membres, celle des Petites Sœurs de l'Assomption, gardes malades des pauvres [2]; en présence de l'émotion populaire, on n'osa pas procéder à l'expulsion [3].

Quels étaient en résumé les résultats de la partie de la loi relative aux congrégations religieuses ?

En droit, cette partie de la loi de 1901 était contraire à tous les principes de notre législation et à ceux-mêmes posés par la loi elle-même. Alors que le législateur admettait la liberté de s'associer même sur le terrain religieux, il faisait état d'engagements de conscience dépourvus de sanction légales pour frapper d'incapacité toute une catégorie de citoyens [4] : il ne leur était pas permis d'habiter en commun, ni même de s'associer, il leur était interdit d'enseigner s'ils se rattachaient encore par un lien quelconque à leur congrégation dispersée. C'était un recul pour la liberté d'association qui venait d'être conquise.

En fait, la loi consacrait une série de violations de l'équité que ne pouvait légitimer aucune théorie juridique aussi captieuse qu'elle fût : expulsion des congréganistes des immeubles où ils habitaient, malgré une longue tolérance, et sans reconnaître les services rendus, vente de leurs biens alors même qu'en réalité ils étaient leur pro-

1. Tribunal de la Seine, 7 mai 1903. Cour de Paris, 16 juin 1903. Voir aussi les Oblats condamnés par le tribunal de Marseille, les Pères de Picpus par le tribunal de la Seine (*Revue des grands procès contemporains*, 1903, p. 419, 471, 495); Treilhes. *Les congrégations devant la loi*, p. 27.

2. *Revue des grands procès contemp orains*, 1903, p. 345.

3. *Revue catholique des Institutions et du droit*, décembre 1911, p. 568.

4. M. Millerand, dans son discours du 7 novembre 1919 au cours de la période électorale, demandait la liberté pour « les individus ». « Je demande pour les religieux comme pour les laïques, le même droit de s'associer. » Avec la loi de 1901 ils ne le peuvent pas, c'est ce qu'il ne faut pas oublier.

priété personnelle s'ils n'étaient pas dans les cas de reprise admis par la loi, exil souvent nécessaire, obligation pour les congréganistes de plaider pour disputer aux liquidateurs leurs apports personnels, nécessité de solliciter de l'autorité administrative une maigre pension pour ceux qui se trouvaient sans ressources et réalisaient certaines conditions [1]. La liberté d'enseignement était gravement atteinte par la fermeture des écoles dirigées par les membres des congrégations non autorisées et des écoles considérées comme établissements non autorisés des congrégations autorisées. La liberté de la bienfaisance était également atteinte par la fermeture d'établissements créés et entretenus par le dévouement religieux. Bien des misères étaient ainsi privées de leur soulagement et, au point de vue social, on devait en ressentir la disparition notamment lors de l'application des lois sur la prostitution des mineures et sur les tribunaux pour enfants [2]. Ces mesures étaient d'autant plus odieuses qu'elles s'appliquaient à une catégorie de citoyens inoffensifs [3] alors qu'on n'osera pas sévir contre des associations revêtant un véritable caractère insurrectionnel. Les conséquences d'une législation, cause de tant de ruines et de larmes devaient être sévèrement jugées à l'étranger [4] où elles fourniront des argu-

1. Décrets du 16 août 1901 (article 6) et du 14 février 1905.
2. Loi du 11 avril 1908 sur la prostitution des mineures (Loi déclarée inexécutable : *Revue pénitentiaire*, novembre 1910, p. 1222). Loi du 22 juillet 1912 sur les tribunaux pour enfants.
3. Clunet, p. 508 note 5.
4. Le 23 juillet 1901 M. Redmond disait à la Chambre des Communes à propos des bénédictins de Douai : « Une semblable conduite est une insulte à la civilisation du xxe siècle. » Lord Cranborne répondit qu'il n'était pas surpris du langage de M. Redmond et ajouta : « Une loi comme celle des associations ne serait jamais votée en Angleterre. » (*Bulletin de l'archiconfrérie de N. D. de Compassion*, 15 avril 1904.)
La première Chambre du tribunal de commerce de Bruxelles a interdit en Belgique la vente de la Chartreuse et a condamné la compagnie fermière à 6.000 francs de dommages intérêts. Le tribunal civil de Bruxelles avait refusé l'exequatur aux jugements des tribunaux français prononcés au profit du liquidateur. Le substitut du procureur du roi déclara qu'on ne pouvait accorder l'exécutoire à une décision appliquant une loi contraire à la constitution belge qui proclame la liberté d'association et supprime la confiscation. (*Libre Parole*, 30 juin 1911). Voir dans Sirey, 1908 (IV, p. 9) les décisions du tribunal fédéral suisse, de la Cour de la Haye, de la Cour de circuit des Etats-Unis, de la Cour suprême de justice d'An-

ments puissants à la propagande faite auprès des pays neutres pendant la période de guerre [1].

Ce qui devait ressortir surtout des faits c'était l'attitude incohérente des pouvoirs publics relativement à la question des congrégations. Ils avaient proclamé par la voix des membres du Gouvernement que la congrégation religieuse était une forme dangereuse et suspecte d'association, et cependant ils avaient admis en principe la possibilité de sa reconnaissance légale tout en se refusant à la consacrer quand elle était demandée. Ils paraissaient décidés à détruire de plus en plus les congrégations par des mesures fiscales et législatives, et cependant ils reconnaissaient et continuaient même dans certains cas à utiliser leurs services. Il leur était difficile du reste de nier l'œuvre bienfaisante des congrégations : on pouvait relever des distinctions ou des décorations conférées aux membres des ordres religieux pour leur dévouement à l'intérêt public. Les services rendus à l'étranger pour le développement de l'influence française n'étaient pas contestés [2]. Enfin, le jour où éclatera la guerre terrible qui réunira dans un élan patriotique tous les dévouements, on verra les membres des ordres religieux réfugiés à l'étranger et les missionnaires des contrées les plus lointaines accourir à l'appel du pays [3].

L'incohérence et l'arbitraire n'avaient pas moins éclaté dans l'application de la loi. La loi votée, le Parlement avait rejeté sans examen des demandes d'autorisation formées. Les autres avaient été laissées en suspens dans une situation provisoire. Quant aux congrégations qui n'avaient

gleterre refusant l'exequatur aux jugements français en faveur du liquidateur, et la note de M. Pillet.

La Chambre des Lords jugeant comme Cour de Cassation a statué dans le même sens (Sirey, 1911, IV, p. 15). M. Weiss avait donné une consultation motivée sur ce que la loi du 1er juillet 1901 « est une loi dérogatoire au droit commun, une loi pénale, une loi de confiscation ». (*Revue de droit international privé*, 1907, p. 425.)

1. Mgr Baudrillart. *Publications du comité de propagande catholique à l'étranger*.

2. Voir pour les encouragements et les subventions accordés aux œuvres scolaires des Frères des écoles chrétiennes en Syrie le rapport du Frère Justinus au Congrès de Marseille en 1919, p. 10.

3. Guiraud. *Clergé et congrégations au service de la France*.

pas formé de demande on n'avait pas tenté de dissoudre les congrégations hospitalières et les congrégations contemplatives de femmes. Les autres congrégations avaient été soumises aux mesures de liquidation ainsi que celles dont les demandes avaient été rejetées. D'une manière générale on avait voulu avant tout atteindre les congrégations enseignantes.

L'opinion publique avait, malgré les termes généraux de la loi, imposé les hésitations dans son application. Les protestations s'étaient élevées, insuffisantes peut-être avant l'exécution d'une loi dont on ne mesurait pas la portée ; elles devinrent plus vives après les mesures accomplies et le scandale des liquidations. Depuis longtemps en effet les préjugés entretenus contre les congrégations tendaient à se dissiper. En dehors des milieux où dominait une haine anti-religieuse excitée par des politiciens sectaires, il n'existait contre les congrégations aucune profonde hostilité. Les services rendus par les congrégations hospitalières et enseignantes ne pouvaient être oubliés et la spoliation violente dont elles furent l'objet provoqua la sympathie ou même l'indignation. La véritable exploitation à laquelle donna lieu l'application de la loi révolta les consciences honnêtes. Il y avait là une confiscation, un attentat à la propriété et à la liberté. Ces protestations avaient eu un écho au sein du Parlement [1] et M. Waldeck-Rousseau lui-même dût reconnaître l'abus qui avait été fait d'une loi dont il avait été ou dont il s'était laissé considérer comme le principal auteur [2]. La véritable persécution dont les congrégations religieuses étaient l'objet discréditait la loi qui l'avait rendue possible.

Nous avons donc le droit de conclure, après tant d'autres, que la seconde partie de la loi de 1901 est à la fois une tache dans notre législation et une faute [3]. Elle est une tache dans la législation car, au moment même où

1. Voir M. Riou et M. de Las Cases, *suprà*.

2. « En transformant peu à peu, peut-être à l'insu de ceux qui l'ont faite, une loi de contrôle en une loi d'exclusion, on a créé une situation lourde, complexe. » (M. Waldeck-Rousseau. Sénat, 27 juin 1903.) — Voir aussi M. Plichon à la Chambre (24 mars 1903), M. Waldeck-Rousseau au Sénat (20 novembre 1903), Clunet, p. 509.

3. Clunet, p. 508, 509.

est reconnue la liberté d'association, les dispositions qui refusent cette liberté à une catégorie de citoyens en raison de leurs conceptions religieuses peut être considérée comme une injustice en même temps qu'un véritable anachronisme [1]. Dégagées des abus de l'ancien régime les congrégations ne se signalaient plus que par leurs bienfaits ; elles réclamaient en tous cas pour leurs membres l'usage d'une liberté qui devait être commune à tous.

Le vote de cette partie de la loi était aussi une faute, car, au lieu d'en finir avec des préjugés surannés et des haines mesquines, il contribuait à entretenir et à accroître un germe de discorde dans le pays. La suppression de ces dispositions serait de la part du législateur, averti par l'expérience et résolu à reconnaître, « un droit commun uniforme et large [1] », un acte de probité. Tant que cette législation spéciale aux congrégations subsistera, on ne peut s'empêcher de lui appliquer cette réflexion d'un historien de nos jours : « Quand une iniquité est le fait d'un seul homme, on l'appelle tyrannie, quand elle est imposée par le nombre, on l'appelle loi [3]. »

II

LA PÉRIODE POSTÉRIEURE A LA LOI DE 1901 [4]

§ 1. — *Les lois postérieures à la loi de 1901.*
Législation professionnelle touchant au droit d'association. — Dispositions législatives sur les associations inspirées par la continuation de la guerre anti-religieuse : Loi du 4 décembre 1902. Loi du 17 juillet 1903. Loi du 7 juillet 1904. Loi du 9 décembre 1905. — Lois ou pro-

---

1. Dans sa lettre du 23 décembre 1900 au cardinal Richard, Léon XIII protestait contre les mesures dirigées contre les congrégations religieuses : « Frapper les congrégations religieuses, ce serait s'éloigner à leur détriment, de ces principes démocratiques de liberté et d'égalité qui forment actuellement la base du droit constitutionnel en France. » (*Correspondant*, 10 janvier 1901, p. 3, 7.)

2. Clunet, p. 512.

3. De la Gorce. *Revue des Deux-Mondes*, 1er février 1917, p. 585.

4. Nous ne pouvons étudier le mouvement ouvrier, social et politique sur le terrain de l'association depuis la guerre de 1914 : le recul n'est pas encore assez grand et la documentation n'est pas encore assez précise ;

jets relatifs à la bienfaisance. — Lois de la guerre de 1914 : Loi du 30 mai 1916. Loi du 27 juillet 1917.

§ 2. — *Le mouvement vers l'association depuis 1901.*
Situation des différentes catégories d'associations.

§ 1. — *Les lois postérieures à la loi de 1901.*

Les lois postérieures à la loi de 1901 ne contiennent pas de modification générale aux règles qu'elle a posées. Aucune réforme de ce genre n'est entreprise par le Parlement en ce qui concerne le régime légal des associations. Les dispositions législatives ou les projets qu'on peut relever se réfèrent à certaines catégories d'associations et ont un caractère exceptionnel. La plupart font apparaître un retour offensif de l'Etat contre le régime de liberté consacré par la première partie de la loi de 1901. Parmi celles-ci, il en est qui aggravent les mesures prises par la seconde partie de cette loi contre les congrégations religieuses, ou sont les conséquences de la continuation de la guerre anti-religieuse. Certaines dispositions enfin, restrictives aussi de la liberté, sont justifiées, dans l'esprit de leurs auteurs, par les événements de la guerre qui a éclaté en 1914.

En ce qui concerne la législation professionnelle, parmi les dispositions de cette nature touchant à l'exercice du droit d'association nous pouvons citer : Les lois du 29 juin 1907 et du 5 août 1908 qui permettent aux syndicats agricoles et viticoles d'exercer des poursuites en matière de fraudes sur les produits alimentaires ; la loi du 17 juillet 1908 qui a constitué des conseils consultatifs du travail composés en nombre égal de patrons et d'ouvriers [1] ; la loi du 10 juillet 1915 sur le travail à domicile des femmes dans certaines industries qui permet aux associa-

nous indiquerons seulement les mesures législatives projetées ou votées depuis la guerre.

La question de la Société des Nations relève du droit international.

Notons que dans le traité avec l'Allemagne figure une clause relative au droit d'association qui doit être garanti aux ouvriers par les conventions internationales.

1. La loi du 29 octobre 1919 a institué des Chambres d'agriculture qui comprennent des délégués des syndicats agricoles.

tions spécialement autorisées pour cet objet de surveiller l'exécution de la loi [1].

Une réforme plus importante a été votée par le Sénat afin de combler les lacunes relevées dans la loi de 1884 sur les syndicats professionnels. La discussion qui a eu lieu à ce sujet au Sénat, dans les séances du 21 et du 22 juin 1917, sur la proposition de loi de M. Chéron n'a pas en somme donné lieu à une contradiction des dispositions proposées. Elle a revêtu le caractère d'un exposé de la situation des syndicats professionnels, et les différents orateurs se sont montrés d'accord pour adopter des dispositions devant lesquelles le législateur de 1884 avait reculé.

Nous avons dit quelles critiques avait soulevées cette loi. M. Chéron, faisant l'historique de la législation du travail, déclarait « qu'il y a tout avantage, au point de vue de la paix sociale, à donner aux syndicats la pleine capacité civile, génératrice des responsabilités, mais aussi de sagesse et d'autorité morale [2] ». Il proposait d'étendre cette capacité aux unions de syndicats, mais il refusait de donner la capacité commerciale aux syndicats qui pourraient, disait-il, profiter, pour exercer le commerce, des dispositions législatives, notamment de celles relatives aux coopératives. M. de Las Cases, rappelant les préventions qui avaient régné contre les associations professionnelles et les efforts de M. de Mun pour en triompher, rappelant aussi les encouragements donnés par Léon XIII et l'épiscopat catholique aux associations professionnelles, approuvait les dispositions du projet à condition que la liberté fût garantie pour tous, et proclamait la nécessité de l'union dans le monde du travail pour l'évolution économique au lendemain de la guerre. M. Hervey émettait le regret que la loi de 1884 ne fût pas refondue dans le cadre général de la loi de 1901 et insistait sur le développement des syndicats agricoles et les services qu'ils avaient rendus ; il s'attachait à réfuter les objections éle-

---

1. Article 33 : l'action civile basée sur l'inexécution de la loi peut être exercée par les syndicats professionnels et par les associations autorisées à cet effet par décret. (Duvergier, 1915, p. 213.)

2. Sénat, 21 juin 1917, p. 600.

vées jusque-là contre les syndicats et voyait un remède aux abus du syndicalisme dans le syndicalisme lui-même éclairé et maintenu dans la voie de la liberté [1]. M. Touron revint sur la nécessité qu'il y aurait de faire disparaître, en présence de la loi générale de 1901, la loi de 1884 qui n'était qu'une loi « d'attente » visant une catégorie spéciale d'associations, mais il approuvait l'extension de la capacité civile des syndicats ce qui sera un moyen de leur donner une responsabilité et de faciliter la conclusion des contrats entre syndicats [2].

Le texte adopté par le Sénat [3] a modifié la loi de 1884 sur plusieurs points importants que nous indiquons :

Les femmes et les mineurs peuvent faire partie des syndicats ainsi que les personnes qui auraient quitté l'exercice de la profession depuis moins de cinq ans et l'auront exercée pendant cinq années.

Les syndicats professionnels jouissent de la personnalité civile et peuvent sans autorisation acquérir à titre gratuit ou onéreux des biens meubles et immeubles [4].

Ils peuvent constituer des caisses de secours mutuels et de retraites, créer des œuvres professionnelles, subventionner des sociétés coopératives de production et de consommation, acheter pour leurs membres les objets nécessaires à l'exercice de leur profession, prêter leur entremise gratuite pour la vente des produits des syndiqués, passer des contrats collectifs de travail, déposer leurs marques ou labels.

Les syndicats peuvent être consultés sur tous les différends et les questions se rattachant à leur spécialité.

1. Sénat, 22 juin 1917, p. 615. M. Hervey citait les expressions de M. Deschanel : « L'association libre c'est le contre-poison du collectivisme. »

2. M. Touron ajoutait du reste : « Nous allons voter l'extension de la capacité civile en accordant aux syndicats le droit de posséder des immeubles ; nous constaterons très probablement, dans dix ans, que très peu de ces associations en auront profité. » (Sénat, 22 juin 1917, p. 616.) — Voir aussi M. de Las Cases (21 juin, p. 607) remarquant que le parti révolutionnaire a été trop longtemps l'adversaire de l'augmentation de la propriété des syndicats qu'on pourra alors atteindre par des condamnations à des dommages-intérêts.

3. *Officiel*, 22 juin, p. 616 et s.

4. Aucune limitation n'a été envisagée comme dans les lois de 1884 et de 1901.

Les syndicats peuvent, devant toutes les juridictions, exercer tous les droits réservés à la partie civile relativement aux faits portant un préjudice direct ou indirect à l'intérêt collectif de la profession qu'ils représentent.

Cette disposition proposée par M. Cazeneuve [1] avait surtout pour objet de consacrer et de préciser la jurisprudence formée à la suite des lois de 1907 et de 1908 sur la répression des fraudes en matière de denrées alimentaires.

Les unions de syndicats reçoivent la même capacité et les mêmes droits que les syndicats.

Tout membre d'un syndicat peut se retirer à tout instant de l'association. En cas de dissolution volontaire ou prononcée en justice les biens sont dévolus conformément aux statuts en suivant les règles déterminées par l'assemblée générale. En aucun cas ils ne peuvent être répartis entre les membres de l'association.

Enfin les dispositions adoptées sont sanctionnées par des pénalités et par la faculté de dissolution par les tribunaux. Les dispositions pénales de la loi de 1901 sont applicables au cas du maintien ou de la reconstitution d'un syndicat dissout. L'entrave apportée à l'exercice des droits reconnus par la loi ou la liberté de ne pas en user constitue un délit civil et donne lieu à une action en réparation. S'il y a violence, voies de fait, manœuvres frauduleuses, c'est l'article 414 du Code pénal qui est applicable [2]..

La période postérieure à la loi de 1901 est aussi marquée par un certain nombre de dispositions législatives inspirées par la continuation de la guerre antireligieuse.

Il s'agit en effet de poursuivre la réalisation de cette

---

1. Sénat, 22 juin 1917.

2. Le projet du Sénat a été voté par la Chambre en première lecture le 21 février 1919 avec des modifications importantes, notamment la suppression des mesures protectrices de la liberté contre la violence, l'extension du droit syndical aux professions libérales, et l'autorisation des syndicats de fonctionnaires. (*Réforme sociale*, 1er mars 1919, p. 219.) Le 31 décembre 1919 le Sénat a adopté le projet de la Chambre mais a disjoint la partie relative aux fonctionnaires. Le projet est devenu la loi du 14 mars 1920. Notons aussi la loi du 25 mars 1919 relative aux conventions collectives de travail entre les syndicats d'employés et les syndicats d'employeurs ou un employeur isolé.

partie capitale du programme politique du parti au pouvoir.

Tout d'abord plusieurs dispositions ont pour objet d'assurer l'exécution de la partie de la loi de 1901 relative aux congrégations ou d'en aggraver la portée.

La loi du 4 décembre 1902 [1] avait pour objet de compléter la loi de 1901, mais elle touchait aussi à la question de l'enseignement. D'après l'article 13 de la loi de 1901 une autorisation était nécessaire pour fonder un nouvel établissement d'une congrégation autorisée, mais qu'entendait-on par établissement ? Le 18 mars 1901 le gouvernement avait déclaré à la Chambre que, s'il s'agissait d'une école appartenant à un particulier, l'existence d'un établissement congréganiste ne résulterait pas de la présence de religieux dans cette école. Cependant le Conseil d'Etat, par un avis du 23 janvier 1902, déclarait que pour fixer le caractère de l'école il fallait envisager le caractère de l'instituteur. Le 27 juin 1902 M. Combes, remplaçant au ministère M. Waldeck-Rousseau, ferma par un décret 125 écoles ouvertes depuis la loi de 1901 bien que les locaux appartinssent à des particuliers. Le 15 juillet 1902 une circulaire étendait l'interprétation du Conseil d'Etat aux écoles ouvertes avant la loi de 1901 : de ce chef 3.000 établissements étaient abandonnés sous la menace de dissolution de la congrégation et 400 autres étaient fermés par décret du 1er août [2].

Ces décrets avaient été exécutés par voie administrative et les scellés apposés. La Cour de Cassation le 28 novembre et le tribunal des conflits le 2 décembre 1902 avaient admis la légalité de l'apposition des scellés et l'incompétence du juge civil, mais le gouvernement, devant les résistances qui s'étaient produites, surtout en Bretagne, ne voulait plus recourir à l'exécution administrative. D'autre part, si la loi de 1901 avait sectionné par des peines la reconstitution d'une congrégation dissoute, elle n'avait

1. Sirey. *Lois*, 1903, p. 537. *Bulletin-commentaire des lois nouvelles*, avril 1903, p. 305.

2. Taudière. *Bulletin-commentaire des lois nouvelles*, avril 1903, p. 306. Les demandes d'autorisation formées furent rejetées (*eod. loco*, 1901, p. 195).

édicté aucune sanction pour l'ouverture sans autorisation d'un nouvel établissement et pour la désobéissance à un arrêté de fermeture. Ce fut dans ce but que fut votée la loi du 4 décembre 1902 « tendant à réprimer le fait d'ouverture ou de tenue sans autorisation d'un établissement congréganiste ».

D'après la loi, étaient passibles des peines portées par la loi de 1901 tous les individus qui, sans être munis de l'autorisation exigée par cette loi auront « ouvert ou dirigé un établissement congréganiste de quelque nature qu'il soit, que cet établissement appartienne à la congrégation ou à des tiers, *qu'il comprenne un ou plusieurs congréganistes* ». Il en était de même de tous ceux qui auraient continué à faire partie d'un établissement dont la fermeture aurait été ordonnée ou qui auraient « favorisé l'organisation ou le fonctionnement » d'un établissement « en consentant l'usage d'un local dont ils disposent».

On voit quelle atteinte nouvelle était portée à la liberté de l'enseignement puisque désormais les membres des congrégations autorisés eux-mêmes ne pouvaient plus enseigner que dans un établissement autorisé par un décret. Une aggravation était en outre apportée à la loi de 1901 puisqu'on pouvait considérer comme un établissement de la congrégation (établissement dont on ne donnait aucune définition) un établissement appartenant à des tiers et ne comprenant qu'un seul congréganiste si ce congréganiste était soumis à l'autorité d'un supérieur [1]. De plus, pour tomber sous le coup de la loi il suffisait « d'avoir consenti l'usage d'un local. » Il était impossible de mieux révéler les préoccupations sectaires des auteurs de la loi de 1901 [2].

Indiquons encore, comme complément aux dispositions de la loi de 1901 sur les congrégations, la loi du 17 juillet 1903 [3] qui a un double but : le tribunal qui a nommé le liquidateur d'une congrégation est seul compétent pour

1. M. Vallé, garde des sceaux; c'est une question d'espèce. « Il appartiendra aux tribunaux de dire que là où il y a un seul congréganiste il peut y avoir établissement. » (Sénat, 2 décembre 1902.) — M. Gourju. (Sénat, 28 novembre 1902.)

2. Le 19 novembre 1908 le Sénat déclare la loi de 1901 applicable aux colonies de la Martinique, de la Guadeloupe et de la Réunion.

3. Sirey. *Lois*, 1904, p. 649.

connaître de toute action formée par le liquidateur ou contre lui ; le liquidateur fera procéder à la vente des immeubles suivant la forme prescrite pour la vente des biens de mineurs. Notons qu'à l'occasion de la discussion de cette loi un projet de résolution fut soutenu par M. Dejeante invitant le gouvernement à présenter un projet de loi ayant pour but la suppression de toutes les congrégations précédemment autorisées ou non autorisées, « étant donné les dangers que les congrégations font courir à l'Etat ».

Le projet de résolution fut renvoyé à la commission des associations sur l'observation du rapporteur que cette commission était déjà saisie d'une proposition tendant au même but [1].

Le 7 juillet 1904 [2] intervenait une loi d'une importance capitale relative « à la suppression de l'enseignement congréganiste ». Ici le législateur proclamait ouvertement son intention : en 1901 l'argumentation de M. Waldeck-Rousseau faisait ressortir que les congrégations autorisées, c'est-à-dire réellement utiles au pays, recevraient de la nouvelle législation une existence assurée [3] ; c'est maintenant aux congrégations autorisées elles-mêmes qu'on s'en prend avec l'intention avouée de porter un nouveau coup à l'enseignement libre.

On se rappelle quelle marche a été suivie : en 1882 les congrégations non autorisées sont exclues des écoles publiques, en 1886 en sont exclues les congrégations autorisées ; en 1901 les membres des congrégations non autorisées sont déchus du droit d'enseigner même dans les écoles privées, les membres des congrégations autorisées peuvent seuls y être admis. A partir de 1901 les écoles où ils enseignent sont considérées comme établissements de la congrégation qui doivent être autorisés. On profite de cette interprétation de la loi et de la loi de 1902 pour fermer de nombreuses écoles. Mais un certain nombre de congré-

---

1. Chambre, 1er avril 1903 (Sirey. *Lois*, 1904, p. 651).
2. Sirey. *Lois*, 1905, p. 849. — *Bulletin-commentaire des lois nouvelles*, 1904, p. 192. — Règlement d'administration publique. Sirey, p. 878. — Pour les questions soulevées par la loi de 1904 voir : *Autour de l'enseignement congréganiste*. Publication de la Société d'éducation, p. 75 et s.
3. M. Ribot (Chambre, 7 mars 1904). M. de Las Cases. (Sénat, 23 juin 1904

gations exclusivement enseignantes ou à la fois hospitalières et enseignantes avaient été autorisées et comprenaient, comme établissements autorisés, des établissements d'enseignement. Désormais tout doit disparaître et la suppression des congrégations enseignantes est formellement prononcée par la loi.

« L'enseignement de tout ordre et de toute nature est interdit en France aux congrégations. Les congrégations autorisées à titre de congrégations exclusivement enseignantes seront supprimées dans un délai maximum de dix ans. Les congrégations autorisées et celles qui demandent à l'être à la fois pour l'enseignement et pour d'autres objets ne conservent le bénéfice de cette autorisation ou de cette instance d'autorisation que pour les services étrangers à l'enseignement prévus par leurs statuts. » Telles sont les dispositions qui viennent s'ajouter à celles de 1901 : pour toutes les congrégations il y a désormais interdiction d'enseigner et même suppression de celles qui sont vouées exclusivement à l'enseignement, et cette prohibition ne tient compte ni de l'existence légale dans le passé ni des services rendus.

Les services rendus à la cause de l'enseignement par les congrégations ne pouvaient cependant pas être méconnus. Les Frères des écoles chrétiennes, en particulier, incorporés à l'Université par le décret de 1808 [1] avaient véritablement créé l'enseignement primaire en France [2], ils avaient été les premiers promoteurs de l'enseignement professionnel et commercial qui occupe aujourd'hui une place si considérable dans les préoccupations de l'opinion publique [3].

1. Décret abrogé formellement par l'article 6 de la loi.

2. Voir la déposition du Frère Justinus, secrétaire général de l'Institut des Frères des écoles chrétiennes, dans le procès Duez. (Audience du 17 juin 1911.) — « Les fondations de J.-B. de la Salle ont droit à l'estime et à la reconnaissance des amis de l'instruction. » Compayré. *Histoire de la pédagogie.*— Voir aussi les témoignages de MM. d'Haussonville, Brunetière, F. Buisson (exposition de Vienne, 1873), Leblanc (exposition de 1900), Blanchemain, etc., dans *l'Institut des Frères des écoles chrétiennes* par Maurice Croisé, Versailles, 1903.

3. On peut rappeler à cet égard leurs établissements de Passy, de Saint-Nicolas, d'Igny, etc. L'Académie des Sciences morales a décerné à l'établissement de Saint-Nicolas la grande médaille d'or du prix Audéond. — Voir aussi le discours de M. Ribot le 21 novembre 1912 à l'Académie française (prix décerné au Frère Evagre) ; le rapport de M. Lamy le 28 no-

L'excellence de leurs méthodes avait été maintes fois proclamée par les plus hautes distinctions obtenues dans les concours et les expositions universelles, elle avait été reconnue par les pays étrangers qui les avaient appelés de tous côtés à la direction des écoles, même des écoles publiques [1]. Quant aux congrégations de femmes, notamment les sœurs de Saint-Vincent de Paul, elles avaient largement contribué à la diffusion de l'enseignement parmi les filles et elles avaient été longtemps la seule source de recrutement pour le personnel enseignant. Tous les régimes politiques avaient reconnu ces services et, en maintes circonstances, l'État y avait fait appel [2].

Toutes ces considérations n'avaient aucune prise sur la majorité du Parlement confinée dans le même parti pris et résolue à accomplir jusqu'au bout ce qu'on appelait l'œuvre de laïcisation. Les Frères des écoles chrétiennes, auxquels on opposait comme un reproche la prospérité de leurs 1.452 établissements, étaient spécialement et directement visés. Aux arguments des adversaires de la loi on opposait toujours les mêmes réponses dictées par le même sectarisme. Le rapport de M. Buisson à la Chambre [3] est significatif à cet égard : les congrégations sont fondées sur l'abdication de la personnalité humaine ; on peut donc se demander « si la congrégation peut être tolérée dans une société d'hommes civilisés », dans tous les cas elle doit être déclarée inapte à l'enseignement. Quant aux droits des pères de famille ils sont primés par les droits de l'enfant que l'État doit sauvegarder car il en est le meilleur juge : « Il n'appartient pas aux parents eux-mêmes d'exercer sur l'enfant une pression susceptible d'entraver le développement normal de son corps et de son esprit [4]. » Contre de pareilles affirmations posées en prin-

---

vembre 1918 (prix décerné à un groupe de congrégations à Jérusalem et en particulier à l'Institut des Frères pour extension de la culture française en Syrie).

1. Ravelet. *Le bienheureux J.-B. de la Salle*, 1888. Avec introduction par Mgr d'Hulst.

2. Voir la lettre de M. Brunetière à M. Denys Cochin. (*Autour de l'enseignement congréganiste*, p. 107.)

3. *Officiel*. Documents parlementaires, février 1904, p. 20.

4. *Eod. loco*.

cipe et acceptées comme des dogmes par la majorité il
n'y avait évidemment aucune discussion qui pût prévaloir.

Pourrait-on cependant fermer les yeux sur les services
rendus à l'étranger et surtout en Orient à la cause française par les congrégations religieuses [1] ? Une concession
fut faite prouvant par son illogisme l'erreur fondamentale de la loi ; l'article 2, tout en prescrivant la dissolution des noviciats des congrégations enseignantes qui « ne
pourront plus recruter de nouveaux membres », laissait
subsister les noviciats destinés à former le personnel des
écoles françaises à l'étranger, dans les colonies et les
pays de protectorat [2]. Les congrégations enseignantes,
déclarées dangereuses en France, étaient maintenues pour
« l'exportation. »

L'article 3 prescrivant la fermeture, sauf une exception
visant les enfants recueillis par les congrégations hospitalières, des établissements relevant d'une congrégation
supprimée, mais cette fermeture devait se faire dans le
délai de dix ans [3] aux dates fixées par un arrêté du ministre. C'était donc au bon plaisir de l'administration
qu'était remise la faculté de fermer les écoles à mesure
qu'on serait à même de pourvoir à leur remplacement [4],
et cette exécution progressive, acceptée avec abnégation
par les Frères des écoles chrétiennes, avait quelque chose
de particulièrement odieux.

La liquidation des biens doit s'opérer, non pour les
congrégations mixtes ni pour celles qui sont en instance

1. Taudière. *Bulletin-commentaire des lois nouvelles*, 1904, p. 206. *Rapport du Frère Justinus sur les œuvres scolaires des Frères en Syrie*, présenté au Congrès tenu par la Chambre de commerce de Marseille, 1919.
Revue hebdomadaire, 1er mars 1914. — Le comité directeur de la ligue
française demande en 1919 une large application de la loi de 1904 sur ce
point.

2. Des amendements tendant à exempter ces congrégations des dispositions de la loi de 1901 avaient été repoussés lors de la discussion de
cette loi. (Sirey. *Lois*, 1902, p. 265, 268.) — Le nombre des noviciats et le
nombre des novices seront limités aux besoins des établissements. Ajouter pour ces congrégations le décret du 2 janvier 1905 (Sirey. *Lois*, 1905,
p. 878.)

3. C'est donc à la fermeture du dernier établissement que la congrégation sera définitivement dissoute.

4. On n'a pas attendu en général le délai de dix ans. Le 15 juillet 1907
le *Bulletin de la Société d'éducation* (p. 545) enregistre le chiffre de
4.490 écoles fermées en vertu de la loi du 7 juillet 1904.

en vue d'un autre objet que l'enseignement, mais pour
les congrégations uniquement enseignantes. Ces congrégations auraient pu procéder elles-mêmes à leur liquidation conformément au titre I de la loi de 1901 ou nommer leur liquidateur. On décida que ce liquidateur serait
nommé d'après la procédure de la loi de 1901 sur les
congrégations non autorisées, mais, pour ses pouvoirs, on
s'en référa, non à la loi de 1901, mais à celle de 1825.

Deux liquidations seront en réalité poursuivies : l'une
après la fermeture de chaque établissement, l'autre, liquidation générale, après la fermeture du dernier établissement. On s'en réfère pour les règles de la liquidation à
la loi de 1825 sauf sur certains points [1]. Les biens acquis
à titre gratuit par la congrégation font retour aux donateurs ou aux héritiers ou ayants droit des donateurs ou
testateurs. Les propriétaires d'immeubles occupés par la
congrégation devront les revendiquer dans le délai de six
mois de la fermeture de chaque établissement. Les biens
donnés à une commune ou à un établissement public à
charge d'établir des écoles dirigées par les congréganistes
pourront être pendant deux ans l'objet d'une action en
revendication. Enfin des pensions [2] peuvent, s'ils sont
dépourvus de moyens d'existence suffisants, être allouées
aux anciens congréganistes ; ils peuvent aussi être hospitalisés dans les maisons affectées par la congrégation à la
retraite de ses membres ou réservées à cet usage par le
liquidateur.

Que deviendront les biens composant le reliquat de la
liquidation après le prélèvement des pensions et l'exercice
des reprises. La loi de 1825 avait décidé que ce reliquat
serait attribué aux établissements ecclésiastiques et aux
hospices ; elle avait voulu qu'en aucun cas l'État n'en
devînt propriétaire. La loi de 1904 décide dans son article 5 que le prix des biens restant après l'achèvement de
la liquidation sera consacré à la construction, l'agrandissement ou la location de maisons d'école. Ainsi les biens
qui avaient pour objet l'enseignement libre sont attribués

---

1. Voir le rapport de la commission de la Chambre. (Sirey, *Lois*, 1905,
p. 872.)

2. *Eod loco*, p. 878.

à l'enseignement donné par l'Etat lequel vient de les enlever à son concurrent. C'est ce qu'on a pu qualifier « d'ironique raffinement dans la confiscation [1] ».

Telles sont les dispositions de la loi de 1904. Elle porte atteinte à la liberté de l'enseignement qu'on avait promis de garantir. Les écoles libres seront obligées à grand'peine de reconstituer un personnel en dehors des congrégations enseignantes. Les pères de famille, surtout s'ils sont pauvres, seront ainsi dépouillés de la liberté que leur garantissait la loi. On aggrave la guerre religieuse dans le pays et on tend de plus en plus au monopole de l'enseignement par l'Etat que l'on s'efforce de consacrer en fait [2].

Elle porte atteinte surtout à la liberté d'association car elle supprime et interdit pour l'avenir toute une catégorie de congrégations qui pouvaient compter sur la reconnaissance légale qui leur avait été conférée. Les membres des congrégations, quels que soient leurs titres universitaires, leur science, ou leurs mérites reconnus, seront déchus du droit d'enseigner tant qu'ils appartiendront à leur congrégation. S'ils entendent rester fidèles aux engagements de conscience qu'ils avaient pris, il faudra qu'ils cherchent dans un exil à l'étranger le moyen de continuer leur œuvre puisque la congrégation est destinée à être dissoute et que son recrutement est interdit en France ; ou bien, s'ils sont âgés ou infirmes, qu'ils sollicitent une hospitalisation, une pension, ou un secours trop souvent obtenu à grand'peine sur les biens qui leur ont été confisqués [3]. S'ils déclarent avoir rompu les liens qui les rattachaient à leur congrégation, il faudra qu'ils établissent « la rupture et la séparation complète [4] », et cette sécularisation sera contestée par tous les moyens. Après l'interdiction de la congrégation, c'est l'incapacité personnelle, difficile à dépouiller, qui atteint le congréga-

---

1. Taudière. *Bulletin-commentaire des lois nouvelles*, 1904, p. 279.

2. M. de Montfort. (Sénat, 28-29 juin 1904.)

3. « Nos vieillards et nos infirmes attendent encore d'être admis à recevoir leur première pension. » (Déposition du Frère Justinus dans l'affaire Duez, 19 juin 1911.)

4. Circulaire du garde des sceaux du 7 février 1902 sur la sécularisation des membres des congrégations dissoutes. (Sirey, *Lois*, 1903, p. 535.)

niste considéré comme tel. On peut s'associer librement pour tout objet licite, même pour un objet de l'ordre religieux, on ne peut constituer une congrégation qu'avec l'autorisation de la loi ; telle est la législation de 1901. Le législateur de 1904 prohibe les congrégations vouées à l'enseignement et supprime celles qui s'étaient créées sous la garantie de la loi. C'est une seconde étape vers l'interdiction complète d'une catégorie d'associations vis-à-vis desquelles le législateur manifeste une méconnaissance arbitraire du principe de liberté qu'il a déclaré reconnaître. La loi de 1904 aggrave la seconde partie de la loi de 1901 et constitue un nouveau recul dans la marche vers la liberté d'association.

Dans l'ordre des mesures législatives qui constituent une dérogation à la loi de 1901 il faut signaler la loi de séparation des Eglises et de l'Etat du 9 décembre 1905[1] dans sa partie relative aux associations cultuelles.

Nous n'avons pas ici à analyser les dispositions de cette loi. Elle est inspirée par une idée de guerre anti-religieuse qui ne s'attaque plus seulement aux congrégations mais à l'Eglise catholique elle-même. Pour établir dans des conditions équitables le régime de la séparation il était nécessaire de tenir compte de la situation légale antérieure : édifices dont l'affectation spéciale avait été solennellement garantie, biens résultant de fondations pieuses constituées avec l'approbation de l'Etat, crédits budgétaires pour l'entretien du clergé représentant les biens ecclésiastiques qui avaient été l'objet d'une sorte d'expropiation d'utilité publique. Enfin et surtout il fallait établir la législation nouvelle sans méconnaître l'accord intervenu avec le chef de l'Eglise catholique, accord qui avait été conclu dans la forme d'un traité international, accord qu'il fallait modifier par un consentement mutuel, ou tout au moins dénoncer. Toutes ces considérations furent méconnues par le législateur et la séparation fut, non la substitution d'un régime nouveau à l'ancien régime du Concordat, mais la destruction d'une situation légale et

1. Sirey. *Lois*, 1906, p. 182 ; de Lamarzelle et Taudière. *Commentaire de la loi du 9 décembre 1905*. Plon. 1906.

l'organisation d'un régime nouveau établi sans le concours du pouvoir religieux et dirigé contre lui. Le régime de la séparation était inauguré par une rupture violente avec le chef de l'Eglise, rupture que ce régime ne comporte pas nécessairement [1] et dont le pays souffre cruellement aujourd'hui au point de vue international. Après avoir proclamé qu'il ne reconnaissait aucun culte, le Parlement votait ensuite une législation destinée à organiser l'exercice du culte sans vouloir examiner si cette législation était acceptable pour les catholiques et conforme aux principes de l'Eglise à laquelle ils appartenaient. Il s'agissait de réglementer l'Eglise qu'on affectait de ne plus connaître [2].

De cette idée bizarre et dangereuse naquit le système des associations cultuelles. Il eût été logique, après avoir renié tous les engagements solennels qui étaient à la base du budget des cultes, après avoir attribué aux établissements publics les biens ecclésiastiques grevés d'une destination étrangère à l'exercice du culte [3], et cela malgré la garantie donnée par l'autorisation de l'Etat pour l'acquisition de ces biens, de laisser au moins aux catholiques le droit de s'organiser conformément au droit commun de la loi de 1901. Il n'en fut rien. Pour obtenir la jouissance des édifices du culte et l'attribution des biens destinés à l'exercice du culte, les associations cultuelles devaient être soumises à certaines conditions de fonctionnement et de contrôle qui en faisaient en quelque sorte des organismes de l'administration publique. On limitait aussi leurs ressources en leur interdisant de recevoir aucune subvention ni libéralité. L'Etat se réservait même le droit de décider à lui seul, en cas de conflit, quelle association pourrait se prétendre légitimement unie à l'Eglise catholique [4]. Enfin,

1. A l'occasion du cinquantenaire du cardinal Gibbons, ces paroles étaient prononcées par le sénateur Root de New-York : « La doctrine de la séparation de l'Eglise et de l'Etat ne repose pas ici sur le principe de l'antagonisme de la religion et de l'Etat. » (Cité par *la Croix*, 1er juillet 1911.)

2. Notons que dans son article 44 la loi abroge l'article 294 du Code pénal.

3. Article 7.

4. D'après l'article 7, le Conseil d'Etat se prononcera « en tenant compte de toutes les circonstances de fait ». On sait que la loi pouvait prêter à.

il fallait pour l'exercice du culte, la déclaration exigée
pour les réunions publiques [1]. Une pareille organisation
pouvait paraître acceptable aux cultes protestants et israé-
lites ; appliquée au culte catholique elle fut repoussée par
le Pape [2]. Sur son interdiction les catholiques refusèrent
de constituer des associations cultuelles et la situation
religieuse donna lieu aux violents conflits.

Si la loi du 2 janvier 1907 a renoncé à imposer la formation d'associations cultuelles pour que les catholiques
puissent jouir des églises, si la loi du 28 mars 1908 a supprimé la déclaration préalable pour l'exercice du culte [3],
aucune situation stable n'est assurée au point de vue légal aux catholiques. Le mobilier des églises et les objets
du culte ont été placés sous séquestre à la suite d'inven-
taires que des manifestations dont on a craint la violence
ont réduits à de simples simulacres ; la location des pres-
bytères a donné lieu à de multiples conflits ; les biens non
réclamés par des associations cultuelles ont été dévolus
aux communes qui ne peuvent remplir les charges pieuses
dont ils étaient affectés [4]. La jouissance des églises reste
subordonnée à des règles mal définies.

En un mot, si l'on considère la situation en réalité encore insuffisamment déterminée qui résulte de la loi de
séparation, on constate que, par le fait de la loi de 1905
et de la nature des associations qu'elle a créées, tandis
qu'on peut s'associer librement pour propager toute doctrine, on ne peut s'associer pour exercer le culte catholique sans se soumettre à des exigences de l'Etat contraires
à la doctrine catholique ou sans s'exposer a de véritables
spoliations légales. L'Eglise catholique ne peut réellement

des tentatives de schisme qui n'ont échoué que grâce à l'obéissance admirable aux instructions du Pape du clergé français. (Clunet, p. 512, note.)

1. Article 25.

2. Encyclique du 6 janvier 1907 ; Lods. *Nouvelle législation des cultes
protestants en France*, 1914 ; *Revue catholique des institutions et du droit*,
septembre 1915, p. 338 ; Chénon. *La hiérarchie catholique et les associations dites cultuelles* ; Flourens. *Les associations cultuelles*.

3. L'obligation de la déclaration a été supprimée en même temps pour
toutes les réunions publiques. (Sirey. *Lois*, 1907, p. 333.)

4. Loi du 13 avril 1908. Sirey. *Lois*, 1908, p. 680. — Les dévolutions par
les établissements ecclésiastiques des biens à des établissements de bienfaisance n'ont pas été en général approuvées.

profiter de la liberté d'association puisqu'on lui impose des conditions incompatibles avec son organisation fondamentale.

Sur d'autres points encore on pouvait constater un retour offensif de l'Etat contre la liberté d'association. C'était l'application de la loi de 1889 sur la puissance paternelle, exigeant certaines conditions et une autorisation administrative spéciale pour les associations auxquelles les enfants pourraient être confiés par les tribunaux. C'était le projet sur la surveillance des établissements de bienfaisance privée déposé le 8 juin par M. Waldeck-Rousseau et repris par M. Combes en 1902. Ce projet, qui pouvait aussi s'appliquer, non seulement à des établissements proprement dits, mais à des associations charitables, encourait le reproche de ne pas se borner à exercer sur la bienfaisance privée au contrôle légitime, mais d'aboutir à une véritable mainmise sur elle de l'Etat [1].

Mais la tendance que nous venons de qualifier de retour offensif de l'Etat s'est manifestée surtout au cours de la guerre de 1914, à un moment où la nécessité de concentrer les forces du pays entre les mains du pouvoir central donnait à celui-ci la tentation d'étendre son autorité [2]. La loi établissant l'état de siège [3] remettait en vigueur la loi du 9 août 1849 [4] qui permettait, avec des extensions pratiques singulièrement abusives, d'établir la censure de la presse et de suspendre l'exercice du droit de réunion. L'état de siège ne touchait pas cependant à la liberté d'association sauf en ce qui concernait la compétence des conseils de guerre pour les délits commis au moyen de l'association.

Le législateur allait porter son attention sur les associations de bienfaisance dont le nombre s'était développé d'une façon prodigieuse avec l'apparition des misères de toute sorte nées de la guerre et des besoins suscités par

1. Chambre, Documents parlementaires. Annexes 1902. *Officiel*, p. 124. Rapport de M. Bienvenu-Martin. Annexes 1903. *Officiel*, p. 378. — Congrès de 1900, t. I, p. 405.
2. *Réforme sociale*, 1er mars 1916, p. 276, 1er août 1916, p. 129, 134.
3. Loi du 5 août 1914.
4. Loi du 9 août 1849, article 9. (Devilleneuve. *Lois*, 1849, p. 141.)

les événements. On avait essayé de centraliser et de régulariser les secours de la bienfaisance privée par l'organisation du Secours national, association devenue déclarée, qui comprenait des représentants de toutes les opinions politiques et religieuses et se proposait de réaliser sur le terrain de la bienfaisance « l'union sacrée ». Les libéralités privées continuèrent cependant à se porter sur un grand nombre d'œuvres diverses, des abus se produisirent, abus dont l'autorité judiciaire pouvait poursuivre la répression quand ils constituaient des actes délictueux. On aurait même compris que l'autorité administrative réclamât les moyens d'exercer un contrôle, mais le but fut dépassé, et l'Etat profita de cette occasion pour apporter des restrictions à la liberté d'association sur le terrain de la bienfaisance.

La loi du 30 mai 1916 [1] « relative aux œuvres qui font appel à la générosité publique » s'applique à toutes les œuvres et à toutes les associations créées antérieurement ou à l'occasion de la guerre [2], ayant pour but principal ou accessoire de soulager les souffrances occasionnées par la guerre et faisant appel à d'autres ressources que celles prévues par l'article 6 de la loi du 1er juillet 1901, c'est-à-dire à la générosité publique [3]. Pour ces associations [4], la déclaration est obligatoire et soumise à une commission de contrôle des œuvres de guerre. Cette commission, qui comprend des représentants d'œuvres de bienfaisance désignés par le ministre ou le préfet et en nombre inférieur aux représentants de l'administration, propose au ministre d'accorder ou de refuser, sauf recours au Conseil d'Etat,

1. *Officiel* du 3 juin. Mise en vigueur par le décret du 18 septembre 1916 ; Rivière. *Le Correspondant*, 10 mars 1916 ; *Revue pénitentiaire*, juillet 1916, p. 367 ; Bailby. *Le régime des œuvres de guerre faisant appel à la générosité publique ; Revue catholique des Institutions*, décembre 1916 ; Rivet. *Législation provisoire des œuvres de guerre*, 5, rue Bayard.

2. Le décret du 18 septembre 1916 précise : relatif aux œuvres *de guerre* faisant appel à la générosité publique.

3. Les associations reconnues d'utilité publique ne tombent pas sous la loi. (*Officiel*, p. 422.)

4. MM. Landry, Breton et Honorat avaient proposé l'extension de la loi à toutes les œuvres faisant appel à la générosité publique dans un but d'assistance. La loi a restreint la réforme aux œuvres de guerre.

l'autorisation de faire appel à la générosité publique. Les associations ainsi autorisées sont soumises à une inspection et à une surveillance de leur comptabilité. Les sanctions se trouvent dans la dissolution et dans des peines correctionnelles infligées aux fondateurs et administrateurs, les fonds recueillis devant être répartis par le tribunal entre les œuvres autorisées. Ces dispositions ont été justement critiquées : l'obligation de la déclaration et du contrôle étaient acceptables, mais l'autorisation a été critiquée comme contraire à la liberté de la charité. « Une fois inscrit dans la loi, a dit M. de Lamarzelle au Sénat, le principe de non liberté de la charité n'en sortira plus. » Il faisait remarquer combien la commission chargée de statuer sur les demandes d'autorisation était dépendante des influences politiques [1]. Quant à la capacité des associations ainsi autorisées, le ministre, répondant à une question insérée à l'*Officiel* la déclarait régie par la loi de 1901 : les associations reconnues d'utilité publique peuvent seules recevoir des dons et legs, les associations déclarées ne pouvant recevoir que des subventions et des dons manuels [2]. Cette solution restrictive a été constatée [3]. Quoi qu'il en soit, on a pu dire avec raison que la loi de 1916 sur les œuvres de guerre, quoique pour un objet transitoire, était, sur un point spécial une reprise de la liberté d'association [4].

C'était là, a-t-on dit, un premier pas destiné à assurer le vote des dispositions analogues au sujet des orphelins de la guerre. Le projet préparé à ce sujet est devenu, après de nombreuses vicissitudes, la loi du 27 juillet 1917 « instituant les pupilles de la Nation [5] ». Il n'entre pas dans notre sujet de faire l'analyse de cette loi qui a prêté à de vives critiques. Elles se résument surtout dans la prépondérance donnée à l'Etat dans les rouages complexes qu'elle organise. Mais ce que nous en retenons,

1. Sénat, 20 avril 1916.
2. Journaux du 1ᵉʳ avril 1917.
3. Bailby. *Gazette des Tribunaux*, 3 juillet 1917.
4. *Officiel*, Sénat, p. 420.
5. *Officiel*, 29 juillet 1917. — Il est inutile de faire remarquer que, par suite de son objet, la loi s'appliquera encore longtemps après la guerre.

au point de vue qui nous occupe spécialement, c'est la nécessité pour les associations qui voudront recevoir des pupilles de l'office départemental, d'être autorisées à cet effet. Cette autorisation sera accordée par le préfet sur l'avis de l'office départemental ou par arrêté du ministre après avis du conseil supérieur de l'office national pour les associations dont l'action s'étend à plusieurs départements [1]. Les refus ou retraits d'agréments doivent être motivés, mais les retraits ne peuvent être prononcés qu'après avis du conseil supérieur. Les arrêtés peuvent être attaqués par voie de recours devant le Conseil d'Etat statuant au contentieux.

La nécessité de l'autorisation pour les œuvres et, par suite pour les associations, a été en vain combattue par M. Groussau dans le débat qui a eu lieu à la Chambre des députés [2]. « Nous voyons, a-t-il dit, une double législation : l'une pour les orphelins d'avant-guerre, dit : liberté ; l'autre pour les orphelins de la guerre dit : autorisation. » Et il préconisait le système adopté par la Société d'études législatives qui, s'élevant contre toute autorisation préalable, demandait la déclaration et la liberté subsidiée.

Nous avons donc pu caractériser cette période postérieure à la loi de 1901 en y voyant un retour offensif de l'Etat contre la liberté d'association.

Cette tendance à la reprise de la liberté d'association ressort des lois que nous venons d'indiquer : qu'il s'agisse, à propos des lois qui sont la conséquence de la lutte antireligieuse (lois aggravant le régime légal et exceptionnel des congrégations, loi sur la séparation), d'établir des dispositions spéciales à certaines associations ; qu'il s'agisse, sur le terrain de la bienfaisance et à propos des événements de la guerre, de revenir à un régime restrictif de liberté.

---

1. Article 26. — Un décret du 7 juillet 1919 fixe les conditions que devront remplir les associations.
2. Chambre, 25 juillet 1917.

§ 2. — *Le mouvement vers la liberté d'association depuis 1901.*

Ce qu'il faut constater aussi, c'est que, depuis la loi de 1901, le mouvement vers l'association ne cesse de s'accentuer. Dans tous les ordres d'idées et sur tous les terrains les associations se développent en s'appuyant sur le principe de liberté consacré par la loi et en utilisant les facilités nouvelles qu'elles peuvent en retirer pour leur création et leur vie. Si la pleine personnalité ne peut être accordée que par la reconnaissance d'utilité publique dont l'Etat s'est réservé la concession, la déclaration fournit une capacité restreinte que de nombreuses associations s'empressent de réclamer.

Nous avons par avance, en envisageant la situation des associations avant la loi de 1901 et en indiquant les résultats de cette loi, signalé la situation des différentes catégories d'associations dans la période actuelle. Nous la résumerons dans son ensemble d'autant plus rapidement qu'il s'agit de noter des faits maintenant connus.

Les associations de bienfaisance n'ont pas cessé d'étendre leur action, profitant de la liberté reconnue par la loi, usant largement de la déclaration pour obtenir la capacité civile restreinte mais utile qui en résulte, réclamant l'extension de cette capacité insuffisante pour assurer leur stabilité et leur permettre de créer des fondations. La guerre de 1914 a suscité une prodigieuse efflorescence d'œuvres de bienfaisance qui se sont en général manifestées sous la forme d'associations : blessés, réfugiés, veuves, orphelins, ont été l'objet de leurs efforts sur tous les points du territoire.

Cette activité a été souvent trop confuse pour ne pas entraîner des abus. L'Etat en a profité pour reprendre au sujet des œuvres de guerre, la liberté d'association en imposant la nécessité de l'autorisation. S'il y a pour l'avenir, dans cette législation nouvelle, une menace pour les autres œuvres, le principe de la liberté posé par la loi de 1901 n'en demeure pas moins encore celui sur lequel s'appuie dans son développement la bienfaisance privée.

Aux associations de bienfaisance nous pouvons ajouter les associations qui ont un but philanthropique et social telles que les associations antialcooliques ou antipornographiques et les associations littéraires, scientifiques ou sportives, les associations qui se proposent de défendre la famille ou de protéger les familles nombreuses. Toutes ces associations profitent du régime de la liberté.

Les associations économiques, sociétés de secours mutuels, coopératives, n'ont pas vu leur régime spécial modifié par la loi de 1901. Les lois postérieures leur ont procuré de nouvelles facilités d'étendre leur action [1].

Les associations professionnelles restent favorisées par la loi de 1884 et ne cessent de s'accroître [2]. Nous avons vu qu'elles pourraient également utiliser la loi de 1901, mais l'adoption de ses dispositions n'aurait pour les syndicats d'autres avantages que de les dispenser de la déclaration. La loi de 1920 rendra du reste cette question moins intéressante en complétant la loi de 1884 par une disposition qui accorde aux syndicats la pleine capacité civile, et la faculté d'acquérir sans autorisation des biens meubles et immeubles. Remarquons de nouveau qu'il y a là un traitement de faveur accordé aux associations professionnelles par rapport aux autres associations. C'est à partir de 1901 que les fonctionnaires auxquels était refusé le droit de se syndiquer profitent de la nouvelle loi pour constituer des associations amicales qui aboutissent en 1909 à la Fédération des associations professionnelles des fonctionnaires de l'Etat [3]. Leur tendance sera d'adopter la forme syndi-

---

1. Les coopératives peuvent adopter la forme de sociétés ou d'associations déclarées. (*Manuel pratique des lois sociales* de la Société de Saint-Vincent de Paul, avec bibliographie, p. 286). — Loi du 18 décembre 1915 sur les coopératives ouvrières de production et le crédit au travail. (*Officiel*, 19 décembre 1915.) Loi du 1ᵉʳ mai 1917 sur les coopératives de consommation. (*Officiel*, 21 juin 1917, p. 596.) — Loi du 26 avril 1917 sur les sociétés par action à participation ouvrière. (Duvergier, 1917, p. 209.) Rappelons les modifications à la législation des sociétés par les lois du 9 août 1902, du 16 novembre 1903, du 10 janvier 1907 (article 3), du 22 novembre 1915.

2. Weill. *Le mouvement social*, p. 489. — Sur le mouvement syndical après la loi de 1901 voir : *L'année sociale internationale*. (Publication de l'action populaire de Reims.) — Sur les syndicats catholiques : *Manuel des lois sociales de la société de Saint-Vincent de Paul*, p. 209.

3. Weill. *Mouvement social*, p. 489, 491 ; G. Cahen. *Les fonctionnaires*.

cale proprement dite, surtout si cette forme d'association
de fonctionnaires finit par être reconnue par la loi.

Le reproche que nous avons formulé contre les syndicats de sortir de leur rôle professionnel pour se rattacher à
des organisations politiques n'a pas cessé d'être fondé. Un
grand nombre d'entre eux [1] ont continué d'adhérer à la
Confédération générale du travail dont l'illégalité est certaine sur le terrain de la loi de 1884 comme sur celui de
la loi de 1901. La Confédération générale du travail, tendant de plus en plus à devenir un Etat [2] dans l'Etat et
détournant de plus en plus les organisations ouvrières de
leur but professionnel pour les lancer dans l'agitation politique [3], agit en union avec les socialistes unifiés. Elle vise
à la domination politique et à l'action révolutionnaire [4].
Elle affiche des prétentions à une véritable tyrannie syndicale. En juillet 1919 elle publiait un manifeste se terminant par ces mots : « *Nous vous donnons l'ordre* de
chômer pendant vingt-quatre heures. » En même temps
elle s'efforce d'attirer dans son sein les instituteurs et les
membres des professions libérales. En face d'elle se sont
formées sur le terrain professionnel : la Confédération fran-

1. On compterait 370.000 membres de la Confédération générale du travail sur 1,026, 302 syndiqués ouvriers, et 2,510, 283 syndiqués de toute
sorte.(M. Hervey. Sénat, 22 juin 1917, p. 613.) — La confédération qui est
loin de comprendre tous les syndiqués a la prétention de représenter l'ensemble de la population ouvrière : « Les travailleurs de France groupés
dans la Confédération générale du travail, vous saluent », disent au président Wilson les membres du comité confédéral. (*Les Débats*, 15 décembre 1918.)

2. Les manifestations de la confédération ont pour objet principal d'établir son autorité politique et n'ont souvent aucun but professionnel. C'est
ainsi qu'elle manifeste sa sympathie pour les révolutionnaires russes.
N'a-t-il pas été question, à un moment donné, de la création d'une « garde
rouge », et n'a-t-on pas vu des « légions populaires » jeter le trouble dans
les réunions électorales de novembre 1919 ?

3. Les grèves sont suscitées méthodiquement, non comme un moyen de
faire triompher des revendications professionnelles, mais comme une arme
de combat dans la lutte des classes. Les journaux de juillet 1919, au moment de la tentative avortée de grève générale, ont manifesté la révolte
de l'opinion publique lassée de ce procédé.

4. Notre action syndicale qui est l'action directe, ne peut être que révolutionnaire. (M. Jouhaux, au congrès de Lyon, 19 septembre 1919, cité
par *la Croix* du 12 décembre.) — Le Gouvernement a décidé de poursuivre
la dissolution de la Confédération générale du travail. Voir les déclarations de M. Millerand (journaux du 12 mai 1920).

çaise des travailleurs chrétiens fondée le 2 novembre 1919 comprenant de nombreux syndicats animés de l'esprit catholique ; la Confédération nationale des associations agricoles ; la Confédération générale du commerce, de l'industrie et de l'agriculture, groupements d'associations patronales.

Les associations politiques proprement dites sont libres sous l'empire de la loi de 1901 qui ne fait que consacrer la tolérance précédente. Nous pouvons parmi elles relever l'Action libérale populaire qui, depuis la loi de 1901 a effectué la déclaration prévue par cette loi. Quant au parti socialiste unifié, dirigé par un conseil national [1], il peut être considéré comme une association aussi bien que comme un parti politique ; il s'intitule en effet : section française de l'Internationale ouvrière.

L'Internationale avait tenté de se reconstituer depuis 1872. Au point de vue légal son existence paraissait précaire en France : si en effet la loi de 1901 avait abrogé la loi du 14 mars 1872, l'article 12 de cette même loi permettait de dissoudre par un simple décret les associations ayant des administrateurs étrangers ou ayant leur siège à l'étranger. En fait elle apparaissait comme placée sous l'influence allemande [2]. La défection des socialistes allemands membres de l'Internationale qui, contrairement à leurs promesses pacifistes, n'avaient pas hésité à voter les crédits de guerre, parut consacrer la faillite du socialisme international [3]. On le vit cependant tenter de jouer un rôle avec les tractations lamentables qui devaient aboutir, grâce à la faiblesse du gouvernement français et à l'anarchie de la révolution russe, aux réunions de Kienthal et de Stockholm [4].

Les associations anti-religieuses subsistaient, poussant

---

1. *Revue des Deux-Mondes,* 15 juin 1917. — Sur les socialistes unifiés en 1916, voir : *le Correspondant,* 10 avril 1918.

2. *Le Correspondant,* 25 mai 1917 ; M. Bourdeau. *Revue des Deux-Mondes,* 1er octobre 1915 ; Lebon. *Revue des Deux-Mondes,* 15 novembre 1918, p. 447.

3. Zévaès. *La faillite de l'Internationale.* (Renaissance du livre) ; Lebon. *Revue des Deux-Mondes.* 15 octobre 1917, p. 839.

4. Lefas. *Revue hebdomadaire,* 17 juin 1917. — « L'Allemagne attend sa revanche de l'agitation ouvrière causée par la guerre qu'elle a déchaînée et du triomphe de ses meilleurs alliés, les socialistes, dans tous les pays de l'Entente. » (M. Bourdeau. *Revue hebdomadaire,* 15 novembre 1919.)

plus que jamais à la guerre intestine qui nous avait été
si funeste vis-à-vis de l'opinion étrangère. La Franc-Maçonnerie, malgré la déclaration faite par le Grand Orient
conformément à la loi de 1901, était néanmoins restée
dans une situation qu'on pouvait considérer comme illégale [1]. Alors qu'elle aurait pu se prévaloir de la nouvelle
législation en matière d'association pour exercer ouvertement l'action politique qui était de plus en plus la sienne,
elle continuait à dissimuler par un secret couvert de ridicule, ses publications, ses réunions et les noms de ses
membres. Les dispositions légales sur les sociétés secrètes
avaient été abrogées par la loi de 1901, mais nous avons
vu comment on pouvait soutenir l'illégalité des organisations maçonniques en s'appuyant sur la loi de 1901 elle-
même. Quoi qu'il en soit, elle menait toujours la campagne
sur le terrain antireligieux en se faisant l'adversaire de
la liberté d'association contre les congrégations religieuses
et à propos de la loi de séparation contre les catholiques.
Les décisions prises par les convents rapprochées des mesures adoptées par le Parlement et dont le vote avait été
réclamé avec énergie par certains groupements politiques
démontraient son influence. Elle était visiblement responsable des dispositions hostiles aux congrégations de la loi
de 1901 et de la ruine des congrégations enseignantes par
la loi de 1904. Sur le terrain de la politique extérieure
elle devait continuer, en apparence en vue d'un idéal pacifique, les manœuvres suspectes en vue d'un rapprochement avec les Loges allemandes. En face de la Franc-
maçonnerie s'étaient formées les diverses associations
anti-maçonniques que nous avons indiquées et dont certaines avaient revêtu la forme d'associations déclarées.

Les catholiques s'étaient servi de la liberté d'association
pour contribuer à l'expansion du mouvement religieux
qu'avivait les mesures prises en réalité contre l'église catholique par les lois contre les congrégations et la loi de

---

1. Dans la circulaire faisant connaître aux Loges cette décision de faire
la déclaration le Conseil de l'ordre disait lui-même : « Après la déclaration le grand orient de France existera ni plus ni moins légalement, mais
il se sera procuré un droit nouveau. » (Voir le texte de cette circulaire
dans la revue *la Franc-maçonnerie démasquée*, 10 décembre 1912.)

séparation. Des associations existaient, sans qu'il fut désormais possible de contester leur légalité, pour la défense de la liberté et des intérêts des catholiques [1]. D'autres associations se formaient pour diriger ou propager les œuvres catholiques en dehors de l'organisation proprement dite du culte que le Pape avait refusé de remettre aux associations cultuelles, telles étaient les associations paroissiales groupées autour du curé et les comités diocésains sous la direction de l'évêque [2].

Les congrégations religieuses, en dehors des congrégations reconnues comme autorisées, conservaient une existence de fait, soit qu'elles eussent présenté des demandes d'autorisation sur lesquelles on n'avait pas encore statué, soit qu'elles n'eussent pas encore été l'objet de mesures de liquidation. La guerre, qui avait suscité le mouvement d'union sacrée auquel ne devaient pas tarder à faire brèche les passions anti-religieuses, avait mis en relief, nous l'avons rappelé, le dévouement des membres des congrégations revenus de l'étranger pour prendre rang parmi les combattants, en donnant pour le soin des blessés et le soulagement de toutes les misères les plus admirables exemples [3]. Il paraissait permis d'espérer que les préjugés se trouveraient dissipés par ces exemples et ce contact de toutes les classes sociales. On pouvait croire qu'à la suite des années terribles de l'invasion une ère de rénovation rendrait aux citoyens membres des congrégations une liberté qui leur permettrait de concourir à la réparation des ruines sur le sol français et à l'extension de notre influence à l'étranger [4]. Le rétablissement de la

---

1. Il faut aussi noter les divers groupements formés pendant la guerre par les catholiques et les protestants pour la propagande chez les neutres.

2. Les conseils curiaux ne sont pas des associations mais des groupements jouant, au point de vue consultatif, le rôle des anciens conseils de fabriques.

3. Guiraud. *Le clergé et les congrégations au service de la France*, 1917; Goyau. *L'Eglise de France devant la guerre*, 1917; Goyau. *Revue des Deux-Mondes*, 1" décembre 1916, p. 494. Sur le nombre des congréganistes tués à l'ennemi : *Bulletin de la société d'éducation*, 1919, p. 117.

4. Dans son discours électoral du 7 novembre 1919 (journaux du 8), M. Millerand disait : « J'ai déclaré que, pour ma part, il me paraîtrait impossible que, la guerre terminée, on reconduisît à la frontière les con-

liberté pour tous ne devrait-il pas être le premier gage du relèvement du pays?

Pour lutter contre les tendances envahissantes de l'Etat nous devons enfin noter les associations qui s'étaient formées sur le terrain de la liberté de l'enseignement : associations scolaires conformément à la loi de 1901 pour créer ou soutenir les écoles libres; associations pour la défense de la liberté de l'enseignement [1] ; ligue de la liberté de l'enseignement ; associations de pères de famille [2].

En résumé, le régime de liberté établi par la loi de 1901 se justifiait par un mouvement plus considérable que jamais vers l'association. Les mœurs lui étaient favorables, on y recourait de toutes parts, on y voyait la condition nécessaire de toute action, le recours contre les entreprises de l'Etat contre la liberté. Il est légitime, en présence de ce mouvement irrésistible d'espérer avec confiance qu'il est le gage de l'établissement d'une liberté complète et d'une résistance efficace au retour offensif qui se manifeste de la part de l'Etat.

III

SITUATION GÉNÉRALE ACTUELLE

Parvenus au terme de ce chapitre qui clôture notre étude des diverses périodes de l'histoire de la liberté d'association, nous pouvons constater à quelle situation

gréganistes qui l'avaient franchie pour venir sur le front prendre leur part des dangers avec leurs frères français. » Il est à peine besoin de remarquer que les lois actuellement en vigueur ne permettent pas de reconduire les congréganistes à la frontière, mais peuvent les mettre dans l'obligation de la repasser si la vie commune et l'accomplissement de leur œuvre leur sont interdits en France. Tant que ces lois ne seront pas modifiées il ne peut y avoir pour les membres des congrégations qu'une tolérance de fait et non une véritable liberté. Il en est de même de l'incapacité d'enseigner qui atteint les congréganistes même individuellement.

1. *Guide d'action religieuse,* 1908, p. 261.

2. *Réforme sociale,* 1er juillet 1907, p. 121; *Bulletin de la Société d'éducation,* 2e trimestre 1919, p. 278.

ont abouti les phases si diverses que nous avons pu relever au cours de la succession de tous les régimes politiques depuis 1789.

Dans notre pays qui est, comme on a pu le dire, un pays corporatif, le besoin de l'association, méconnu par la Révolution comme par l'ancien régime dans sa période absolutiste, s'est fait de plus en plus ressentir. Le mouvement vers la liberté d'association s'est de plus en plus accentué dans la période contemporaine. Les mœurs et les idées ont imposé à l'Etat malgré ses efforts, à travers les variations des régimes politiques, pour maintenir son omnipotence, la reconnaissance de la liberté d'association.

Mais cette reconnaissance, l'Etat ne l'a consentie que par fragments, il n'a en quelque sorte accordé la liberté que par morceaux sous la pression de l'opinion publique. La reconnaissance générale de la liberté d'association se heurtait, nous l'avons dit, aux objections soulevées et aux craintes inspirées par certaines catégories d'associations surtout : les associations professionnelles, les associations politiques, les associations religieuses et surtout les congrégations. Vis-à-vis des deux premières catégories, les nécessités sociales et politiques, l'établissement et le fonctionnement du suffrage universel, ont vaincu la résistance de l'Etat. Après avoir accordé la liberté sur quelques points, sur le terrain économique ou de l'enseignement, il a dû l'accorder sur le terrain professionnel, puis à tous les citoyens par la loi générale depuis longtemps promise et toujours retardée. Même alors cependant le Gouvernement au pouvoir s'est fait le défenseur des préjugés pourtant bien affaiblis vis-à-vis d'une catégorie d'associations et il a cédé aux injonctions qui lui ont imposé des mesures d'exception contre les congrégations religieuses, mesures qui ont été encore aggravées par la suite.

Le principe de liberté proclamé, sauf vis-à-vis d'une catégorie d'associations, l'Etat s'est attaché à restreindre l'importance des associations en restant le maître d'accorder la personnalité civile complète et d'en contrôler l'exercice, en obtenant qu'une capacité insuffisante fût accordée aux associations librement constituées. Il a cherché ensuite à profiter du trouble jeté par les événements de la guerre pour établir son autorité sur certaines catégories d'associations de bienfaisance en leur imposant la nécessité de la déclaration et, ce qui est plus grave, de l'autorisation. Sous prétexte d'aider au mouvement d'association il cherchera sans cesse à mettre la main sur ce mouvement : n'est-ce pas dans cette pensée qu'on a déjà réclamé un ministère des associations [1]? En même temps l'Etat ne remplit pas suffisamment son rôle qui est de réprimer les actes contraires à l'ordre public commis par les associations formées librement mais sous la condition de ne pas attenter à cet ordre public : vis-à-vis des associations révolutionnaires, surtout de la Confédération générale du travail dont le danger n'est pas niable aujourd'hui, il a fait preuve longtemps d'une incontestable faiblesse.

La situation légale des associations est désormais réglée en principe par la loi de 1901, loi imparfaite et dont la révision s'impose, mais qui n'en consacre pas moins un principe de liberté. Il ne faut pas oublier seulement que, d'une part, les lois postérieures ont abouti par certaines restrictions à un recul sur le progrès accompli. D'autre part, au principe de liberté consacré par la loi de 1901 est apporté dans cette loi même une dérogation arbitraire qu'une législation postérieure est venue encore aggraver. Cette dérogation, qui a motivé des dispositions d'exception et maintenu un régime prohibitif contre une catégorie de citoyens dans une loi de liberté, est due à la passion anti-religieuse. C'est ainsi, on peut le constater, que la question religieuse a troublé la question de l'association. Le préjugé anti-religieux a maintenu le dernier obstacle qui existe à l'établissement complet du régime de la liberté. Aussi, comme nous l'avons remarqué, la seconde partie de la loi de 1901, celle qui consacre une législation exceptionnelle contre certains citoyens en raison de leurs opinions religieuses et de leurs engagements de conscience est une tache et une faute. Effacer cette tache en abrogeant cette législation exceptionnelle est le seul moyen de fonder réellement le principe de liberté. Défendre la cause des congrégations, c'est donc défendre la cause de

---

1. M. Briand dans la discussion du budget de l'Intérieur en 1910.

la liberté : c'est pourquoi nous y avons insisté d'une façon particulière.

La loi de 1901 n'est donc pas, au point de vue du principe, une formule définitive. Malgré tout cependant elle est une conquête importante et la base jetée pour l'établissement du droit commun. Elle est le point de départ des revendications nécessaires et le moyen de les faire aboutir. Ces revendications nous semblent s'imposer sous une double forme à tous ceux, de plus en plus nombreux [1] qui sont convaincus de la nécessité de la reconnaissance du droit d'association pour l'avenir du pays : s'opposer à ce que l'Etat reprenne en détail une liberté qu'il a fallu lui arracher par lambeaux et au prix d'un effort séculaire ; ne pas admettre que la liberté d'association puisse exister si ce n'est pour tous et sur le terrain du droit commun.

---

1. Congrès de 1899 : vœux adoptés. — *Les réformes nécessaires.* Programme publié par M. René Bazin au nom de la corporation des publicistes chrétiens (novembre 1916).

M. Marcel Prévost recevant en avril 1919 Mgr Baudrillart à l'Académie française réclame « la liberté de s'associer pour travailler, étudier, produire, prier ».

Le groupe parlementaire l'*Entente républicaine* déclarait dans son programme qu' « aucune limite, autre que la nécessité de sauvegarder l'ordre public, ne saurait paralyser le droit des citoyens de se grouper ou de se syndiquer ». (*Nouvelles religieuses*, 1er juin 1919.)

On pourrait aussi relever les programmes électoraux aux élections de 1919. Dans les clauses économiques du traité de paix du 7 mai 1919 figure la clause suivante : « Le droit d'association en vue de tout objet non contraire aux lois doit être garanti aux salariés et aux employeurs. »

CONCLUSION

Nous pouvons, en arrivant à la conclusion de cette étude, nous replacer en face de la question qu'elle avait pour objet de résoudre : comment s'est formée la notion de la liberté d'association et comment a-t-elle été consacrée par la loi dans notre pays ? Cette notion, avons-nous dit, est contemporaine. Tous les esprits indépendants admettent aujourd'hui que la liberté d'association est une liberté primordiale et nécessaire comme la liberté individuelle dont elle est à la fois la conséquence et la garantie [1]. Mais la reconnaissance de ce principe a été longue à s'imposer, elle était retardée par de redoutables obstacles qui se dressaient devant le législateur et qui égaraient l'opinion publique elle-même : hostilité de l'Etat contre les manifestations de l'initiative individuelle, craintes et préjugés inspirés par certaines catégories d'associations, appréhensions causées sur le terrain économique par la peur de la mainmorte.

Comment la notion de la liberté d'association s'est-elle formée et développée, dans quelle mesure a-t-elle été admise par la législation aux différentes époques? Quelle est à cet égard la situation législative actuelle ? Comment l'améliorer pour aboutir à la consécration des règles que nous avons estimées nécessaires pour assurer avec une garantie complète de liberté, le droit d'association [2]? Quel doit être enfin dans l'avenir le rôle de l'association ? La liberté d'association dans le passé, dans le présent, dans l'avenir ; tels sont les trois points sur lesquels il nous faut revenir dans une vue d'ensemble.

§ 1. — *Formation de la notion de la liberté d'association et ses progrès.*

Quelle a été la marche suivie pour parvenir à la notion complète de la liberté d'association? Sur ce premier point nous n'avons qu'à nous en référer aux conclusions des études que nous avons consacrées à chacune des périodes historiques pour constater comment a été envisagée l'association à chacune de ces époques, et quelle a été le progrès, en face de la résistance de l'Etat, de l'opinion publique, des idées et des mœurs à chacune de ces époques.

De la part de l'Etat nous avons noté, à l'égard de l'association considérée comme un organisme indépendant de son action, une méfiance qui le rend hostile à son développement. Sa résistance à la reconnaissance du principe

---

1. Hubert Brice. *Le droit d'association et l'Etat*, 1892 ; Basseville. *Le droit à l'association*, Dijon, 1897 : Ravier du Magny. *La lutte pour le droit d'association au XIX* siècle. (Revue catholique des Institutions, août 1912.)
2. Voir à l'introduction.

de la liberté d'association ne cédera que progressivement sous la pression de l'opinion publique et des nécessités politiques ou sociales.

A la monarchie de l'ancien régime, l'association apparaît comme un moyen de révolte et d'opposition ; le pouvoir royal finit par ne plus l'admettre que sous deux formes et sous la condition d'une entière dépendance. Ces deux formes de l'association dans la dernière période de l'ancien régime, les corporations et les ordres monastiques, constituent pour la Révolution des organismes privilégiés qu'il faut détruire. Un principe domine, l'individualisme, qui, sous prétexte de liberté, isole les citoyens et les laisse à la merci du despotisme de l'Etat survivant sous une nouvelle étiquette politique. La Révolution, qui ne connaît pas plus que l'ancien régime la notion de la liberté d'association et qui n'en proclame pas le principe, laisse cependant s'organiser les associations politiques dans un but de gouvernement et de propagande. Les excès des clubs révolutionnaires conduisent au système du Code pénal qui, pour réprimer les abus, interdit toute association constituée sans l'agrément du pouvoir et la considère comme un organisme dangereux, faisant ainsi, dit M. Lamy, de la solitude imposée une condition de l'ordre.

Si la Restauration, malgré les incitations auxquelles elle est en butte sur le terrain antireligieux, incline à la tolérance et la pratique largement, les dangers des associations politiques et secrètes imposent au gouvernement de Juillet l'aggravation de la législative prohibitive par la loi de 1834. La République de 1848 reconnaît la liberté d'association mais pour en réglementer aussitôt l'exercice. Le second Empire remet en vigueur les dispositions du Code pénal et si, dans la période libérale qui termine le régime, il use à son tour d'une large tolérance, il ne renonce pas aux armes légales qu'il possède contre les associations.

Après les événements de 1870 et de 1871, le gouvernement issu de l'Assemblée nationale semble disposé à reconnaître le principe de liberté, mais, à des tentatives généreuses s'oppose la méfiance de l'Etat envers les associations politiques et, au fond, l'hostilité contre les congrégations religieuses qui doit finir par dominer les pouvoirs publics. Sous la troisième République, l'Etat est contraint par la force des choses à reconnaître la liberté d'association à mesure que se révèlent de nouveaux besoins. Mais il ne le fait, pour ainsi dire, qu'avec regret, et c'est, nous l'avons dit, par lambeaux que la liberté lui est arrachée: il l'accorde en 1875 pour l'enseignement supérieur libre, en 1898 pour les sociétés de secours mutuels; sous l'empire de nécessités politiques et sous la pression de l'opinion publique il l'admet en 1884 pour les associations professionnelles, en 1901 pour toutes les associations sauf une restriction inavouable vis-à-vis des congrégations religieuses. Même en 1901 il ne proclame pas un principe général de liberté complète, et, vis-à-vis des associations dont il accepte l'émancipation, il cherche à maintenir son autorité par le contrôle qu'il se réserve ou par les restrictions qu'il impose à leur personnalité. Il cherche enfin à profiter des circonstances pour reprendre son pouvoir d'autorisation. Dans toutes les périodes de l'histoire depuis un siècle, il agit au jour le jour, sous l'empire des circonstances politiques, préoccupé de lutter contre l'opposition ou se résignant aux concessions nécessaires, sans être guidé par aucune tradition [1] ou plutôt se rattachant autant qu'il le peut à la tradition d'absolutisme de l'ancien régime dans sa dernière période, tradition renforcée par la législation prohibitive du Code pénal.

Contre cette résistance de l'Etat se dresse avec une force toujours croissante le mouvement des idées en faveur de la liberté d'association. Ce mouvement prend son origine dans une réaction contre l'omnipotence de l'Etat et dans le développement progressif de l'initiative privée. En même temps la nécessité de l'association apparaît sous la pression des intérêts en souffrance ; le vide causé par l'absence de liberté se fait de plus en plus sentir. Cette nécessité de l'association apparaît au point de vue économique, social et politique. Elle donne une force de plus en plus grande à l'opinion publique dont nous avons recueilli à chaque période les manifestations chez les

1. De Foget de Casteljau, p. 489.

écrivains, les sociologues, les économistes, les orateurs et les hommes d'Etat. L'exemple de l'étranger, des pays anglo-saxons surtout, accélère le mouvement. Les mœurs s'habituent de plus en plus à l'association dont la pratique s'étend à mesure que des besoins nouveaux en imposent l'usage sous des formes nouvelles ou sous des formes anciennes rajeunies par les obstacles qui ont été opposés au développement de l'association [1].

Devant cette formation de l'opinion publique, les préjugés tendent à se dissiper. Les abus de l'association, il faut le reconnaître, en ont souvent caché les bienfaits et ont longtemps soulevé les méfiances : la notion du groupement professionnel a été altérée sous l'ancien régime par la fiscalité et les dangers du monopole ; sous l'ancien régime aussi, la notion du groupement religieux a été altérée par l'idée du privilège, par le spectacle de l'accumulation de biens souvent détournés de leur but primitif et considérés comme improductifs ; plus tard la notion du groupement politique a été altérée par les violences révolutionnaires.

De nos jours, les syndicats professionnels envahis par la politique et détournés de leur véritable objet provoquent des craintes trop souvent justifiées ; les congrégations sont en butte à la haine antireligieuse ; les associations politiques apparaissent dans certains cas comme un péril social.

Cependant on aperçoit de plus en plus que les abus de la liberté ne doivent pas en faire condamner l'exercice. En même temps certaines méfiances tendent à se dissiper et la nécessité de l'association s'impose davantage de jour en jour. Le groupement professionnel est considéré comme une nécessité actuelle pour remédier à l'isolement imposé au monde ouvrier et réagir contre le système insoutenable de l'individualisme obligatoire.

La mise en commun des efforts se présente comme indispensable sur le terrain éconoomique et sur celui de la bienfaisance où les efforts de l'initiative privée se multiplient. L'interdiction des groupements politiques

1. Faget de Casteljau, p. 487.

devient une contradiction choquante avec le suffrage universel et avec un régime politique reposant sur le principe du gouvernement du pays par lui-même. La crainte exagérée de la mainmorte commence à être efficacement combattue ; on sent le besoin, pour les associations de bienfaisance d'un patrimoine et d'une personnalités durables. Le préjugé anti-religieux lui-même, le dernier qui s'oppose à la liberté d'association, tend à disparaître chez les hommes de bonne foi et ne peut se soutenir que par une propagande sectaire qui doit arriver à lasser l'opinion publique par ses excès contre des citoyens inoffensifs et ses désastreuses conséquences. On ne comprend plus, quand on se place au point de vue du bon sens, les restrictions apportées à la liberté d'une catégorie de citoyens ; on admet la notion de la liberté sur le terrain du droit commun [1].

Sans doute ce mouvement vers la liberté d'association se produit lentement et à travers une série de soubresauts. Mais, avec une série d'avances et de reculs, il est continu, et, comme on a pu le dire [2], à chaque étape il y a un gain nouveau. De plus en plus le droit d'association apparaît comme un droit naturel et primordial. C'est un droit en quelque sorte incompressible : tous les régimes se sont efforcés de l'interdire [3], et cependant, à toutes les époques, les associations sont écloses, empruntant quand il le fallait la forme de la société secrète pour échapper à la prohibition. La poussée a été irrésistible, elle aboutit aujourd'hui à la constatation évidente du droit pour l'association de se former librement et même, pour pouvoir vivre, de posséder. Le principe de la liberté d'association triomphe dans les idées par la force des choses parce qu'il est conforme à la nature des choses, parce qu'il est en réalité d'accord avec nos traditions nationales étouffées par une longue suite de prohibitions qui méconnaissaient les tendances originaires et la formation historique de la nation.

---

1. Cette idée est soutenue avec force par M. Demolombe dans son adhésion à la consultation de M. Rousse (p. 193).

2. De Faget de Casteljau, p. 486.

3. La liberté d'association a eu contre elle tous les régimes politiques (Dareste. *Revue des Deux-Mondes*, 15 octobre 1891, p. 817.)

Quel a été le résultat de ce mouvement dans notre législation ? Nous avons vu qu'en raison même de la résistance de l'Etat et des craintes qu'inspiraient certaines catégories d'associations, mais aussi des nécessités qui s'imposaient, la législation relative au droit d'association s'est traduite par une série de mesures, tantôt restrictives, tantôt libérales, qu'on peut relever dans les différentes périodes correspondantes aux régimes politiques qui se sont succédé. D'une manière générale on peut dire que la notion de la liberté d'association, disparue à la fin de l'ancien régime et sous la Révolution, renaît au xix⁰ siècle et prend une place importante dans les programmes politiques surtout à mesure qu'on se rapproche du mouvement de 1848. Mais l'avènement de la liberté est retardé par l'égoïsme des partis qui entendent se servir d'une législation prohibitive [1]. C'est, avec la crainte qu'inspirent les associations révolutionnaires et les préjugés entretenus contre les congrégations religieuses, ce qui explique l'impuissance où se trouve le législateur de trancher définitivement la question. Après la législation prohibitive du Code pénal, ce sont des lois de circonstance qui, tantôt comme on l'avait fait en 1791 et comme on le fait en 1834 apportent un obstacle à la liberté [2], tantôt comme à propos des sociétés de secours mutuels ou des groupements professionnels accordent sur un terrain spécial une liberté trop vivement réclamée au nom de certains intérêts pour être refusée. Une loi générale n'aboutit qu'en 1901 et encore, sous la pression des pensions anti-religieuses, elle ne pose pas formellement le principe de liberté.

§ 2. — *Situation législative actuelle.*

Quelle est en effet la situation actuelle au point de vue de la législation et quels progrès ont été réalisés ? Nous l'avons indiquée comme conclusion de l'exposé de la loi

---

1. Alix. *La liberté d'association*, 1896. (Conférence du comité de défense et de progrès social.)

2. Rappelons qu'en 1848 le principe de la liberté d'association n'a été proclamé que d'une façon éphémère.

de 1901 et des mesures législatives qui l'ont suivie. Rappelons cette situation dans ses points saillants.

Le système prohibitif a été abandonné et la loi de 1901 consacre le principe de liberté. Mais, d'une part, la loi de 1901 contient au sujet des congrégations une grave restriction qui juxtapose l'arbitraire au régime de liberté ; d'autre part, à côté de la loi de 1901 subsistent des lois spéciales, notamment la loi de 1884, dont la coexistence laisse place dans la pratique à des incohérences et à des difficultés. La loi de 1901 est donc incomplète à ce double point de vue.

De plus, en présence de cette législation, l'Etat manifeste une tendance à revenir sur la reconnaissance du principe de liberté. Non seulement il a restreint autant qu'il a pu la capacité des associations, mais, par diverses mesures législatives qui sont une tentative de reprise de la liberté, il a de nouveau imposé pour certaines associations la nécessité de cette autorisation administrative qui paraissait faire l'objet d'unanimes critiques.

La loi de 1901 n'est donc pas, nous l'avons dit, une formule définitive, et la législation actuelle ne réalise pas les vœux qui peuvent être formulés pour le triomphe complet de la cause de la liberté d'association. Ce que doit réclamer l'opinion publique et ce qu'elle réclame en effet, quand elle s'affranchit des préjugés de secte et des passions des partis, c'est une liberté entière, définitive, sur le terrain du droit commun. Que reste-t-il donc à faire pour réaliser cet idéal ?

§ 3. — *Idéal à réaliser sur le terrain de la liberté d'association.*

Pour préciser ce qu'il y avait à faire afin d'atteindre le résultat désirable, nous ne proposons pas de formuler les articles d'un projet de loi dont la rédaction est du ressort du pouvoir législatif. Nous voulons indiquer, en nous reportant aux principes que nous avons posés dans l'introduction de ce travail, quelles devraient être, suivant nous, conformément à ces principes, les bases d'une réforme de la législation actuelle. Ces bases étant admises il serait facile de formuler un texte législatif.

Un double effort est nécessaire, ainsi que nous l'avons indiqué, en prenant pour point de départ le principe de liberté posé dans la loi de 1901 : s'opposer à tout retour offensif de l'Etat par des mesures législatives qui imposeraient de nouveau la nécessité de l'autorisation pour telle ou telle catégorie d'associations ; poursuivre l'amélioration de la législation actuelle.

A ce second point de vue, la revendication qui s'impose est celle de la liberté complète, car la liberté est la meilleure garantie du droit d'association. Nous entendons par liberté complète, la liberté sur le terrain du droit commun, c'est-à-dire le même droit pour tous les citoyens quels qu'ils soient, du moment qu'ils poursuivent un but licite et non contraire aux lois. C'est dire qu'il ne saurait être question ni de privilège, ni de déchéance, pour aucune catégorie de citoyens et par conséquent d'associations.

Le législateur a trop oublié la première de ces conditions quand, sous l'empire de préoccupations politiques et même électorales, il a eu en vue spécialement la classe ouvrière, comme lors du vote de la loi de 1884, comme lors des amendements qui ont été apportés à cette loi en 1920. C'est à tous les citoyens, et non à une catégorie sociale si intéressante soit-elle, que doit être étendue l'amélioration des dispositions législatives en cette matière. Quant à la nécessité de ne placer dans un état d'infériorité aucune sorte d'association le législateur l'a méconnue à l'égard des congrégations religieuses [1]. C'est en ce sens que la cause des congrégations est celle de la liberté, et c'est dans la liberté que doit se trouver la solution de la question des congrégations. L'ostracisme dont elles ont été frappées a vicié la loi de 1901. La méfiance dont elles sont l'objet a été le dernier obstacle à l'établissement d'une législation commune à tous les citoyens, le seule qui permette le véritable triomphe du principe de liberté.

1. Rappelons une fois encore qu'il n'y a aucune raison valable de distinguer des autres associations les associations religieuses et parmi celles-ci les congrégations.

Au point de vue des réformes législatives à formuler, sur ce terrain du droit commun s'impose tout d'abord la nécessité d'une loi générale pour toutes les associations [1]. Jusqu'à la loi de 1901 le législateur n'a statué que pour certaines catégories d'associations ; après le vote de la loi de 1901 il a laissé subsister ces dispositions spéciales. On a soutenu [2] qu'une législation particulière était nécessaire pour chaque catégorie d'associations en raison du caractère particulier et du but de chacune d'elles. Nous ne méconnaissons pas que des dispositions particulières doivent être applicables à certaines associations, par exemple aux associations d'ordre économique, mais nous considérons qu'une loi générale est nécessaire fixant les dispositions qui doivent être la base du droit commun [3].

A défaut de cette loi, on tombe dans les contradictions que nous avons signalées à propos de la loi de 1901 comparée avec celle de 1884. Les dispositions de la loi de 1901 peuvent-elles être invoquées par les syndicats professionnels ? Réciproquement, pourquoi les associations formées sous l'empire de la loi de 1901 ne pourraient-elles bénéficier des avantages reconnus aux associations formées sous l'empire de la loi de 1884 ? Pourquoi, par exemple, les associations déclarées sont-elles incapables de recevoir des libéralités tandis qu'on reconnaît aux syndicats professionnels cette capacité ? Mieux encore, pourquoi la déclaration est-elle exigée des syndicats comme condition de leur existence tandis que pour les autres associations la déclaration est nécessaire seulement quand elles veulent jouir d'une certaine personnalité ? Toutes ces contradictions et ces incohérences démontrent la nécessité de refondre la loi de 1884 et celle de 1901 dans une loi générale [4].

Cette loi, avons-nous posé en principe, devra se placer

1. Voir les conclusions du Congrès de 1899 (compte rendu, p. 275).
2. Pichat. *Le Contrat d'association*, 1908. (Préface par M. Poincaré.)
3. Congrès de 1899, p. 134.
4. Voir la discussion au Sénat en 1917. Clunet, 247-249. Congrès de 1899, p. 133.

« Le jour où les Chambres voteront le projet de loi sur les associations (disposition qui soumettait l'association aux principes du droit commun) elles secoueront le joug d'anciens préjugés. » (Germain Martin, p. 261.)

sur le terrain du droit commun, être applicable à toutes les associations sans restriction. C'est dire qu'il faudrait abroger les dispositions du titre III de la loi de 1901 et la loi de 1904 [1], supprimer l'interdiction d'enseigner pour les membres des congrégations qu'elles soient pourvues ou non de la personnalité, et renverser toutes les barrières législatives qui prétendent séparer les congrégations des autres associations. Sous l'ancien régime les congrégations bénéficiaient d'un régime de privilège; actuellement elles sont proscrites. Le juste milieu est dans le système qui les placerait sur le pied d'égalité avec les autres associations sous le régime de la liberté. La manie anticléricale qui a décrédité la loi de 1901 doit être abandonnée. La thèse anti-religieuse qui a troublé toute la question du droit d'association doit disparaître devant le besoin de pacification, de justice et de concorde qui prédominera, nous l'espérons après la leçon des récents événements. La tolérance envers les personnes qui laisseront dormir des dispositions prohibitives toujours applicables ne saurait suffire : le principe de liberté pour tous doit être inscrit dans la loi [2]. Il s'agit d'une œuvre de loyauté qui doit s'imposer au législateur.

Ce principe posé, quelles sont, en prenant comme point de départ le système de la loi de 1901 [3], les améliorations

1. La loi de 1904 arrive à atteindre, en ce qui concerne le droit d'enseigner, même les individus.

2. Dans son discours électoral du 7 novembre 1919 (journaux du 8), M. Millerand déclarait : « Je demande que religieux comme laïques aient le même droit de s'associer, sous les règles de la loi, pour défendre et pour propager leur opinion. » Cependant M. Millerand venait de revendiquer l'honneur d'avoir fait voter la loi de 1901.

Nous ne pensons pas que la loi de 1901 puisse être mise au nombre des lois « intangibles », expression dont nous n'avons jamais compris le sens et qui paraît s'appliquer aux lois dirigées contre l'idée religieuse.

Dans son mandement de Carême de 1919, S. E. le cardinal Amette posait la question sur son véritable terrain : « Voici des citoyens soumis comme les autres à toutes leurs obligations envers la patrie, toujours prêts à s'en acquitter, même au prix de leur sang : est-il juste de leur interdire de vivre ensemble pour se livrer à la prière, pour étudier et pour prêcher la vérité? » (*Semaine religieuse* du 1er mars 1919.)

3. Nous entendons par là que la législation cesse d'être prohibitive et préventive (défendant les associations même avant leur formation) au lieu d'être répressive c'est-à-dire prononçant la dissolution des associations dangereuses pour l'ordre public. (Congrès de 1899, p. 131, 133.)

législatives désirables ? Pour les préciser il nous suffira
de nous reporter à la critique que nous avons faite de la
loi de 1901 et de nous inspirer des amendements apportés
par la loi de 1920 à la loi de 1884. Notons que ces dernières réformes ne devaient s'appliquer qu'aux associations professionnelles alors qu'elles sont souhaitables, au
point de vue de la simple équité, pour toutes les associations.

Nous considérons d'abord comme indispensable l'application à toutes les associations du principe de l'article 2
de la loi de 1901 : reconnaissance pour toutes les associations du droit d'exister sans autorisation ni déclaration. Ce principe comporte l'abrogation de toute législation spéciale contraire et notamment de la législation
relative aux congrégations et aux œuvres de guerre.

L'association n'a pas seulement le droit de se former.
Nous l'avons rappelé souvent, elle a le droit de vivre,
sans quoi sa formation est illusoire. Nous demandons
qu'une certaine personnalité soit reconnue de plein droit
à toute association existante, si l'on veut sous certaines
conditions, la déclaration par exemple, mais sous des conditions faciles à remplir et déterminées d'avance par la
loi pour toutes les catégories d'associations.

Nous disons « d'une certaine personnalité », car nous
admettons que la pleine capacité de posséder n'appartienne qu'aux associations reconnues d'utilité publique
lesquelles sont des « établissements », jouissant de la perpétuité puisqu'elles ne peuvent être limitées dans leur
durée et qu'elles ne peuvent pas comme les associations
ordinaires se dissoudre sur la demande des associés. Pour
les associations d'utilité publique nous admettons l'intervention de l'Etat qui, en consacrant leur formation, leur
assure la pleine personnalité. Mais nous ne pouvons con-
sentir à ce qu'elles aient seules comme actuellement cette
véritable personnalité que l'Etat se réserve de leur conférer. Nous réclamons pour les autres associations une
personnalité suffisamment large et un droit de posséder
plus étendu. L'association doit jouir d'un droit de posséder plus complet que celui qui lui est accordé par la loi
de 1901 préoccupée avant tout de restreindre son patri-

moine. Elle doit pouvoir acquérir les immeubles utiles à l'accomplissement de l'œuvre qu'elle poursuit et non pas seulement ceux qui sont « strictement nécessaires à son fonctionnement ». Elle doit être capable de recueillir des dons et legs sans autorisation [1], cette formalité devant être imposée seulement aux associations reconnues d'utilité publique en raison de leur caractère spécial.

Que si l'on redoute ce qu'on appelle la mainmorte, c'est-à-dire cette inaliénabilité des biens qui n'existe effectivement que chez le personnes morales jouissant réellement du caractère de perpétuité, si l'on redoute en tous cas une trop grande accumulation de biens qui seront, en fait, mis hors du commerce, on peut prendre certaines précautions dont nous avons admis la légitimité : limitation du patrimoine immobilier ou même du revenu mobilier à un certain taux fixé largement comme aux États-Unis ; impôts spéciaux destinés à remplacer les droits de mutation, mais n'ayant aucun caractère excessif ou vexatoire, et dont pourrraient même être dispensées les associations de bienfaisance.

En ce qui concerne le droit pour les associations de posséder, le législateur devrait en particulier se préoccuper de faciliter par leur intermédiaire la création des fondations. Cette question de fondations, qui préoccupe aujourd'hui tant d'esprits soucieux des besoins de notre époque, n'a pu être encore résolue à cause de la crainte qu'inspire la mainmorte. La fondation, c'est-à-dire l'affectation d'un bien à un but permanent, est cependant indispensable pour constituer une œuvre durable. Elle est d'autant plus nécessaire de nos jours que le développement des œuvres sociales ne peut se produire sans elle. A son défaut, les lois les plus utiles par leur objet [2] ne peuvent s'appliquer que grâce au concours dangereux et onéreux de l'Etat, écartant l'initiative privée qui ne demandait qu'à agir, cédant à sa manie de créer des éta-

---

1. Voir le Congrès de Montpellier et le rapport de M. des Rotours à l'Assemblée générale de l'office central des œuvres de bienfaisance, 1914, page 64.

2. Ainsi la loi sur la prostitution des mineures, la loi sur les tribunaux pour enfants.

blissements qui étendent le champ d'action de son influence. Le concours collectif des bonnes volontés peut
utilement créer des fondations au moyen de l'association
si les facultés nécessaires, notamment le droit de posséder
dans une large mesure, lui sont conférées par la loi [1].

En ce qui concerne la dissolution de l'association nous
considérons comme indispensable, quand elle n'intervient
pas sur la demande des associés et par leur accord, qu'elle
ne puisse être prononcée que par l'autorité judiciaire,
soit parce que le but poursuivi par l'association ne peut
plus être atteint, soit parce que l'association est sortie de
son objet ou des conditions prévues par les statuts pour
son fonctionnement [2]. Si nous admettons que l'association
reconnue d'utilité publique qui a reçu de l'Etat sa personnalité puisse se la voir retirer, sous certaines garanties [3],
par la puissance publique, nous ne saurions admettre que
l'autorité administrative puisse intervenir pour dissoudre
une association ordinaire sans intervention de l'autorité
judiciaire ainsi que la loi de 1901 le prévoit pour les
congrégations.

Quant aux biens existant au moment de la dissolution,
si leur sort n'a pas été réglé par les statuts ou par une
délibération des associés, une autorité indépendante, l'autorité judiciaire de préférence, devrait, une fois effectuée
la reprise des apports, en décider l'attribution à des
œuvres poursuivant le même but [4]. Dans tous les cas la
loi devrait en défendre formellement la dévolution au
profit de l'Etat et le législateur devrait s'interdire clairement la faculté d'en régler la disposition par des mesures

---

1. Rapport de M. Saleilles. (*Bulletin de la Société des Etudes législatives*, p. 5 et 6.) — Rapports de MM. de Lapradelle et Truchy. (*Réforme
sociale*, 1ᵉʳ septembre 1913.) — Plaisant. *La fondation libre*, 1911. — Congrès de Montpellier, 1914. (Rapport de M. Hébrard de Villeneuve.) —
Hubert-Valleroux. (*Revue catholique des Institutions*, juin 1914.)

2. Ou encore si l'association poursuit un but contraire à l'ordre public.

3. C'est-à-dire, comme semble le prévoir la loi de 1901, par un décret
rendu en assemblée générale du Conseil d'Etat. Taudière, p. 71, 66.)

4. Le projet de statuts types établi par le Conseil d'Etat pour les associations qui sollicitent la reconnaissance d'utilité publique déclare dans
son article 18 qu' « en cas de dissolution l'actif de l'association est attribué par l'Assemblée générale à un ou plusieurs établissements analogues
et reconnus d'utilité publique ».

législatives visant une catégorie spéciale d'associations. La scandaleuse liquidation du patrimoine des congrégations, dont l'attribution définitive demeure incertaine et a provoqué toutes les cupidités et toutes les iniquités, est une leçon qui ne devra pas être perdue quand il s'agira d'établir une législation durable.

Enfin, et nous ne saurions trop insister sur ce point qui domine la conclusion de toute cette étude, le principe de la liberté d'association qui triomphe aujourd'hui dans les idées doit être inscrit à la base de toute législation sur cette matière. Nous voudrions même qu'il fut inscrit comme un principe constitutionnel dans notre droit public. Si notre constitution, au lieu d'être un ensemble de lois réglant les rapports des pouvoirs publics, était une charte consacrant les droits essentiels des citoyens, elle devrait, au nombre de ces droits, placer, comme la constitution belge, le droit d'association dont elle garantirait pour tous la liberté [1].

Ce droit en effet n'est pas une concession que l'Etat accorde ou retire, étend ou restreint, suivant les nécessités de la politique du jour ou les tendances des partis au pouvoir. C'est un droit naturel et primordial : si on parle des droits de l'homme ce droit doit être placé parmi les premiers. Il est la garantie des autres droits car il dérive de la liberté individuelle et il la sanctionne. Comme tous les autres droits primordiaux il est connexe à un devoir. C'est en effet par l'association, c'est-à-dire par la mise en commun de leurs efforts, que les citoyens peuvent remplir l'obligation morale qui est la base et la raison d'être de la société, c'est-à-dire l'aide sous toutes ses formes donnée à leurs semblables. Ce devoir, qu'on a, de nos jours, décoré du nom de solidarité, était proclamé, à la lumière des principes du christianisme, par le grand jurisconsulte qui a été l'un des fondateurs de notre droit moderne, Domat, quand il disait : « La loi qui commande à l'homme la recherche du souverain bien, étant commune à tous les hommes, elle en renferme une seconde qui les oblige à

---

1. On a aussi demandé l'établissement d'une Cour suprême qui pourrait, comme aux Etats-Unis, se prononcer sur l'inconstitutionnalité du texte des lois.

s'unir et s'aimer entre eux ; parce qu'étant destinés à être unis dans la possession d'un bien unique qui doit faire leur commune félicité, et pour être unis si étroitement qu'il est dit qu'ils n'en feront qu'un, ils ne peuvent être dignes de cette unité dans la possession de leur fin commune s'ils ne consacrent leur union en se liant d'un amour mutuel dans la voie qui les y conduit[1]. »

C'était, si nous ne nous trompons, de cette doctrine sur les rapports nécessaires entre les hommes que devait sortir le principe qui s'impose aujourd'hui avec la liberté moderne, le principe de la liberté d'association.

§ 4. — L'avenir de l'association.

Il ne suffit pas de rechercher l'idéal qui doit être réalisé par une législation consacrant le principe de la liberté d'association, il faut que l'usage de cette liberté procure tous les avantages qui peuvent en résulter. Si nous nous reportons aux considérations que nous avons exposées dans l'introduction de cette étude sur le rôle que peut jouer l'association dans le pays, nous voyons que l'importance de ce rôle au point de vue social est confirmée par l'étude que nous avons faite de l'association dans l'histoire. Nous constatons quel est actuellement le rôle de l'association et nous pouvons envisager ce qu'elle doit être dans l'avenir.

Pour préciser quelles peuvent être les conséquences du libre exercice du droit d'association il faut, nous le rappelons, envisager deux éléments qui doivent intervenir, il faut considérer l'action de l'initiative individuelle et celle de l'Etat.

L'association a été définie « une organisation libre d'intérêt collectif[2] ». C'est en effet dans la liberté d'association que l'initiative individuelle trouve son moyen d'action et son développement. C'est par la liberté que le groupement collectif des citoyens peut poursuivre ses efforts,

---

1. Domat. *Traité des Lois*, ch. I.
2. Du Maroussem. *Réforme sociale*, 1ᵉʳ juin 1917, p. 251.

non seulement en vue des intérêts matériels au moyen
de la société, mais aussi en vue des intérêts matériels et
moraux à la fois au moyen de l'association proprement
dite. A ce double point de vue le champ d'action de l'association apparaît dans l'avenir comme de plus en plus
étendu. Il n'est aucun problème social à la solution duquel
elle ne puisse prêter son concours. Rappelons-nous quelles
perspectives ouvraient tous ceux qui avaient entrevu le
rôle de l'association dans l'avenir, et nous constaterons
que se réalisent aujourd'hui les intuitions véritablement
prophétiques de Lamartine, par exemple, et de Lacordaire.

Si nous passions en revue toutes les grandes questions
sociales dont la solution préoccupe notre époque, nous
verrions quel concours efficace l'association librement
exercée peut apporter à la réalisation des aspirations que
révèle chacune d'elles. Sur tous les points, nous l'avons dit,
et l'expérience le démontre, la liberté d'association est
appelée à exercer une action puissante et bienfaisante :
qu'il s'agisse de la défense de la liberté d'enseignement et
des droits du père de famille ; qu'il s'agisse de la revendication de la liberté religieuse contre la tyrannie de
l'Etat, ou de la sauvegarde de la liberté politique contre
la puissance aveugle du nombre ; qu'il s'agisse des institutions de bienfaisance ou économiques ; qu'il s'agisse de
l'organisation professionnelle soustraite aux influences per-
turbatrices des politiciens et poursuivant la défense, non
pas seulement des intérêts de la classe ouvrière entendus
dans un sens étroit et combatif, mais, par l'entente commune, des intérêts collectifs de tous ceux que réunit l'exercice de la profession. A tous ces points de vue l'association
libre peut être, non un ferment d'antagonisme social,
mais une puissance d'ordre et d'organisation [1].

Pour qu'il en soit ainsi il faut, non seulement la liberté,
mais la pratique de la liberté. A l'époque de la Révolution on a exalté les droits de l'individu, mais on n'a donné
à l'individu aucune arme pour se défendre contre les
entreprises de l'Etat. On n'a conféré au citoyen, si ce n'est
par le droit de vote trop souvent illusoire devant la tyran-

1. Congrès de 1899, p. 102.

nie du nombre [1], aucun moyen de sauvegarder la liberté qui lui était tout à coup reconnue [2]. Ce moyen se trouvait dans l'association que l'ancien régime avait proscrite méconnaissant ainsi la tradition nationale, que la Révolution ne voulait plus considérer que comme une source d'abus. De cette absence trop longtemps ressentie de l'initiative individuelle s'exerçant par un effort collectif sur le terrain de l'association est sorti un malaise social cause de nombreux conflits. Ces conflits peuvent être résolus ou apaisés par l'association dont le développement doit constituer, avec la réforme morale qui est la réforme essentielle, le remède aux maux dont souffre à l'heure actuelle la société. La liberté d'association est une réaction contre les idées de Rousseau prêchant l'abdication des droits individuels entre les mains du corps social qui est l'Etat, contre le principe révolutionnaire préconisant les droits de l'individu sans reconnaître ses devoirs et sans lui donner le moyen de les remplir. La liberté d'association est le plus puissant remède à l'individualisme si l'on entend par là l'égoïsme individuel véritable fléau social, elle est le mode d'action le plus efficace de l'exercice de l'initiative individuelle à condition que cette initiative s'exerce d'une façon conforme à l'ordre public.

C'est ici qu'apparaît le rôle de l'Etat. L'Etat, nous l'avons dit, a toujours redouté la puissance de l'association. Sous l'ancien régime son autorité s'exerçait pour l'interdire, mais cette interdiction était compensée par certaines faveurs à des associations privilégiées. A l'époque moderne il a établi le régime de prohibition tempéré par le bon plaisir. Obligé de reconnaître la liberté, il a conservé son autorité pour proscrire une certaine catégorie d'associations. Ce système n'est plus viable. Entre le système du privilège et celui de la prohibition arbitraire se place le système qui doit prévaloir : le régime de la liberté et la

1. Vous avez coupé tous les liens qui rattachaient l'individu à quoi que ce soit, vous l'avez isolé, vous avez mis en lui tous les pouvoirs, puis vous l'avez lâché à travers la société, débridant dix millions d'égoïsmes pareils. (C. Benoist. *La crise de l'État moderne*, 1899, p. 13.)

2. Congrès de 1899, p. 89. Comme on l'a fait remarquer la liberté de la presse elle-même est insuffisante car elle ne donne aux citoyens que le moyen de se plaindre et non d'agir.

répression des abus. C'est à ce double point de vue que l'État doit exercer son rôle. L'État doit laisser tout son essor à l'initiative privée parce qu'il doit seulement agir là où elle se trouve impuissante ; il doit en même temps empêcher qu'elle ne sorte de sa sphère d'influence pour nuire à l'intérêt public sous prétexte de défendre les intérêts collectifs des particuliers. Vis-à-vis de l'association libre, on l'a dit avec raison, l'État doit être le régulateur [1].

Telle est en effet, nous l'avons déjà indiqué, la double mission de l'État. D'un côté il protège les droits des citoyens. Il maintient dans son intégrité la liberté d'association. Il préserve également l'association contre le monopole qui a été l'abus du passé et l'obligation qui serait le danger de l'avenir. D'un autre côté il se protège lui-même ou plutôt il protège l'intérêt public qui est la raison d'être de son action.

A ce second point de vue l'État doit défendre la liberté en réprimant les abus ; à cet égard on a pu dire que la liberté d'association réclame un pouvoir fort qui en empêche les excès et qui s'oppose à l'oppression des individus par une collectivité. L'association peut se proposer un but illicite ou contraire aux lois, elle peut provoquer à des actes délictueux : l'État doit intervenir, non par la prohibition qui est une atteinte à la liberté, mais par la répression qui maintient l'ordre public. L'association peut sortir de son rôle ; tendre, sous prétexte d'exercer une action politique, à devenir un État dans l'État ; viser, sous prétexte de défense des intérêts professionnels, à être un moyen d'oppression pour les travailleurs, un ferment de révolte et d'anarchie pour les fonctionnaires. L'État manquera à son devoir s'il n'intervient pas pour faire respecter l'ordre public et s'il refuse de se servir des armes qu'il trouve dans la législation pour cet objet, alors qu'il sait toujours exhumer quelque disposition d'une existence légale plus ou moins douteuse contre des associations parfaitement inoffensives. Si la personnalité civile nécessaire à l'exercice complet de la liberté d'association pré-

1. Clunet, p. 514.

sente des dangers économiques, ce sera aussi le rôle de l'Etat de prévenir les abus de l'accumulation des biens entre les mains de personnes morales ; mais il devra procéder par des mesures avouables et générales et non par des mesures d'exception inspirées par la crainte exagérée de la mainmorte ou par des concessions lamentables aux passions et aux appétits.

Réciproquement si nous considérons quelle doit être l'action de l'initiative individuelle à l'égard de l'Etat, nous sommes conduits à préciser le rôle important que l'association est appelée de plus en plus à jouer vis-à-vis de l'Etat [1].

Elle est pour les citoyens une garantie contre l'omnipotence de l'Etat. Le danger en est d'autant plus menaçant à notre époque [2] que la prétention de l'Etat à dominer dans tous les domaines s'appuie sur la tyrannie la plus redoutable, la tyrannie du nombre irresponsable et s'exerçant par un suffrage universel non organisé. La domination de l'Etat n'a plus pour contrepoids les traditions et les organismes sociaux qui, sous l'ancien régime, la maintenaient dans une certaine limite ; elle trouvera un obstacle dans l'association qui pourra conduire à une organisation du suffrage universel par la représentation des intérêts professionnels et sociaux, qui pourra permettre de réclamer l'établissement de la représentation proportionnelle [3]. L'association sera la garantie de la liberté politique et de la liberté religieuse, de la liberté de la bienfaisance, du développement de la vie économique et professionnelle [4]. Elle pourra contribuer à diminuer le nombre des fonctionnaires. Elle sera la garantie de la liberté d'enseignement par la résistance à l'établissement du monopole de l'Etat. Par le libre exercice de l'associa-

---

1. L'association est la cellule de l'Etat réorganisé. (C. Benoist. *Revue des Deux-Mondes,* 1er juin 1899.)

2. On nous permettra de renvoyer pour le développement de cette idée à notre ouvrage : *Le grand danger : Tout par l'Etat.*

3. Car cette réforme sera efficacement réclamée par les associations et d'autre part les associations pourront organiser la représentation des intérêts collectifs et professionnels.

4. A condition que le Gouvernement fasse respecter la liberté du travail (Sénat, 22 juin 1917, p. 615).

tion les citoyens pourront à la fois se défendre contre les empiétements de l'Etat et apprendre à se passer de son concours pour tous les actes de la vie sociale qu'ils peuvent légitimement accomplir par eux-mêmes [1].

En même temps l'association apparaît comme un aide et un auxiliaire pour l'Etat dans tous les domaines que nous avons envisagés, qu'il s'agisse de résoudre les questions d'organisation du travail ou de la vie économique, d'aider au soulagement de la misère et à la préservation de la jeunesse par les œuvres de bienfaisance, de soulager l'Etat par des fondations durables et prospères, de contribuer par le maintien et le développement des établissements d'enseignement à la diffusion de l'instruction. Par l'absence de la liberté d'association ou par l'insuffisant usage de l'association libre se perdent des forces innombrables qui pourraient être employées pour le bien général. Que la liberté d'association soit assurée et pratiquée, aussitôt, de tous côtés, apparaissent de nouvelles formes d'un concours efficace apporté à l'Etat. Ne pouvons-nous, à titre d'exemple, signaler le progrès rapide de l'idée de faire des associations, sous certaines garanties, les auxiliaires de la puissance publique pour la répression des infractions à la loi pénale, idée qui a déjà été acceptée par le législateur dans certaines circonstances et qui est proposée de plus en plus à son attention [2] ? Aussi bien au point de vue financier qui n'est pas négligeable à une époque où l'Etat plie sous les charges publiques accrues par tant de lois sociales et par la guerre récente, qu'au point de vue patriotique qui réclame plus que jamais la collaboration de tous les citoyens au relèvement et à la prospérité du pays, le champ d'action de l'association est illimité quand il s'agit de contribuer à l'intérêt général.

Répétons enfin en terminant, que pour rendre tous les

---

1. Car nous considérons que le rôle de l'Etat est d'accomplir ce que les particuliers ne peuvent faire eux-mêmes.

2. Voir notre ouvrage : *L'association contre le crime*, 1901. — Loi du 11 juillet 1906 contre la fraude sur les conserves. Loi du 29 juin 1907 sur le mouillage des vins. Loi du 5 août 1908 sur la fabrication des denrées alimentaires. Loi du 10 juillet 1915 sur le salaire minimum des femmes travaillant à domicile.

services qu'on est en droit d'attendre d'elle et pour réaliser toutes les espérances de l'avenir, l'association doit jouir de la liberté. La liberté est son caractère essentiel ; l'association n'a de vie et d'action que par elle ; par elle seulement elle est bienfaisante. Le système de l'ancien régime qui était un système de privilège et d'obligation écarté, le système de la prohibition et de l'autorisation par le bon plaisir de l'Etat a dû être écarté à son tour. Le système de l'existence accordée à certaines associations ne peut plus en effet se soutenir. Ou bien l'association sera libre, ou bien elle constituera un danger pour la société en se constituant sous des formes occultes qui lui permettront souvent de poursuivre des buts inavouables. De l'association obligatoire il ne saurait non plus être question même pour les groupements professionnels, car elle constitue, à nos yeux, une véritable tyrannie. Le système de la liberté s'impose, car l'association est, de son essence, un acte volontaire.

La prohibition de la liberté d'association n'a pas empêché les régimes successifs qui l'ont maintenue de succomber sous des crises politiques où les associations interdites jouaient un rôle incontestable. Les abus reprochés à l'association dans le passé, les préjugés soulevés contre certaines de ses formes, n'ont pu arrêter le mouvement qui a proclamé la liberté d'association comme une nécessité. Cette nécessité doit se traduire, sous un régime démocratique surtout [1], par une législation qui établisse la liberté dans l'égalité, c'est-à-dire la liberté sur le terrain du droit commun. De cette législation, la loi de 1901 sera le point de départ malgré ses imperfections et la grave injustice qui la dépare. Par l'usage qui en sera fait, la loi de 1901, assurera, contre l'intention de ses auteurs [2], l'établissement dans la société moderne de la complète liberté d'association, de cette liberté qu'on a appelée avec justesse « la grande liberté [3] ».

<hr>

1. Congrès de 1899. M. C. Benoist. *L'association dans la démocratie.*
2. De Faget de Casteljau, p. 490.
3. De Lamarzelle. (*Le Correspondant*, 25 novembre 1900.)

APPENDICE

Ce travail était sous presse quand a été promulguée la loi du 12 mars 1920 qui a augmenté d'une façon notable la capacité de posséder et de recevoir des syndicats professionnels. Ils pourront, ainsi que les unions de syndicats, acquérir à titre gratuit ou onéreux les biens meubles et immeubles et cela sans aucune autorisation ni limitation.

Cette loi, que nous ne pouvons analyser en détail, réalise plusieurs des réformes que nous avions réclamées. Elle permet aux personnes exerçant des professions libérales d'user des avantages conférés aux associations professionnelles et elle étend heureusement pour ces associations la capacité conférée par la loi de 1884 aux syndicats. Mais elle appelle deux observations :

En premier lieu, il ne s'agit pas d'une refonte générale de la législation sur les associations. Le législateur, persévérant dans sa méthode déplorable en ce qui touche le droit d'association, ne statue pas d'une façon générale, mais seulement pour une catégorie d'associations spécialement favorisées ; les associations déclarées conformément à la loi de 1901 et en particulier les associations de bienfaisance ne reçoivent pas l'extension de capacité depuis si longtemps reconnue nécessaire.

En second lieu, elle ne paraît en aucune façon applicable aux congrégations religieuses, catégorie d'associations qui continuent à être arbitrairement maintenues en dehors du droit commun.

Notons enfin que l'article 9 promet une loi spéciale fixant le statut des fonctionnaires.

TABLE DES MATIÈRES

Deuxième période : La loi de 1901 et les lois postérieures.

www.ingramcontent.com/pod-product-compliance
Lightning Source LLC
LaVergne TN
LVHW010841060726
842526LV00002B/346